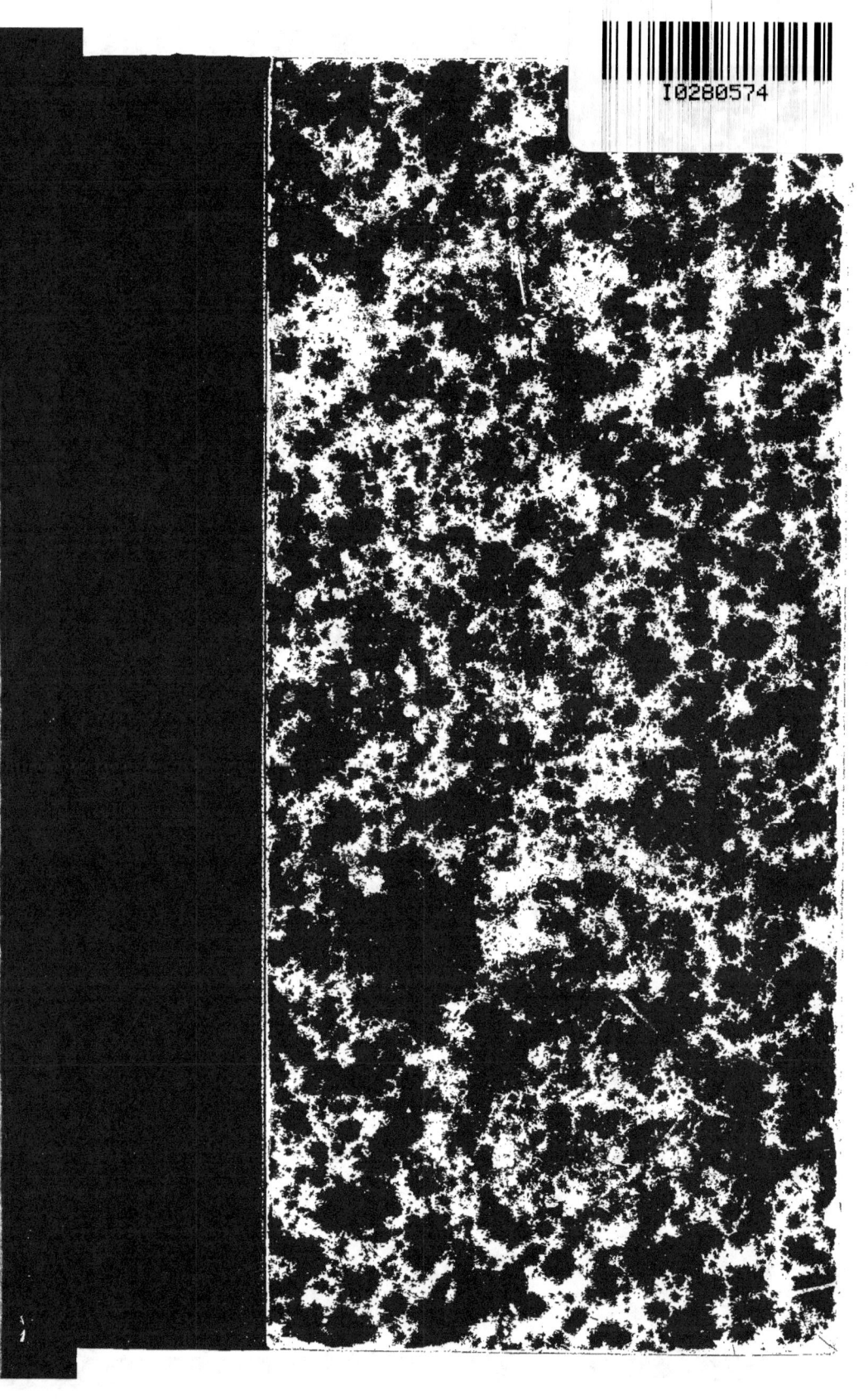

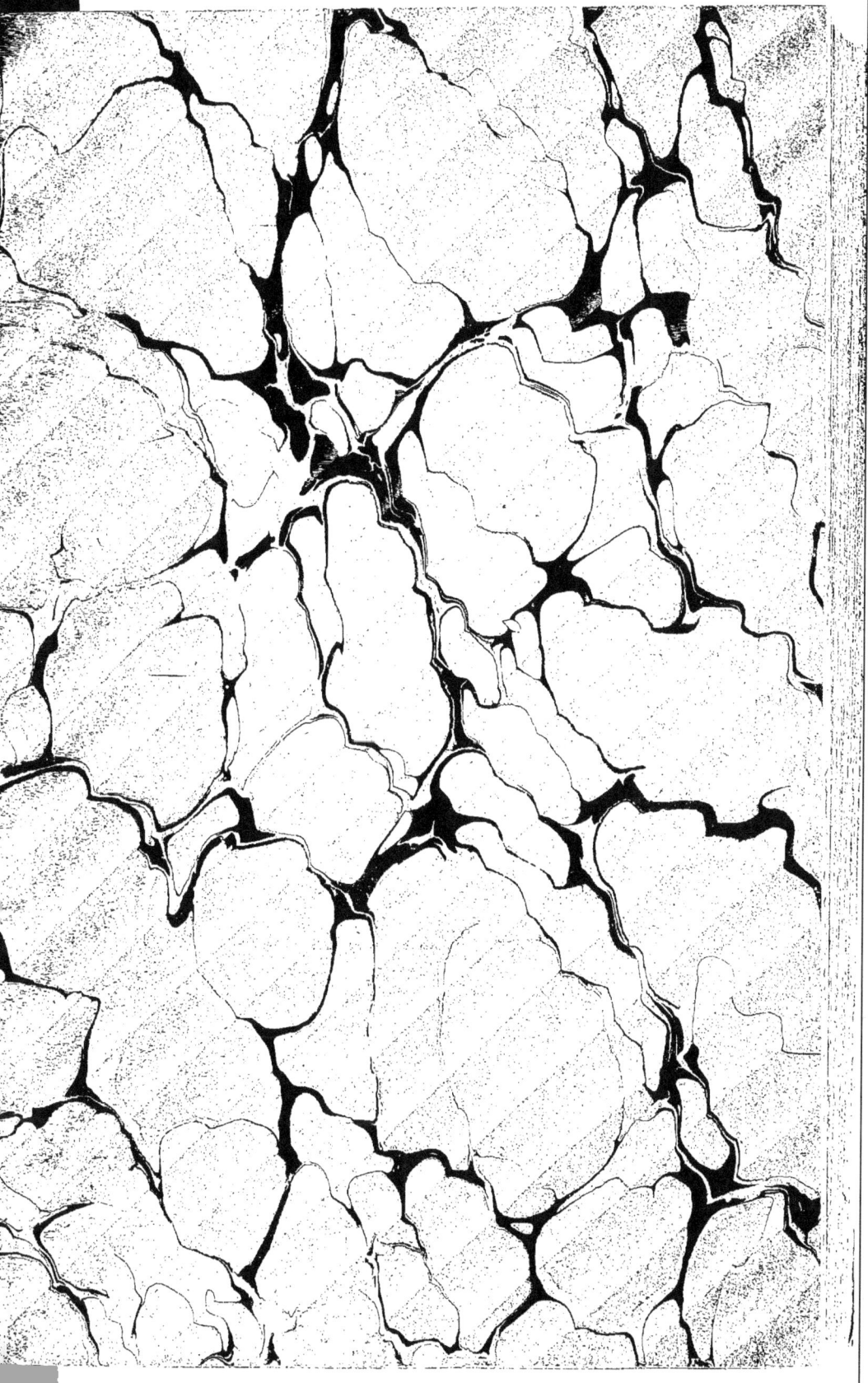

LETTRES

DE

MARGUERITE D'ANGOULÊME,

SOEUR DE FRANÇOIS Ier,

REINE DE NAVARRE.

A PARIS,

DE L'IMPRIMERIE DE CRAPELET,

RUE DE VAUGIRARD, N° 9.

M. DCCC. XLI.

LETTRES

DE

MARGUERITE D'ANGOULÊME,

SOEUR DE FRANÇOIS Ier,

REINE DE NAVARRE,

PUBLIÉES

d'après les Manuscrits de la Bibliothèque du Roi

PAR F. GÉNIN,

PROFESSEUR A LA FACULTÉ DES LETTRES DE STRASBOURG.

A PARIS,

CHEZ JULES RENOUARD ET Cie,

LIBRAIRES DE LA SOCIÉTÉ DE L'HISTOIRE DE FRANCE,

RUE DE TOURNON, N° 6.

M. DCCC. XLI.

EXTRAIT DU RÈGLEMENT.

Art. 14. Le Conseil désigne les ouvrages à publier, et choisit les personnes les plus capables d'en préparer et d'en suivre la publication.

Il nomme, pour chaque ouvrage à publier, un Commissaire responsable, chargé d'en surveiller l'exécution.

Le nom de l'Éditeur sera placé à la tête de chaque volume.

Aucun volume ne pourra paraître sous le nom de la Société sans l'autorisation du Conseil, et s'il n'est accompagné d'une déclaration du Commissaire responsable, portant que le travail lui a paru mériter d'être publié.

Le Commissaire responsable soussigné déclare que le travail de M. F. Génin *sur les* Lettres de Marguerite d'Angoulême, *lui a paru digne d'être publié par la* Société de l'Histoire de France.

Fait à Paris, le 1er juillet 1841.

Signé P. PARIS.

Certifié,

Le Secrétaire de la Société de l'Histoire de France,

J. DESNOYERS.

A

MONSIEUR VILLEMAIN,

PAIR DE FRANCE, MINISTRE DE L'INSTRUCTION PUBLIQUE,

SECRÉTAIRE PERPÉTUEL DE L'ACADÉMIE FRANÇAISE

ET MEMBRE DE L'ACADÉMIE DES INSCRIPTIONS ET BELLES-LETTRES.

Monsieur le Ministre,

C'est à vous qu'appartient la première idée de recueillir et de publier les Lettres de la reine de Navarre; c'est par vos conseils et sur vos indications que j'ai entrepris ce travail; il était juste et naturel que le résultat vous en fût dédié. Ces recherches, que je croyais terminer en six mois, m'ont conduit au delà de trois années. Durant cet intervalle, les événements politiques ont marché, et j'acquitte aujourd'hui envers un Ministre d'État la dette contractée envers le Secrétaire perpétuel de l'Académie Française. Il n'a pas dépendu de moi que ce volume ne fût plus digne de vous être offert; tel qu'il est, veuillez l'accepter, Monsieur le Ministre, comme une légitime redevance et un témoignage public du profond respect avec lequel j'ai l'honneur d'être,

MONSIEUR LE MINISTRE,

*Votre très-humble
et très-obéissant serviteur,*

F. GÉNIN.

Strasbourg, le 1ᵉʳ mai 1841.

PRÉFACE.

Les lettres dont se compose ce Recueil sont tirées des manuscrits de la Bibliothèque du Roi. Pour rendre cette collection aussi complète que possible, j'ai dépouillé les volumes de l'ancien fonds qui embrassent tout le règne de François Ier, et vont du n° 8470 au n° 8621. J'ai même dépassé un peu ces limites en deçà et au delà, de peur que le bibliothécaire de Béthune n'eût égaré quelque pièce dans le règne précédent ou dans le suivant. C'est par une erreur de ce genre qu'un volume entier des lettres de notre Marguerite a été classé dans le règne d'Henri IV: on les a mal à propos attribuées à l'autre Marguerite de Valois, première femme de ce prince, et par conséquent reine aussi de Navarre [1].

La collection Dupuy m'a fourni peu de pièces; mais l'une d'elles est précieuse : c'est le programme des cérémonies observées aux obsèques de la reine de Navarre. La collection Gaignière ne m'a donné qu'une seule lettre. J'en ai trouvé plusieurs aux Archives du royaume, notamment la première lettre que Marguerite écrivit, après avoir remis le pied sur le sol français, à son retour d'Espagne. Je n'ai pris dans les copies élégantes, mais souvent suspectes, de Fontanieu que les pièces dont je n'ai pu rencontrer le texte original. Au reste, pour rendre les vérifications faciles, j'ai marqué à la fin de chaque lettre sa provenance. Si l'on veut prendre la peine d'examiner ces indications, on pourra se faire une idée du travail qu'exigeait le classement de cette correspondance. On verra que des lettres qui se suivent, qui ont dû être écrites le même jour, quelquefois même être envoyées ensemble, étaient disséminées dans des volumes fort éloignés les uns des autres, ou dans des collections différentes.

Retrouver les dates et l'ordre de ces lettres, c'était là le point essentiel et la difficulté capitale. Que de fois j'ai été égaré par de fausses lueurs; que de fois obligé de revenir sur mes pas ! Souvent aussi les historiens que j'appelais à

---

[1] C'est le n° 9127.

mon secours ne m'ont fourni, au lieu de la lumière invoquée, qu'un supplément de ténèbres. Je crois avoir corrigé chemin faisant quelques erreurs dans Gaillard, Varillas, Bayle, la *Biographie universelle*, etc. Je sais ce qu'il m'en a coûté de recherches, mais on les apercevra d'autant moins que j'aurai mieux réussi.

J'ai pris le parti de dater toujours en tête de la lettre. Cette manière me paraît plus commode à qui veut saisir d'abord la suite de la correspondance.

Les dates ou parties de dates que j'ai retrouvées sont enfermées entre parenthèses ; quand je doute, je mets un point d'interrogation.

Ce qui est sans parenthèse est donné par Marguerite elle-même, qui a quelquefois indiqué le lieu d'où elle écrit et la date du mois ; jamais celle de l'année.

Je laisse à Fontanieu la responsabilité de quelques dates, que je lui emprunte faute de renseignements meilleurs ; elles sont entre parenthèses et précédées d'une *F*.

Il y a une dizaine de lettres que tous mes efforts n'ont pu classer avec assez de certitude ; je les ai rejetées à la fin.

Quant à l'orthographe, il faut distinguer entre les lettres écrites de la main de Marguerite, et celles qu'elle dictait à ses secrétaires. Celles-ci n'offraient rien d'embarrassant : elles présentent un système correct et à peu près uniforme ; je les donne comme je les ai trouvées.

Mais il n'en est pas de même pour les autres. Marguerite écrivait très-vite et très-étourdiment ; elle saute des mots, elle en estropie, elle a deux ou trois manières d'écrire le même mot ; tantôt elle suit les règles grammaticales d'alors, tantôt elle note simplement la prononciation, qui, à partir de cette époque surtout, se séparait de l'orthographe. J'ai conservé soigneusement ces variantes partout où elles peuvent faire connaître la prononciation du xvie siècle ; par exemple, je laisse la reine de Navarre écrire indifféremment *je feusse* et *je fusse*; *je congnois* et *je connois*; *la Royne* et *la Raine*; *je feiz* et *je fis*, etc. : ce sont autant d'indices à recueillir. Mais j'avoue que je ne me suis point assujetti à reproduire les caprices ou les *lapsus* de la plume de Marguerite, dont les autographes offrent l'aspect d'un griffonnage indéchiffrable, au premier coup d'œil. La règle que je me suis prescrite n'a donc pas été de calquer les pages de la reine de Navarre, mais de n'admettre aucune forme de mot que ne puisse justifier un exemple emprunté au texte original.

Cependant pour satisfaire la curiosité qu'on pourrait avoir de juger l'orthographe de la reine de Navarre, je l'ai conservée scrupuleusement dans les lignes citées parmi les analyses.

Ces billets auraient inutilement grossi le volume. Les lecteurs qui pourraient y soupçonner quelque intérêt, ont un moyen prompt de s'assurer si leur doute est fondé ou non, puisque à chaque analyse est joint le numéro de la page et celui du volume manuscrit.

Je ne sais s'il existe encore d'autres lettres de la reine de Navarre; je le crois, d'après une indication que j'ai trouvée dans Fontanieu, mais de laquelle je n'ai pu tirer aucun fruit. D'autres seront peut-être plus heureux; c'est dans cet espoir que je reproduis ici textuellement la note suivante :

« 1525 et depuis, pendant tout le règne de François Ier.
« Notice d'un manuscrit de la bibliothèque de M. l'abbé de
« Rothelin, égaré de ceux de M. Dupuy, et remis à la Biblio-
« thèque du Roy par M. l'abbé Boudot :
« Cent trente-quatre lettres de Marguerite, reine de
« Navarre, au roy François Ier, son frère. » (Fontanieu, tom. 197-198.)

Cent trente-quatre lettres à François Ier, quel trésor ! Peut-être il est enfoui dans quelque recoin de la Bibliothèque royale; mais où? Messieurs les conservateurs, dont la complaisance et l'érudition m'ont tant de fois secouru, n'ont pu me donner de ce manuscrit aucune nouvelle. Évidemment Fontanieu (mort en 1784) l'avait encore entre les mains. Lui, qui a inséré dans ses portefeuilles tant de chiffons inutiles, pourquoi n'y a-t-il pas fait entrer ces lettres de la reine de Navarre? Il a pris soin de nous l'expliquer dans des *observations* jointes à cette *Notice :* c'est que ces lettres ne valaient pas la peine d'être copiées : il n'en donnera aucune, dit-il, attendu que *Marguerite n'est qu'une bavarde.* Il soupçonne les contes qui portent son nom de n'être pas d'elle; le voyage de Marguerite en Espagne, qui n'a trouvé jusqu'ici que des approbateurs et des admirateurs, semble à M. l'intendant de Grenoble *très-inutile et très-indécent*, car la duchesse d'Alençon y avait pour but *d'obtenir par l'effet de ses charmes ce qu'on ne pouvait attendre de ses talents politiques* [1]. Cet arrêt non motivé de M. de Fontanieu paraît lui-même très-indécent. On peut être certain, au contraire, que tous les secrets de la cour de François Ier, grands ou petits, politiques ou autres, venaient retentir dans les lettres de Marguerite à son frère. Belle générosité du hasard s'il nous les rendait !

Je serais ingrat si j'omettais de remercier ici mon ami M. Paulin Paris, de qui la complaisance et l'érudition m'ont été d'une si grande utilité. Retenu par devoir à cent lieues des textes que je publiais, ne pouvant faire par moi-même aucune vérification, ni lever ces mille petites difficultés qui surgissent inopinément pendant l'impression d'un livre, j'aurais peut-être été forcé d'ajourner encore la reine de Navarre, si M. Paris ne se fût empressé de venir à notre secours. Le public, il est vrai, n'avait pas besoin de savoir cela, mais j'avais besoin de le dire.

Il me reste à solliciter la bienveillante indulgence des lecteurs. Je puis assurer que je la mérite par le zèle que j'ai apporté dans un travail plus pénible qu'on ne croirait. Dans un si grand nombre de détails minutieux, il est impossible d'éviter toute erreur, et tel renseignement qui m'était indispensable et s'est obstinément dérobé à mes poursuites, viendra peut-être s'offrir de lui-même au critique. Ce n'est pas un rôle avantageux que celui de premier éditeur : le premier éditeur a le plus de peine ; le dernier, a le plus de succès, et on lui attribue le plus de mérite. L'un a défriché le désert ; l'autre a dessiné un jardin et planté des bordures.

Gerbert, dans un de ses sermons, parle d'une famille de pêcheurs, et d'une échelle dont le pied plongeait dans un lac enflammé de bitume et de soufre. Chaque descendant venait à son tour s'emparer de l'échelon supérieur, contraignant ainsi les autres à s'enfoncer d'un degré, tant qu'à la fin le père et le chef de toute cette race disparaissait englouti sous les vagues bouillantes. Cette famille de pêcheurs est la famille des éditeurs, et cette terrible allégorie est leur histoire.

---

[1] Dans une note en tête du vol. 2286, Suppl. fr., M. de Fontanieu fait un grand éloge de la vertu, du caractère et des talents de cette même Marguerite.

ÉPISTRE (INÉDITE) DE MAROT

A LA DUCHESSE D'ALENÇON [1].

(1526.)

Bien doy louer la divine puyssance
Qui de ta noble et digne cognoissance,
Nymphe de prix, m'a de grace estrené.
Assés long temps y a que je suis né,
Mais je n'ay veu passer encore année
Qui à l'entier feust si bien fortunée
Que ceste icy (j'entends à mon endroict),
Car liberté, qui sans cause et sans droict
M'avoit esté par malings défendue,
Ce nouvel an par le Roy m'est rendue [2].
Ce nouvel an, maulgré mes enuemys,
J'ay eu le bien de revoir mes amys,
De visiter ma natale province,
Et de rentrer en grace de mon prince.
J'ay eu ce bien, et Dieu l'a voulu croistre,
Car il m'a faict en mesme temps congnoistre

---

[1] Le manuscrit porte *à la reine de Navarre;* mais ce doit être une inexactitude du copiste.

[2] Marot fut mis en prison deux fois, en 1526 et en 1527. Mais en 1527, il fut mis en liberté le 1er novembre (Lettre de François Ier à la Cour des Aides, dans l'*Anti-Baillet*, II, 34), et la captivité dont il s'agit ici cessa vers Pâques, *ce nouvel an.* C'est donc le premier emprisonnement, celui de 1526, motivé sur un soupçon d'hérésie. Marguerite n'était alors que duchesse d'Alençon.

ÉPISTRE DE MAROT.

Une doulceur assise en belle face,
Qui la beaulté des plus belles efface;
D'un regard chaste où n'habite nul vice;
D'un rond parler, sans fard, sans artifice,
Si beau, si bon, que qui cent ans l'ourroit,
Jà de cent ans fascher ne s'en pourroit;
Ung vif esprit, ung sçavoir qui m'estonne,
Et par sus tout, une grace tant bonne,
Soit à se taire, ou soit en devisant,
Que je vouldroys estre assés souffisant
Pour en papier escripre son mérite
Ainsy qu'elle est dedans mon cueur escripte.
Tous ces beaulx dons et mille davantaige
Sont en ung corps né de hault parentaige,
Et de grandeur tant droicte et bien formée,
Que faicte semble exprès pour estre aymée
D'hommes et dieux. Ô que ne suis-je prince,
A celle fin que l'auldace je prinsse
Te présenter mon service petit,
Qui sur honneur fonde son appétit.
Mais pourquoy prince? Une montagne basse
Souvent la haulte en délices surpasse;
Les rosiers bas, les petits oliviers,
Délectent plus que ces grands chesnes fiers,
Et à nager en eau basse l'on treuve
Moins de danger qu'en celle d'ung grand fleuve.
Aussy jadis déesses adourées
D'hommes mortels se sont enamourées :
Le jeune Atys feut aymé de Cybele,
Endymion, de Diane la belle;
Pour Adonis Vénus tant s'abaissa

ÉPISTRE DE MAROT.

Que les haults cieulx pour la terre laissa.
Mais qu'est besoing citer vieilles histoires,
Quand à chacun les neufves sont notoires ?
L'heureux Helain [1], dont la Muse est tant fine,
Ne feut-il pas aymé de la Daulphine [2],
Qui se disoit bien heureuse d'avoir
Baisé la bouche en qui tant de sçavoir
Se descouvroit. Je sçay bien que je suys
Homme en effect qui souldoyer ne puys
Gens et chevaulx, ne sur mer dresser guerre
Pour m'en aller une Hélaine conquerre ;
Si de fortune avois tell' force acquise,
Ou je mourrois, ou brief t'aurois conquise,
Pour librement avec tel personnaige
En joye user le surplus de mon aage.
Donc si de faict ne suys point un vainqueur,
Au moins le suis-je en vouloir et en cueur,
Et mon renom en aultant de provinces
Est despendu comme celuy des princes.
S'ils vainquent gens en faicts d'armes divers,
Je les surmonte en beaulx escripts et vers ;
S'ils ont trésor, j'ay en trésor des chouses
Qui ne sont point en leurs coffres enclouses ;
S'ils sont puyssants, j'ay la puissance telle
Que fere puys ma maistresse immortelle ;
Ce que pourtant je ne dy par vantance
Ny pour plustost tirer ton accointance,
Mais seulement par une ardente envie

[1] Alain Chartier.
[2] Marguerite d'Écosse, femme du Dauphin, depuis Louis XI.

ÉPISTRE DE MAROT.

Qu'ay de te faire entendre qu'en ma vie
De rencontrer au monde ne m'advint
Femme que tant à mon gré me revynt,
Ne qui tant eust ceste puyssance sienne
D'assubjectir l'oubéyssance mienne [1].

[Anc. Fonds, n° 7677, fol. 23.]

---

[1] Sur les prétendues amours de Marot et de Marguerite, voyez les pages 9, 41 et 45.

NOTICE

SUR

MARGUERITE D'ANGOULÊME,

SOEUR DE FRANÇOIS IER,

REINE DE NAVARRE.

Il y a quelque chose de pis que d'être inconnu dans l'histoire, c'est d'y être mal connu. Tel est pourtant le sort de maint personnage, à qui les poëtes et les historiens ont composé une réputation, non pas suivant les exigences de la vérité et de la justice, mais d'après leur humeur du moment et les besoins de leur rime, de leur période ou de leur système. C'est un des grands abus de la *république des lettres;* et qui pourrait en faire des plaintes plus légitimes que la reine de Navarre? On prend aujourd'hui la liberté de réclamer en son nom contre les calomnies des ignorants ou des méchants, Brantôme à leur tête, et je le nomme. Le titre d'éditeur, comme celui de commentateur, inspire, je le sais, de justes défiances; on nous regarde comme des panégyristes obligés de nos auteurs. Qu'on se défie, soit; qu'on se tienne sur la réserve, nous ne demandons pas mieux, Marguerite et moi, son humble défenseur. Quand on est sûr de produire au procès des pièces victorieuses, on ne peut que gagner à un examen sévère et approfondi. Seulement nous supplions les juges de n'apporter dans cette cause aucune prévention d'aucun genre, aucune partialité préméditée. Cela nous suffit.

Marguerite de Valois, que quelques-uns appellent aussi Marguerite d'Orléans, naquit à Angoulême, le 11 avril 1492, de Charles d'Orléans, comte d'Angoulême, et de Louise de Savoie. François, son frère, qui fut roi de France, était de deux ans plus jeune qu'elle, étant né le 12 septembre 1494 [1].

Marguerite fut élevée avec sévérité par « une « très-exquise et vénérable dame, en laquelle « toutes les vertus, l'une à l'envie de l'autre, « s'estoient assemblées, » mais dont Charles de Sainte-Marthe, à qui j'emprunte ces paroles, ne nous apprend pas le nom [2]. Tout porte à croire que c'était madame de Châtillon, dont le mari

[1] « Elle nasquit soubs le 10ᵉ degré d'Aquarius, que Saturne se séparoit de Vénus par quaterne aspect, le 10 d'apvril 1492, à dix heures du soir, au chasteau d'Angoulesme; et feut conceue l'an 1491, à dix heures avant midy et dix-sept minutes, le 11 de juillet. Les bons astrosites pourroient là-dessus en faire quelque composition. » (BRANTÔME, *Dames illustres*.)

[2] Charles de Sainte-Marthe, oncle et grand-oncle des auteurs

défunt avait été gouverneur du roi Charles VIII. Madame de Châtillon était belle et vertueuse, de l'aveu même de Brantôme, qui assure en même temps qu'elle avait épousé en secondes noces le cardinal du Bellay. Mais ce Brantôme était la trompette de toutes les médisances. A l'entendre, le cardinal de Châtillon aussi aurait été marié en secret : ce sont apparemment des mensonges. Quoi qu'il en soit, l'élève de madame de Châtillon fit honneur à son institutrice. La nature avait donné à Marguerite la beauté extérieure; il n'y avait qu'à développer dans son âme les germes de la sagesse et de la vertu, et l'on y réussit de telle sorte, que dès l'âge de quinze ans, « l'esprit de « Dieu commença à se manifester et apparoistre « en ses yeux, en sa face, en son marcher, en sa « parole, et généralement en toutes ses actions [1]. » En même temps, pour satisfaire le besoin de science et les rares dispositions d'esprit qu'elle faisait paraître, on lui avait donné des précepteurs de toute sorte, qui la rendirent habile dans *les lettres profanes*, comme l'on disait alors. Mar-

---

de la *Gallia christiana*, maître des requêtes et conseiller de la duchesse d'Alençon, a publié l'oraison funèbre de Marguerite en français et en latin (Paris, 1550). Nous aurons souvent occasion de le citer.

[1] SAINTE-MARTHE, *Oraison funèbre*, p. 37.

guerite étudiait sous leur direction le latin, la philosophie, et la théologie qu'elle aima toujours de préférence. Singulière prédilection dans une femme dont le nom ne réveille plus que des idées de frivolité spirituelle et de licence antichrétienne, parce qu'on connaît mal ses ouvrages, et plus mal encore sa vie. Au xviiie siècle, une autre femme, rendue célèbre par l'amitié de Voltaire, ne pouvant être citée pour sa figure ni pour son esprit, se fit géomètre par ostentation. Le goût de madame du Châtelet pour les mathématiques fut déjà le résultat d'un calcul; il n'y avait rien de tel dans le goût de Marguerite pour la théologie; d'ailleurs elle n'avait pas besoin de cette ressource pour être distinguée, et quand elle n'aurait pas eu la solidité d'esprit que supposent ces études volontaires, elle avait abondamment la grâce piquante et enjouée, qui réussit mieux et plus vite dans le monde.

Pourvue de tant d'avantages, et princesse encore par-dessus, on conçoit que Marguerite ait excité autour d'elle une admiration sincère et retentissante. Sur le bruit de sa renommée, Charles-Quint, qui n'était alors que roi d'Espagne, envoya des ambassadeurs la demander en mariage. On ne dit pas quel motif s'opposa à cette union, qui aurait eu sur le règne de François Ier une influence incalculable. A dix-sept ans (1509), Marguerite fut mariée à Charles[1], dernier duc d'Alençon, prince sans figure, sans esprit, sans aucun mérite, enregistré dans l'histoire uniquement parce que, après avoir contribué à aigrir les ressentiments du connétable de Bourbon contre la France, il devint la cause principale du désastre de Pavie[2].

Il est nécessaire, pour l'intelligence des lettres de Marguerite, d'observer ici que le duc d'Alençon avait deux sœurs; l'une qui fut madame de Vendôme, l'autre mariée au marquis de Montferrat.

Les renseignements sur cette époque de la vie de Marguerite se réduisent à fort peu de chose. Il paraît qu'elle passait la plus grande partie de son temps à Alençon, livrée à l'étude, et très-occupée de matières religieuses. C'est alors qu'elle entretenait avec l'évêque de Meaux cette correspondance mystique qui nous est parvenue, et dont nous parlerons ailleurs plus longuement, lorsque nous examinerons les ouvrages de Marguerite. Quant à présent, il suffit de dire que

---

[1] La dot de Marguerite fut de soixante mille livres. (Voyez les Pièces justificatives, n° I.)

[2] Au passage de l'Escaut (1521), François Ier avait donné à son beau-frère le commandement de l'arrière-garde, honneur dû au connétable. (Voyez DuBellay, liv. II, p. 408, éd. Petitot.)

jamais rhétorique plus inconcevable n'a été mise au service d'idées plus bizarres et plus incohérentes. On serait tenté de regarder les lettres de l'évêque comme l'œuvre d'un fou, et pourtant Guillaume Briçonnet passait pour un des esprits les plus distingués de son temps. Il fut chargé des intérêts de la France au concile de Pise et au concile de Latran. Dans le fatras de sa volumineuse correspondance avec la duchesse d'Alençon, vous chercheriez en vain une lueur de sens commun. Il est singulier qu'avec cette disposition au mysticisme le plus exalté, Briçonnet se soit laissé entraîner vers les doctrines de la réforme, qui procèdent de l'esprit d'examen s'exerçant au moyen de la raison froide et sévère. Cela semblerait encore plus étrange, si de nos jours nous ne voyions pas le luthéranisme conduire au méthodisme, dans lequel sont renouvelées, avec quelques modifications, les idées du quiétisme et celles du jansénisme. Quoi qu'il en soit, Briçonnet, qui avait attiré dans son diocèse et dans sa ville épiscopale les fauteurs principaux de l'hérésie, Farel, Gérard Roussel, Vatable, Lefebvre d'Étaples, inspira probablement à Marguerite cette sympathie pour les disciples de Luther qu'on lui a si souvent reprochée, et qui servit mainte fois de prétexte à l'accusation d'hérésie. Si Marguerite subit l'influence de l'évêque de Meaux dans les affaires de la conscience et de la foi, du moins n'en fut-il pas de même en matière de style. Nous n'avons qu'un très-petit nombre de ses lettres dévotes; elles sont courtes, et bien que Marguerite s'y efforce d'imiter l'éloquence de son maître, elle n'y parvient heureusement pas. C'est un vrai prodige qu'elle ait pu demeurer si longtemps exposée à la contagion impunément. Il fallait que la nature eût doué cet esprit d'une grande vigueur de bon sens et de clarté judicieuse, pour la soustraire à la double autorité du savant et du directeur, et la ramener du style de ses épîtres mystiques au style de ses *Nouvelles*.

Lorsque François Ier monta sur le trône (janvier 1515), la duchesse d'Alençon parut à la cour, où sa beauté[1], son esprit, son affabilité, l'étroite amitié qui l'unissait à son frère et qui ne se démentit jamais, lui attirèrent les hommages universels. Marot, qui, deux ans après, entra à son service, se rendait l'interprète de l'admiration publique, lorsqu'il traçait le portrait de madame d'Alençon dans ces vers :

Ma maistresse est de si haulte valeur

[1] Cette beauté, si vantée par tous les contemporains, paraît avoir emprunté quelque chose à l'éclat du rang, du moins si l'on en juge par le portrait de la reine de Navarre qui est à Versailles. Marguerite y est représentée avec les traits et surtout le nez de son frère.

Qu'elle a le corps droit, beau, chaste et pudique ;
Son cœur constant n'est, pour heur ou malheur,
Jamais trop gay ne trop mélancolique ;
Elle a au chef un esprit angélique
Le plus subtil qui oncq' aux cieulx vola.
O grant merveille! on peut voir par cela
Que je suis serf d'ung monstre fort estrange ;
Monstre je dy, car, pour tout vray, elle a
Corps féminin, cœur d'homme et teste d'ange.

Dans une autre pièce, Marot célèbre plus particulièrement les qualités de l'esprit et le talent d'écrivain de la reine de Navarre :

Entre autres dons de graces immortelles,
Madame escript si hault et doucement,
Que je m'estonne en voyant choses telles
Qu'on n'en reçoit plus d'esbahissement.
Puis quand je l'oy parler si saigement
Et que je voy sa plume travailler,
Je tourne bride, et m'esbahis comment
On est si sot de s'en esmerveiller [1].

[1] Il est certain que ces deux épigrammes s'adressent à Marguerite ; les premières éditions de Marot s'en expliquent positivement. Il n'en est pas de même d'une foule d'autres pièces dans lesquelles les commentateurs, guidés par leur seule perspicacité, ont voulu reconnaître la reine de Navarre. M. Auguis surtout doit se reprocher la complaisance de ses systèmes sur Marot et Marguerite ; il faut en citer des exemples pour en combattre les effets.

A une dame touchant un faux rapporteur (t. III, p. 231). M. A. date cette pièce de 1521, et il écrit en note : « Cette épigramme a été faite au commencement des murmures que causa l'inclination de madame d'Alençon pour Marot. »

Du mois de mai et d'Anne (t. III, p. 216). « Cette épigramme paraît avoir été faite dans le temps des murmures de la cour au sujet

C'était alors la mode des emblèmes et des devises; chaque personnage important de la cour avait la sienne. François Ier avait pris une salamandre au milieu des flammes avec ces paroles : *Extinguo, nutrior,* pour signifier que ses passions étaient sa vie, mais qu'au besoin il savait les dompter; Marguerite témoignait la noblesse de sa naissance et de ses inclinations par une fleur de souci ou de tournesol qui regarde le soleil, accompagnée de cet hémistiche de Virgile : *Non inferiora secutus* [1].

La galanterie, dans l'acception qu'on attachait alors à ce mot, n'était nullement incompatible avec la piété et la vertu. Marguerite était galante, c'est-à-dire enjouée, aimant la poésie, les arts,

des amours de Marot avec madame Marguerite. » M. Auguis la date de 1518.

L'an vingt et sept, etc. (t. III, p. 198). « Il paraît que ce fut en 1527 que Marot devint amoureux d'Anne, c'est-à-dire de madame Marguerite. »

A une dame, pour l'aller voir (t. III, p. 236). « Cette épigramme fut faite dans les premiers murmures qu'excitèrent les assiduités de Marot auprès de madame Marguerite. » Et M. A. date celle-là de 1528.

On signalerait au besoin d'autres dates discordantes, mais ces quatre doivent suffire pour le but qu'on se propose.

[1] Le subtil et raffiné père Bouhours trouve ici à reprendre : « Ces paroles, dit-il, sont belles et harmonieuses, mais ce *secutus* ne convient pas à une femme. Cela s'appelle un solécisme en fait de devise. » (*Entretiens d'Ariste et d'Eugène,* p. 313, éd. d'Amsterdam.)

tous les plaisirs d'une société brillante. Elle était l'objet déclaré des vœux du connétable de Bourbon, poursuivi lui-même par la passion importune et fatale de Louise de Savoie. Marguerite répondait-elle aux sentiments du connétable, on n'en savait rien, mais on croyait savoir qu'elle ne pouvait aimer beaucoup son mari, et c'est sur quoi fonda son plan d'attaque le séducteur le plus célèbre et le plus téméraire de la cour de François Ier. Bonnivet n'ayant pu cette fois réussir par ses moyens ordinaires, résolut de joindre la force à l'adresse. Il invita le Roi et les princesses à venir passer quelques jours chez lui, à la campagne : on accepte. Il avait préparé des fêtes magnifiques dont madame d'Alençon fut en secret l'héroïne. Elle ne pouvait se dispenser de quelques expressions de reconnaissance polie ; Bonnivet, présomptueux autant qu'il était entreprenant, crut le moment de la victoire arrivé. Il avait donné à la duchesse un appartement préparé avec un soin dont tous les détails ne se révélaient pas au premier coup d'œil, et s'était lui-même logé au-dessous, non sans intention, comme on va le voir. Il avait fait pratiquer dans le plancher une trappe recouverte et dissimulée par les nattes qui servaient alors de tapis de pied. La nuit, tandis que tout se livrait au sommeil, *il se coula par cette trapelle en la ruelle du lit de la princesse.* Mais cette surprise n'eut pas tout le succès espéré par l'inventeur. Marguerite, éveillée en sursaut, fit si bonne et vigoureuse défense, que le chercheur d'aventures fut obligé de faire retraite sans autre bénéfice, sinon *des esgratigneures dans son beau visaige.* Pour n'avoir pas à en expliquer l'origine, il contrefit le malade et garda la chambre jusqu'au départ de la compagnie. Marguerite, très-irritée, voulait d'abord se plaindre à son frère, qui n'eût pas manqué de la venger d'une manière éclatante, quoique Bonnivet fût son favori. Mais la vieille et prudente madame de Châtillon, qui avait élevé la princesse et était restée sa dame d'honneur, combattit sa résolution par un beau discours qu'on peut lire dans la quatrième Nouvelle de la reine de Navarre, lui remontrant qu'il est de certains actes de vertu qui donnent prise à la médisance, et qu'enfin

>Sur telles affaires toujours
>Le meilleur est de ne rien dire.

Marguerite fut docile aux conseils de l'expérience, et se garda le secret de sa belle conduite.

Longtemps après, lorsque la mort de Bonnivet, tué à Pavie, rendit l'indiscrétion sans danger, cette histoire fut révélée. Brantôme la sut de sa grand' mère, la sénéchale de Poitou, qui avait succédé près de Marguerite à madame de Châtillon. Marguerite elle-même se donna la satisfaction d'insérer ce récit dans ses *Nouvelles*. A la vérité elle ne nomme personne; l'amiral n'est désigné que par ce titre vague *un gentilhomme*, et Marguerite se cache sous le voile assez transparent d'*une princesse de Flandres*. Mais quand nous n'aurions pas le témoignage de Brantôme, la vivacité du récit, la précision des petits détails suffiraient pour faire reconnaître l'héroïne dans la conteuse.

Il est à noter que Marguerite aime à raconter des aventures de Bonnivet, et, sans le nommer, ne manque jamais de le combler d'éloges : « Il « estoit si saige et si hardy, que de son aage et de « son temps, il y a eu peu ou point d'hommes « qui l'ayent surpassé, comme sa glorieuse mort « nous en est une bonne preuve. » (*Nouv.* 58ᵉ.) On voit que Marguerite, bonne chrétienne, avait pardonné à la mémoire du téméraire.

Le 25 février 1525, jour de saint Mathias, eut lieu cette bataille de Pavie si tristement mémorable. La victoire balançait; nous n'étions encore que menacés. Le duc d'Alençon, au lieu de voler au secours du Roi avec l'aile gauche qu'il commandait et qui n'avait pas encore donné, prit peur, fit sonner la retraite, et détermina notre déroute et la prise du Roi. La nouvelle en vint à Paris le 7 mars. L'épouvante fut extrême. On prit des mesures de police toutes particulières : les portes de la ville demeurèrent fermées, excepté cinq, où l'on plaça des gardes [1]. Pour la nuit, ordre d'entretenir des lanternes allumées; défense de traverser la Seine en bateau, etc. [2], et l'on voit par les registres du parlement que les corps de saint Denys et de ses compagnons restèrent exposés sur l'autel.

Le duc d'Alençon, qui, après avoir causé la perte de la bataille, devait au moins partager le sort du Roi son beau-frère, revint par Lyon, où il trouva sa femme et sa belle-mère qui l'accablèrent de justes reproches. La Régente alla jusqu'à lui faire honte publiquement de sa lâcheté. Le duc se mit au lit et mourut d'une fièvre causée par le regret et la confusion. C'était le seul parti honnête qui lui restât. Marguerite, après seize années de mariage, demeura veuve, sans enfants. (Avril 1525.)

Si la Régente, dans cette circonstance dif-

[1] C'étaient les portes Saint-Denis, Saint-Antoine, Saint-Jacques, Saint-Victor et Saint-Honoré.

[2] « L'ordre observé à Paris à la prinse du Roy. » (Ms. Béthune 8472, f. 11.)

ficile, eût manqué de prudence ou de fermeté, la France était perdue. Son salut était aux mains de deux femmes : elle fut sauvée. Brantôme témoigne que « madame Marguerite assista fort à madame sa mère à régir le royaulme, à contenter les princes, les grans et gaigner la noblesse. » Ce rôle de conciliatrice fut celui de Marguerite pendant toute sa vie. J'anticipe un peu sur les dates pour rapporter encore un témoignage de Brantôme sur ce point : « Ceste grande reyne de Navarre, Marguerite, l'honoroit fort (*le prince de Melfe*), et le plus souvent commandoit à sa dame d'honneur, qui estoit madame la séneschalle de Poictou, de la maison du Lude, ma grand' mère, de le mener disner ou souper avecques elle, en sa seconde table....., et le plus souvent sadicte majesté envoyoit quelque chose de bon, de son plat, à mondict sieur le prince pour en manger et taster pour l'amour d'elle. En quoi ledict prince s'en ressentoit très-honoré et favorisé. Car, disoit-elle, « ces povres princes et seigneurs estrangiers
« qui ont quitté tout pour le service du Roy mon
« frère, ils n'ont pas leur ordinaire, leur train
« de cour et leurs commodités comme ceulx de la
« patrie. Il les fault gratifier de tout ce qu'on
« peult, bien que la table du grand maistre ne
« leur fault point ; mais encore ceste gracieuseté

« que je leur fais leur touche plus au cœur. Le roy
« François en aimoit fort la Reyne sa sœur qui,
« par pareilles faveurs, estoit coustumière à luy
« gaigner et entretenir ses serviteurs. » (Brantôme, *Vie du prince de Melfe.*)

Si Marguerite sentit quelque penchant vers des idées de réforme, ce fut vers l'âge de trente-trois ans, pendant les années 1525 et 1526.

Il y avait alors à Strasbourg un doyen du grand chapitre, nommé le comte Sigismond de Hohenloë. Ce doyen donna le premier à ses chanoines l'exemple de l'apostasie. Dès 1521, il s'était rallié au parti de Luther, dont il cherchait à propager les doctrines par sa parole et par ses écrits [1]. Le comte de Hohenloë, tourmenté de son zèle de prosélytisme, imagina de gagner la France à Luther, et pour arriver à ce résultat ne vit rien de mieux que d'entrer en correspondance avec la duchesse d'Alençon. Le Roi était captif en Espagne; Marguerite répondit en son nom et au nom de sa mère. Ce commerce dura jusqu'après le retour de François Ier, qui se mit en rapport direct avec le doyen de Strasbourg. Le comte de Hohenloë désirait beaucoup venir à Paris pour travailler au progrès de son œuvre;

---

[1] Dans ce but il publia, en 1525, en allemand, *le Livret de la Croix*, réimprimé à Leipzig en 1748.

il avait adressé à Marguerite des lettres dans ce sens jusqu'au fond de l'Espagne. Quelque temps on le flatta de l'espoir de réaliser son projet. Mais on différait : l'heure n'était pas venue; on l'avertirait quand le moment serait favorable. Enfin le 5 juillet 1526, madame d'Alençon lui écrivit que la chose n'était point praticable, et qu'il n'y fallait plus songer.

Les originaux de ces lettres sont perdus. On en a retrouvé et imprimé quatre, mises en allemand par le comte de Hohenloë, qui les traduisait avec soin au fur et à mesure qu'il les recevait[1]. L'éditeur de Leipzig produit ces lettres comme fort remarquables; elles sont assez insignifiantes. Ce sont des remercîments, des phrases en style mystique, que la version allemande ne contribue pas à éclaircir; d'autres phrases vagues sur le désir de marcher dans le chemin de la vérité, des protestations de foi, d'amour de Dieu, etc., etc.

Si le comte de Hohenloë a pris tout cela pour une adhésion secrète mais formelle aux doctrines luthériennes, c'est qu'il ne demandait pas mieux que de s'y méprendre. Les protestants, et après eux des écrivains catholiques, ont affirmé

[1] *Merckwürdige Lebens-Geschichte des Grafen* Sigism. Von Hohenloe, p. 61 et sqq.

que Marguerite, le Roi, et Louise de Savoie avaient été protestants de cœur.

C'est dénaturer les faits à plaisir. Personne ne niera qu'il n'y eût dans le clergé catholique, au temps de la réforme, des abus scandaleux. Des hommes s'annoncent comme devant en poursuivre la répression et rappeler les chrétiens à une vie plus conforme aux préceptes de l'Évangile. Il n'y a là rien de schismatique. Tous les honnêtes gens, tous les esprits religieux doivent souhaiter le succès de tels réformateurs. Mais observez que ceci est antérieur à la confession d'Augsbourg. C'est en 1529 seulement, à la diète, que Luther publie aux yeux de l'Europe ses idées formulées et constituées en corps de doctrine. Dès lors le schisme est flagrant; Luther est marqué au front, et beaucoup de ceux qui faisaient des vœux pour son triomphe, s'éloignent de lui, en regrettant de s'être mépris sur la portée de ses vues[1]. Tout cela s'exécute avec une parfaite bonne foi. Marguerite correspondant avec Sigismond de Hohenloë, était aussi loin de se croire hérétique que l'était

[1] C'est ce qui fait dire à Marot prédisant malheur aux luthériens :

    Marguerite de franc courage
    N'a plus ses beaux yeux éblouis.
      (*Ép. du Coq à l'Asne.*)

Luther lui-même à son début, humble Augustin, protestant de son éternel dévouement au Pape et à l'Église romaine. L'insolence du marchand d'indulgences Tzetzel, la hauteur maladroite du cardinal Cajetan, l'insouciante imprévoyance de Léon X, changèrent ces dispositions. Le ressentiment de l'orgueil blessé fit franchir à Luther la barrière de ses devoirs; il arriva au but de sa course, tout d'une haleine, et quand il se retourna pour mesurer l'espace parcouru, il se trouva avoir fait à lui tout seul une révolution.

Au contraire, chez Marguerite d'Angoulême, le sentiment des abus ecclésiastiques, quelque vif qu'il fût, céda devant le péril de la foi, et la princesse recula plutôt que de manquer à la fidélité envers l'Église.

Revenons aux suites de la bataille de Pavie. François, prisonnier de Charles-Quint, écrivit à sa sœur, la priant de venir travailler à sa délivrance. C'est du moins ce que laisse entrevoir la réponse de Marguerite (mai 1525), et cette réponse paraît avoir été concertée dans l'espoir d'une indiscrétion qui la ferait passer sous les yeux de l'Empereur. Madame d'Alençon met sa confiance dans les vertus de Charles-Quint, dont elle n'oublie pas de vanter surtout la générosité. Elle fait demander par madame la Régente un sauf-conduit pour *le personnaige qui doit aller vers l'Empereur.* C'est elle-même qui est *le personnaige,* mais apparemment elle juge plus prudent de ne pas se nommer.

On obtint le sauf-conduit pour six mois, et Marguerite s'embarqua, le 27 août 1525, à Aigues-Mortes, avec le président J. de Selves, Gabriel de Grammont, évêque de Tarbes, Georges d'Armagnac, alors archevêque d'Embrun, depuis cardinal de Tournon, et une suite de femmes assez nombreuse. Débarquée en Espagne, elle voyageait en litière, et fidèle à l'habitude qu'elle avait prise d'occuper tous ses instants, elle composait des vers où elle exprime son impatience d'être au terme de son voyage :

> Le désir du bien que j'attends
> Me donne de travail matière,
> Une heure me dure cent ans ;
> Et me semble que ma litière
> Ne bouge ou retourne en arrière,
> Tant j'ay de m'advancer desir.
> O, qu'elle est longue, la carrière
> Où gist à la fin mon plaisir !

> Je regarde de tous costez
> Pour voir s'il n'arrive personne,
> Priant sans cesse, n'en doubtez,
> Dieu, que santé à mon Roy donne.
> Quand nul ne voy, l'œil j'abandonne
> A plorer ; puis sur le papier

Un peu de ma douleur j'ordonne.
Voilà mon douloureux mestier.

O qu'il sera le bien venu,
Celuy qui, frappant à ma porte,
Dira : Le Roy est revenu
En sa santé très-bonne et forte.
Alors sa sœur, plus mal que morte,
Courra baiser le messager
Qui telles nouvelles apporte
Que son frère est hors de danger.

Marguerite en arrivant à Madrid trouva son frère en péril de mort. La maladie de François Ier était causée par l'ennui et le désespoir. Madame d'Alençon, maîtresse de sa douleur, invoqua les secours de cette religion qu'on l'accusait de trahir au fond de l'âme. Elle fit dresser un autel dans la chambre même du malade : tout ce qu'il y avait de Français compagnons de captivité du Roi, grands seigneurs et domestiques, sans distinction, ayant au milieu d'eux la sœur de leur monarque à l'agonie, s'agenouillèrent dans cette chambre de prison, et reçurent l'hostie consacrée des mains de l'archevêque d'Embrun. Immédiatement après cette communion, le prélat s'approche du lit et supplie le malade de fixer ses regards sur le saint sacrement. François Ier, réveillé de sa léthargie par cette voix, demanda à communier aussi, en disant : Dieu me guérira l'âme et le corps. Son désir fut satisfait, et l'on ajoute que dès cette heure sa convalescence ne tarda pas à se prononcer. Madame d'Alençon y contribua en relevant par le dévouement de son amitié le courage de son frère. Quand elle fut certaine que le péril était passé, elle songea, après avoir secouru le malade, à délivrer le captif. Elle quitta Madrid le 2 octobre pour aller trouver Charles-Quint à Tolède[1]. Marguerite fut d'abord charmée de l'intérêt que tout le monde semblait prendre à son frère : « Je n'eusse jamais, écrit-elle, pensé trouver ici une compaignie si affectionnée. » Mais elle ne fut pas longtemps la dupe de ces démonstrations : « Chacun me dit qu'il « aime le Roi, mais l'expérience en est petite. — « Si j'avois affaire à gens de bien, qui enten- « dissent que c'est que d'honneur, je ne me sou- « cierois; *mais c'est le contraire.* » Elle resta quelque temps à Tolède, provoquant, recueillant les bonnes paroles de l'Empereur ; puis elle revint à

[1] Babou de La Bourdaizière écrivant de Madrid à la Régente, à la date du 1er octobre 1525, dit ne pouvoir mieux lui certifier l'*amendement* du Roi, « que par le partement de madame vostre « fille, laquelle connoist et voit ledict seigneur estre si bien, qu'elle « l'abandonne *demain* pour s'en aller à Tolède poursuivre ses af- « faires, desquels, ainsy que l'on peult juger par les conjectures, « l'issue sera à vostre intencion et désir. » (Ms. Béthune 8468, f. 63.)

Madrid, d'où elle courait à Alcala, à Guadalaxara, sollicitant tout le monde, tâchant de se faire des amis partout, principalement dans la famille du duc de l'Infantado, qui se montrait fort bien disposé pour l'illustre prisonnier. Cependant le duc fut averti de la cour que s'il voulait complaire à l'Empereur, ni lui ni son fils ne devaient parler à madame d'Alençon; « mais, dit-elle, les dames ne me sont défendues, à qui je parlerai au double. » (*Lettre du 21 novembre.*) Marguerite en même temps demandait à Montmorency un certain nombre de blancs seings, de la main du Roi, destinés sans doute à acheter quelques dévouements à son frère. Elle ne se bornait pas à travailler ainsi la cour en secret; elle agissait encore officiellement; elle parut même devant le conseil d'Espagne, et, au rapport de Brantôme, sa harangue fit une impression profonde sur des hommes endurcis par les habitudes de la politique et les calculs égoïstes de l'ambition. Marguerite, malgré toute l'activité de son zèle, aurait échoué; mais elle était femme, et femme ingénieuse : elle employa une autre combinaison.

Charles-Quint l'avait mise en relation avec sa sœur Éléonore, veuve du roi de Portugal, et les deux princesses s'étaient liées d'une amitié tendre. Éléonore, promise par l'Empereur au connétable de Bourbon, s'indignait et refusait de devenir la récompense d'une trahison odieuse. Marguerite saisit l'occasion de faire d'Éléonore ce que les circonstances l'avaient elle-même empêchée de devenir : un lien, une garantie de paix entre les deux monarques. Elle se mit *à brasser,* comme parle Sainte-Marthe, le mariage de son frère avec la sœur de Charles-Quint. Elle réussit, et par là fut l'auteur véritable du dénouement qui ne se fit pas longtemps attendre.

L'Empereur cependant mettait tous ses soins à le reculer. François et Éléonore, devenus époux, avaient eu à peine le temps de s'entrevoir au château d'Illescas. On les avait séparés. Charles-Quint exigeait la Bourgogne; François Ier s'obstinait à la refuser. On a dit que Marguerite avait amené son frère à signer une promesse avec la résolution intérieure, une fois libre, de ne la point tenir. D'où l'a-t-on su? rien ne l'indique. François signa; de retour en France, il refusa de tenir sa parole, et envoya à Charles V un insolent démenti avec un cartel, à la mode des anciens chevaliers errants. Il eût été plus chevaleresque de garder sa foi; mais enfin voilà les faits, le reste se réduit à des conjectures hasardées. Cette conduite de François Ier peut-elle s'excuser par l'intérêt public et par la contrainte à laquelle le Roi captif avait cédé? c'est un cas de conscience politique que nous n'avons pas à examiner ici.

Le terme du sauf-conduit approchait. Marguerite sollicita une prolongation; on la lui refusa. Elle partit donc, emportant un acte par lequel François abdiquait la couronne de France en faveur de son fils aîné. Par suite de cet édit, monument honorable pour le caractère de François Ier, Charles-Quint se trouvait n'avoir plus entre les mains qu'un prisonnier ordinaire, un simple gentilhomme, et le roi de France reparaissait tout à coup au milieu de son peuple. Marguerite s'éloignait lentement et à regret, espérant toujours que quelque bonne nouvelle viendrait l'arrêter en chemin. On voit par une de ses lettres, que le 3 décembre, elle resta à cheval de midi à sept heures pour faire cinq lieues. Elle avait calculé d'être à Narbonne aux fêtes de Noël; mais tout à coup un avertissement lui est transmis de la part de son frère, de forcer sa marche [1]. Trois jours après son départ, une copie de l'acte d'abdication avait été remise à Charles-Quint. Fut-ce imprudence, faux calcul, ou trahison, l'on ne sait; mais l'Empereur, dont cet acte déjouait les espérances, usa de dissimulation : il comptait

---

[1] Voyez la lettre du 2 décembre 1525 à M. de Montmorency.

que la dernière heure de la trêve sonnerait avant que la duchesse eût passé les frontières d'Espagne ; alors il usait de son droit, à la rigueur, et retenait madame d'Alençon prisonnière. Son espoir faillit se réaliser, car Marguerite s'en allait sans aucune défiance. L'avis qu'elle reçut émanait, à ce qu'on croit, du connétable de Bourbon, toujours amoureux d'elle, repentant de son crime, et qui trompait cette fois la confiance de Charles-Quint, pour réparer autant que possible sa trahison envers François Ier. Triste condition de la déloyauté. Heureusement il était temps encore ! Madame d'Alençon, à force de diligence et de fatigues, faisant en un jour le chemin de quatre, parvint à se mettre en sûreté. Elle arriva à Salses (Pyrénées-Orientales), une heure avant l'expiration du délai. Elle était sauvée ! Son premier soin fut d'en donner avis à l'Empereur, et sans doute elle ne manqua pas de remercier son ancien prétendant de sa constance, et des moyens délicats par lesquels il avait voulu devenir, à tout prix, maître de sa personne. Elle garda de cette affaire un si bon souvenir, que, longtemps après, lorsque Charles-Quint passa par Paris pour gagner les Pays-Bas, elle lui rappela fort à propos l'histoire du sauf-conduit. Je regrette vivement que toutes mes recherches pour retrouver cette lettre aient été infructueuses; il est vraisemblable qu'il n'en est point resté de copie en France [1].

On ne saurait douter que le connétable de Bourbon n'ait été vivement épris de Marguerite. Les preuves de cet amour subsistent. Mais l'imagination de quelques écrivains modernes ne s'est point arrêtée là; ils ont avancé que Marguerite avait répondu à cette passion; et là-dessus Varillas, mademoiselle de La Force et l'auteur de l'*Histoire des Favorites* et des *Galanteries des Rois de France*, ont bâti leurs romans. Il est bon d'avertir que rien n'autorisait cette supposition. Un historien instruit et impartial, qui aimait à présenter sous une forme amusante le résultat de recherches sérieuses, Dreux du Radier dit à ce

---

[1] Varillas en parle comme s'il l'avait vue, mais sans dire où : « Elle décrit cette intrigue *dans ses lettres* avec une délicatesse « qui, toute respectueuse qu'elle est pour l'Empereur, ne laisse pas « de lui reprocher sa malhonnêteté *en termes extraordinairement* « *forts*. » (*Hist. de François I*er, t. II, p. 82.) D'ordinaire on ne s'exprime point ainsi sur de simples conjectures, mais on sait combien cette assurance impudente était familière à Varillas; il cite ainsi une foule de pièces qu'il est impossible de vérifier, et nous voyons de nos jours son école se continuer avec un certain succès. Ailleurs il indique une *Relation des négociations de la duchesse d'Alençon en Espagne*, et il met en marge : « Elle est parmi les manuscrits de la Bibliothèque du Roi (II, 79). » J'ai consulté tous les conservateurs de la Bibliothèque du Roi, personne n'y a jamais entendu parler de cette relation.

sujet : « Les vertus supérieures, la piété éclairée « et la sagesse de cette princesse sont trop bien « établies pour le croire. » Et, à l'appui de son opinion, il invoque le témoignage de Bayle : « Bayle s'élève avec beaucoup de justice en cet « endroit (à l'article *Navarre*), et en quelques « autres, contre les auteurs de ces ouvrages que « Juvénal appelle *historias peccare docentes*, où « la femme la plus vertueuse, à l'aide de quel- « ques faits détachés, est travestie en héroïne de « roman, c'est-à-dire avec toutes les foiblesses qui « font l'âme de ces prétendues héroïnes [1]. »

On voit dans ce passage comment et par qui s'est établie la réputation de galanterie de la reine de Navarre. Cette princesse a été décriée à bonne intention par des auteurs très-décriés eux-mêmes, mais qui ont prévalu à la longue, parce qu'ils étaient aux mains de tout le monde, et parce que beaucoup de gens, même des plus instruits, apprennent l'histoire dans des romans ou dans des histoires romanesques, plutôt que de puiser aux sources.

Marguerite, depuis son retour d'Espagne, était informée de ce qui touchait son frère par un des compagnons d'infortune du Roi, Jean

---

[1] *Mémoires et Anecdotes*, t. IV, p. 30.

Delabarre, prévôt de Paris. On voit par une lettre de Delabarre, datée de Madrid, 15 février 1526[1], combien la captivité de François Ier s'était adoucie depuis qu'il était devenu beau-frère de son vainqueur. Il profitait du rétablissement de sa santé pour se divertir par des promenades, des festins chez les grands du royaume, des visites aux églises et dans les monastères. On le conduisait même chez des religieuses. Il exerçait là son privilége royal de guérir les écrouelles. Partout le peuple se pressait pour le voir, l'accueillait et lui faisait fête. « Je croy, madame, qu'ils cuidoient « tenir Dieu par les piés que de le tenir léans. Et « ce ne fut sans vous y souhaiter. » Partout aussi il laissait des marques de sa munificence. Il ne communiquait avec sa femme que par lettres; mais le moment n'était pas éloigné où les deux époux allaient être réunis. En un mot, François avait toute sorte de sujets de prendre sa prison en patience, et cet heureux changement, il en avait l'obligation à Marguerite.

Le succès d'une négociation dépend souvent de celui qui l'entame, mais l'honneur en revient toujours à celui qui la termine. Montmorency eut cet avantage. Le 20 mars 1526, François Ier

---

[1] Pièces justificatives, n° II.

rentrait dans Paris après un an d'absence [1]. On sait ce que coûtait sa liberté : la rançon du Roi était de douze cent mille écus d'or, et jusqu'au parfait paiement de la somme, il devait livrer ses deux fils aînés comme otages. La négociation fut longue, difficile, et souvent modifiée dans ses termes. Il existe une lettre écrite au nom de Charles-Quint à la Régente, relativement aux conditions de la délivrance du Roi. L'Empereur, entre autres conditions, demande pour lui-même la main de Marguerite, en disant que l'on trouvera un autre parti pour le connétable de Bourbon [2]. Ce curieux document fait voir que

---

[1] Je trouve une lettre du bailly de Paris, précisément datée du même jour, et renfermant un « estat des présens que le Roy ordonne à ceulx qui l'avoient gardé en Espaigne. » Il y a vingt-quatre articles dont voici les premiers :

« Au sieur Alarcon, pour 3,000 escus de vaisselle, la plus belle que l'on pourra recouvrer, dont luy sera fait présent au nom du Roy. Ci...................... 3,000

« Au nom de Madame, une chesne de 2,000 escus, de quelque belle façon.............................. 2,000

« Au nom de madame la duchesse (*d'Alençon*), une coupe d'or de 1,000 ou 1,200 escus, etc. »

La générosité du Roi ne s'arrête pas là. Il fait écrire à sa mère qu'elle doit « faire présenter au visroy (*Lannoy*) des terres en Flandres, jusques à telle quantité qu'il luy plaira et luy semblera pour le mieulx. » (Ms. Béthune 8546, fol. 53.)

[2] Ms. Béthune 8496, fol. 13.

ni l'Empereur ni le connétable n'avaient abandonné leurs anciennes prétentions sur Marguerite, et que la reconnaissance de Charles pour Bourbon n'allait pas jusqu'à lui sacrifier ce point.

Il semble que cette demande aurait dû être acceptée avec empressement, et par François Ier et par sa sœur si dévouée. Il faut croire que la difficulté vint de quelque autre côté que nous ne savons pas. S'il était permis de former une conjecture, on pourrait croire que François Ier avait dès lors en vue pour sa sœur une autre alliance, au moyen de laquelle, si elle réussissait, il aurait pu tirer vengeance du traitement que Charles-Quint lui avait fait subir. François Ier, dans sa prison, avait réclamé l'amitié et les secours d'Henri VIII. Le roi d'Angleterre, ne fût-ce que par politique, devait soutenir François Ier contre Charles V, dont la puissance, déjà bien assez formidable, menaçait de devenir irrésistible s'il accomplissait à son profit la ruine de la France. La ligue politique se cachait donc sous les couleurs d'une sympathie généreuse et d'une amitié désintéressée. A son retour d'Espagne, Marguerite écrit au chancelier d'Alençon (14 janvier 1526) : — « Le Roy entend bien que l'amitié et parfaite
« alliance du Roy son bon frère et de luy, est la
« plus grant grace que Dieu, en sa tribulacion,

« luy ait donnée, et sur quoy il fonde le seur
« moyen de sa liberté. Et croy que sy le roy
« d'Angleterre entendoit quelle amour et obliga-
« cion il a engendrée au cueur du Roy, la sienne
« encores croistroit, car il dit (*François Ier*) que
« sy son corps est prisonnier de l'Empereur, que
« son cueur et tout ce qu'il a l'est du roy d'An-
« gleterre. » Ce fut apparemment pour resserrer
et consolider cette amitié que François Ier, à peine
rentré dans sa famille, s'occupa de marier la belle
veuve du duc d'Alençon au roi d'Angleterre. Il
est certain que l'évêque de Tarbes, Gabriel de
Grammont, qui passait pour un habile négociateur, fut envoyé à Londres avec des instructions secrètes, d'après lesquelles il devait
exploiter l'éloignement d'Henri VIII pour Catherine d'Aragon, amener ce prince au divorce
et l'engager à jeter les yeux sur la sœur du roi de
France. L'évêque ne réussit qu'à moitié : Henri
divorça, mais ce fut pour épouser Anne de Boulen, naguères attachée au service de la duchesse
d'Alençon. *Sic vos non vobis.* A quoi tiennent les
destinées des royaumes ! Si Henri VIII eût épousé
Marguerite, qui sait ce qui serait résulté pour la
France et pour l'Angleterre de cette ligue contre
Charles-Quint ? Henri aurait subi peut-être l'as-
cendant de sa femme ; il est probable du moins

qu'il n'eût osé la faire monter sur l'échafaud ni la répudier. Il se fût épargné les assassinats juridiques qui ensanglantent sa mémoire. L'Angleterre serait peut-être encore catholique, et la religion n'aurait jamais suscité ces tristes querelles entre l'Irlande et ses oppresseurs.

Le désastre de Pavie avait livré à Charles-Quint encore un autre roi que le roi de France; mais celui-là n'était que roi honoraire. C'était Henri d'Albret, souverain de la Navarre, sinon de fait, au moins de droit et de nom. Il était fils de Jean d'Albret et de Catherine de Foix, célèbres l'un et l'autre, Jean, par la débonnaireté, la faiblesse de son caractère, qui lui fit perdre la Navarre; Catherine, par la virilité de son cœur, qui ne parvint pas à sauver son royaume des mains de Ferdinand le Catholique[1]. Henri, jeune et vaillant, s'était distingué à Pavie, avait été pris et conduit avec le roi de France dans la forteresse de Pizzighitone, où le vainqueur, de Lannoy, vice-roi de Naples, les traitait avec toute sorte d'égards. Des rapports de caractère et surtout la commu-

[1] « Don Juan, disait-elle à son mari, si nous fussions nés, vous Catherine, et moi don Juan, nous n'eussions jamais perdu la Navarre. » — La Navarre fut réunie à la couronne de Castille le 25 juillet 1512, quatre cent quatre-vingt-six ans après qu'elle en avait été séparée.

nauté d'infortune firent naître l'amitié entre François et Henri. Le matin du jour de Pâques (16 avril 1525), les domestiques du vice-roi se présentant à la porte du roi de Navarre, un page du prince vient à eux sur la pointe du pied, le doigt sur les lèvres, et leur montre le lit où repose son maître malade. Une voix affaiblie sort de dessous les rideaux; le roi de Navarre demande qu'on le laisse encore dormir, et les envoyés se retirent, fort éloignés de soupçonner que, pendant ce temps, le véritable Henri fuyait, couvert des habits de celui qui jouait son rôle[1]. La ruse fut découverte trop tard. Lannoy, appréciant le généreux dévouement du page[2], ne voulut point le punir, mais la crainte que François Ier ne lui échappât aussi par quelque stratagème le résolut à transporter son royal captif en Espagne.

Des qualités héroïques, des aventures romanesques, sont une puissante recommandation auprès d'une femme. Henri d'Albret et Marguerite s'aimèrent; François consentit à leur mariage qui fut célébré à Paris, le 24 janvier 1527. La duchesse d'Alençon est désignée dans le contrat

---

[1] Voyez une lettre du roi de Navarre; Pièces justificatives, n° III.

[2] L'histoire a conservé le nom de ce jeune homme; il s'appelait Vivès.

sous le nom de Marguerite de France[1], titre qu'elle n'avait pas pris lors de son premier mariage, en 1509, parce qu'alors son frère n'était pas encore monté sur le trône. Marguerite avait trente-cinq ans, et Henri d'Albret vingt-quatre.

Ce mariage fut chanté par tous les poètes du temps, qui regardaient la sœur du Roi comme leur protectrice d'abord, et ensuite comme leur parente en Apollon. Nous avons encore la pièce de vers latins de Jean Dorat, alors précepteur des pages[2], un des ancêtres de l'auteur de *la Feinte par amour,* et de tant de petits vers musqués. L'esprit de galanterie mythologique était dans cette famille. Jean Dorat faisant allusion au nom de la princesse, raconte comment la perle (*Margaris*) naquit autrefois dans la coquille même d'où sortit Vénus. C'était une goutte superflue de la rosée divine dont fut créée la déesse. Un jour, pendant sa grossesse, Louise de Savoie,

---

[1] Voyez les Pièces justificatives, n° IV.

[2] Il ne fut professeur de grec au collége de France qu'en 1560. On écrit quelquefois *Daurat,* parce que Dorat avait latinisé ce nom d'adoption en *Auratus.* Son nom véritable était *Dinemandy.* Quant à la descendance de Dorat (Claude-Joseph), je la rapporte sur la foi de Sautereau de Marsy. (*OEuvres choisies de Dorat,* t. Ier, p. 9.)

L'élégie de J. Dorat sur le mariage d'Henri d'Albret et de Marguerite de Navarre se trouve dans les *Deliciæ poetarum Gallorum,* pars 1^a, p. 312.

mangeant des huîtres avec avidité, avala cette perle par mégarde, et la fille qu'elle mit au jour, fut une véritable perle ; aussi la nomme-t-on *Marguerite :*

> *Qualis et esca fuit, talem quoque ventre puellam*
> *Edidit, et nomen Margaris inde manet.*

On voit que Jean Dorat était digne d'être le bisaïeul de Claude-Joseph Dorat, poëte et mousquetaire.

L'hommage de Joachim du Bellay, moins prétentieux, n'est pas moins flatteur. Quels vers, dit-il, devraient inspirer les Muses, si la vertu en personne se mariait? Ce sont ceux qu'il faut chanter aujourd'hui, car Marguerite est la vertu personnifiée. La forme du distique relève cette pensée assez commune :

> *Qualia virtuti, virtus si nuberet ipsa*
> *Carmina Pieriis voce sonanda forent,*
> *Talia Margaridi, virtus nam Margaris ipsa est,*
> *Carmina Pieriis sunt modulanda sonis* [1].

François Ier combla les nouveaux mariés de présents et de promesses ; il renonça en leur faveur à toute espèce de prétentions sur le comté d'Armagnac[2], et s'engageait à faire restituer à son beau-frère son royaume de Navarre. Mais,

---

[1] *Deliciæ poetarum Gallorum,* pars 1ª, p. 432.

[2] Cette renonciation avait eu lieu en faveur du mariage de Mar-

quant au dernier point, François Ier fit céder ses bonnes intentions devant des nécessités politiques qu'il se résigna, trop facilement peut-être, à trouver inflexibles. Marguerite cependant n'était pas femme à négliger cet article. Elle y revient continuellement par des allusions fort claires, et dans ses lettres à Montmorency, il n'y en a guères où elle ne réclame pour cet objet les bons offices du grand maître. Ses persévérantes sollicitations n'aboutirent à rien. François ne fit jamais la moindre tentative pour remplir ses engagements. Il y a plus : on lit dans une pièce diplomatique intitulée *Les offres faites à l'Empereur pour la délivrance des enfants de France* [1] : « *Item*, promet ledict Sei-« gneur Roy, non assister, ne favoriser le roy de « Navarre, combien qu'il ait espousé sa très-« aymée et unique seur, à reconquérir son « royaulme. »

---

guerite avec le duc d'Alençon. François Ier ne fit ici que la confirmer.

Louis XI, après avoir confisqué les terres du duc d'Armagnac, y avait établi un sénéchal et des officiers à lui, chargés particulièrement de percevoir les deniers domaniaux. François Ier, en 1516, supprima ces officiers, et renvoya la connaissance des cas royaux au sénéchal de Toulouse. (Voyez Olhagaray, *Hist. de Foix et de Béarn*, p. 501.)

[1] Ms. de Béthune 8546, fol. 107.

Si ces offres furent secrètes, comme tout paraît l'indiquer, cet article révélerait dans François Ier un égoïsme et une déloyauté bien opposée au caractère dont il aimait à faire parade. Ce ne serait pas au reste le seul trait de sa vie qui pût autoriser de pareils soupçons. Il est certain qu'il abusa jusqu'à la tyrannie de l'affection dévouée de Marguerite et d'Henri, par exemple, quand il leur ôta leur fille unique, Jeanne, pour la faire élever au Plessis-lez-Tours, selon les convenances de sa politique. Qu'eût fait de pis Louis XI ?

Avant d'aller plus loin, il importe de dire un mot de la famille du roi de Navarre, afin de rendre claires les relations de parenté dont Marguerite parle souvent dans sa correspondance.

Jean d'Albret avait eu de Catherine de Foix six enfants. L'aîné, Charles, périt en Italie dans l'expédition de 1528, où fut tué Lautrec.

Henri était le second, né en 1503.

Des quatre filles, Anne fut mariée au comte d'Estrac, fils du comte de Candale.

Isabeau épousa monsieur de Rohan.

Catherine ou, suivant la forme espagnole, Quitterie, se fit religieuse à Prouille, en Languedoc. Elle passa ensuite à Fontevrault, et mourut à Caen, abbesse de la Trinité.

Marie, la dernière fut aussi religieuse, mais je

n'ai pu découvrir en quel lieu. Olhagaray dit simplement : Quitterie et Marie furent nonnains.

Henri était marié depuis à peine un an, lorsqu'il trouva l'occasion de rendre à son beau-frère un assez important service. Quand François voulut rassembler les douze cent mille écus d'or de sa rançon, le pape lui accorda quatre décimes sur les biens ecclésiastiques, c'est-à-dire le droit de prélever comme impôt les quatre dixièmes du revenu de ces biens. Cela ne suffisant pas, et le Roi ne voulant pas se priver du produit de la taille ni des domaines, on était fort embarrassé. Le chancelier Duprat écrit au grand maître, M. de Montmorency : « Touchant le fait de l'argent dont
« le Roy et vous m'escrivés, j'ay serché tous les
« moyens du monde pour le pouvoir trover, et
« aux banques et ailleurs......, il n'y a homme
« qui ne baisse les oreilles. Je verray encores de-
« main tout le matin pour essayer d'en recouvrer.»
(Ms. Béthune 8573, fol. 81.)

Cette lettre est du 27 décembre 1527; deux jours auparavant, le cardinal de Tournon, archevêque de Bourges, n'avait pas envoyé à Montmorency de meilleures nouvelles : « Monsieur de
« Bryenne dit qu'il n'y a pas ung blanc, et que
« si le Roy ou Madame ne pourvoient à leur affère,
« *ils donneront du muzeau en terre,* comme vous

« le luy avez ouy dire souvent. » (Ms. Béth. 8608, fol. 13.)

Le conseil du Roi, pour lui éviter le désagrément dont parle M. de Brienne, ne vit d'autre expédient que d'exiger de la noblesse un don gratuit. On ne s'arrêta pas à la contradiction des termes ; on n'en avait pas le loisir. Que si cette ressource nous paraît singulièrement trouvée, elle ne le parut pas moins à la noblesse, qui étant rassemblée par diocèses, refusa de subir la surtaxe déguisée en cadeau volontaire. Elle essaya même d'établir légalement une prétention qui fait peu d'honneur à sa fidélité et à sa générosité ; on peut en juger par le titre seul de la pièce suivante : « *Consultation de quelques avocats de Paris sur la question de savoir si les nobles sont contribuables à la rançon du Roy* [1]. » Cette consultation est signée de six avocats : Pierre Lizet, si impitoyablement raillé par Théodore de Bèze ; N. Chartier ; de Montholon ; Aillegret ; Poyet, qui, devenu chancelier en 1538, se fit exécrer par toute la France, et destituer par le Roi (1545) ; enfin N. Charmoluc.

On parvint cependant à vaincre cette mauvaise

---

[1] Je n'ai vu cette consultation que dans la copie de Fontanieu (à la date de fin décembre 1527, t. 205-206), qui oublie, contre son ordinaire, d'indiquer où il a trouvé l'original.

volonté et à obtenir le don gratuit, mais ce ne fut pas sans peine. La noblesse limousine et celle du Berry se montra particulièrement récalcitrante. Le roi de Navarre fut envoyé pour la convertir; il y réussit. Les gentilshommes assemblés à Bourges accordèrent la décime de tous leurs fiefs et arrière-fiefs, payable au mois de mars suivant. Henri d'Albret écrivant à François Ier cette bonne nouvelle, lui vante *l'honnesteté* avec laquelle ces messieurs en ont usé, et attribue leur première réponse à *l'inadvertance*, plutôt qu'au manque de bon vouloir et d'affection[1]. Quoi qu'il en dise, l'affection de la noblesse française pour son roi paraît en cette circonstance un peu suspecte, et comme de son côté le Roi refusait de toucher à ses revenus, s'obstinant à puiser sa rançon dans la bourse de ses sujets, on en peut conclure que de part et d'autre l'amour de l'argent passait le premier, et les protestations n'étaient que grimace. Ce n'est pas ainsi qu'avait été payée la rançon de Duguesclin.

Vers la fin de l'année 1518, Marot était entré au service de la duchesse d'Alençon, en qualité de valet de chambre. Marguerite avait à cette époque vingt-six ans, et Marot en avait vingt-trois. Le poëte fut présenté à la duchesse, de la

---

[1] Pièces justificatives, n° V.

part du Roi, par le seigneur de Pothon, et ne voulant point paraître devant elle les mains vides, il lui offrit dans cette première entrevue la pièce qui débute par ce vers :

Si j'ay empris en ma simple jeunesse, etc.

Entre le poëte et la princesse, il y eut un échange de vers très-actif. On s'est plu à dire que Marot avait soupiré pour Marguerite, et les méchants ont ajouté qu'il n'avait pas soupiré inutilement. Qu'il lui ait parlé d'amour, cela n'est pas douteux, les œuvres de Marot sont là pour l'attester; mais des déclarations d'amour, surtout aussi publiques, n'étaient alors ni compromettantes ni incompatibles avec les idées de respect et d'infériorité. C'était un reste des mœurs de la chevalerie. Cet amour de Marot pour Marguerite a-t-il été, comme on l'a prétendu, quelque chose de plus qu'une fiction poétique? cette question est assez difficile à résoudre. Si je dis qu'en tous cas la vertu de Marguerite n'en a souffert aucune atteinte, on ne manquera pas de reconnaître dans cette assertion la partialité ordinaire aux commentateurs[1]. Je me bornerai donc à observer

[1] M. Auguis, éditeur et commentateur de Marot, n'a pas manqué d'adopter comme authentiques les amours adultères de la Reine et du poëte. Il se complaît à en présenter le roman détaillé d'après

généralement qu'être amoureux de toutes les femmes, princesses ou bergères, était jadis le droit et presque le devoir de quiconque, à tort ou à raison, s'attribuait la qualité de poëte ; que ni Marot ni Marguerite ne se cachèrent de ces prétendues amours ; enfin qu'Henri d'Albret ni personne n'eut la pensée d'en être offensé ou scandalisé. Il est bon de remarquer que, pendant

les vers de Marot ou d'après ses propres conjectures, mais jamais sous la forme dubitative. M. Auguis a trop aveuglément accepté une tradition qu'il jugeait honorable pour son auteur, et cela le conduit à des erreurs assez graves. Par exemple, voulant quelque part expliquer une prétendue imprudence de la reine de Navarre : « Marguerite, dit-il, était jeune et elle aimait. » (T. Ier, p. xxxv.) La phrase a bien la couleur du genre ; par malheur Marguerite avait trente-cinq ans lorsqu'elle épousa en secondes noces le roi de Navarre, et à l'époque dont parle M. Auguis, elle approchait fort de la quarantaine. Ce n'est pas, surtout à la cour, l'âge des pupilles inexpérimentées. Mais qui s'arrête à ces considérations-là ? On répétera toujours, sur l'autorité de La Harpe, que Marot a été l'amant heureux de la reine de Navarre : la prescription y est.

L'abbé Goujet, scrupuleux inquisiteur des choses littéraires ou relatives aux gens de lettres, ne croit point à ces amours de Marot et de Marguerite. Un éditeur de son temps en avait fait l'historiette, comme M. Auguis : « Mais quelques conjectures que cet « éditeur entasse les unes sur les autres, quelque tournure qu'il « leur donne pour faire croire que ce sont autant de vérités fon-« dées sur les poésies mêmes de Marot, *je n'y vois rien qu'une* « *pure fiction*, à peu près semblable à celles qui ont été employées « par les écrivains romanesques des amours de Tibulle, de Catulle, « d'Horace et de Properce. » (*Biblioth. française*, XI, p. 40.)

la vie de Marguerite, il ne s'éleva pas l'ombre d'un soupçon sur la pureté de ses mœurs. La licence qu'on se donnait pour l'attaquer sur l'article bien plus grave de la foi religieuse, montre assez que ni la crainte ni le respect n'étaient pour rien dans ce silence. Rappelons-nous toujours que la réputation de galanterie a été faite à Marguerite à propos de ses contes, par des gens qui ne les avaient pas lus, et qui ne connaissaient ni le langage ni les habitudes du xvie siècle. Pour ces gens-là, Molière est choquant d'indécence, et Molière ne choquait ni madame de Sévigné, ni madame de Lafayette, ni personne de cette cour de Louis XIV, si élégante et si amie des bienséances. Brantôme est le premier qui ait osé ternir la réputation de la reine de Navarre. En fait de galanterie, dit-il, cette princesse *en savait plus que son pain quotidien*, et cette phrase, vu l'humeur de Brantôme, peut encore passer pour réservée. Notez que Brantôme n'était pas à proprement parler contemporain de Marguerite. Il appartenait déjà à la génération suivante, et sa conscience comme témoin ne pouvait gêner son imagination libertine. Probablement encore les aventures scandaleuses de la femme d'Henri IV, qui était aussi une Marguerite de Valois, reine de Navarre, auront rejailli sur la sœur de François I^(er); où l'on a vu identité de nom et de titre, on a supposé identité de mœurs. Cette confusion est assez naturelle [1].

La passion vraie ou feinte de Marot lui inspira quelques-unes de ses plus jolies pièces. Le dixain suivant n'est pas précisément de ce nombre, mais il est inédit :

> En vous aymant vous me verrez haïr
> De ceulx qui ont puissance de me nuire;

[1] Dans un roman intitulé *Jean Ango*, où l'auteur affiche de grandes prétentions d'historien, Marguerite est représentée comme une véritable Messaline, *friande du picotin amoureux*, qui lit pendant la messe les *Baisers* de Jean Second *, et qui, non contente de se livrer à tous les seigneurs de la cour et à ses valets de chambre, vit dans l'inceste avec le Roi son frère. Si ces horreurs étaient mises sur le compte d'une bourgeoise morte l'an dernier, il n'y aurait qu'un cri pour les flétrir; mais le premier venu barbouilleur de papier peut souiller impunément la mémoire d'une princesse morte il y a trois siècles.

Dans ce même ouvrage, dont l'action est en 1532, Anne de Montmorency est toujours appelé le connétable, dignité dont il ne fut revêtu qu'en 1538 **. Marot est *l'Anacréon français*, *le traducteur burlesque des psaumes de David* (qu'il ne traduisit que onze ans plus tard, en 1543); madame d'Étampes se nomme *Anne de Poisselin* pour *Anne de Pisseleu*. Le style est au niveau des pensées et de l'érudition. Ces déplorables compositions, la honte de notre littérature, circulent parmi le peuple, qui va puiser là ses notions d'histoire nationale.

* *Nota bene* que l'action de ce livre se passe en 1532, et que les *Baisers* de Jean Second parurent pour la première fois en 1541, à Utrecht.

** Les lettres de provision, datées de Moulins, 10 février 153$\frac{7}{8}$, sont dans Dupuy, n° 847.

> Beaucoup de gens se pourroient esbahir
> Que je ne veux ailleurs mon cœur conduire.
> Las ! je ne puis autrement le réduire,
> Et aime mieux en vous aimant avoir
> Le mal qu'on peut pour tel cas recevoir
> Que tout le bien dont ils ont la puissance,
> Et me suffit que mon mal puissiez voir,
> Mais que [1] pitié suive la connoissance.
>
> (Ms. de Saint-Germain, n° 1556.)

Ce qui prouve combien l'on attachait peu d'importance à ces badinages poétiques, c'est que Marot n'en avait pas seul le privilége. Tout le monde pouvait adresser à la reine de Navarre des déclarations d'amour, pourvu qu'elles fussent rimées. Marguerite loin de s'en fâcher, y répondait par d'autres vers. En voici qu'elle envoya à un M. de Lavaux, qui, certes, n'aurait pas mérité l'indulgence par l'illustration de sa renommée. Ce M. de Lavaux écrivait à la Reine qu'il allait mourir, si elle n'avait pitié de son martyre :

Huictain de la royne de Navarre respondant à M. de Lavaux [2].

> Vous estes loin, quoique vostre escrit die,
> De ceste mort par trop d'affection,

---

[1] *Mais que, ma che, pourvu que*, italianisme fréquent dans les lettres de la reine de Navarre, et qui s'est conservé dans quelques provinces.

[2] Inédit. Saint-Germain, 1556, fol. 27.

Car, Dieu mercy! vous n'avez maladie,
Monstrant ennuy, douleur ne passion.
Mais si la mort souffrez par fiction,
Quand vous serez par amour trespassé,
Je vous en doy la lamentation,
Et en la fin *requiescant in pace.*

Évidemment, toutes ces passions en vers n'étaient qu'un jeu de société, comme plus tard, du temps de mademoiselle de Scudéry et du grand *Cyrus,* on s'amusa des passions en prose, mises en forme d'histoire romaine et de cartes géographiques. Marguerite délassait par ces bagatelles son esprit fatigué d'études sévères, car cette femme qui n'a laissé après elle qu'un recueil de contes frivoles, avait soif de la science universelle. En 1524, lorsqu'elle n'était encore que duchesse d'Alençon, l'évêque de Meaux, Guillaume Briçonnet, lui écrit : « Madame, s'il y avoit au bout du royaume
« ung docteur, qui, par un seul verbe abrégé,
« peust apprendre toute la grammarie, autant
« qu'il est possible d'en sçavoir; et ung aultre de
« la rhétorique; et ung aultre de la philosophie,
« et aussy des sept arts libéraux, chacun d'eux
« par ung verbe abrégé, vous y courriez comme
« au feu. » Et en parlant ainsi, le bon évêque ne la flattait pas. Assez de témoignages nous attestent le goût et le zèle de Marguerite pour les études sérieuses. « Elle entretenait, dit Sleidan, plusieurs

aux écoles, non-seulement en France, mais aussi en Allemagne, » et non contente de stimuler les hommes d'étude par ces sacrifices d'argent, elle les encourageait par son propre exemple. A trente-deux ans, elle lisait Érasme dans l'original ; elle entendait Sophocle, et voulant approfondir le vrai sens de la Bible, le grec ne lui suffisant pas, elle prit des leçons d'hébreu de Paul Paradis, surnommé le Canosse, qu'elle fit plus tard nommer professeur au Collége de France. Et qu'on veuille bien songer que cela se passait presque à la même époque où cet axiome avait cours dans les écoles de droit : *Græcum est, non legitur ;* où les moines disaient au peuple dans leurs sermons : « On a trouvé depuis peu une nouvelle langue qu'on appelle grecque. Il faut s'en garantir avec soin : Cette langue enfante toutes les hérésies [1]. » Et le célèbre théologien Claude d'Espence dit positivement qu'il suffisait de savoir épeler en grec ou en hébreu pour être déclaré hérétique. Voilà au sein de quelle barbarie une femme jeune et belle encore, une princesse du sang, une reine, donnait l'exemple d'une infatigable ardeur pour l'étude, d'un respect et d'une faveur illimitée pour les érudits et les poëtes. Son esprit était assez fort,

---

[1] Goujet, *Histoire du Collège de France*, t. I".

son imagination assez vive et fleurie pour se plaire avec les uns et avec les autres. Il faut lui en savoir gré, et convenir que cela seul, sans parler des autres preuves, déposerait en faveur de la reine de Navarre contre ses accusateurs, car les études sérieuses moralisent l'âme. Quelques écrivains trop hardis, comme Marot et Bonaventure Desperriers, elles les recueillit et les mit à couvert sous le titre de ses valets de chambre. Elle étendit cette protection sur beaucoup d'hommes illustres poursuivis comme sectateurs des nouvelles opinions religieuses [1]; elle leur ouvrit un asile dans son royaume de Béarn. Là vinrent se réfugier Lefebvre d'Étaples, Gérard Roussel, Calvin lui-même, et beaucoup d'autres que frappait de terreur le supplice de Louis Berquin.

Ce Berquin était un gentilhomme du pays d'Artois, propagateur imprudent et obstiné des idées de Luther. Deux fois Marguerite le tira de prison; mais à force de récidiver, il s'attira une sentence de mort. Berquin, après avoir été mis au pilori et marqué au front d'un fer rouge, fut

---

[1] « Elle secourut avec un soin admirable les réfugiés et les bannis de Paris et de Meaux, à Strasbourg, à Zurich, à Genève. C'est là qu'elle envoya en une seule fois 4,000 francs d'aumônes. C'étaient les effets de sa bonté et piété, et des témoignages de sa bonne et royale nature. » (SLEIDAN.)

mené sur le parvis Notre-Dame, où il fit amende honorable, la corde au cou, la torche au poing; de là on le conduisit en place de Grève, où il fut brûlé vif avec ses écrits, le 17 avril 1529, en présence de vingt mille personnes. Voilà de quel châtiment on punissait l'hérésie, et il ne tint pas à quelques fanatiques docteurs de Sorbonne que la compatissante Marguerite n'en fît l'épreuve. Noël Béda, syndic de la faculté de théologie, essaya contre elle le système d'inquisition qui lui avait réussi contre Érasme et contre Lefebvre d'Étaples. Il déféra à la faculté un poëme de la reine de Navarre intitulé : *le Miroir de l'âme pécheresse*. Marguerite n'y avait parlé ni des saints ni du purgatoire: preuve manifeste qu'elle n'y croyait pas! Mais cette fois la malice du vieux docteur échoua contre le bon sens et l'éloquence de Guillaume Petit, évêque de Senlis, qui se fit devant la Sorbonne l'avocat du livre et de l'auteur. Marguerite fut acquittée avec son Miroir. Il arriva même quelque temps après que, sous un prétexte quelconque, on prit Noël Béda, et on l'enferma au mont Saint-Michel, où il mourut, pour lui apprendre à calomnier les poésies des reines et princesses du sang royal.

Mais cette reine, cette princesse n'en avait pas moins été réduite à se défendre devant la Sorbonne. Quelle différence avec ce qui eut lieu deux cents ans plus tard! La Sorbonne entreprit de censurer un livre où l'auteur prêchait la tolérance, l'excellence de toutes les religions, et flétrissait le fanatisme. La voix des docteurs fut étouffée par des huées, par des sifflets universels. L'autorité ecclésiastique, qui, au xvie siècle, forçait la sœur du roi de France à se courber devant elle, est, au xviiie, obligée de lutter contre un simple homme de lettres, et se retire du champ de bataille officiellement vaincue. Marmontel fut plus puissant que la reine de Navarre, et les témérités dogmatiques de *Bélisaire* triomphèrent, en dépit de ce tribunal déterminé à punir les fautes d'omission de l'âme pécheresse, si cette âme se fût trouvée d'une condition moins haute.

Non, Marguerite ne cessa jamais d'être une bonne catholique. Sa longue liaison avec l'évêque de Meaux suffirait à le prouver, indépendamment de ce que tous ses écrits respirent une piété ardente et pure [1]. Mais Marguerite était tolérante; elle ne partageait pas cette opinion défendue encore par la Sorbonne au milieu du xviiie siècle, que la lu-

---

[1] Il n'est question que des écrits destinés par elle à être publiés, et dont une partie le fut de son vivant même, par Jacques Sylvius ou Delahaye, un de ses valets de chambre. Au reste, il y a dans les *Nouvelles* mêmes autant de dévotion que de badinage.

mière des bûchers soit la meilleure pour éclairer les âmes égarées. La reine de Navarre ne voyait dans les réformateurs que des savants persécutés. Or, elle s'était faite « le port et le refuge de tous « les désolés. Tu les eusses vus à ce port, les uns « lever la teste hors de mendicité; les autres, « comme après le naufrage, embrasser la tran- « quillité tant désirée ; les autres, se couvrir de sa « faveur, comme d'ung bouclier d'Ajax, contre « ceux qui les persécutoient. Somme, les voyant à « l'entour de ceste bonne dame, tu eusses dit d'elle « que c'estoit une poulle, qui soigneusement ap- « pelle et assemble ses petits poulets et les couvre « de ses aisles. [1] » Cette humanité répandue sur tous sans distinction compromet encore aujourd'hui la mémoire de Marguerite : en la voyant accueillir les poëtes on l'accuse de libertinage, et quand elle protége des théologiens on dit qu'elle est hérétique. Il est malaisé de faire le bien impunément.

Avouons aussi que sa bonne foi dut être souvent surprise par les novateurs intéressés à compter la sœur du Roi parmi leurs prosélytes. Et comment en effet résister aux apparences, lorsque Calvin la loue d'être l'instrument dont Dieu

---

[1] Sainte-Marthe, *Oraison funèbre*, p. 84.

s'était servi pour faire arriver son règne : *Quod Deus illa usus fuerit ad regnum suum promovendum* [1]. M. l'abbé Tabaraud, dans la *Biographie universelle*, a jugé Marguerite sans esprit de parti. Il ne doute pas qu'elle n'ait été inébranlable sur les principes de l'Église catholique; mais, ajoute-t-il, sa complaisance et son affection pour les savants l'engagèrent plus loin qu'elle n'aurait dû. C'est voir sainement et équitablement.

François Ier étant parvenu, comme nous l'avons dit, à se procurer l'argent de sa rançon, il fut question du retour des enfants de France donnés en otages à Charles-Quint. La sœur de l'Empereur, la princesse Éléonore, devenue leur belle-mère, et qui pendant quatre années avait veillé sur eux avec une sollicitude toute maternelle, devait les accompagner. Le 10 juin 1530, les commissaires des deux Rois se rendirent sur la rivière d'Andaye, près de Fontarabie, le maréchal de Montmorency pour François Ier, le connétable de Castille pour Charles-Quint, chacun avec une suite de seize gentilshommes. On fit l'essai de l'échange, « *qui se trouva bien aysé et de seureté bien esgale* [2]. » Le transport s'effectua

[1] Calvini *Epistol. ad ann.* 1545.
[2] *Instructions à Isernay.* (Pièces justificatives, nº VI.)

dans les derniers jours de juin, et, le 2 juillet, Éléonore et les enfants arrivèrent à Bayonne. Le Roi et la Reine mère s'étaient avancés jusque-là à leur rencontre. Entre autres fêtes par lesquelles on célébra leur présence, on remarque la représentation d'*une Bergerie*. Un acquit signé du grand maître [1] nous apprend que les acteurs étaient vêtus de taffetas, et que leurs habits avaient coûté, d'achat et de façon, cinquante livres tournois. Ce sont apparemment les premiers bergers d'opéra dont on puisse découvrir la trace dans notre histoire littéraire.

Dans cette heureuse et brillante compagnie la reine de Navarre manquait bien malgré elle. Mais elle était retenue à Blois par sa seconde grossesse dont le terme approchait. Le 7 janvier 1528, elle avait donné le jour à une princesse, à Jeanne d'Albret; environ le 15 juillet 1530, elle accoucha d'un prince, qui reçut au baptême le nom de Jean; c'était celui de son aïeul maternel [2].

François Ier, à l'occasion de la naissance de son

[1] Pièces justificatives, n° VII.

[2] Le P. Anselme, le seul à peu près qui parle de ce prince, n'indique pas même l'année de sa naissance. Un heureux hasard m'a fait découvrir une lettre de la sage-femme de Marguerite et un édit de François Ier qui ne laissent aucun doute à cet égard. (Pièces justificatives, n° VIII.)

neveu, rendit un édit portant création d'une place gratuite de maître dans chaque métier [1]. Mais cette joie fut de courte durée : le petit prince ne vécut que deux mois. Marguerite était dans son duché d'Alençon lorsqu'elle apprit la mort de son fils. La pieuse résignation de la Reine se manifesta publiquement d'une façon assez singulière : Elle fit chanter un *Te Deum*, et afficher en différents endroits de la ville ces paroles tirées du livre de Job : *Le Seigneur l'avoit donné, le Seigneur l'a osté* [2].

C'est précisément à cette époque que, sans égard pour la douleur du roi et de la reine de Navarre, François Ier s'empara de leur fille unique, la princesse Jeanne d'Albret, âgée de deux ans, pour la faire élever au Plessis-lez-Tours [3]. Il voulait se réserver le droit exclusif de disposer d'elle, et craignait, dit-on, par-dessus tout que ses

[1] Voyez Pièces justificatives; n° VIII.
[2] SAINTE-MARTHE, *Oraison funèbre*, p. 35.
[3] J'ignore sur quoi se fonde mademoiselle Vauvilliers, lorsqu'elle assure, dans son *Histoire de Jeanne d'Albret*, que Marguerite fit élever sa fille dans la religion protestante. D'abord François Ier ne l'eût point permis ; ensuite il est notoire que Marguerite donna pour précepteur à sa fille le poëte Nicolas de Bourbon, trèsbon catholique; enfin la chanson que chanta Jeanne à la naissance d'Henri IV, est en l'honneur de la Vierge, et c'était un souvenir d'enfance de Jeanne. Cette dernière remarque a été faite par Leclerc et Joly, cités dans Bayle.

parents ne la donnassent au fils de Charles-Quint. Ce mariage entre Philippe II et l'héritière d'Albret aurait détaché légitimement la Navarre de la couronne de France, et l'eût pour jamais réunie à l'Espagne. En toute occasion l'on voit François Ier être roi avant d'être frère. Le mécontentement de cette conduite tyrannique dut entrer pour beaucoup dans la détermination que prirent alors Henri et Marguerite, de se retirer chez eux, en Béarn (1530). Ils s'appliquèrent au bonheur de leurs sujets, à faire prospérer le commerce et fleurir l'agriculture; ils changèrent bientôt la face du pays, en appelant des laboureurs du Berry, du Saintonge et de la Sologne [1]. Tandis que son mari fortifiait Navarreins, Marguerite bâtissait le palais de Pau et l'entourait de jardins magnifiques. Elle avait pris le titre et l'office de ministre des pauvres [2], et il ne paraît pas qu'elle en ait fait une sinécure; elle visitait les malades indigents, leur envoyait ses médecins, et distribuait quantité d'aumônes secrètes. Elle dotait les hôpitaux d'Alençon et de Mortagne; fondait un hospice à Pau et un autre à Paris, celui des orphelins appelés, à cause de leur uniforme, les *Enfants rouges*.

---

[1] Favyn, p. 756.
[2] Sainte-Marthe, *Oraison funèbre*.

Mais elle accueillait des docteurs sentant l'hérésie; elle permettait à Gérard Roussel de prêcher à sa cour en habit laïque; elle le faisait nommer par son crédit évêque d'Oloron. La rage de ses ennemis s'augmentait de leur impuissance et du froid mépris que Marguerite opposait à leurs tentatives. Leur audace s'enhardissait de sa patience. Un jour, un moine fanatique, dans une conférence sur les mesures à prendre contre la reine de Navarre, proposa de la mettre dans un sac et de la jeter à la Seine. Le principal du collége de Navarre, voulant sans doute réhabiliter le nom de sa maison qui lui paraissait compromis, osa faire représenter par ses professeurs et ses écoliers une misérable farce, dans laquelle Marguerite était figurée en furie d'enfer : n'ayant pu la noyer, on la damnait. Le Roi, indigné de cette insolence, voulut faire saisir les coupables; le principal en robe, à la tête de sa séquelle, reçut les envoyés du roi à coups de pierre. Toute cette belle comédie allait finir d'une manière très-mal plaisante pour les acteurs. La reine de Navarre, en ce moment à Paris, s'alla jeter aux pieds de son frère, et obtint la grâce de ces pédants. Une autre fois c'étaient des prédicateurs zélés, qui, dans leurs sermons, la désignaient à la haine des dévots. Elle-même parle dans une de ses lettres d'un jacobin, qui avait débité contre elle *quelques sottises*. Tout cela ne ralentit point son ardeur pour la science, ni son intérêt pour les savants. Amyot dut à la reine de Navarre le premier emploi qu'il occupa dans l'Université, la place de professeur de grec au collége de Bourges. François Ier, en fondant le Collége de France, n'avait créé que trois chaires pour les langues anciennes; ce fut par les conseils de sa sœur que plus tard il agrandit et compléta l'enseignement, et porta le nombre des professeurs de quatre à douze. La reine de Navarre dirigea son frère dans le choix des hommes les plus habiles pour remplir ces nouveaux postes. C'est ainsi qu'elle se vengeait des outrages de l'ignorance, en les méritant de plus en plus. Certes, pour peu qu'elle eût voulu se venger autrement, rien ne lui était plus facile que de *saccager un tas d'ivroignes et téméraires*, comme les appelle le bon Sainte-Marthe, dans sa vertueuse indignation. Il affirme qu'il s'en est trouvé *d'une ingratitude scythique*, qui, reçus dans la maison de la reine de Navarre, élevés par elle aux honneurs et aux dignités, ont fait secrètement tout leur possible *pour luy faire encourir la male grâce du Roy, son frère, et de l'autre Roy, son mary* [1]. L'orateur dans ce passage a

[1] *Oraison funèbre*, p. 45.

manifestement en vue le connétable de Montmorency, dont la prudente ingratitude attendit pour perdre sa bienfaitrice, qu'il n'eût plus besoin de ses bienfaits. Montmorency déclara un jour au Roi que, s'il voulait extirper l'hérésie en sévissant contre les hérétiques, il devait commencer par sa sœur. — « Oh! pour celle-là, répondit François, n'en parlons point; elle m'aime trop. Elle ne croira jamais que ce que je voudrai, et ne prendra jamais de religion qui préjudicie à mon Estat. » Réponse où l'orgueil du politique se montre autant ou plus que la tendresse du frère. Marguerite, ajoute Brantôme, sut la tentative du connétable, *dont oncques puis ne l'aima jamais.*

Montmorency paraît avoir obtenu plus de succès du côté du roi de Navarre. Il sema le trouble entre les deux époux au point qu'Henri se serait porté jusqu'à maltraiter Marguerite, et que l'intervention menaçante du Roi serait devenue nécessaire pour faire respecter sa sœur et rétablir la paix dans le ménage. Je rapporte ce dernier fait d'après Brantôme, dont les caquets ne doivent être écoutés qu'avec une défiance extrême.

M. de Montmorency peut avoir été un habile capitaine, un grand homme d'État, mais c'était un fort vilain caractère; le proverbe *Dieu nous garde des patrenôtres de M. le connétable*, et le sobriquet de *capitaine Brûle-bancs*, rapportés par Brantôme, suffisent pour donner une idée de sa piété farouche; toutefois cette piété ne l'empêcha pas de s'accommoder avec les Coligni, quand il y trouva son compte[1]. On a vu tout à l'heure un exemple de son ingratitude; il joignait à ce vice une cupidité sans bornes. En 1549, M. de Montmorency, rentré en faveur, possédait onze emplois, valant ensemble quatre-vingt-dix mille livres, et le roi et la reine de Navarre ne touchaient qu'une pension de vingt-quatre mille livres chacun[2]. Le cumul, comme on voit, n'est pas d'invention moderne.

Dans l'automne de 1531, une épidémie terrible ravagea l'Ile-de-France. Louise de Savoie, qui était malade à Fontainebleau, voulut se faire transporter à Romorantin, mais elle ne put aller jusque-là: elle mourut à Grez, village du Gâtinais, à cinquante-quatre ans. Princesse, sa fermeté politique avait sauvé le royaume; femme, sa coquetterie surannée l'avait mise à deux doigts de sa perte. Elle fut ambitieuse, habile et dissimulée; au demeurant, la meilleure des mères.

[1] Longueruana, I, 201.
[2] Voyez, Pièces justificatives, n° IX, l'état des pensions et gages de 1549.

En cette qualité, elle exerça sur ses enfants un empire sans bornes et souvent funeste. Ainsi s'en allait cette trinité dont parle Bibiéna, formée de Louise, de François et de Marguerite [1]. Quelque temps après, Saint-Gelais composa une épître de Louise de Savoie à son fils. On y trouve le portrait et l'éloge de Marguerite. La défunte reine est censée écrire du ciel, où elle ne méritait pourtant guère d'être admise qu'après un bon terme de purgatoire; mais la poésie vit de fictions. Louise s'est donc fait montrer le livre où sont écrites les destinées humaines :

> Bien voulus voir l'endroit et le passage
> De Marguerite humaine, douce et sage,
> Auquel j'ai lu les grâces et promesses
> Dont heureuse est entre toutes princesses.
> Pallas me dit qu'elle fut sa nourrice
> Et que Dieu l'a eslue sa tutrice.
> En ceste cour elle est tant désirée,
> Qu'on la voudroit jà du corps séparée.
> Je te supply vers elle entretenir
> Ta bonne amour, et près toy la tenir,
> Et que luy sois bon frère et elle sœur.
> Bien t'en prendra, de ce je te fais seur [2].

[1] *Che scrivere a Luisa di Savoia, era come scrivere a la stessa Trinità.* (MOLINI, *Docum. inéd.*, I, p. 75.)

[2] Ms. de Saint-Germain 1556. Cette pièce est inédite, au moins n'est elle pas imprimée dans les œuvres de Saint-Gelais, à qui je l'attribue, 1°. parce que je l'ai retrouvée au milieu d'autres pièces qui sont certainement de Saint-Gelais; 2°. à cause de la conclu-

En effet cette mort resserra les liens qui unissaient le frère et la sœur. François reporta sur Marguerite la part de crédit qu'il avait accordée à sa mère. Marguerite ne quitta point son domicile du Béarn, mais elle et son mari faisaient de fréquents voyages à la cour, ou dans diverses parties de la France, selon que l'intérêt du Roi l'exigeait. Henri d'Albret fut nommé gouverneur de la Guyenne. Cette nomination était à la fois une preuve d'estime et un trait de prudence : François Ier savait bien que la frontière de l'Espagne ne pouvait être gardée par un homme plus brave ni plus dévoué. Toujours bonne et modeste, la reine de Navarre ne faisait point parade de sa puissance, mais on la connaissait assez, et de tous côtés on s'adressait à elle pour réclamer des grâces. La Reine répondait elle-même ou dictait à son secrétaire Jehan Frotté. Par le nombre des lettres de recommandation dont l'analyse ter-

sion où l'auteur se fait recommander par Louise de Savoie, comme étant *de biens assez mince* :

> Il ne requiert grant somme de deniers,
> Pourveu qu'il soit l'ung de tes aulmosniers,
> Et pour te mieulx servir en cest office,
> En attendant quelque bon bénéfice,
> Ordonneras de libérale grace
> Qu'en ton estat soit mis en bonne place.

Et Saint-Gelais, comme on sait, a été l'un des aumôniers de François Ier.

mine ce recueil, on peut juger combien elle était sollicitée.

Vers la fin de 1534, l'esprit religionnaire, mal contenu par la volonté du Roi et les rigueurs de la Sorbonne, fit tout à coup explosion. Des placards injurieux à la religion catholique furent affichés la même nuit en divers endroits de la capitale et dans les principales villes de province. Il s'en trouva jusque sur les murs du palais habité par le Roi. François Ier, justement irrité, fit rechercher les coupables. On arrêta préventivement un grand nombre de personnes, et dans le nombre Gérard Roussel, un des protégés de Marguerite. Gérard Roussel prouva son innocence; d'autres, moins heureux et, il faut le croire, plus coupables, furent brûlés à l'Estrapade avec des tortures inouïes, et un appareil plus digne d'une horde de sauvages que d'une nation civilisée. Une procession expiatoire fut faite dans les rues de Paris, après quoi le Roi voulut bien condescendre à des mesures moins atroces. Il alla même si loin dans le sens opposé, qu'il consentit à appeler Mélancthon, pour le faire disputer avec les docteurs de Sorbonne, sur les matières de la foi. Cette inconséquence semble prouver que François Ier, dans l'affaire des placards, sous prétexte de venger la religion, ne vengeait réellement que son orgueil offensé. Le Roi et, ce qui est plus étrange, l'évêque de Paris, que du reste l'on a aussi accusé d'hérésie, écrivirent de leur main au disciple chéri de Luther. Mélancthon voulait partir, l'électeur Palatin lui en refusa la permission [1]. Quelques historiens, entre autres Maimbourg, le Père Daniel et Varillas, ont avancé que cet appel de Mélancthon

[1] Je ne dy pas que Mélancthon
Ne desclare au Roy son advis ;
Mais de disputer vis à vis,
Nos maistres n'y veulent entendre.
(*Ép. du Coq à l'Asne.*)

Marot, qui avait ses raisons pour ne pas aimer la Sorbonne, se trompe volontairement ou involontairement, et égare son commentateur trop confiant : « Les docteurs de Sorbonne, dit M. Auguis, qui n'avaient lu que leur saint Thomas, craignaient de s'exposer avec des gens qui avaient lu l'Écriture sainte. »

Il est certain que l'obstacle qui empêcha ce débat théologique ne vint pas de la Sorbonne, mais bien de l'électeur Palatin qui refusa aux prières de Mélancthon et à celles de Luther la permission d'exécuter ce voyage. Ce refus même était conçu en termes durs qui affligèrent Mélancthon : *gallicum iter omisi libenter, ac facile passus sum mihi non dari commeatum, sed poterat princeps negare sine contumelia.* (*Epist.*, lib. v.)

Sur quoi Varillas ne manque pas de prendre, selon sa coutume, le contre-pied de la vérité : « L'électeur de Saxe s'ima« gina qu'il ne tenoit plus qu'à cela que toute la France ne devînt « luthérienne. *Il ne délibéra pas un instant sur la demande qu'on « lui faisoit :* il ne se contenta pas de céder un homme dont il « croyoit avoir encore beaucoup affaire ; *il l'exhorta de plus à se « mettre promptement en chemin.* » De pareils historiens sont une calamité publique.

et l'idée de mettre aux prises le schisme et l'orthodoxie, venaient de la reine de Navarre. Je ne sais sur quel fondement ils appuient cette assertion; mais dans les lettres de Mélancthon, dans celles du Roi, dans celles de l'évêque de Paris, Du Bellay, je n'ai pas trouvé un mot qui la justifie ou l'autorise. Rien n'indique la part que Marguerite peut avoir prise dans cette affaire; si elle s'en mêla, ce fut sans doute pour intercéder en faveur des coupables. C'était son rôle accoutumé, et celui qu'elle remplit encore en 1537, lorsque Bâle, Berne et Strasbourg envoyèrent des députés solliciter la clémence royale pour les protestants emprisonnés. La reine de Navarre leur servit d'intermédiaire; mais Anne de Montmorency contre-balança l'effet de cette protection [1].

Les lettres de Marguerite pendant les années 1536 et 1537 confirment ce que tous les historiens ont raconté de son influence et de son intervention dans la politique du Roi, son frère. On la voit rejoindre François Ier à Valence, où il faisait des préparatifs de guerre contre l'Empereur; de là, se rendre près de Montmorency, au camp d'Avignon dont elle fait de grands éloges à son

[1] *Usi fuerunt opera reginæ Navarræ legati, quæ soror erat germana regis, lectissima mulier et veræ doctrinæ perquam studiosa.* (SLEIDAN, *Comment.*, lib. x.)

frère. Ensuite, elle court en Picardie, où les troupes flamandes avaient pénétré. Elle écrit d'Amiens; elle parle de Thérouenne et de Boulogne, qu'elle trouve bien fortifiées. Enfin dans toutes ses lettres, la politique tient sa place. La maladie de sa fille, puis celle de son mari, vinrent mêler à ces préoccupations de graves inquiétudes.

La petite princesse Jeanne d'Albret avait alors neuf ans; elle était toujours renfermée au Plessis-lez-Tours, où elle dépérissait d'ennui. Tout à coup, au mois de décembre 1537, la cour étant à Paris, on reçoit la nouvelle que mademoiselle d'Albret se meurt. Sa maladie était une fièvre accompagnée de dyssenterie. Il était quatre heures du soir; on était aux jours les plus courts de l'année; il pleuvait horriblement, et les officiers, les domestiques de la Reine étaient écartés dans Paris ou aux environs [1]. La reine de Navarre emprunte la litière de madame Marguerite sa nièce, troisième fille du Roi, et sans autres apprêts, la voilà partie. Arrivée au Bourg-la-Reine, où elle devait coucher, en descendant de litière elle s'en alla droit à l'église. A la porte, elle dit aux personnes qui l'entouraient : « Mon cœur m'annonce je ne sais quoi de la mort de mon enfant », et pria

---

[1] Tous les détails de cette histoire sont pris dans Sainte-Marthe.

qu'on la laissât seule avec sa fidèle dame d'honneur, la sénéchale de Poitou [1]. Marguerite se jette à genoux devant le crucifix, pleure, supplie, s'accuse d'être, par ses péchés, la cause de la maladie de sa fille. En sortant, elle parla encore à ceux qui l'entouraient : « Maintenant, dit-elle, le Saint-Esprit m'a promis que ma fille recouvrera la santé. » Elle rentre; le souper l'attendait. Tant qu'il dura, elle ne tint d'autre discours que de la miséricorde et de la bonté de Dieu. La table étant levée, elle renvoya tout le monde et se remit en oraison; en ouvrant sa Bible, elle tomba sur le cantique d'Ezéchias, roi de Juda. Cela lui parut d'heureux présage. Aussitôt retentit le cornet d'un postillon, et l'intensité croissante du son montrait avec quelle hâte il courait. On se rassemble sur la porte; Marguerite s'élance à la fenêtre et demande quelles nouvelles? Personne ne lui répond; elle retourne à ses prières. Au bout de quelques minutes, la porte de la chambre s'ouvre et donne entrée à Nicolas d'Anguye, évêque de Séez, qui depuis fut de Mende. La Reine était agenouillée sur le plancher, appuyée contre un petit banc et la face prosternée contre terre : « Ah, monsieur de Séez! venez-vous ici annoncer à une

---

[1] Louise de Daillan, mariée à André de Vivonne, sieur de la Châtaigneraye, grand'mère de Brantôme.

dolente mère la mort de sa fille unique? J'entends bien qu'elle est maintenant avec Dieu. » Le sage évêque prit quelques précautions pour ne l'émouvoir pas trop en lui apprenant que sa fille était hors de péril. C'était mal connaître la fermeté de la Reine. Elle ne s'abandonna pas à une joie impétueuse, mais levant les mains au ciel, elle glorifia la bonté de Dieu, et lui rendit d'humbles actions de grâces. C'est ainsi qu'elle fut récompensée de sa foi.

Peu de temps après, son cœur maternel éprouva un autre chagrin, d'autant plus amer qu'il lui fut suscité par son frère. On a vu comment François Ier, ne s'assurant pas sur le dévouement pourtant bien éprouvé d'Henri et de Marguerite, leur avait ôté leur unique enfant pour la faire élever à sa fantaisie : c'était un pur égoïsme. Craignant toujours que les père et mère ne donnassent leur fille au fils de Charles-Quint, il se hâta de disposer de la main de Jeanne d'Albret. La princesse n'avait pas douze ans quand son oncle, ou plutôt son geôlier, la maria au duc de Clèves, Guillaume III, *sans consentement de père ni de mère,* dit Olhagaray. La cérémonie se fit à Châtellerault, le 15 juillet 1540. Jeanne protesta, ou fit protester contre cette violence devant Jean d'Arbères, François Navarre, médecin, Gensane

68   NOTICE

ou Gaston de Bourbon, vicomte de Lavedan, Aymée de La Fayette[1], et Boilline de Cars. Ce mariage forcé, ajoute le naïf historien du Béarn, « n'eut d'autre fruit que les cérémonies, desquelles le duc de Clèves se contentera, s'il lui plaist, *pour tout.* » Le Ferron s'exprime sur ce sujet en ces termes : « La reine de Navarre donna tel exemple
« à tout le reste des princesses par la lumière de
« ses vertus, qu'elle leur servira facilement de
« modèle pour régler leurs saintes mœurs. Le
« bruit est que la fille consentit à ces nopces mal-
« gré elle, et que pour son trop jeune et peu sain
« aage, la mère impétra du duc de Clèves qu'il
« s'assist seulement quelques heures sur le lict
« nuptial, et n'attentast toutesfois en rien à sa pu-
« dicité. Ce qui fut cause que l'alliance estant de-
« puis rompue avecques luy, le mariage demeura
« nul, etc.... [2] »

---

[1] Veuve de François de Silly, bailli de Caen, gouvernante de Jeanne d'Albret. Elle avait accompagné Marguerite en Espagne, et resta toujours son amie.

[2] LE FERRON dans DUHAILLAN, p. 1466. M. Auguis, dans une note sur la trente-cinquième épître de Marot, dit qu'il fut réellement question de marier Jeanne d'Albret à Philippe, fils de Charles-Quint; que le roi et la reine de Navarre conduisaient cette négociation à l'insu du roi de France; mais que tout fut découvert et trahi par Charles de Gramont, archevêque de Bordeaux, lequel subit la vengeance d'Henri d'Albret, et de ce fait perdit la lieu-

La tyrannie de François Ier devenait insupportable; le roi de Navarre fit casser le mariage de sa fille par l'autorité du Pape, en sorte que, peu après la célébration, il fut déclaré nul dans la cathédrale de Tours, et les parties mises en liberté de s'unir à qui bon leur semblerait.

Le roi et la reine de Navarre, de plus en plus dégoûtés du monde et de la cour par cette triste et inévitable expérience qu'apportent les années, vivaient paisiblement dans leur intérieur. Marguerite s'efforçait de donner à sa maison l'exemple de toutes les vertus. Elle s'appliquait à des ouvrages d'esprit et de piété, et dérobait le temps même des repas. Vêtue comme une simple demoiselle, et n'ayant de royal au dehors que la majesté de sa figure et de son maintien, elle faisait ranger autour de sa table, Gérard Roussel, évêque d'Oloron, abbé de Nérac, et son aumônier; ses maîtres des requêtes, ses médecins. On discutait

tenance générale de Guyenne; et M. Auguis cite L<small>E</small> F<small>ERRON</small>, au livre VIII de son *Histoire latine*. M. Auguis n'a pas pris garde que Le Ferron, avant de rapporter ces bruits populaires, les appelle *un conte absurde, delira fabula*, et ajoute : *Abhorret hoc a fide regis Navarræ in regem, pietate sororis in fratrem, benevolentia eorum in Grandimontanum*. La version de Duhaillan intercale ici cette réflexion : « Quel Roi, pour innocent qu'il soit, n'est sub-« ject aux mesdisances et détractions de tels ignares et malveil-« lants. » (P. 1466.)

quelque texte de l'Écriture; par exemple, ces paroles de Jésus-Christ : « Si vous ne ressemblez aux petits enfants, vous n'entrerez jamais au royaume des cieux. » L'un appuyait son avis du sentiment de saint Augustin; l'autre citait saint Jérôme. Sainte-Marthe, interpellé à son tour, alléguait Théophylacte, saint Chrysostôme et saint Hilaire. Parfois, des étrangers, qui venaient saluer la Reine, étaient admis à entendre ces discussions, et se retiraient émerveillés du savoir et de la bonne grâce de Marguerite. La théologie qu'elle avait toujours aimée, occupait surtout son âge mûr. Elle faisait de fréquentes retraites au monastère de Tusson, qu'elle avait fondé dans l'Angoumois, et, tranquille au milieu de ses bonnes religieuses, elle pouvait, sans être interrompue, satisfaire son goût pour la méditation et les choses de piété.

Aussi Rabelais, en publiant le troisième livre de son roman, s'adresse-t-il en ces termes à la reine de Navarre :

> Esprit abstrait, ravy et estatic
> Qui fréquentant les cieux, ton origine,
> As délaissé ton hoste et domestic, . . .
> . . . .
> . . . .
> Voudrois-tu point faire quelque sortie
> De ton manoir divin perpétuel.

Et ça bas voir une tierce partie
Des faits joyeux du bon Pantagruel ? [1]

Néanmoins, ce détachement des choses de la terre n'était pas encore parvenu au point où le fit monter depuis la mort du Roi. Marguerite hors de l'enceinte du couvent de Tusson, se retrouvant en famille, dans sa petite cour de Nérac ou de Pau, se livrait à des amusements moins austères. « Nous passons notre temps, écrit-elle, à faire momeries et farces. » Elle veut parler sans doute de la représentation des drames et dialogues satiriques qu'on trouve dans ses œuvres. Elle n'avait pas abandonné la poésie; une des principales pièces de son recueil, *la Coche*, doit avoir été composée vers cette époque. Marguerite s'y met en scène elle-même. Trois dames veulent soumettre à son jugement un débat sur l'amour; elle s'était d'abord récusée, alléguant son âge et l'affaiblissement de ses facultés :

« Mes cinquante ans, ma vertu affoiblie,
« Le temps passé, commandent que j'oublie,

[1] Ce dixain, dont j'ai supprimé quelques vers qui sont un galimatias mystique, porte pour suscription : *A l'esprit de la reine de Navarre;* c'est-à-dire à son esprit contemplatif, dégagé des passions et des intérêts de ce monde. Mais Leduchat, par inadvertance, a cru que ces vers s'adressaient à Marguerite défunte, et en a conclu que le IIIe livre de Pantagruel était postérieur à 1549, tandis qu'il en existe deux éditions de 1546. (Voyez le *Ménagiana*, t. III, p. 249.)

« Pour mieux penser à la prochaine mort,
« Sans plus avoir mémoire ni remord,
« Si en amour a douleur ou plaisir. »

C'est ainsi que la bonne reine de Navarre charmait ses dernières années par les travaux de l'intelligence et les occupations d'une philosophie mêlée de dévotion et de littérature.

Le trait saillant du caractère de Marguerite, c'est d'avoir allié toute sa vie les idées religieuses et les idées d'amour mondain. Ce mélange se retrouve dans tout ce qu'elle a écrit, comme dans sa conduite. En voici un exemple qui appartient à l'époque où nous sommes parvenus.

Le capitaine Jean de Bourdeille, frère puîné de Brantôme, avait été dans sa jeunesse destiné à l'état ecclésiastique, et envoyé à l'université de Ferrare pour y faire ses études. Là, il s'éprit vivement d'une dame française, veuve, nommée madame de La Roche. Voyant qu'il refusait d'entrer dans les desseins de sa famille, son père finit par le rappeler. Jean de Bourdeille revint donc, et ramena avec lui madame de La Roche, laquelle ayant été autrefois fille d'honneur de la reine de Navarre, souhaita de rentrer auprès de son ancienne maîtresse, d'autant qu'elle était soupçonnée de pencher au luthéranisme, et que la cour de Nérac était le refuge inviolable des gens d'orthodoxie suspecte. Madame de La Roche obtint aisément ce qu'elle désirait, et Jean de Bourdeille s'en alla de son côté guerroyer en Piémont.

Cinq ou six mois après, le capitaine Bourdeille, beau gentilhomme de vingt-quatre ans, revient de l'armée et ne manque pas d'aller, à Pau, voir sa mère et faire la révérence à la reine de Navarre. Il trouva la Reine qui sortait de vêpres. Elle, *qui était la meilleure princesse du monde*, rentre avec lui dans l'église déserte, et s'y promène, l'interrogeant des nouvelles d'Italie et de ses aventures particulières ; de ses défuntes amours pas un mot. Tout à coup Marguerite arrête le jeune capitaine, et lui prenant la main : « Mon cousin, dit-elle en changeant de ton et « de propos, ne sentez-vous point rien mouvoir « soubs vos pieds ? — Non, madame, répondit-il. « — Mais songez y bien, mon cousin, lui répli- « qua-t-elle. — Madame, j'y ay bien songé, mais « je ne sens rien mouvoir, car je marche sur une « pierre bien ferme. — Or je vous advise, dit « alors la Reyne, que vous estes sur la tombe et « le corps de la pauvre madamoiselle de La Ro- « che, qui est icy dessoubs vous enterrée, que « vous avez tant aymée. Et puisque les âmes ont « du sentiment après nostre mort, il ne faut pas « doubter que ceste honneste créature, morte de

« frais, ne se soit esmeuë aussitost que vous avez
« esté sur elle. Et si vous ne l'avez senty à cause
« de l'espaisseur de la tombe, ne faut doubter
« qu'en soy ne se soit esmeuë et ressentie. Et d'au-
« tant que c'est ung pieux office d'avoir souve-
« nance des trespassés, et même de ceulx que l'on a
« aimés, je vous prie luy donner ung *Pater noster,*
« ung *Ave Maria* et ung *De profundis,* et l'ar-
« rousez d'eau béniste; et vous acquerrez le renom
« de très fidèle amant et d'un bon chrestien. Je
« vous lairray donc pour cela, et pars [1]. »

Il y a bien de l'imagination dans cette scène, qui se passe, sans témoins, au fond d'une église, entre un jeune et brillant capitaine et une reine détrompée du monde et de ses illusions fugitives, celle-ci réclamant de l'autre un *De profundis* pour une maîtresse oubliée, si oubliée qu'elle avait pu mourir à l'insu de son amant. La simplicité des paroles en rehausse la solennité. Quelle vive poésie dans ces mots : *Si vous ne l'avez senty à cause de l'espaisseur de la tombe!*.... Quoi! une pierre sépulcrale suffit pour intercepter toute communication entre deux âmes naguères si étroitement unies ! ô misère et imperfection de la nature humaine, qu'un si grand avantage ait été donné à la matière sur l'intelligence !

[1] Brantôme, *Dames galantes*, cinquième discours.

Certes si la reine de Navarre fut un moment séduite par les apparences d'une réforme qui s'annonçait comme fille de la raison et promettait une observation plus stricte et mieux entendue des préceptes divins, en voyant Marguerite proclamer l'efficacité de la prière pour les morts et recommander l'usage de l'eau bénite, on peut juger qu'elle était bien revenue de cet ancien penchant. Cependant les haines religieuses grondaient autour d'elle et venaient la menacer jusque dans sa paisible retraite. Elle eut avec l'évêque de Condom une querelle dont le sujet n'est pas suffisamment éclairci dans sa correspondance. Il paraît que l'évêque, abusant de la chaire évangélique, comme il arrivait trop souvent alors, avait dans ses sermons attaqué le Roi. Marguerite, toujours fidèle sujette, poussa cette affaire avec plus de vigueur que son frère n'en avait mis à la venger elle-même dans une occasion pareille. L'évêque fut puni ; mais il avait beaucoup de partisans, soit laïques, soit ecclésiastiques. Marguerite fut avertie de se tenir sur ses gardes : *que l'on usoit fort de poysons de ce costé là.* On donna des ordres pour que nul étranger ne pût pénétrer dans les cuisines, et comme le bruit courait que les moines avaient trouvé le secret d'empoisonner par le moyen de la fumée d'encens., la reine de Navarre s'abstint d'aller à l'église de peur d'être encensée. Le jour de Noël, on célébra l'office dans la grande salle du château.

Marguerite était alors souffrante, mais la cause de ses douleurs était connue : elle se trouvait enceinte, et elle en était confuse, vu son âge. On n'apprend pas dans ses lettres quelle fut l'issue de cette grossesse tardive, mais Olhagaray compte parmi les enfants de la reine de Navarre, « deux filles qui, prévenues de la mort, furent privées de batesme [1]. » Il est probable que c'étaient deux jumelles, et que leur naissance doit être rapportée à l'année 1540, ou environ [2].

Sur ces entrefaites, François Ier, abattu par la terrible maladie qui devait l'emporter peu après, écrivit une lettre fort pressante à Marguerite, pour l'engager à revenir à Paris, afin de goûter encore, avant de mourir, quelques moments de cette douce et tendre union qui avait fait le charme de leur jeunesse.

Depuis dix ans le malheur semblait s'être at-

---

[1] *Hist. de Foix et de Béarn*, p. 488.

[2] Le Ferron dit que cette année-là la reine de Navarre « accoucha d'une môle. » S'il dit vrai, je ne sais à quelle date placer la naissance des deux petites filles ; on n'en trouve point d'indication.

taché à François Ier, et vouloir lui faire expier l'éclatante prospérité du commencement de son règne. A partir de 1536, année où le dauphin périt d'une mort prématurée, dont le temps n'a fait qu'épaissir le mystère, François Ier se vit sans relâche en butte aux coups de la fortune, et sa santé perdue à jamais les lui rendait d'autant plus sensibles. Ses armes ne furent plus heureuses qu'une fois, à Cerisoles; encore la ligue de l'Empereur avec le roi d'Angleterre lui fit-elle perdre le fruit de cette victoire. L'envahissement simultané de la Champagne et de la Picardie fut pour lui et pour son royaume une humiliation et un danger pires que la défaite de Pavie et la captivité en Espagne. Outre le jeune comte d'Enghien, le vainqueur de Cerisoles, enseveli, pour ainsi dire, dans son triomphe, François Ier, aussi malheureux que le fut depuis Louis XIV, perdait ses enfants l'un après l'autre. Sa fille Madeleine mourut quelques mois après son heureux mariage avec le roi d'Écosse (1537[1]), et le duc d'Orléans, le plus chéri des fils du Roi, et le plus semblable à son père, fut emporté en trois jours par la peste (7 septembre 1545). La mort d'Henri VIII avec lequel François

---

[1] Voyez aux Pièces justificatives, n° X, l'épître (inédite) que Marguerite composa à l'occasion de ce mariage.

avait été si étroitement lié, l'avertissait de songer à la sienne. Pour que rien ne manque à la tristesse de ce tableau, il faut le voir éclairé par l'incendie de Mérindol et de Cabrières. Ce furent les dragonnades de François Ier. Le passé était un rêve évanoui; le présent était sombre, et l'avenir menaçant.

Pour comble d'amertume, François, malade de corps et d'esprit, arrivait isolé à la fin de sa carrière. Il avait disgracié l'amiral de Brion pour plaire à Montmorency; bientôt, il s'était vu forcé d'éloigner Montmorency lui-même, le connaissant mieux. Le roi et la reine de Navarre vivaient retirés à l'extrémité de la France, heureux du bonheur de leurs sujets. Restait la duchesse d'Étampes, qui trahissait au profit de l'Espagne le monarque dont elle dominait tristement la vieillesse anticipée. Son intrigue avec le comte Bossut de Longueval n'était ignorée de personne, non pas même du Roi; ses démêlés avec Diane de Poitiers, maîtresse déclarée du fils après l'avoir été du père; tous ces vices, ces scandales, ces tracasseries, suggéraient sans doute de pénibles réflexions au prince désabusé. Il dut regretter bien des fois d'avoir sacrifié à des chimères d'ambition le seul bien qui ait ici-bas une valeur réelle, qui puisse consoler de tous les revers, l'amitié sincère et dévouée. Dans sa détresse, il jeta un douloureux appel vers cette Marguerite envers qui sa conscience lui reprochait plus d'un tort grave. Marguerite s'empressa d'accourir.

Elle trouva son frère en assez bon état ; aucune douleur. Les médecins assuraient que l'évacuation d'un ancien apostume lui promettait une longue santé ; le dauphin et la dauphine (Henri II et Catherine de Médicis), toute la cour se livraient à l'espoir. François eut encore un moment d'illusion avant de mourir. La présence de Marguerite eut le même pouvoir qu'autrefois à Madrid ; elle éclaircit les nuages qui pesaient sur l'âme du Roi. Plus que jamais il demandait des distractions aux beaux-arts : il avait fait bâtir les palais de Fontainebleau, Saint-Germain, Folembray, Villers-Cotterets, et ce château de Madrid, monument d'un péril et d'un malheur passés. Le Roi, accompagné de sa sœur et de ses enfants, visitait les travaux du Primatice et l'atelier de Benvenuto Cellini [1]. L'artiste florentin a consacré dans ses Mémoires le souvenir de la protection que lui accorda la reine de Navarre contre madame d'Étampes [2], dévouée aux intérêts du rival de Benvenuto. Quelquefois aussi elle allait avec le

---

[1] *Mém. de Benvenuto*, t. II, p. 46, trad. de M. FARJASSE.
[2] *Ibid.*, p. 71.

Roi visiter l'atelier d'un autre grand artiste, l'imprimerie du savant Robert Estienne [1]. D'autres fois c'étaient des conversations spirituelles, où le frère et la sœur se plaisaient à controverser des questions d'art, de morale ou de littérature. On raconte que dans un de ces entretiens, Marguerite soutenait vivement contre son frère le parti de son sexe. Tandis qu'elle discourait, le Roi écrivit avec le diamant de sa bague sur une des vitres de la fenêtre :

> Souvent femme varie ;
> Mal habil qui s'y fie !

Cette plaisanterie un peu mélancolique fut

---

[1] « Dans une rue étroite, obscure et montante, dit M. Crapelet, « on voyoit quelquefois venir un cavalier de grand air et de noble « figure, suivi de pages, d'écuyers et de quelques plus graves per- « sonnages montés sur des mules. Une autre fois, c'étoit une belle « et élégante dame, montée sur un destrier, également accompa- « gnée d'une escorte plus brillante que nombreuse. Ces cavalcades « cheminoient lentement par la rue Saint-Jean de Beauvais, s'ar- « rêtoient devant l'enseigne de l'Olivier, mettoient pied à terre au « montoir, et entroient dans la maison de Robert Estienne. Le « noble cavalier, c'étoit François Ier ; la belle dame, c'étoit Mar- « guerite de Valois, sa sœur, la reine de Navarre, aimable, spiri- « tuelle et savante, autant que belle. » — « Dans ces visites du « Roi ou de la reine de Navarre, la conversation générale, à part « quelques explications relatives au mécanisme de la typographie, « s'engageoit en latin, entre l'imprimeur, ses nobles interlocuteurs, « et les doctes personnages qui les accompagnoient. » (Notice *sur Robert Estienne et le roi François Ier*, pages 5 et 8.)

faite à Chambord, un de ces châteaux dont la construction servit d'amusement au déclin de François Ier.

Le Roi eût bien désiré garder Marguerite auprès de lui, mais la chose n'était pas possible. Après avoir rempli son devoir de sœur, la reine de Navarre se rendit à son devoir d'épouse, et retourna en Béarn un peu tranquillisée.

Vers la fin d'avril, étant en son monastère de Tusson, elle songea une nuit que son frère lui apparaissait, le visage pâle, abattu, et l'appelait d'une voix plaintive : « Ma sœur, ma sœur ! » On a pu remarquer déjà que Marguerite, comme toutes les âmes tendres, croyait aux pressentiments, aux présages, aux songes : celui-ci lui parut digne d'attention. Elle expédia sur-le-champ plusieurs courriers à Paris. Dans sa vive inquiétude, elle disait aux personnes de son entourage : « Quicon-
« que viendra à ma porte m'annoncer la guérison
« du Roi, tel courrier, fût-il las, harrassé, fan-
« geux et malpropre, je l'irai baiser et accoler
« comme le plus propre gentilhomme de France;
« et s'il auroit faute de lit, et n'en pourroit trou-
« ver pour se délasser, je lui donnerois le mien,
« et coucherois plustôt sur la dure, pour telles
« nouvelles qu'il m'apporteroit. » Mais il ne venait toujours personne. Au bout de quelque temps,

la même apparition affligea encore son sommeil. Cette fois elle presse, elle insiste. On lui répond que le Roi va bien. Il y avait quinze jours qu'il était mort [1]; on reculait de l'en instruire : ses alarmes ne furent point dissipées. Elle voulut aller à l'église; c'était dans ses chagrins sa ressource accoutumée. Auparavant elle appelle Thomas Coustelier, son secrétaire; tandis qu'elle lui parle d'une lettre à écrire à quelqu'un de la cour pour avoir des nouvelles, elle entend pleurer et se lamenter à l'autre bout du cloître; elle y court. C'était une pauvre religieuse privée de raison, qu'on laissait errer en liberté, parce que sa folie était sans méchanceté : « Qu'avez-vous à gémir, ma sœur ? — Hélas! madame, c'est votre fortune que je déplore. » Aussitôt Marguerite se tournant vers ceux qui la suivaient : « Vous me céliez, dit-elle, la mort du Roy; mais l'esprit de Dieu par cette folle me l'a révélée. » « Cela dict, remonte en
« sa chambre, et sans faire aucun acte de femme,
« se mit à genoils, et très-humblement remercia
« le Seigneur de tous les biens qu'il luy plaisoit
« faire [2]. » Mais le coup était porté au cœur, et malgré cette résignation chrétienne, la nature ne

---

[1] SAINTE-MARTHE, *Oraison funèbre*, p. 103 et suiv.

[2] SAINTE-MARTHE, page 104.

tarda pas à reprendre ses droits. « Elle en fist,
« dit Brantôme, des lamentations si grandes, des
« regrets si cuisans, qu'oncques puis ne s'en re-
« mist, et ne fist jamais plus son profit. »

Elle passa les quarante premiers jours de son deuil dans ce monastère. Durant ce temps, elle composa plusieurs pièces sur la mort de son frère. Ce furent ses adieux à la poésie et aux lettres qu'elle avait tant aimées; c'était le dernier soupir exhalé d'un cœur prêt à se fermer aux choses d'ici-bas. Les citations suivantes feront connaître les sentiments de douleur et de piété dont Marguerite était pénétrée.

Chanson faicte par la royne de Navarre, ung mois apres la mort du Roy.

Sur le chant : *Jouissance vous donneray* [1].

Las ! tant malheureuse je suis,
Que mon malheur dire ne puis,
Sinon qu'il est sans espérance....
. . . .
. . . .

Tant de larmes jettent mes yeux
Qu'ils ne voyent terre ni cieux,
Telle est de leur pleur abondance;

---

[1] Dans *les Marguerites de la Marguerite des princesses*. L'original est dans le vol. 8561, fol. 35, Béthune.

Ma bouche se plaint en tous lieux,
De mon cœur ne peut saillir mieux
Que soupirs sans nulle allégeance.

Mort qui m'a fait ce mauvais tour
D'abattre ma force et ma tour,
Tout mon refuge et ma défence
N'a sçu ruiner mon amour
Que je sens croistre nuit et jour,
Que ma douleur croist et avance.

O mort, qui le frère as dompté,
Viens doncques par ta grand' bonté
Transpercer la sœur de ta lance.
Mon deuil par toy soit surmonté,
Car quand j'ay bien le tout compté,
Combattre te veulx à outrance.

Viens doncques, ne retarde pas,
Mais cours la poste à bien grans pas,
Je t'envoye ma deffiance.
Puisque mon frère est en tes lacs,
Prends-moy, afin qu'un seul soulas
Donne à tous deux esjouissance.

Dans une seconde chanson sur le même sujet, son isolement lui inspire ces paroles simples et touchantes :

Je n'ay plus ny père, ny mère,
Ny sœur, ny frère,
Sinon Dieu seul auquel j'espère,
Qui sur le ciel et terre impère.

J'ay mis du tout en oubliance
Le monde et parens et amis ;
Biens et honneurs en abondance,
Je les tiens pour mes ennemis, etc.

Lorsqu'on en vint à régler les intérêts de famille, il se trouva que, en l'année 1522, le duc et la duchesse d'Alençon avaient secouru le Roi dans un besoin d'argent. Le prêt consistait en une quantité de vaisselle plate, estimée quatre mille cinq cent quatre-vingt-quinze livres tournois, qui n'avaient jamais été remboursées ni réclamées. La reine de Navarre abandonna sa créance au profit des sœurs de son premier mari, la duchesse de Vendôme et la marquise de Montferrat [1].

Marguerite cependant n'était pas riche : loin de là. Elle, naguères si puissante à la cour, il lui fallut employer les instances et même les protections (il dut lui en coûter de recourir à celle de Montmorency) pour obtenir de son neveu, devenu roi, le maintien de sa pension de vingt-quatre mille livres, et cela, dans le temps où, comme je l'ai dit plus haut, Montmorency touchait quatre-vingt-dix mille livres de traitement annuel. La reine de Navarre écrit à Isernay, son ancien homme d'affaires et celui de Jeanne d'Albret, et le prie d'agir pour sa pension : « Vous savez qu'il me seroit impossible sans cela « d'entretenir ma maison, et n'ay de bien que ce « qu'il m'en fault pour passer mon année, et peut-

---

[1] Ce désistement se trouve à la date du 22 décembre 1548, dans Fontanieu, qui n'indique pas où est l'original.

« on bien croire que, *sans nécessité, ma coutume*
« *n'est point de demander.* » A quel langage était
réduite la reine de Navarre !

A partir de ce moment, la vie de Marguerite
ne fut plus qu'amertume et tristesse. Au spectacle
de ces contrastes de fortune, Brantôme lui-même,
cet écrivain tout sensuel, se laisse gagner à la
mélancolie, et le passage suivant, écrit pour la
seconde Marguerite, s'applique avec une égale
justesse à notre reine de Navarre[1]. « Il ne luy
« manque qu'une chose : qu'elle n'est aultant heu-
« reuse en ce monde comme ses mérites le requiè-
« rent, et que ses plus affectionnés serviteurs sou-

[1] Je saisis cette occasion de signaler quelques-uns des points de ressemblance par lesquels le sort semble s'être amusé à rapprocher la sœur de François Ier et la femme d'Henri IV. Toutes deux avaient même prénom, même nom, même titre : Marguerite de Valois, reine de Navarre; toutes deux vivaient dans le même siècle; toutes deux belles, savantes et spirituelles, protégeant les lettres et les lettrés ; toutes deux également accusées, au moins par les historiens modernes, d'avoir eu l'humeur trop galante. Il n'est pas jusqu'aux noms des lieux habités par elles, qui ne tendent à se confondre : la reine de Navarre, sœur de François Ier, s'était retirée à *Tusson;* la reine de Navarre, femme d'Henri IV, habitait *Usson.* Ce jeu du hasard, si singulier qu'il semble le résultat d'une combinaison, explique et excuse jusqu'à un certain point les méprises dont ces deux princesses ont été l'objet. Les écrivains contemporains eux-mêmes, Brantôme, par exemple, ne prenant pas toujours le soin de les distinguer nettement, il est assez difficile de se garantir de toute surprise.

« haitent. Je n'en puis conjecturer aultre raison,
« sinon que le ciel qui l'a faicte ne veult, comme
« jaloux, qu'elle dépende d'aultre que de luy [1]. »

A l'avénement d'Henri II au trône, la reine de
Navarre lui avait écrit une lettre de félicitations
officielles triste et courte, pour s'excuser sur sa
mauvaise santé de ne pas aller en personne l'assurer de son dévouement et assister aux fêtes du
sacre. Elle était devenue indifférente au monde
par la perte de ce qu'elle y avait chéri le plus, sa
mère et son frère. Elle ne sortait presque plus de
son monastère de Tusson. « Souvent, dit Bran-
« tôme, on l'y a vue faire l'office de l'abesse, et
« chanter avec les religieuses en leurs messes et
« vespres [2]. »

C'eût été trop de peines pour toute autre que
la reine de Navarre; mais le ciel, qui connaissait
le courage de Marguerite, lui envoya le surcroît d'une peine nouvelle et non moins profonde : ce fut le mariage de sa fille. « Jeanne, dit
« M. Daunou, épousa sous d'assez tristes auspices
« Antoine de Bourbon. Cette union déplaisait à
« Marguerite, et fut un des chagrins qui la con-
« duisirent au tombeau [3]. » Il était écrit que la

[1] *Traité des Rodomontades espagnoles.*
[2] *Dames illustres*, Vie de Marguerite, reine de Navarre.
[3] *Journal des Savants*, 1819, p. 721. Le principal motif de

pauvre mère ne pourrait à aucune époque disposer librement de sa fille.

Ce mariage se fit à Moulins, au mois d'octobre 1548. Un an après, les sombres pressentiments, avant-coureurs de la mort de François Ier, revinrent à Marguerite, mais cette fois pour elle-même. Une très-belle femme, vêtue de blanc, lui apparut en rêve. Cette figure tenait à la main une couronne de toute sorte de fleurs, et la montrait à Marguerite en murmurant : *Bientôt!*[1] La Reine comprit que cette couronne était un symbole de la vie éternelle, et se prépara à quitter celle-ci. Elle abandonna à son mari l'administration de tous ses biens, cessa de vaquer à ses occupations et à ses délassements ordinaires. Elle prit toutes choses en dégoût, et ne voulut plus entendre parler ni de littérature, ni des affaires des autres. Elle écrivit à différentes personnes pour prévenir certains embarras qu'elle prévoyait devoir suivre sa mort. Enfin elle tomba malade au château d'Odos, en Bigorre. Sa maladie dura vingt jours, pendant lesquels elle souffrit avec constance. Trois jours avant sa fin, elle perdit la

---

cette répugnance de Marguerite, c'était la religion d'Ant. de Bourbon. Ce motif n'arrêtait pas Henri d'Albret, si fervent catholique, au dire de Brantôme.

[1] SAINTE-MARTHE, *Oraison funèbre*.

parole, et ne la recouvra qu'au moment suprême. Elle s'écria : *Jésus! Jésus! Jésus!* et rendit le dernier soupir, le 21 décembre 1549, dans la cinquante-huitième année de son âge[1].

Je laisserai parler, sur cette mort, Olhagaray, témoin oculaire et historien exact. Après avoir rapporté le mariage de Jeanne d'Albret : « O « quelle joie, s'écrie-t-il, quelle joie aux peuples « de Béarn et de Foix, qui avoient eu jusqu'alors « leur princesse prisonnière.... de laquelle on ne « pouvoit rien moins espérer que de Marguerite, « qui avoit esté l'œillet précieux dans le parterre « de ceste maison, et de qui l'odeur avoit attiré « en Béarn, comme le thym les mousches à miel, « les meilleurs esprits de l'Europe.... Hélas! qui « pourroit escrire le dueil que le Béarn et le Foix « en a! Il me semble que le soleil se cache, que le « jour devienne nuit, que les Muses s'en aillent avec « elle, que les doctes ennuyés de vivre défaillent « par ce seul coup. Que dirons-nous du Roy privé « de sa Marguerite ? Il n'avoit plus ceste ferme « façon de vivre qu'il avoit, et alloit variant à « tout propos, faisant le mescontent ; et comme « ceux qui n'ont accoustumé la mer, vont de vais-« seau en aultre, cuidant esviter la marine ; ainsi

---

[1] Ch. de Sainte-Marthe, *Oraison funèbre*.

« ce pauvre prince fuyoit partout ; mais plus
« avant il alloit, le mal le suivoit et luy faisoit
« la guerre [1]. »

Les obsèques de Marguerite furent célébrées dans l'église de Lescar avec de grandes cérémonies [2]. L'usage était, pour les personnes royales, d'exposer dans une chapelle ardente leur effigie, couchée sur une estrade et revêtue d'habits de deuil, comme si le défunt eût assisté endormi à ses propres funérailles. A cet effet, l'on avait soin, aussitôt après la mort, de modeler en cire le visage du trépassé [3]. Aux pieds de l'effigie de Marguerite se tenaient trois seigneurs, l'un avec la couronne, l'autre avec le sceptre, et le troisième avec la main de justice, qu'ils devaient porter jusqu'à la sépulture ; les insignes du pouvoir terrestre accompagnaient la Reine jusqu'au bord de sa fosse ; elle ne s'en séparait qu'en en-

---

[1] *Hist. de Foix et de Béarn*, p. 506 et seq.

[2] J'en ai retrouvé le programme signé du roi de Navarre. Voyez aux Pièces justificatives, n° XI.

[3] « Après le trespas, auroit esté soudain prins son portraict en « cire, pour dresser l'effigie après le vif et naturel. » (*Particularités de la mort du Roy (François Ier)*, par M. de Mascon. Ms. Béth. 8617, fol. 73.) Le détail des obsèques de François Ier se trouve dans Dupuy, 324. Ce volume est un recueil des Cérémonies observées aux funérailles des rois et grands seigneurs français ou étrangers.

trant dans la terre. Tout ce que le royaume avait de grand et d'illustre était présent, au moins par procureur : le Roi, les ducs de Montpensier, de Nevers, d'Aumale, d'Estampes, et le duc de Vendôme, Antoine de Bourbon, gendre de la défunte; sa mère, la duchesse de Beaumont; la duchesse d'Estouteville, déjà veuve de ce M. de Saint-Paul dont le mariage avait donné tant de peine à la reine de Navarre; M. de Rohan, secouru jadis par Marguerite avec une générosité si tendre et si active, lors du naufrage de sa fortune. Mais parmi les noms de ceux que la reconnaissance assemblait autour du cercueil de Marguerite, on cherche vainement le nom de Montmorency.

Tous les beaux esprits du temps se firent un devoir d'acquitter envers leur ancienne protectrice la dette de la littérature. On ferait un gros volume des éloges de Marguerite publiés après son décès. Je distinguerai pourtant dans la foule cent distiques grecs, à l'honneur de la reine de Navarre, composés par trois jeunes dames anglaises de l'illustre nom de Seymour. Ces vers, avec les traductions latines et italiennes, ont été insérés dans le Recueil intitulé *le Tombeau de la royne de Navarre*, dont Nicolas Denisot fut l'éditeur [1].

---

[1] *Le Tombeau de Marguerite de Valois, royne de Navarre.* A Paris, 1551.

92 NOTICE

Denisot y a joint diverses pièces sur le même sujet, par Ronsard, Antoine Baïf, Robert de la Haye, Pierre des Mireurs et Jean Dorat. Ce dernier, qui avait écrit l'épithalame de Marguerite, vécut assez pour lui consacrer un hymne funèbre.

Le roi de Navarre, de onze ans plus jeune que sa femme, ne lui survécut que six ans. Il mourut au mois de mai 1555. Henri IV avait deux ans.

Les *Nouvelles* de la reine de Navarre, toutes défigurées qu'elles sont par les éditeurs, font connaître la femme d'esprit; en lisant sa correspondance, malheureusement fort incomplète, on pourra juger de son excellent cœur. Sur ce point plus essentiel que l'autre, j'invoquerai encore le témoignage de Charles de Sainte-Marthe; sa longue oraison funèbre de Marguerite peut se résumer en deux passages, par lesquels je terminerai cette notice : « Combien y a-t-il de veuves,
« combien d'orphelins, combien d'affligés, com-
« bien de vieilles gens, à qui elle donnoit pension
« tous les ans, qui aujourd'huy comme les brebis,
« mort leur pasteur, sont çà et là escartés, cher-
« chent à qui se retirer, crient aux aureilles des
« gents de bien, pleurent leur misérable for-
« tune?......[1]. Marguerite de Valois, sœur unique

[1] Pag. 109.

« du roy François, estoit le soutien et appuy des
« bonnes lettres, et la défense, refuge et réconfort
« des personnes désolées[1]. »

DES OUVRAGES DE MARGUERITE.

Le plus célèbre, sinon le mieux connu, de ces ouvrages, c'est le Recueil des *Contes de la reine de Navarre*. A la manière dont tout le monde en parle, il semble que personne ne l'ait jamais lu. En effet, ce livre est loin de mériter la réputation détestable qu'on lui a faite par rapport aux mœurs, ni celle de chef-d'œuvre dont il jouit par rapport au style; au reste que ce style soit bon ou mauvais, la reine de Navarre n'a guère à y voir, puisque le véritable texte de ses Nouvelles n'a jamais été publié. Quant à l'autre point, Voltaire est un de ceux qui ont contribué le plus à accréditer cette opinion mal fondée. Toujours préoccupé du soin de déprécier La Fontaine : « Ses contes, dit-il, ne sont que ceux du Pogge, de l'Arioste et de la reine de Navarre. » Qui ne croirait à une assertion si positive? Sur la foi de Voltaire, on a mis les deux écrivains sur la même ligne de moralité. Or, La Fontaine n'a emprunté au Recueil de la reine de Navarre qu'un seul conte,

---

[1] Pag. 119.

celui de *la Servante justifiée*, dont il a changé et modifié les détails à sa manière, en y mettant cent fois plus d'esprit et de malice qu'il n'y en a dans l'original.

Voltaire lui-même, en indiquant les *Nouvelles* de Marguerite comme un livre licencieux avant tout, était l'écho, peut-être sans le savoir, du janséniste abbé Goujet, lequel dit dans sa *Bibliothèque françoise*: « Je ne vous parlerai pas ici des contes qu'on lui attribue (*à Marguerite*)....., qui ont paru indignes de la suite de la vie de cette reine et de la majesté du trône. » (T. XI, 408.) Au contraire, il fallait en parler pour détruire une erreur trop répandue. Mais pour en parler dans ce sens, il aurait fallu les lire, et l'abbé Goujet était trop dévot à *saint Pâris*, pour courir les risques de cette lecture. Avec un peu plus de courage, il se fût assuré que les contes de la reine de Navarre n'étaient indignes ni de la vie de cette princesse ni de la majesté du trône, comme il le dit pompeusement et un peu ridiculement. Au lieu de contes obscènes dont la pensée effrayait sa pieuse austérité, il eût trouvé des *contes moraux*, ou qui du moins s'appelleraient ainsi à bien meilleur titre que ceux de Marmontel. On s'aperçoit en les lisant que l'imagination de l'auteur ne s'est guère mise en frais. Elle se contentait de recueillir à droite, à gauche, le plus souvent dans ses propres souvenirs, des aventures piquantes, ou de simples bons mots, dont elle s'appliquait à faire des récits en style coulant, d'une élégance peu ornée, cherchant tant qu'elle pouvait à imiter Boccace, car en ce temps-là le *Décaméron*, nouvellement traduit, obtenait à la cour de François Ier un succès de vogue.

Mais ce que n'ont fait Boccace, ni Marmontel, ni leurs nombreux imitateurs, ce à quoi la reine de Navarre ne manque jamais, c'est de tirer de ses contes une moralité qui en est la glose et souvent dégénère en véritable sermon, en sorte que chaque histoire n'est, à vrai dire, que la préface d'une homélie. Marguerite a un talent admirable pour parler de piété à propos d'une aventure amoureuse. Les infidélités des femmes et des maris, les fautes ou les crimes suggérés par la passion, tout cela lui sert de texte à des réflexions graves, parfois sévères. Elle tire de la fragilité humaine la preuve qu'il faut se défier toujours de ses forces, et par conséquent implorer sans cesse le secours d'en haut, sans lequel notre sagesse d'ici-bas n'est que folie. « Il n'y a, dit-elle, de force qu'en Dieu. »

Cette habitude de ramener tout à la piété forme le caractère essentiel du livre; chaque page, chaque ligne en porte l'empreinte; l'on pourrait s'étonner de le voir méconnu, si l'on ignorait combien, en fait de critique, les traditions sont vivaces et routinières, et quelle est parfois la légèreté des juges les plus respectables aux yeux du public.

Parmi ces Nouvelles, il y en a beaucoup qui concernent les moines; ce ne sont pas les plus édifiantes. Mais aussi le but de Marguerite n'était pas de faire aimer le monachisme. Il n'était même pas besoin de l'influence de Luther pour que tous les bons esprits fussent frappés des inconvénients de la vie cénobitique, et scandalisés de la conduite irrégulière et des discours effrontés de certains religieux de ce temps. On en fit justice par le ridicule; on en avait le droit. Et si vous doutez que ce fût justice, ouvrez, non pas Rabelais, Marot ou Henri Estienne, ce sont des mécréants; mais les sermons du cordelier Menot. Vous y constaterez les dissolutions du clergé régulier, et en même temps le cynisme du langage qui osait se produire dans la chaire évangélique, sous le nom et avec les priviléges de la parole de Dieu. Marguerite, en bonne chrétienne, regarde de tels moines comme une zizanie venue dans le champ du Seigneur. Elle poursuit donc sans pitié leur débauche, leur orgueil, tous leurs vices, auxquels le costume qu'ils déshonorent assure l'impunité; et elle n'a garde, dans cette revue, d'oublier les faux miracles des imposteurs. Après en avoir raconté un par lequel un moine incestueux s'était efforcé d'éblouir la justice du comte d'Angoulême, père de la conteuse: « Mesdames, ajoute-t-elle, la foi du bon comte d'Angoulême fut à l'épreuve de ces signes et miracles extérieurs. Il savoit que nous n'avons qu'un Sauveur, qui en disant *consummatum est*, a fait voir qu'il ne falloit pas attendre un successeur pour notre salut. » (Nouv. 33e.)

Marguerite, dans cette Nouvelle, a mis en scène le comte d'Angoulême, son père; une autre fois elle y mettra son premier mari, le duc d'Alençon, ou bien son frère, le roi François Ier, ou bien encore des personnes de la cour, Bonnivet, par exemple, ou l'amiral Brion. Elle s'y met elle-même très-volontiers, ainsi que Louise de Savoie, sa mère; souvent encore elle prend ses personnages parmi ses domestiques. Quand elle ne nomme pas les acteurs, elle les désigne en termes plus ou moins détournés; elle précise minutieusement les lieux et les époques: *du temps que Madame étoit régente.... du vivant du duc Charles, il y avoit à Alençon*, etc., et mille petites circonstances inutiles au récit, insignifiantes, mais que la conteuse rapporte sans y songer, uniquement parce que sa mémoire les lui fournit.

Cette exactitude dont chacun peut s'assurer par un examen un peu attentif de l'ouvrage, me persuade de la vérité de tous ces récits. Et cette opinion est confirmée par un passage du prologue :

« Je crois qu'il n'y a personne de vous qui n'ait
« lu les Nouvelles de Boccace nouvellement tra-
« duites en françois [1]. Le roi très-chrestien,
« François Ier du nom, monseigneur le Dauphin,
« madame la Dauphine et madame Marguerite
« en ont fait tant de cas que si Boccace eût pu les
« entendre, les louanges que ces illustres per-
« sonnes luy donnoient auroient deu le ressus-
« citer. Je suis tesmoing que les deux dames que
« je viens de nommer, et plusieurs aultres per-
« sonnes de la cour, résolurent d'imiter Boccace,
« *si ce n'est en une chose, qui est de n'escrire rien*
« *qui ne soit véritable.* »

Il y aurait donc à faire sur ces Nouvelles un travail curieux, qui ne serait pas sans importance pour l'histoire anecdotique du règne de François Ier. Ce serait de lever le voile transparent en

---

[1] En 1521, par Laurent de Premier-fait. (In-fol. gothique.) Antoine Lemaçon publia en 1543 une traduction meilleure, qu'il dédia à la reine de Navarre, dont il était sécretaire.

quelques endroits, plus épais en d'autres, qui nous dérobe l'intelligence complète des Contes de la reine de Navarre. Il faudrait éclaircir ces allusions, deviner ces indications imparfaites, et qui deviennent plus obscures à mesure que nous nous éloignons davantage de l'époque où l'auteur écrivait. Mais ce soin exigerait une main circonspecte et délicate. Les boutades de l'érudition aventureuse et paradoxale, si fort à la mode aujourd'hui, n'y seraient nullement de mise. Il faudrait, pour ne point laisser de doute dans l'esprit du lecteur, que le doute se fût présenté souvent à l'esprit du commentateur. Il faudrait enfin pour cette besogne, un homme assez habile pour pas ne craindre d'avouer qu'il ignore quelque chose. A cette condition, un intérêt véritable pourrait s'attacher à ses recherches et à ses découvertes.

Brantôme élevé à la cour de la reine de Navarre, et petit-fils de la sénéchale de Poitou, dame d'honneur et confidente de cette princesse, dit quelque part que sa grand'mère *savoit tous les secrets des Nouvelles* de Marguerite, et que *elle en estoit l'une des devisantes.*

Il paraît d'après ce passage, que la société de conteurs et de conteuses introduite par Marguerite dans son livre, n'est pas tout à fait une fic-

tion. De même les conteurs des *cent Nouvelles* rédigées par Louis XI, alors dauphin et fugitif, sont des seigneurs de la cour du duc de Bourgogne ; les *conteurs du Décaméron* ont peut-être existé aussi réellement. Boccace avait pris pour point de départ la grande peste de Florence ; Marguerite prend pour occasion de ses contes une aventure moins sinistre, le débordement des eaux du gave béarnais, qui l'oblige à se réfugier au monastère de Notre-Dame de Serrance, où l'inondation des chemins et la rupture des ponts lui envoient bientôt compagnie d'hôtes joyeux et spirituels : « Une veuve de longue expérience, nom-
« mée Oysille, résolut de bannir de son esprit la
« crainte des mauvais chemins, et se rendit à
« Nostre-Dame de Serrance, persuadée que s'il y
« avoit moyen d'échapper d'un danger, les moines
« debvoient le trouver. » La causticité de ce dernier trait révèle assez la personne qui se cache sous la figure de cette Oysille. Et de fait, c'est Oysille qui dirige tout dans l'ordre des récits, qui distribue la louange et le blâme, qui discute et décide les difficultés d'amour et de morale, qui dégage l'affabulation de chaque nouvelle, qui fait les homélies les plus longues et les plus éloquentes ; c'est encore elle qui chaque jour lit et commente l'Écriture sainte à ses compagnons de

clôture. « Madame Oysille ne manqua pas le ma-
« tin de leur administrer la salutaire pasture
« qu'elle tira de la lecture de Actes des saincts et
« glorieux apostres de Jésus-Christ. Elle leur dit
« que ces *nouvelles* (les *Actes des Apôtres,* un re-
« cueil de *nouvelles!*) suffiroient pour faire sou-
« haiter d'avoir veu le temps des apostres, et
« pour obliger à desplorer la misère du temps
« présent. Après avoir leu et expliqué le com-
« mencement de ce digne livre, elle les pria d'al-
« ler à l'église, dans l'union avec laquelle les
« apostres faisoient leurs oraisons, et deman-
« der à Dieu sa grâce qu'il ne refuse jamais à
« ceux qui la demandent avec foi. » (*Septième
journée.*)

Comment M. Nodier peut-t-il attribuer à Bonaventure Desperriers, qu'il proclame avec tout le monde un athée décidé, la rédaction d'un livre écrit d'un bout à l'autre sur ce ton et dans cet esprit?

Marguerite, comme l'on voit, s'est donné le beau rôle dans son livre. Rien de plus de naturel ; mais une fois muni de cette indication, il devient assez piquant de suivre et de recueillir les opinions et les maximes de cette *veuve pleine d'expérience.* Par exemple, à la suite de la vingt-cinquième nouvelle, Oysille fait sur l'amour une profession de foi motivée avec soin, et dont la conclusion est que « *L'amour est bon en soy, et ne devient mauvais que par l'usage qu'on en fait.* »

Si l'on savait qui sont Émarsuite, Hircan, Nomerfide, Longarine, Guébron et les autres, nul doute que cette connaissance n'ajoutât beaucoup à l'intérêt du livre et au plaisir de la lecture.

La reine de Navarre est-elle bien l'auteur des Contes qui portent son nom? M. Ch. Nodier, dans un article consacré à Bonaventure Desperriers, se prononce pour la négative[1]. On ne sait rien ou presque rien sur ce Desperriers, sinon qu'il était valet de chambre de la reine de Navarre. On ignore la date et le lieu de sa naissance; on croit, d'après Henri Estienne, qu'il se perça de son épée, jeune encore, dans un accès de fièvre chaude, ou de désespoir. Henri Estienne n'indique ni le motif de ce désespoir, ni l'année de cette catastrophe. Lamonnoye a démontré que les *Contes* mis sous le nom de Desperriers ne peuvent être de lui, car il y est fait mention de circonstances très-certainement postérieures à la mort de cet écrivain. Desperriers passe pour

---

[1] *Revue des Deux-Mondes*, 1er novembre 1839.

l'auteur du *Cymbalum mundi,* dont le titre énigmatique, étranger au sujet de l'ouvrage, exprimerait par une image assez juste le bruit inutile dont ce logogryphe a rempli le monde littéraire; les uns ont prétendu voir dans le *Cymbalum* un effroyable traité d'athéisme dissimulé sous les formes d'un badinage exquis; les autres ont trouvé que cet opuscule trop vanté n'avait ni sel ni sauge, ni pieds ni tête. Voltaire était de la seconde opinion, c'est pourquoi peut-être M. Nodier est de la première? M. Nodier s'est déclaré l'admirateur enthousiaste de Desperriers; Desperriers, selon lui, est « un « des trois grands esprits qui ont dominé la pre- « mière moitié du xvie siècle, et auxquels les âges « anciens et modernes de la littérature n'ont *pres-* « *que* rien à opposer. » Homère, Sophocle et Virgile se sauveront à la faveur de ce *presque* miséricordieux. Desperriers « a fait la langue de Mo- « lière, de La Fontaine et de Voltaire. » Si Voltaire n'a pas goûté le *Cymbalum,* c'est qu'il n'avait pas lu *cet ingénieux chef-d'œuvre du moderne Lucien;* il a soutenu « *le paradoxe d'un étourdi.* » Voilà bien des éloges. Ce serait dommage que Desperriers, comme le veulent certains critiques, ne fût ni l'auteur ni même le traducteur du *Cymbalum mundi.* Je n'ai point à me prononcer sur ces hautes questions, et j'en rends grâce à Dieu, me souvenant que, dans une autre occasion, M. Nodier, le plus passionné des bibliophiles, n'a pas hésité d'accoler au grand nom de Mirabeau l'épithète de *stupide,* parce que Mirabeau n'admirait pas suffisamment *le Pédant joué,* de Cyrano de Bergerac [1].

M. Nodier voulant élever au premier rang des écrivains français un homme dont à peine on est sûr de posséder un ouvrage, commence par poser en principe que, dans les choses douteuses, il est permis de conjecturer : *In re incertâ conjectare licet,* et il use très-largement du bénéfice de cette maxime. Il conjecture donc, ou plutôt il affirme, que les *Contes* de la reine de Navarre sont l'ouvrage de Bonaventure Desperriers. Marguerite, dit M. Nodier, *donnait des soirées.* On y jouait du luth; Desperriers, qui excellait sur cet instrument, s'en accompagnait en chantant les vers qu'il improvisait; puis on contait des *nouvelles.* Desperriers, après en avoir fourni la meilleure part, rédigeait le tout, et ainsi s'est formé le recueil auquel la reine de Navarre a mis son nom, et dont *Bonaventure Desperriers est le véritable auteur.* »

[1] *Revue de Paris,* 1831, t. XXIX.

M. Nodier ne dit pas où il a puisé ces renseignements ; mais n'importe : il aurait assisté aux *soirées* de Marguerite qu'il ne serait pas plus sûr de son fait.

Écoutons maintenant le témoignage de Brantôme :

« Elle (la reine de Navarre) fit en ses gayetés
« ung livre qui s'intitule les Nouvelles de la reyne
« de Navarre, où l'on y void ung style si doux
« et fluant, et plein de si beaux discours et belles
« sentences, que j'ay ouy dire que la Reyne-mère
« et madame de Savoye estant jeunes, se voulu-
« rent mesler d'escrire des nouvelles à part, à
« l'imitation de la reyne de Navarre. Mais quand
« elles eurent veu les siennes, elles eurent si grand
« despit des leurs qui n'approchoient nullement
« des aultres, qu'elles les jettèrent dans le feu, et
« ne les voulurent mettre en lumière. » (*Dames illustres.*)

Voici qui est encore plus positif :

« Elle composa toutes ces nouvelles, la plupart
« dans sa lictière, en allant par pays, car elle avoit
« de plus graves occupations estant retirée. *Je l'ay*
« *ouy ainsi conter à ma grand' mère, qui alloit*
« *toujours avecques elle dans sa lictière comme sa*
« *dame d'honneur, et lui tenoit l'escritoire dont*
« *elle escripvoit ; et les mettoit par escrit aussy*

« habilement ou plus que si on luy eust dicté. »
(*Dames illustres.*)

A ce témoignage formel d'un contemporain M. Nodier oppose celui de sa sagacité, qui lui a fait distinguer le style de l'un et l'autre écrivain. « Marguerite, dit-il, écrivait mal : rien ne diffère « davantage du style abondant, facile, énergique, « pittoresque et original de Desperriers..... Les « contes *nombreux* de *l'Heptaméron* qui portent « ce caractère sont donc l'ouvrage de Desperriers, « *et la propriété ne lui en serait pas plus assurée* « *s'il les avait signés un à un*[1]. »

Je ne prétends, certes, pas nier cette sagacité de goût dont M. Nodier a fourni des preuves multipliées, mais dont aucune, il faut le dire, n'est plus admirable que celle-ci. En effet, c'est une chose constante que nous n'avons pas le texte original des Contes de la reine de Navarre. La première édition authentique, donnée par Gruget, en 1559, dix ans après la mort de l'auteur, s'annonce déjà comme retouchée. Or, ces retouches s'étendant sur toutes les parties du livre, doivent avoir fait disparaître sous une couleur uniforme les inégalités, les nuances caractéristiques de l'un et de l'autre style. M. Nodier en a d'autant plus de

---

[1] *Revue des Deux-Mondes*, p. 349.

mérite à les distinguer encore d'une manière si infaillible; seulement, en faveur des yeux moins clairvoyants, il aurait dû signaler les différences essentielles, ou du moins les morceaux qui les renferment.

Mais comment expliquer cet esprit de dévotion chrétienne empreint dans *toutes* les nouvelles, sans exception ? L'éditeur apparemment aura substitué cette couleur religieuse au *scepticisme effréné* de Desperriers ?

Sérieusement, la nécessité de composer à son Desperriers une pacotille littéraire (car il est de lui-même fort dégarni) paraît avoir emporté M. Nodier un peu loin. Il proclame en plusieurs endroits *l'Heptaméron* un livre délicieux ; je crains bien qu'en y regardant de plus près, il ne soit obligé d'en laisser le mérite, comme on avait fait jusqu'ici, à la seule Marguerite [1].

---

[1] M. Nodier, dans cet article sur Bonaventure Desperriers, ne fait autre chose que développer deux ou trois phrases échappées à l'abbé Goujet. M. Nodier attribue à Desperriers la pièce intitulée : *Le valet de Marot contre Sagon*, que tout le monde donnait jusqu'ici à Marot lui-même. « Ce petit chef-d'œuvre de verve sati« rique et bouffonne ne peut être que de Desperriers, *puisque* « les bienséances de la modestie ne permettaient pas à Marot de « le composer » (p. 334). L'alternative ne paraît pas concluante, puisqu'il suffisait à Marot, d'ailleurs assez peu modeste, de s'être caché sous le nom de son valet ; et puisque Bonaventure Desper-

Ce titre d'*Heptaméron* dont se sert toujours M. Nodier, n'est pas celui du livre, et est impro-

riers est loué dans cette pièce aussi bien que Marot. Au reste, quel qu'en soit l'auteur, cette épître est digne en tout du valet Fripelipes au nom de qui elle est écrite, et pour y voir *un petit chef-d'œuvre* il fallait que M. Nodier fût terriblement préoccupé de l'idée que B. Desperriers en était l'auteur. Or, où a-t-il puisé cette croyance? Dans l'abbé Goujet :

« C'est Desperriers qui est l'auteur de la pièce de vers intitulée : *pour Marot absent contre Sagon.* » (*Biblioth. française*, XII, p. 88.)

En cet endroit l'abbé Goujet ne se souvenait plus ou ne s'embarrassait pas de ce qu'il avait écrit un peu plus haut :

« Marot, ayant reçu un exemplaire de ces satires, *y répondit*
« sur le même ton, mais avec plus de finesse, d'agrément et de
« légèreté, sous le nom de Fripelipes, son secrétaire et son valet. »
(Tom. XI, p. 88.)

La part donnée à Desperriers dans les œuvres de Marguerite est encore une contradiction de l'abbé Goujet. A l'article de Marguerite (T. XI, p. 408), il signale la différence de ton entre les *poésies* de la reine de Navarre et ses *nouvelles*, qu'il paraît du reste n'avoir jamais lues; mais il ne doute pas que les unes et les autres ne soient de la même main.

Au contraire, à l'article de Desperriers (t. XII, p. 90) on lit : Desperriers *a beaucoup contribué à la Marguerite des Marguerites** *et à l'Eptameron (sic) de la reine de Navarre.* »

M. Nodier a senti qu'il serait trop inconséquent d'attribuer à Desperriers, l'athée, des poésies mystiques. Il a laissé tomber la moitié de l'assertion étourdie de l'abbé Goujet, et s'est emparé du reste, qu'il s'est efforcé de fortifier. M. Nodier avait besoin ce jour-là de soutenir un paradoxe; il l'a soutenu avec beaucoup d'esprit,

---

* L'abbé Goujet, dans un livre de bibliographie, aurait dû citer plus exactement le titre, qui est *les Marguerites de la Marguerite des princesses*.

pre. Ce recueil, calqué sur la forme de celui de Boccace, devait comprendre cent nouvelles réparties en dix journées : aussi lit-on dans quelques manuscrits *le Décaméron de la reine de Navarre.* Mais tous s'arrêtent après la soixante-douzième nouvelle, qui est la seconde de la huitième journée. Les éditeurs d'Amsterdam [1] disent que le reste a malheureusement été perdu; ils le présument. Usant à mon tour du droit de conjecturer, je pense que le reste n'a jamais existé. L'accord d'une quinzaine de manuscrits se terminant tous au même endroit et par les mêmes mots, est déjà suffisant pour autoriser cette opinion; mais voici ce qui me paraît la confirmer. La soixante-sixième nouvelle contient le récit d'une aventure arrivée dans les premiers temps du mariage de Jeanne

---

d'agrément et de vivacité, comme à son ordinaire. Ce n'en est pas moins une erreur, et plus M. Nodier est fait pour obtenir du crédit en ces matières, plus il importe de signaler les jeux de son imagination.

Au reste, ni l'érudition, ni la bonne foi de M. Nodier ne peuvent être un seul instant mises en doute; tout ce qu'il dit de Bonaventure Desperriers, il le croit; mais M. Nodier ressemble au père Tournemine, pour le portrait de qui les jésuites avaient composé ce distique :

C'est notre Père Tournemine,
Qui croit tout ce qu'il imagine.

[1] Chez Georges Gallet, 1708, 2 vol. in-8°.

d'Albret avec Antoine de Bourbon. Or, ce mariage fut célébré, à Moulins, en juillet 1548, et Marguerite mourut en octobre 1549. On sait que la dernière année de sa vie, elle fut prise d'un dégoût profond de toutes choses, sans en excepter les lettres et les arts. Elle a donc travaillé à ses Nouvelles depuis 1521, époque où parut cette première traduction de Boccace dont elle parle en son prologue, jusqu'à la fin de 1548; et la mort l'a empêchée de conduire plus loin l'ouvrage dont elle remplissait le plan à ses moments perdus.

Il résulte de tout cela que, à proprement parler, les Contes de la reine de Navarre sont encore inédits. Ceux qui s'extasient sur le style délicieux de ce livre sont les échos du xvie siècle, qui connaissait le texte original; ceux qui l'accusent d'immoralité licencieuse sont les échos de Voltaire, qui se trompait.

Le Décaméron de Marguerite n'étant point achevé, elle ne pouvait songer à le publier. Peut-être aussi n'eût-elle pas consenti à imprimer un livre composé sans prétention d'auteur, écrit avec une négligence *intime,* comme l'on dit aujourd'hui, et enfin d'un caractère si opposé à celui de ses productions avouées.

Les Marguerites de la Marguerite des prin-

cesses, très-illustre royne de Navarre, parurent à Lyon, chez Jean de Tournes, en deux volumes. (1547 et 1548.) L'éditeur fut un valet de chambre de Marguerite, Simon Sylvius, autrement Simon Dubois, dit de la Haye.

C'est un recueil de pièces de vers, toutes sérieuses, la plupart mystiques. On pourrait les diviser en trois classes : les poëmes, les drames et les pièces fugitives : épîtres, chansons, ballades, etc.

Le plus important de ces poëmes est ce *Miroir de l'âme pécheresse,* qui valut à l'auteur les censures de la Sorbonne. Noël Béda, syndic de la Faculté de théologie, s'en rendit l'organe, et il ne tint pas à lui que ces tracasseries ne devinssent de véritables persécutions; pour peu qu'on l'eût laissé faire, il eût trouvé dans la cendre des bûchers de Louis Berquin et d'Etienne Dolet, encore assez de feu pour allumer celui de Marguerite de Navarre, sœur du Roi très-chrétien. Chose étrange! On bâtissait le procès de Marguerite, non pas sur ce qu'elle avait dit, mais sur ce qu'elle n'avait pas dit et aurait dû dire, selon les sorbonnistes. On n'incriminait pas ses paroles, mais on la convainquait d'hérésie par son silence. Elle n'avait parlé ni des saints ni du purgatoire; donc elle ne croyait ni au purgatoire ni aux saints. L'évêque de Senlis plaida pour la Reine et gagna sa cause. Les pédants du collége de Navarre, bons catholiques, en furent réduits à jouer Marguerite dans une farce indécente, où ils lui donnaient le rôle et la figure d'une furie; les jacobins firent prêcher en chaire contre elle. On renversa les tréteaux des pédants; on fit descendre le jacobin de la chaire évangélique, et l'on ordonna à ses pareils de se taire. A quelque temps de là, Noël Béda, le premier auteur de tout ce bruit, fut enfermé au mont Saint-Michel, je ne sais sous quel prétexte: il y mourut.

Le Miroir de l'âme pécheresse est un ouvrage excessivement ennuyeux. C'est un centon prolixe de passages traduits de l'Écriture; quelque chose d'analogue, quant au plan, aux *Maximes des Saints*, de l'archevêque de Cambray. C'est peut-être une composition fort édifiante, mais on y chercherait en vain une lueur de talent poétique.

Il n'y en a guère davantage dans l'*Histoire des Satyres et des Nymphes de Diane*, poëme dans la manière d'Ovide. *La Coche*, c'est-à-dire *le Carrosse*, est un peu plus intéressant. C'est un de ces débats de psychologie amoureuse, qui s'agitaient jadis dans les cours d'amour, et qui reparurent au dix-septième siècle, allongés et raffinés, dans les conversations de l'hôtel de Rambouillet, dans *le Grand Cyrus* et dans *Clélie*. Marguerite, on le voit surtout dans ses Nouvelles, avait un goût décidé pour ces arguties sentimentales, ces subtiles analyses du cœur, qui font briller la délicatesse de l'esprit, et ne sont autre chose que du marivaudage anticipé. La reine de Navarre, bonne femme du reste et sans façons, aurait sur ce point soutenu thèse contre la *précieuse* la plus renforcée, contre mademoiselle de Scudéry elle-même.

Elle suppose donc que se promenant par un beau soir d'été, elle rencontre dans une verte prairie trois dames affligées qui se disputent le prix *du mieux aimer*. C'est le sujet des *Trois Plaids d'or* de la fausse Clotilde de Surville, c'est celui des *Trois Manières* de Voltaire, après lequel personne ne s'avisera d'y toucher. Chacune de ces dames prend la parole à son tour et expose longuement sa méthode.

La première affligée change d'amant jusqu'à ce qu'elle en rencontre un parfait. Si celle-là n'aime le mieux, elle aime assurément le plus.

La seconde a été délaissée par son amant, qui apparemment appliquait à son profit les principes de la dame précédente.

La troisième a quitté l'homme qu'elle chérit

pour ne pas se séparer de ses deux amies; à la rigueur, cette dernière ne devrait concourir que pour le prix d'amitié.

On propose le cas à la reine de Navarre, qui le trouve merveilleusement ardu :

> Pensay en moy que c'estoit un subjet
> Digne d'avoir un Alain Charretier.

Effectivement Alain Chartier a écrit en prose un *Débat des trois dames* qui est de la même nature que celui-ci. Après des plaidoyers et des raisonnements infinis, Marguerite se récuse, et l'on propose de s'en rapporter à la décision de l'homme de France le plus sage et le plus éclairé en toutes matières; on ne le nomme pas, mais on le dépeint au moral et au physique : c'est le Roi. Ici, un portrait de François 1er, pour lequel la tendresse de Marguerite ne trouve pas de couleurs trop flatteuses ni d'éloges assez forts; mais, comme venant d'elle il pourrait sembler suspect, par une ingénieuse délicatesse elle le met dans la bouche des belles plaideuses :

> C'est luy que ciel et terre et mer contemple;
> La terre a joye le voyant revestu
> D'une beauté qui n'a point de semblable,
> Au prix duquel tout beaux sont ung festu.
> La mer devant son pouvoir redoutable
> Doulce se rend, congnoissant sa bonté,
> Et est pour lui contre tous secourable.

Le ciel s'abbaisse, et par amour dompté
Vient admirer et voir le personnage
Dont on luy a tant de vertu compté.
C'est luy, lequel tout le divin lignage
Des Dieux très haults ont jugé qu'il doibt estre
Monarche, ou plus, si se peult davantage.
C'est luy qui a grace et parler de maistre
Digne d'avoir sur tous grace et puissance
Qui, sans nommer se peult assez congnoistre.
C'est luy qui a de tout la congnoissance,
Et ung savoir qui n'a point de pareil,
Et n'y a rien dont il ait ignorance.

De sa beauté, il est blanc et vermeil,
Les cheveux bruns, de grande et belle taille;
En terre il est comme au ciel le soleil;
Hardy, vaillant, sage et preux en bataille,
Fort et puissant, qui ne peut avoir peur
Que prince nul, tant soit puissant, l'assaille.
Il est benin, doux, humble en sa grandeur;
Fort et puissant, et plein de patience
Soit en prison, en tristesse et malheur.

Il a de Dieu la parfaite science
Que doit avoir ung Roy tout plein de foy
Bon jugement et bonne conscience;
De son Dieu garde l'honneur et la loy;
A ses subjets doux, support et justice;
Bref luy tout seul est digne d'estre Roy.

On voit par cet échantillon, que, dans les vers de la reine de Navarre, il y a peu de poésie, à proprement parler. On confondait alors, et cette confusion a duré jusqu'à la fin du xvie siècle, la poésie et la versification. Marot lui-même, toutes les fois qu'il n'est pas spirituel, n'est qu'un versificateur. Le style en vers de la reine de Navarre est en général froid, gêné par les inversions et dénué du naturel qui brille dans sa prose. Il ne faut guère y chercher d'autre mérite que celui de la rime. Cependant, en général, les idées y sont arrangées avec un certain soin ; ainsi, dans l'éloge de François Ier, on peut remarquer avec quel art Marguerite a rassemblé les traits saillants de la vie et du caractère de son frère : sa bravoure chevaleresque, son amour pour la science, son esprit brillant, sa bonté. Et comme elle n'a pas oublié la gloire de ce règne, elle n'omet pas non plus la défaite de Pavie, ni la prison de Madrid ; elle en prend sujet de louer la piété et la résignation du roi de France.

Mais elle se dit honteuse de lui exposer sa mauvaise écriture (qui en effet est détestable). Elle détourne les trois dames de leur résolution, et défère l'arbitrage du procès à sa cousine, la duchesse Rénée de Ferrare. Elles y consentent : on attend encore la décision de la duchesse.

On demandera peut-être pourquoi ce conte ou ce poëme est intitulé *la Coche*[1] ? l'occasion en est

[1] Le mot *coche*, qui nous a laissé *cocher*, était d'abord féminin, comme chez les Espagnols, d'où nous l'avons tiré.

assez mince : la reine de Navarre avait quitté sa voiture pour se promener à pied, lorsqu'elle rencontra les trois dames. La nuit venue, elle y remonte avec les belles affligées dans le dessein d'aller trouver le Roi. Une gravure sur bois vous représente cette *coche,* très-ressemblante à un énorme chariot de roulier chargé de coton, et recouvert d'une bâche. Au milieu d'un des côtés s'ouvre une espèce de porte basse avec un marchepied. C'était là l'équipage de la sœur du monarque le plus fastueux de son temps.

L'édition des *Marguerites* donne ce morceau tout de suite et sans divisions; mais dans le manuscrit 2286 (Suppl. franç.), il est partagé en onze récits, séparés par des paragraphes en prose, qui indiquent, en quelque sorte, la mise en scène de ces histoires. Le dernier de ces paragraphes décrit le costume habituel de la duchesse d'Étampes et celui de la reine de Navarre. « Cy endroict « est la unzieme et derniere histoire qui contient « comment la royne de Navarre baille à madame « la duchesse d'Estampes, toutes deux estant en « une chambre fort bien tapissée et pavée; la- « dicte dame d'Estampes ayant une robe de drap « d'or frisé, fourrée d'hermynes mouchetées, une « cotte de toile d'or incarnat esgorgettée et do- « rée, avec force pierreries. La royne de Navarre,

« tant en ceste histoire que les aultres, est ha-
« billée à sa façon accoustumée, ayant ung man-
« teau de veloux noir, couppé ung peu soubs
« le bras; sa cotte noire, assez à hault collet,
« fourrée de marthes, attachée d'espingles par
« devant; sa cornette assez basse sur la teste,
« et apparroist ung peu sa chemise, froncée au
« collet. »

Les plus importantes parmi les autres pièces sont *le Triomphe de l'Agneau;* une longue *Oraison à N. S. Jésus-Christ;* une *Complainte pour un prisonnier*. Ce dernier poëme paraît avoir été composé pour François Ier, dans le temps de la captivité de Madrid. Quatre épîtres *au Roy, son frère,* avec la réponse du Roi à l'une des quatre. François avait reçu de Marguerite une figure de David pour ses étrennes; à son tour il lui envoie une sainte Catherine. Une cinquième épître s'adresse au roi de Navarre; elle respire l'amour le plus vrai et le plus tendre. Henri d'Albret était malade; Marguerite est désolée d'être loin de son mari; elle part sur-le-champ pour aller le soigner.

Le reste est peu de chose : des *chansons spirituelles,* des *rondeaux,* etc. Mais parmi toutes ces pièces, on n'en trouve pas une seule galante, ni même enjouée. Ceux qui feuilleteraient les poésies de Marguerite pour jouir de cet esprit licencieux qu'on se plaît à lui attribuer, seraient bien surpris d'y rencontrer à chaque page la pensée de la mort, l'amour de Dieu, et la nécessité de songer au salut.

Ces poésies dévotes ne sont pas le résultat d'une conversion tardive ni d'un zèle repentant, qui cherche à expier par des vers mystiques le scandale de compositions d'un autre genre. Elles sont de toutes les époques de la vie de Marguerite, et tout à l'heure, quand nous parlerons de la correspondance avec l'évêque de Meaux, l'on verra mieux encore combien la tournure d'esprit, les habitudes religieuses de la reine de Navarre dans son âge mûr, étaient conformes à celles de la duchesse d'Alençon.

On a parlé souvent des *Comédies* de la reine de Navarre. Bayle affirme, et l'on a mille fois répété sur sa parole, que cette princesse s'amusait à composer et à faire jouer des comédies pleines de sarcasmes amers contre les cardinaux et le Pape. Je demanderai toujours où est la preuve? Bayle avait-il vu ces comédies? Serait-ce par hasard celles qui sont imprimées dans le *Recueil des Marguerites* de la Reine? Il est incroyable à quel point s'accréditent les opinions les plus fausses sur des choses qui sont entre les mains de tout le monde, et qu'il suffirait de regarder pour en prendre une idée exacte.

C'est d'abord la *Comédie de la Nativité;* puis la *Comédie de l'Adoration des trois Rois;* celle des *Innocents,* enfin celle du *Désert,* dont le sujet est la fuite en Égypte. Les personnages sont Dieu, le diable, des anges, des tyrans, des docteurs, des capitaines, des bergers, etc. Dans l'*Adoration des Mages*, Dieu ouvre la scène en ces termes solennels :

> Je suis celui qui suis ; je contiens dans mon estre
>   Tout ce qui est, qui fut et qui sera ;
> Ce qui n'est point, j'appelle et le fais naistre ;
>   Cuyder [1] par moi bientôt trespassera.

Afin de rompre un peu le sérieux de ces compositions, Marguerite y place des intermèdes intitulés *Bergeries*. Le goût des *Pastorales* était fort répandu sous François Ier. Quand la reine Éléonore, ramenant les enfants de France, passa par Bayonne (2 juillet 1530), on représenta devant elle une *bergerie*, dont les frais montèrent à cinquante livres tournois [2].

On trouve aussi dans ces *Comédies* des chœurs d'anges *sur le chant* (sur l'air) *des Bouffons,* ou bien *sur le chant : Pour tant que je suis un bon-*

---

[1] *Faux cuyder,* erreur.
[2] Voyez ci-dessus, p. 53.

homme, ou bien encore *sur le chant : Jouissance vous donneray*. Ce sont, comme l'on voit, des espèces de vaudevilles chrétiens, et nullement des satires aristophaniques contre l'Église romaine. On serait aussi bien avisé de chercher le mot pour rire dans *le Petit Paroissien* que dans ces *Comédies* de la reine de Navarre.

Les railleries indécentes qu'on veut lui prêter seraient d'ailleurs directement opposées à son caractère. Elle avait un sentiment trop délicat des convenances pour se les permettre. Ceux qui les lui ont attribuées ne connaissaient ni elle ni ses ouvrages.

Remarquez que Bayle était calviniste, et qu'il copie Florimond de Rémond, historien sans autorité, fanatique, poursuivant avec un zèle aveugle, partout où il croit la voir, l'hérésie qu'il avait professée, puis abjurée. Il faut se tenir en garde contre l'esprit de parti, et surtout contre l'esprit religionnaire, soit qu'il vienne de Genève ou de Rome.

Si vous joignez à ces quatre *Mystères*, une *Farce de trop, prou, peu, moins;* une autre farce où l'on plaide le pour et le contre du mariage, vous aurez tout ce qui compose le Théâtre de la reine de Navarre.

Les poésies de Marguerite n'ont pas été toutes

imprimées. La Bibliothèque du Roi en possède d'inédites. Elles font partie d'un très-beau volume, écrit par l'ordre de Marguerite elle-même, de la main d'un de ses secrétaires, Jehan Frotté[1]; elles sont absolument du ton et du style de celles qu'on connaît déjà. Dans le nombre se trouvent deux *farces*, l'une à six personnages, l'autre à quatre. Les acteurs de celle-ci sont un malade, sa femme, sa servante et son médecin. Ni l'une ni l'autre ne confirme les assertions de Bayle et de Florimond de Rémond.

M. Nodier a écrit que Marguerite, livrée vers la fin de sa vie à un mysticisme exalté, avait adopté dans sa jeunesse des opinions sceptiques. Il prétend même expliquer par là la faveur accordée par la reine de Navarre à Bonaventure Desperriers, qui était, dit-on, plus que sceptique. J'ignore sur quoi se fonde M. Nodier, mais il aurait peut-être hésité dans son assertion s'il eût connu la correspondance de la duchesse d'Alençon avec l'évêque de Meaux.

Guillaume Briçonnet était fils de ce cardinal Briçonnet, qu'on appelait aussi le cardinal de Saint-Malo, et qui fut tour à tour excommunié par Jules II et réhabilité par Léon X. Guillaume

[1] N° 2286, Suppl. franç.

Briçonnet avait porté d'abord le nom de *comte de Montbrun;* puis, quand il avait eu assez de la vie du siècle, il s'était fait prêtre, à l'exemple de son père. Il obtint la confiance de Louis XII et celle de François Ier; fut deux fois ambassadeur extraordinaire à Rome ; prononça devant le sacré collége l'apologie de Louis XII, dans laquelle il osait attaquer l'empereur Maximilien. Il représenta la France aux conciles de Pise et de Latran. Pourvu de l'abbaye de Saint-Germain-des-Prés, il réforma les abus qui s'y étaient glissés et fit des augmentations considérables à la bibliothèque, car il aimait, cultivait et protégeait les lettres. On a de lui quelques ouvrages de théologie ; Vatable lui dédia la traduction de la *Physique* d'Aristote, et Lefebvre celle de la *Politique*. Lorsque la réforme éclata en France, Guillaume Briçonnet, alors évêque de Meaux, attira dans son diocèse les hommes les plus célèbres de ce parti : Farel, Vatable, Gérard Roussel, Lefebvre d'Étaples, Calvin lui-même. Il voulait les contenir, les réconcilier à l'Église. Il n'en put venir à bout, et on l'accusa d'hérésie. Il se justifia, renvoya les schismatiques, et condamna Luther dans un synode tenu tout exprès, en 1523. Ce fut précisément cette même année qu'il entra en commerce de lettres avec madame d'Alençon ; ils s'écrivirent pendant deux ans à peu près. L'évêque de Meaux était, comme on voit, un personnage éminent en dignités, en science et en vertus. Il mourut en 1533, laissant la réputation de père des pauvres et de protecteur des savants.

Il fallait rappeler les titres glorieux de l'évêque de Meaux, avant de parler de cette étrange correspondance avec Marguerite. Tout ce que le mysticisme a de plus incroyable, de plus inintelligible, se trouve entassé dans ces lettres, dont la plupart ont cinquante, quatre-vingts, et jusqu'à cent pages. C'est un débordement de métaphores dont la vulgarité tombe à chaque instant dans le burlesque; c'est un galimatias perpétuel, absurde, qui parfois touche à la folie.

Louise de Savoie vient-elle à guérir d'une longue maladie, voici en quels termes Briçonnet félicite la duchesse d'Alençon du retour de la santé de sa mère : « Madame, voulant la plume tirer en
« la mer de consolation qui ne peut estre distillée
« (combien que par force de foi en patience dul-
« cifiée), est présentement survenu le poste [1] ap-
« portant nouvelles certaines de la guérison de
« Madame; et ce m'a faict baisser la voyle, reti-
« rer mes avirons, convertir mes pleurs et deuil en

[1] Le courrier.

« joye. » Et après un pompeux éloge de Madame, une peinture de l'amour qu'elle inspire à ses enfants, et de leur chagrin en la voyant malade : « Sa compassion doubleroit vostre navrure, et la « vostre en elle tripleroit, *dont tourneroit le mou-* « *lin de douleur continuelle par l'impétueux cours* « *d'eau de compassion.* »

Il ne faut au bon évêque qu'un mot figuré, un seul, pour bâtir dessus une lettre énorme. Un jour, la duchesse lui faisant part de ses peines, se sert de cette expression : *Je vous dépars de mon gasteau.* « Madame, répond l'évêque, entendez « qu'il y ait en ce monde gasteau de tribulacions « que devez distribuer à vostre inutile fils [1]. Ung « seul en connois qui y a regné, venu de zizanie « sursemée ; moulu au moulin d'ennuy ; pestry « d'eau froide en la huche d'infidèle et inobé- « diente présumption ; cuit au four de propre « amour ; dont le manger a esté une figue empoy- « sonnant les architectes et leur postérité, jusqu'à « ce que la farine sans levain a esté mise au pot « de nature humaine, etc. »

Assurément, voilà la figure la plus bouffonne

---

[1] C'est lui-même qu'il désigne toujours par cette appellation, et Marguerite signe aussi : *Vostre inutile mère.* Or, Briçonnet était l'aîné de vingt-quatre ans ; il en avait à cette époque cinquante-cinq, et Marguerite trente et un.

dont on se soit jamais avisé pour désigner le mystère de l'incarnation. Si Marguerite avait été dans les dispositions qu'on lui suppose, ce pot et cette farine auraient bien dû la faire rire. Mais non ; rien n'était plus sérieux, ni plus éloigné de l'idée de travestissement. C'était la belle rhétorique de ce temps-là, et Briçonnet passait parmi ses contemporains pour un foudre d'éloquence. Souvenons-nous que, même au XVIIe siècle, Omer Talon, le Démosthène du Parlement, haranguant le petit roi Louis XIV, lui conseillait encore de réfléchir « *sur la diversion naturelle des* « *maisons célestes, sur l'opposition des astres et* « *des aspects contraires, qui composent la beauté* « *de la milice supérieure.* » Tout cela à l'occasion des édits bursaux de Mazarin ; et cette harangue fut trouvée très-belle. Qu'est-ce que le goût ? qu'est-ce que les réputations, considérés à deux ou trois siècles de distance ? Il y a de quoi rendre modestes les gens qui ont des réputations et la prétention d'avoir du goût.

Revenons à l'évêque de Meaux. Voici un autre échantillon de l'imagination et du style de ce singulier prédécesseur de Bossuet. Il s'agit toujours du mystère de l'incarnation : « O que bienheu-
« reuse est l'âme fidèle, qui, par union *au boulet*
« *du double canon fondu en la fournaise virginale,*

« plein et chargé de pouldre d'amorce, est par
« charité enflambé pour forcer le royaulme des
« cieux auparavant imprenable! O abisme sonore
« et mine infinie de pouldre anéantie, et four-
« naise d'amour inextinguible, tout attirant,
« partout tirant, etc.! »

Toute cette éloquence ne serait pas conforme au goût et aux habitudes d'alors, si elle ne s'appuyait sur des citations latines. Le prélat les tire ordinairement de l'Écriture; mais il fait un singulier usage des textes que lui suggère sa formidable érudition. Par exemple, le pot de la nature humaine et la farine sans levain, il a trouvé cela dans le quatrième livre des *Rois*. Voici un trait qui n'est pas moins beau. Marguerite s'étant servie d'une image tirée de la flamme, l'évêque riposte par trente-six pages, où il n'est question que du feu, de la chaleur, des soufflets et des torrents. « L'étendue de vostre royaulme, biens
« et honneurs, doibvent estre voix excitative et
« gros soufflet pour *allumer ung torrent de feu*
« *d'amour de Dieu*. Hélas, madame, j'ay paour
« qu'il ne soit à malaise, car, *comme dit Jérémie,*
« le soufflet qui doibt allumer le feu y est failly :
« *defecit sufflatorium in igne*[1]. »

---

[1] Il y a dans Jérémie, c. VI, vers. 29 : *Defecit sufflatorium;*

Jusqu'ici du moins on a pu deviner la pensée défigurée, étouffée sous les langes de cette rhétorique inqualifiable; il restait une lueur de raison pour nous guider dans les détours obscurs du labyrinthe. Mais tout à coup cette lueur s'éteint, et le lecteur trébuche au milieu des ténèbres les plus profondes. Que dire de ce début?

« Madame, qui est désert, en désert est abymé;
« cherchant désert et ne le peult trouver; et
« quand le treuve, est pardessus empesché, est
« mauvais guide pour guider aultruy hors de dé-
« sert et le conduyre au désert désiré. Désert l'af-
« fame de faim mortifère, combien qu'il soit plein
« jusqu'aux yeux, appétant désir pour l'assouvir
« et l'appauvrir en pauvreté. » (P. 118 du manuscrit.)

Si Briçonnet argumenta en pareil style aux conciles de Pise et de Latran, il dut embarrasser beaucoup ses adversaires.

Cela paraît le résultat d'une gageure. Ces passages sont très-fréquents, et j'ai choisi encore un des plus courts. Le galimatias des romans de chevalerie qui tournait la tête à don Quichotte n'approche pas des pieux logogryphes de l'évêque de Meaux. Quelquefois, à la vérité, Briçonnet

in igne consumptum est plumbum. Briçonnet a supprimé le point et la virgule.

semble pris de remords, et après une tirade comme celle que je viens de citer, il fait un retour sur lui-même, et demande naïvement : « *Madame, qu'est-ce que je dy ?* » ou bien : « *Madame, je ne sçay que je dy;* » et l'on ne peut s'empêcher d'être cette fois de son avis.

Et Marguerite? quel rôle fait-elle dans tout ceci? Un assez triste rôle. La contagion opère sur son esprit jusqu'à un certain point, c'est-à-dire que, pleine de respect pour le prélat, elle voudrait l'imiter, suivre sa trace dans les voies de la littérature comme dans celles de la piété, mais elle fait de laborieux et vains efforts pour s'élever au ton de l'évêque; elle signe « *vostre gelée, altérée et affamée fille;* » ailleurs « *la pis que morte,* » ou « *la vivante en mort, Marguerite.* » Elle ne saisit pas bien les finesses mystiques de son directeur; elle s'en plaint, et le prie de se mettre à sa portée, de se *démétaphoriser :*

« La pauvre errante ne peult entendre le bien
« qui est au désert, par faulte de connoistre qu'elle
« est déserte. Vous priant qu'en ce désert, par affec-
« tion, ne courriez si fort que l'on ne vous puisse
« suivre..... afin que l'abysme par l'abysme invo-
« qué puisse abysmer la pauvre errante.

« Marguerite. »

Mais Briçonnet, loin de ralentir sa course *par affection,* prend le mors aux dents : « L'abysme qui « tout abysme prévient, pour en le désabysmant « l'abysmer en l'abysme (sans l'abysmer); auquel « abysme est fond sans fond, voie des errants, « sans chemin ny sentier, etc..... »

Voici bien du haut style, s'écrierait ici le Gorgibus de Molière. Ce qu'il y a de surprenant, c'est que le prélat fournit ainsi une carrière de quatre-vingts pages, au bout desquelles l'épuisement le saisit enfin; sa chaleur le trahit; il tombe, il roule dans l'abîme du désert : *defecit sufflatorium in igne.*

Cette volumineuse correspondance n'offre d'ailleurs que des traces d'intérêt bien rares et bien faibles. On y chercherait en vain des renseignements ou des allusions relatives aux personnages ou aux affaires de l'époque, excepté trois ou quatre lettres de madame d'Alençon, où elle parle de sa famille [1]. Il n'y est pas même question de la réforme de Luther, qui alors occupait tous les esprits. Ce recueil est rempli presque exclusivement par le fatras mystique de l'évêque de Meaux. Marguerite n'y est que pour un très-petit nombre de lettres fort courtes, et c'est dommage, car elle

---

[1] On les trouvera à leur date dans la correspondance.

laisserait nécessairement échapper quelques révélations curieuses et piquantes sur le monde réel au milieu duquel elle vivait.

La Bibliothèque du Roi ne possède qu'un seul manuscrit de ces lettres [1]. Il est d'une magnifique écriture, mais le malheureux scribe condamné à copier cette correspondance, qui ne remplit pas moins de huit cents pages, n'y a rien compris du tout. Cela fait l'éloge de son bon sens. Un reviseur inconnu, qui apparemment s'édifiait à la lecture de ces lettres, et qui paraît en avoir eu sous les yeux le texte original, a pris soin de rétablir en marge les mots altérés, substitués, transposés; les phrases disloquées ou omises. Il vous avertit, par exemple, qu'au lieu de *âmes manchettes,* il faut lire *âmes manchottes.* Auriez-vous deviné cette correction?

Les mystiques ont de tout temps affecté un langage à part, intelligible pour eux seuls. Dans ce jargon Jésus-Christ s'appellera *le seul nécessaire;* l'Écriture sainte sera *la viande restaurante et fortifiante;* c'est comme à l'hôtel de Rambouillet où l'on ne disait pas *le soleil,* mais *l'aimable éclairant,* et pour des fauteuils, *les commodités de la conversation.* Le mysticisme est le bel esprit

---

[1] N° 337, Suppl. franç.

appliqué à la religion. Les uns traitent l'amour de Dieu comme les autres la galanterie ; les entretiens de Fénelon et de madame Guyon ne devaient pas être moins sophistiqués, que ceux du duc de Guiche et de madame de Brissac : passion pour le Créateur, passion pour la créature, voilà toute la différence ; mettez une soutane à Voiture, vous aurez Guillaume Briçonnet ; du reste, même ridicule et souvent même langage ; mêmes métaphores spirituelles, ou sensuelles, qui pis est. « Faites en sorte, dit Marguerite à « son directeur, que vostre vieille mère envieillie « en sa première peau, puisse par ceste douce et « ravissante parole de vie *renouveller sa vieille* « *peau, et estre tellement repolie, arrondie et* « *blanchie, qu'elle puisse estre au seul nécessaire.* » Peut-on s'inquiéter de son salut en termes plus galants ?

Cela est d'un goût détestable, j'en demeure d'accord, mais cela prouve au moins que la duchesse d'Alençon n'était pas sceptique, et qu'elle ne raillait point sur les matières religieuses. Avec du penchant à l'ironie philosophique, une femme d'esprit comme elle aurait vu tout de suite le côté plaisant de ce style, et s'en fût préservée. Sa bonne foi nous répond de sa foi.

Il fallait que Marguerite eût reçu de la nature

une grande solidité de jugement, un bon sens exquis, pour n'avoir pas été gâtée à jamais par cette longue fréquentation d'un rhéteur de la force de Guillaume Briçonnet. La sage indépendance qui faisait la base de son caractère et de son esprit, la préserva des suites de cette imitation à laquelle elle s'était efforcée de se plier pendant deux ans. On ne trouve aucun vestige de cette manière ni dans ses *Nouvelles*, qu'elle avait déjà commencé d'écrire, ni dans ses autres lettres, dont le Recueil, publié aujourd'hui pour la première fois, offre enfin un monument authentique du style en prose de la reine de Navarre. Si la piété d'éditeur ne m'abuse, ce style ne sera pas trouvé au-dessous de la réputation traditionnelle de l'auteur; à condition toutefois qu'on n'y cherchera pas les qualités des bons écrivains modernes. Il faut se souvenir que la reine de Navarre écrivait dans la première moitié du xvie siècle, et que, même du xviie à la fin du xviiie, il s'est opéré dans le style une révolution complète, dont Voltaire a été le principal auteur. Pascal, Bossuet, Fénelon ne se font point faute de déployer leur phrase à l'aide des *qui*, des *que*, jusqu'à ce que cette phrase enveloppe et contienne la pensée tout entière. Voltaire s'est appliqué à dégager le style de ces embarras réels ou prétendus; ses phrases sont courtes, ont peu d'incises, sont limpides et rapides; la pensée ne s'y renferme plus; qu'importe? Voltaire brise la pensée, et la loge ainsi divisée dans deux ou trois phrases, que le point ne borne plus strictement comme il faisait jadis. Cette école de style a prévalu. On rirait aujourd'hui d'un écrivain qui se permettrait certaines phrases qu'on rencontre à chaque pas dans les *Provinciales* ou dans le *Discours sur l'histoire universelle*. Le procédé de Voltaire est plus favorable au mouvement, à la légèreté, à l'élégance; il est plus original, plus séduisant. Mais n'est-ce pas aux dépens de la majesté et du nombre? J.-J. Rousseau semble l'avoir pensé, lui, dont la phrase savante et périodique est évidemment étudiée sur les modèles du xviie siècle.

Ce n'est ici qu'une observation de fait, et point un jugement. Au surplus, on sait bien que c'est la convenance entre le fond et la forme qui fait le mérite de l'application de tel ou tel système. Je n'en parle que par rapport à la reine de Navarre, et parce que elle aussi emploie ce style qui, suivant une métaphore à la mode, habille richement la pensée, et la drape à grands plis.

Au xvie siècle la langue n'était nullement constituée. C'était une matière molle, diverse, incertaine, se laissant complaisamment pétrir au génie de chaque écrivain, reproduisant dans ses moindres détails et conservant à une grande profondeur l'empreinte de chaque originalité. Brantôme, Rabelais et Montaigne parlent chacun une langue merveilleuse; mais ces trois langues n'ont pour ainsi dire rien de commun entre elles. Chacun d'eux a composé la sienne en s'appropriant, en assimilant à sa nature ce qui lui convenait, soit dans les langues mortes de l'antiquité, soit dans les langues vivantes contemporaines; et ces éléments, après la fusion générale, ne peuvent se reconnaître, pas plus qu'on ne peut démêler dans le miel les poussières des différentes fleurs dont il se forme. La facilité des inversions, dont Marguerite fait un emploi si fréquent, était encore une ressource aujourd'hui perdue. Au XVIe siècle enfin, la langue se faisait avec le secours de la logique; au XIXe, il n'est plus question que de la conserver par l'usage, c'est-à-dire par le bon usage.

J'ai cru que ces réflexions ne sembleraient pas déplacées ici, et que peut-être elles aideraient à faire apprécier équitablement le style de la reine de Navarre. Et lorsqu'on en aura bien observé les allures et les caractères, qu'on relise les *contes* de Marguerite, fût-ce dans l'édition d'Amsterdam, la plus défigurée de toutes, on n'hésitera pas à dire qui en est l'auteur. Il y reste encore assez de la reine de Navarre pour qu'il soit impossible de la méconnaître.

Presque toutes les lettres du présent Recueil sont adressées à M. de Montmorency, d'abord maréchal de France, puis grand maître, après la bataille de Pavie, par la mort de M. de Boisy, et enfin connétable. On y verra dans quelle haute faveur Montmorency était placé auprès du Roi, et combien l'affection dévouée de Marguerite contribua à sa fortune. Cette affection, Montmorency la paya de la plus noire ingratitude, en essayant d'exciter la sévérité de François Ier contre la reine de Navarre. On sait comment, en éveillant les scrupules religieux du Roi, il tâchait d'attirer la persécution sur la tête de sa bienfaitrice. Il n'est pas surprenant qu'un homme capable d'une telle lâcheté ait forcé son maître à le disgracier malgré ses services militaires et à le bannir de sa cour. La reine de Navarre, sans s'abaisser à la plainte ni aux reproches, rompit avec lui par le silence. Sept ou huit ans plus tard, Henri II monta sur le trône, et, au mépris des recommandations de son père mourant, fit revenir Montmorency, et le mit plus haut qu'il n'avait jamais été. Marguerite au contraire, en perdant son frère perdait tout, et pour conserver sa pension de princesse du sang elle fut réduite à solliciter la protection du connétable. Sa lettre est courte, pleine de dignité et même assez affectueuse. Elle lui rappelle leur ancienne liaison qui remonte à l'enfance de Montmorency : « Je vous « prie, dit-elle, vouloir continuer jusques à la fin « de vostre vieille mère, et luy estre son baston « de vieillesse, comme elle a esté les verges de « vostre jeunesse. Car vous avez eu beaucoup « d'amis ; mais souvenez-vous que vous n'avez eu « qu'une mère, qui jamais ne perdra ce nom ni « l'effect en tout ce qu'elle pourra faire ou désirer « pour vous ou les vostres. »

On pourra, d'après cette correspondance, porter un jugement complet et certain sur la reine de Navarre. Ses contes ne développent qu'un côté de son esprit, ses lettres découvrent pleinement son esprit et son cœur. Je ne veux faire ici l'éloge ni de l'un ni de l'autre ; cet éloge serait suspect. Il vaut mieux abandonner le lecteur à ses impressions naïves ; elles serviront Marguerite plus efficacement que des louanges sincères, mais arrangées. Si cette correspondance est lue du public, je n'ai point de peur que désormais on répète sur la reine de Navarre les jugements faux et calomnieux dont ses mœurs et sa religion ont été l'objet. Elle-même combattra victorieusement dans sa propre cause; il me suffira d'avoir obtenu pour elle un peu de place et de lumière où elle pût se produire.

Le vif intérêt, la protection efficace dont Marguerite favorisa toute sa vie les littérateurs, se révèle en plusieurs endroits de ses lettres, mais point assez encore pour faire apprécier l'influence de cette bonne princesse sur les progrès de l'intelligence au xvie siècle. Ce qu'on appela son protestantisme serait appelé aujourd'hui, d'un terme plus juste, esprit philosophique, sympathie pour les recherches des libres penseurs. Et si Marguerite leur eût manqué, qui donc en France eût osé appuyer Lefebvre, Roussel, Marot, Desperriers, Berquin, Dolet, Du Moulin, Postel, et tant d'autres? Et plût à Dieu qu'en les défendant à ses propres périls, elle eût réussi à les sauver tous du bûcher! Cette protection, remarquez-le bien, ne se démentit jamais; dans un temps où la ferme adhésion de la reine de Navarre aux doctrines de l'Église catholique n'était plus suspecte, vers la fin de sa vie, ce zèle pour les protestants illustres et persécutés ne s'attiédit point. C'était de la tolérance, dans le sens le plus noble et le plus étendu. Cette tolérance, qui était le mot du guet, le *shibboleth* des philosophes du xviiie siècle, Marguerite ne paraît pas en avoir su le nom; mais si elle en parla moins, elle la pratiqua mieux que Voltaire lui-même.

Aussi tout ce qu'il y avait de gens de lettres en France, poëtes, historiens, philosophes, tous s'élançaient vers la reine de Navarre; et non-seulement en France, mais encore à l'étranger. Érasme et Mélanchton lui adressaient des lettres en latin; le premier la remercie au nom d'un pauvre étudiant allemand qu'elle défrayait à l'Université, et, d'après le témoignage de Sleidan, beaucoup d'autres étaient dans le même cas. Postel revenant de Turquie était reçu en audience publique par François Ier et la reine de Navarre, et Marguerite, non contente de l'avoir fait nommer au Collége de France, lui faisait une pension particulière. François Ier n'était que l'instrument, la reine de Navarre était la pensée qui le dirigeait. François Ier était incapable d'apprécier la valeur de Postel en tant que linguiste versé dans la connaissance des idiomes de l'Orient; mais la reine de Navarre pouvait le faire, elle qui avait pris des leçons d'hébreu de Paul Paradis. C'est par l'entremise de la reine de Navarre qu'Amyot obtint la chaire de professeur en grec et en latin au collége de Bourges. Il l'occupa dix années, et dans ses Mémoires écrits par lui-même, il compte ces dix années parmi les plus précieuses de sa vie.

Il est donc tout naturel de voir Dolet adressant une épître à la reine de Navarre, écrire en tête *A la seule Minerve de France.* Il n'était que l'écho de tous les savants contemporains. François Habert, protégé de Marguerite, lui fait décerner l'immortalité par Apollon lui-même, au sommet du Parnasse. Antoine Dumoulin lui dédiait son édition de Desperriers (Lyon 1544); Vatable, ses *Commentaires sur la Bible;* Jean Bouchet, son *Labyrinthe de fortune;* Jean Brèche, ami de Bouchet, son *Manuel royal de la doctrine et condition du Prince,* traduit de Plutarque et d'Isocrate; Nicolas Mauroy, de Troyes, sa *Traduction en vers des hymnes de l'Église;* Antoine Lemasson, sa *Version de Boccace.* Je ne parle pas de Marot, ni de Victor Brodeau, ni de Saint-Gelais, dont les vers et la reconnaissance sont assez célèbres.

A la mort de Marguerite, les regrets des littérateurs éclatèrent de toutes parts. Scévole de Sainte-Marthe et de Thou furent les principaux interprètes des historiens et des philosophes; des voix innombrables s'élevèrent au nom des poëtes. On remarqua surtout trois jeunes Anglaises, trois sœurs, doublement illustres par l'éclat de la naissance et par celui de l'esprit, Anne, Marguerite et Jeanne Seymour. Elles composèrent en latin cent distiques à la gloire de la reine de Navarre, lesquels furent tournés en français, en grec et en italien par les plus beaux esprits du temps, Dorat, Baïf, du Bellay, Denisot, etc. Rabelais avait fait un dixain pour Marguerite, en lui envoyant le troisième livre de *Pantagruel;* Ronsard, au début de sa carrière, adresse à la feue reine de Navarre une ode pastorale en vingt strophes, où toute sa verve et son génie poétique sont employés à exalter

> La royne Marguerite
> La plus belle fleur d'élite
> Qu'onques la terre enfanta.

Dans une autre pièce, il l'invoque sérieusement comme une sainte, et termine par cette prière naïve, qui est bien d'un poëte chatouilleux à la critique :

> Écarte loin de mon chef
> Tout malheur et tout méchef,
> Préserve-moi d'infamie,
> De toute langue ennemie
> Et de tout acte malin ;
> Et fais que devant mon prince
> Désormais plus ne me pince
> La tenaille de Mellin.

Les théologiens, les philologues, les médecins, les jurisconsultes même, ne furent ni moins empressés ni moins éloquents à peindre leur douleur en prose, en vers de toutes mesures, en latin et en grec. Laissons de côté Claude d'Espence, Mathieu Pacius, Jacques Goupil et Salomon Macrin ; mais je pense qu'on ne sera point fâché d'entendre ici quelques hommes dont le nom a conservé plus de célébrité et le témoignage plus d'importance.

ODE DE DOLET

A LA REINE DE NAVARRE[1].

« Minerve craignait pour ses enfants ; elle était inquiète de la peur que le stupide vulgaire et les hommes étrangers aux arts libéraux ne traitassent rudement, ne fissent pâtir les esprits élégants, polis et ennoblis par la littérature, que de l'antre des Muses elle enverrait en France.

« Elle t'offrit aux gens de lettres, toi, dont la protection et l'autorité les couvrirait d'un bouclier salutaire contre la violence d'une aveugle populace et les menaces d'ennemis furieux.

« Faut-il donc s'étonner si ayant, à la prière de Pallas,

---

[1] AD MARGARITAM VALESIAM, REGINAM NAVARRÆ.

Proli suæ Pallas timens, et anxie
  Affecta, ne artium rudes
Vulgusque iners tractaret illos aspere,
  Injuriaque læderet
Quos ingenio elegantiori nobiles
  Et perpolitos litteris
Hic mitteret doctarum ab antris Virginum,
  Te litteratis obtulit,
Cujus potenti auctoritate et gratia
  Tegantur atque commode
Et vim imperitæ plebis et diras minas
  Vitent furentium hostium.
Nil ergo mirum si receptos in tuam
  Fidem rogatu Palladis
Doctos colas, ames, tuearis, et libens
  Quibus potes rebus juves.
Ira jam iniqui frendeant, ira crepent
  Laudi id tibi atque gloriæ

mis les savants sous ton égide, tu les honores, les aimes, les défends, et emploies ta puissance à les secourir.

« Qu'ils frémissent, qu'ils crèvent de courroux, ces méchants importunés de la gloire qui t'en revient, et attachés à souiller l'éclat de ton nom célèbre;

« Mais tu seras recommandée à la postérité par les louanges de cette troupe illustre des fils de Minerve, qui se sont abrités sous ta protection au loin répandue. »

Dari moleste qui ferunt et detrahunt
  Quo clara flores nomini.
Mirabitur te et laude multa posteris
  Mandabit illustris cohors,
Cohors alumnorum Minervæ, cui hactenus
  Præsto fuisti omni loco.
    (Steph. DOLETI, *Carmina*, lib. II, Lugdun. 1538.)

SCÉVOLE DE SAINTE-MARTHE.

« Ce fut un heureux présage pour la France qu'entre tant de bons esprits qui s'appliquèrent à polir et à illustrer notre langue, à donner de l'élan aux beaux-arts, se soit rencontrée une princesse, sœur d'un grand monarque, reine elle-même, Marguerite de Valois. Elle jugea qu'elle pouvoit ajouter encore à l'éclat de sa haute naissance et de sa fortune par des monumens littéraires qui transmettroient son nom à la postérité la plus reculée. Elle écrivit en conséquence beaucoup et de très-beaux ouvrages. Également ennemie des vanités des cours et du libertinage accoutumé des poëtes, elle porta dans le commerce sacré des Muses la modestie, l'esprit chaste et religieux convenables à une telle princesse, et qu'on voyoit paroître dans toutes ses actions. Aussi donna-t-elle la préférence aux sujets capables de former les hommes aux bonnes mœurs et à la piété. D'ailleurs, elle s'en acquittoit par l'exemple de sa vie, et toutes les vertus s'accordoient en elle par un concert si parfait, qu'il seroit difficile de décider laquelle s'élevoit au-dessus des autres dans l'âme de cette merveilleuse et sainte héroïne. Elle avoit au plus haut point cette qualité, que tous les affligés de pauvreté, ou battus de la fortune, étoient secourus par elle avec une bonté toute pieuse et vraiment chrétienne. Les gens de lettres, tous ceux qui étoient connus par leur mérite, elle les soutenoit soit de ses libéralités ou de celles du Roi, son frère, leur procurant l'augmentation de leurs biens et l'accès aux honneurs.

« Elle épousa, étant à peine nubile, Charles duc d'Alençon, de l'illustre sang des Valois, lequel l'ayant laissée veuve sans enfans, elle eut de son second mari, Henri d'Albret, roi de Navarre, une fille, nommée Jeanne, réservée par le ciel à Antoine de Bourbon, duc de Vendôme, afin que de leur mariage naquît cet heureux dompteur des rebelles, Henri IV; et les mânes de l'auguste reine de Navarre auront dans ce glorieux petit-fils un sujet d'orgueil le plus juste et le plus grand que l'on puisse avoir ici-bas.

« Elle vécut cinquante-neuf ans, et mourut à Odos, au pays de Tarbes, l'an 1549. »

ÉPITAPHE

DE LA REINE DE NAVARRE,

PAR CHARLES DE SAINTE-MARTHE [1].

« La maladie avoit ôté la parole à Marguerite, et durant trois jours d'agonie la Reine ne prononça pas un seul mot.

« Mais à l'heure suprême, elle s'écria trois fois : *Jésus!* et puis rendit son âme au Créateur souverain.

« Les trois Grâces pleurèrent; et pleurèrent les doctes Sœurs, qui sont au nombre de trois fois trois. Enfin la tierce partie de l'univers gémit et se lamenta.

« Or, ce nombre *trois*, le plus parfait de tous, signifioit que la perfection même succomboit dans la personne de Marguerite. »

(SAMMARTH. *Elogia.*)

---

[1] Oncle de Scévole et de Louis de Sainte-Marthe, maître des requêtes de la duchesse d'Alençon.

FIN DE LA NOTICE.

LETTRES INÉDITES

DE LA

REINE DE NAVARRE,

SOEUR DE FRANÇOIS Ier.

~~~~~~

Les six premières lettres sont adressées à M. de Montmorency le père, Guillaume, seigneur de Montmorency, d'Ecouen, de Chantilly, etc., gentilhomme de la chambre de Louise de Savoie, bailli d'Orléans;

Marié (1484) à Anne Pot [1], dont il eut Anne de Montmorency (1492), et François de Montmorency, seigneur de La Rochepot;

Mort en 1531, la même année que Louise de Savoie, après avoir loyalement servi quatre rois de France, Louis XI, Charles VIII, Louis XII et François Ier.

[1] C'est à l'occasion de ce mariage que fut faite, à ce que l'on a dit, la chanson devenue populaire dont le refrain est :

> Mon père étoit broc,
> Ma mère étoit pot,
> Ma grand'mère étoit pinte.

1. — A MON COUSIN, M. DE MONTMORENCY.

(Meaux, 1521.)

Mon cousin, je ne vous ay plus toust ousé escripre de nouvelles, doubtant que ne sceussiés le siége de Mézières; mais puisque l'entendés, vous veux bien asseurer que votre filz est en aussy bonne santé que je pense estre, et s'en vont les ennemis à la file, comme vous dira vostre évesque de Beauvais, lequel a charge de Madame de vous amener à Meaux; et de ma part, tant pour vostre aise que pour la nostre, vous en prie autant que luy est possible.

Vostre bonne cousine et amye, MARGUERITE.

[Fonds de Béthune, n° 8550, fol. 85. *Autographe.*]

2. — AU MÊME.

(De Blois, le 30 aoust.)

Mon cousin, je sens vostre aise tel pour avoir madame la Mareschale avecques vous, qu'il ne vous souvient de vos amys, et me réputant de ce nombre, ne veulx faillir à vous dire que avons icy le sénéchal de Poitou [1], lequel faict bonne diligence de vous supplanter, parquoy ferez bien de y remédier par présence qui n'aviendra sans assez y estre demandée; et combien que la compaignie en laquelle je sçay que désirez estre

---

[1] André de Vivonne, sieur de La Chastaigneraye, qui fut un des gouverneurs du dauphin François. Il avait épousé Louise de Daillon, fille de Jean, sieur de Ludre, et de Marie de Laval. La sénéchale de Poitou était dame d'honneur de Marguerite. C'était la grand' mère de Brantôme, qui la cite très souvent, ayant été élevé près d'elle. Le sénéchal de Poitou mourut en 1532, âgé de quatre-vingts ans.

se porte bien, si vous asseureray-je que icy en trouveriez une petite tant plaisante, que n'auriez regret d'avoir entreprins ce voyaige. Je ne vous en diray plus pour ceste heure, sinon que je prie Nostre Seigneur vous donner l'aise que vous désire, de Bloys, ce pénultième jour d'aoust,

Vostre bonne cousine et amye, MARGUERITE.

[F. Béth., n° 8514, fol. 71. *Dictée.*]

3. — AU MÊME.

Mon cousin, je voy bien que le séneschal de Pouitou ne vous donnera point le tort pour ceste heure, puisque prenés la paine à m'escripre, dont me faictes ung merveilleux plaisir, et congnois que l'aise de veoir vostre fils ne vous a point ousté la souvenance de moy; sy ne suis-je pas marrie de sa venue, car le maistre n'est guères bien accompagné. Je ne fais doubte que madame et vous luy avés bien dict sa lesson. Je treuve fort estrange que le seigneur de Chasteaubriant use de main mise[1]; mais c'est pour dire gare à ceux quy luy voudroient faire ung mauvais tour. Au regart de la dame, l'on dict voulontiers : Tel se mire qui n'est pas beau, et tel se baigne qui n'est pas nest. Il y en

---

[1] *Use de main mise.* Il paraît par ce passage que M. de Châteaubriant, dont au reste la jalousie éclata assez d'autre manière, battait sa femme, Françoise de Foix, alors maîtresse déclarée de François Ier.

> Je suis si saoul des femmes !
> Et je suis si ravi quand quelques bonnes âmes
> *Se servent de main mise* un peu de temps en temps !
> (REGNARD, *Folies amoureuses.*)

a icy quy ne font pas tant de mines, mais sy a-il assés de beauté, de grace et de parole pour donner trente à l'aultre, et le premier des deux [avecques [1]] [2].

Je aurois grant regret sy ne venés icy avant la grant compaignie, car croyés que sy ce n'estoit le service que je sçay bien que vous faictes à Madame, je ne cesserois de tant vous en prier, que auriés honte de me refuser; mais il n'est pas heure de l'eslongner [3]. Encores me desplaist-il bien dont elle a sy peu de compaignie, craignant qu'elle s'ennuye, vous priant que, en attendant vostre venue, ne vous ennuyiés de souvent faire sçavoir comme il vous va à celle que tousjours trouverés

Vostre bonne cousine et amye, MARGUERITE.

P. S. Sans oblier, sy vous escripvez à la grant seneschalle, luy faire mes recommandacions, et je loue Dieu de sa guérison.

[F. Béth., n° 8550, fol. 117. *Auto.*]

4. — AU MÊME.

(Argentan, .)

Mon cousin, j'ay reçeu vostre lettre par où j'ay sceu de vostre santé, que, je vous asseure, m'a esté ung

[1] Le papier coupé empêche de lire ce mot.
[2] Pour lui rendre trente points et la main.
[3] Ce n'est pas le moment de la quitter, de la laisser seule. Ces lettres présentent plusieurs exemples d'*eloigner*, verbe actif, dans ce sens :

Je n'ai vu qu'à regret la clarté du soleil,
Depuis qu'en soupirant *j'éloignai* ce bel œil.
(BERTAUT.)

C'est-à-dire depuis que je me séparai de lui.

merveilleux plaisir, pour autant que j'en estois en peyne. Vous me louez vostre Escouen, toutesfois que cela ne me gardera de vous souhaiter à Argentan; pour autant qu'il y faict tant beau et que je y treuve l'air si bon, qu'il me semble que vous en trouverez beaucoup mieulx. Je ne vous dis point comme je fais bien le mesnaige, et vous laisse à penser que[1], en lieu et avecques la compaignie qui y est, peult faire ou dire

(Marguerite, au lieu de signer, ajoute de sa main :)

J'ay monstré vostre lettre à la damoyselle Marguerite de Lorraine, qui n'a laissé pour son gris habit à avoir souvenance du temps passé, et vous asseure qu'elle s'acquitte sy bien à prier Dieu pour vous, que sy toutes les dames quy vous ont donné la tous en faisoyent aultant[2], vous ne deveriés point avoir regret au temps passé, car leurs oraisons vous metteroient en paradis, où, après longue et bonne vie, désire vous voir

Vostre bonne cousine et amye, MARGUERITE.

[F. Béth., n° 8514, fol. 75. *Dictée.*]

5. — AU MÊME.

Mon cousin, j'ay receu vostre lettre, par laquelle ay veu comme vous deslibérez de faire vostre voyage de Nostre-Dame de Lieuse, où j'ay bien espérance que

[1] Ce que.
[2] Sur l'humeur galante de M. de Montmorency, voyez les *Contes de la reine de Navarre*, t. II, nouvelle 57ᵉ, p. 167 et 168. Amsterd., G. Gallet.

me rendrez les bonnes prières que j'ay icy faictes pour vous, et si vous voulez pour tousjours me demourer obligé, elles redoubleront. Je vous prie penser que ce m'est ung merveilleux plaisir, après avoir sceu vostre grant maladie, de vous veoir en si bonne santé que puissiez voyaiger, et je supplie de bon cueur la bonne dame en l'honneur de qui vous faictes celle entreprinse vous en donner la joye selon le désir de

    Votre bonne cousine, Marguerite.

[F. Béth., n° 8514, fol. 69. *Dictée.*]

6. — AU MÊME.

De Saint-Germain-en-Laye.

Mon cousin, je vous feray la response en lieu de madamoiselle de Foix, afin que par ma lettre mieulx que par la sienne soyiés seur de ma santé, quy se porte sy bien, que sy pis ne vient, ce ne me sera pas grant pénitence de passer ce caresme. Mais Madame, ceste nuict, s'est ung peu trouvée mal de sa colique; j'espère que ce ne sera rien. La Roine, plus saine que jamais! Je croy qu'elle ira jusqu'au bout du terme. Sy les prières des pouvres ermites de Saint-Germain vous pouvoient servir, soyés seur que en auriés bonne part de celle que tousjours trouverés

    Vostre bonne cousine, Marguerite.

[F. Béth., n° 8550, fol. 145. *Auto.*]

Ici commencent les lettres à M. de Montmorency le fils, celui qui fut depuis connétable.

Anne de Montmorency était de quelques mois plus âgé que Marguerite : il était du mois d'avril, et elle du mois de septembre 1492. Cela n'empêche pas la reine de Navarre de se dire souvent *sa mère;* elle en usait de même avec l'évêque de Meaux, qui avait quinze ans de plus qu'elle. Ces titres se calculaient d'après la distance, non de l'âge, mais du rang.

7. — A MON COUSIN, M. LE MARESCHAL DE MONTMORENCY [1].

Saint-Germain-en-Laye, 31 mars (15..).

Mon cousin, pour ce que je suis seure que Babou vous advertit amplement de la maladie de Madame, qui luy survint hier à l'issue du sermon, par un grant desvoiement d'estomac et de gouttes, ne vous en feray longue lettre, espérant que Nostre Seigneur luy donnera ce qu'il sçait luy estre nécessaire pour sa santé; mais vous veuil bien advertir que M. d'Alençon vous a escript une lettre, pensant que feussiez encore

---

[1] M. de Montmorency fut fait maréchal de France en avril 1522, « par la mort de monsieur de Chastillon, son beau-frère, » dit Brantôme.

icy, laquelle j'ay pensé ne estre besoing vous envoyer, pour ce que estes au chemin pour aller donner ordre aux maux exécrables dont il vous escripvoit, que font les adventuriers [1]. Je lui ai fait responce qu'il chasse si bien ceulx qui sont au païs là où il est, qu'il les vous envoye au païs d'Anjou et du Mayne, pour les chastier en la manière que desjà avez bien commencé, ainsy que Madame a eu nouvelles, dont elle vous sçait merveilleusement bon gré; vous priant de ma part, mon cousin, que en faictes telle et si bonne exécution qu'il en soit mémoire pour l'advenir. En quoy faisant, ferez ung œuvre fort plaisant et agréable à Nostre Seigneur, auquel je prie, mon cousin, vous avoir en sa saincte garde; à Saint-Germain-en-Laye, le dernier jour de mars.

Vostre bonne cousine, MARGUERITE.

P. S. Madame m'a dist que je vous asseure qu'elle est guérye, et que demain ira au sermon où M. de Troyes [2] commence la Passion. Croyés que le Roy et elle sont si contens de vous, que je ne vous veux escripre les prepous qu'ils en ont tenus, de peur de vous mettre en gloire; mais je supplie celuy pour l'honneur duquel seul, je croy, avez si bien commencé, vous donner sa grace de parachever, en sorte

[1] Compagnies de volontaires qui n'avaient point de solde et commettaient des désordres excessifs. On fut obligé de les réduire à main armée.

[2] Guillaume Petit, qui ne tarda pas à être nommé au siége de Senlis.

(que?) son yre soit appaisée, regardant la bonne justice que ferés.

[F. Béth., n° 8567, fol. 17. *Dictée*. P. S. *auto*.]

8. — A M. DE MEAUX'.

(1521.)

M. de Meaux, congnoissant que ung seul est nécessaire, m'adresse à vous pour vous prier envers luy vouloir estre par oraison moyen qu'il luy plaise conduire selon sa saincte volonté, M. d'Alençon, qui, par le commandement du Roy, s'en va son lieutenant général en son armée, que, je doubte, ne se départira sans guerre. Et pour ce que la paix et la victoire est en sa main, pensant que, oultre le bien publicq du royaulme, avez bon désir de ce qui touche son salut et le mien, vous employe en mes affaires, et vous demande le service spirituel; car il me fault mesler de beaucoup de choses qui me doibvent bien donner crainte. Et encores demain s'en va ma tante de Nemours en Savoye. Par quoy vous faisant les recommandacions d'elle et de moy, et vous priant que, si congnoissez que le temps feust propre, que maistre Michel peust faire ung voyage, ce me seroit consolacion, que je ne quiers que pour l'honneur de Dieu, le remettant à vostre bonne discrétion et à la sienne.

La toute vostre, Marguerite.

[Supplément français, n° 337, fol. 1. Ce sont des copies et fort mauvaises.]

' Guillaume Briçonnet, évêque de Meaux. J'ai parlé de lui longuement dans la vie de Marguerite.

9. — A MON COUSIN, M. LE MARESCHAL DE MONTMORENCY.

De Saint-Germain-en-Laye, 28 septembre (15..).

Mon cousin, j'ay veu ce que m'avez escript pour le fait de l'élection de Senlis[1], en quoy, par le rapport de messieurs de Sens et président de Rouen, avez si bien commencé vostre voyage, que, oultre le contentement que le Roy et Madame en ont de vous, j'ay ceste fiance que pour le service qu'avez fait au grant Roy, d'avoir esté cause de luy bailler ung tel serviteur[2], il vous donnera la grace de continuer à tel heur que aurez de plus en plus occasion de le louer. Vous me ferez au surplus plaisir de me faire souvent savoir de vos nouvelles; je feray revanche de vous despartir de celles d'icy, qui jusques à maintenant sont très bien, et en la mesme sorte que à vostre partement les avez laissées; qui sera la fin pour ceste fois, priant Nostre Seigneur vous donner ce que plus désirez. De Sainct-Germain-en-Laye, xxviij° jour de septembre.

Vostre bonne cousine, MARGUERITE.

P. S. Mais la femme grosse ne l'est plus[3].

[F. Béth., n° 8514, fol. 53. *Dictée. P. S. auto.*]

[1] L'élection de l'évêque de Senlis.

[2] Guillaume Petit, d'abord évêque de Troyes. Plus tard il défendit Marguerite, accusée d'hérésie par Noël Béda, au sujet du *Miroir de l'âme pécheresse*.

[3] Je ne sais de qui Marguerite veut ici parler. Il y a apparence que c'est d'elle-même. Elle n'eut point d'enfant du duc d'Alençon, mais peut-être y eut-il un commencement de grossesse.

10. — AU MÊME.

De Sainct-Germain en Laye, le 11e jour d'octobre.

Mon cousin, j'ay receu vos deux lettres, et par la dernière me reprochez que je ne suis femme de promesse et que ne vous ay point escript, ce que toustesfois vous promis à votre partement. En quoy fault que je vous die que vous errez, car je vous feis responce à ce que me mandastes de l'élection de Senlis et du contentement que le Roy et Madame en avoient de vous, et de l'espérance que j'avois que feriez heureux voyage, puisque le commencement y estoit sy bon; et davantaige vous faisois sçavoir, sy l'avez oblié, que la femme grosse ne l'estoit plus. Despuis n'y a eu nul changement, et est la compaignie au mesme estat que la laissastes, parquoy et que je voy que bien tost y serez de retour, ne vous en tiendray plus long propos, et feray fin en cest endroit, priant Nostre Seigneur, mon cousin, vous avoir en sa très saincte garde.

Vostre bonne cousine, MARGUERITE.

P. S. Vostre père n'oublie rien icy. Je vous prie que ne dormés pas avecques Mézières[1], car l'on a belle envie de sçavoir sy vous avés riens faict.

[F. Béth., n° 8551, fol. 30. *Dictée. P. S. auto.*]

---

[1] Mézières était un secrétaire ou un courrier. Marguerite écrit à M. de La Rochepot : « Vous ferez bien de lui faire écrire par « Mézières. »

11. — AU MÊME.

Sainct-Germain-en-Laye, dernier jour de février (15. .).

Mon cousin, pour vous faire sçavoir des nouvelles de Madame, je vous advertis qu'elle a esté merveilleusement malade d'une forte colicque, accompaignée de beaucoup de foiblesses. Vous povez penser la paine et l'ennuy que ce nous a esté! Elle fist hier une pierre grosse comme ung pois; depuis, elle s'est tousjours portée de mieulx en mieulx, mais elle se treuve toutesfois fort foible encores. Madicte dame m'a dict qu'elle désire merveilleusement à vous voir en ce lieu, et que j'eusse à le vous mander.

M. de Villene [1] m'a advertie que vous aviez quelque mal d'estomac; parquoy, mon cousin, vous en ferez ainsi que vostre santé le pourra porter, que je désire estre telle et si bonne qu'elle permette vostre venue en ceste compaignie. Cependant qu'il plaira à Nostre Seigneur la vous envoyer, je vous prie me souhaiter pour ouïr les bons sermons de vostre Evesque [2], desquels je pense bien que ferez provision pour m'en faire part une fois.

Mon cousin, je prierai Nostre Seigneur en cest endroit vous donner l'heur et le bien que vous désire (de

---

[1] Jean de Brinon, seigneur de Villaines, chancelier d'Alençon.
[2] De Senlis, Guillaume Petit. Voyez ci-dessus, pages 154 et 156.

Sainct-Germain-en-Laye, ce dernier de fébvrier) celle qui est

Vostre bonne cousine et amye, MARGUERITE.

P. S. Je vous prie sus tout, gardés vostre santé et me mandés comme elle se porte, car vous savés bien que je l'estime comme la mienne propre.

Je seray, s'il vous plaist, recommandée à M. de Sanlis.

[F. Béth., n° 8514, fol. 57. *Dictée. P. S. auto.*]

12. — A M. DE LA ROCHE [1].

Vileroy vous dira la doubte que j'ay eue sur luy pour vos lettres, car il semble que vous devinés ce que je vous mande avant que l'avoir veu, dont Madame a esté fort contente, et pour ce continués. Et plus n'en puis dire, car la poste part et Madame m'appelle. Sur ce, que vous ferés fort bien, et à moy plaisir, d'escripre à M. de Jonvelles, ou luy faire escripre par Mézières qu'il ne tarde plus à amener sa fille, car nous allons cheux M. Deschenais [2], où elle pourroit bien se rendre. De ma part le luy ferés entendre, car vous savez que quoy quy vous puisse

---

[1] François de Montmorency, second fils de Guillaume de Montmorency, frère d'Anne, seigneur de La Roche-Nolay, et nommé du nom de sa mère *Pot*. Joignant l'un à l'autre, il s'appela M. de La Rochepot. Il avait aussi la seigneurie de la Prune-au-Pot.

Il fut gouverneur de la Picardie, en 1536.

[2] D'Inteville.

toucher, ne faudra d'y faire son devoir comme plus que jamais s'y sent obligée

La toute vostre, Marguerite.

[F. Béth., n° 8535, fol. 22. *Auto.*]

13. — A MON COUSIN, M. DE MONTMORENCY
(*le père*).

Mon cousin, j'ay receu la lettre que m'avez escripte par la main de M. l'admiral [1], de laquelle ay faict le rapport à Madame, qui au commencement a esté difficile à vous donner congié; mais regardant à vostre santé et à l'aise qu'il vous sera de veoir un peu vostre fille et les petiz enfans, et aussy que nous ne arrestons en nul lieu, m'a dict qu'elle le treuve bon, non sans regret dont aultrement il ne peult estre; vous priant faire si bonne chère et tant vous renforcer, que puissiez bien toust retourner vers elle quant elle sera en quelque lieu arrestée.

J'escrips à M. de Jonvelle afin de luy ramentevoir la promesse qu'il vous a faicte de me amener sa fille, laquelle je vous asseure, mon cousin, sera la bien venue, et mettray paine de la traicter mieulx que moymesmes. Qui sera pour fin de lettre, vous asseurant que toute ceste compaignie se porte si bien, qu'il est impossible de mieulx, selon le temps et les lieux. Et si vous y mandez souvent de vos nouvelles, croyez qu'elles y seront bien venues,

[1] Bonnivet, tué à Pavie, en 1525.

principalement de celle qui à jamais veult demeurer

Vostre bonne cousine et amye, MARGUERITE.

[F. Béth., n° 8550, fol. 121. *Dictée.*]

14. — A MON COUSIN, M. LE MARESCHAL DE MONTMORENCY.

Il y a sy long temps que nous n'avons eu que malades icy, que je n'eusse sceu escripre que mauvaises nouvelles, car M. d'Angoulesme[1] a sy bien fait veiller Madame, que en sauvant son enfant, a cuidé perdre sa santé pour long temps; dont, bien que guérie, n'est encores fortifiée. Et puis, pour n'estre désadvouée de la maison, les ay voulu suivre; mais voyant que je n'ay point de grace à faire la malade, ne m'en sens plus. Celuy quy donne les tribulacions pour nostre salut, n'a voulu longuement voir mon impacience, car c'est aux bons et vertueux que les paines sont données. C'est assés pour moy de servir les malades, sans donner la paine de moy à tant quy valent mieulx. Ce porteur, oultre ma lettre, vous en donnera seureté, et de tous les affaires de dessa, vous asseurant que voustre maistre met bonne paine à vous secourir, et s'il luy estoit possible luy mesmes y estre en personne, c'est le plus grant désir que pour ceste

[1] Charles, duc d'Angoulême, troisième fils du Roi, né à Saint-Germain, le 22 janvier 1522; mort aux environs d'Abbeville, le 9 septembre 1545.

heure il faict. Je supplie le Dieu des batailles tellement y mettre sa main, que, à son honneur, celuy de ses servicteurs et leurs vies soient gardées. Vous ferés plaisir à Madame de souvent luy escripre, et plus que vous ne pensés, et croiés

    Vostre bonne cousine, Marguerite.
[F. Béth., n° 9127, fol. 11. *Auto.*]

15. — AU MÊME.

Mon cousin, pourceque depuis le partement d'Esgvilly Madame a esté si tourmentée de sa goutte que jamais ne luy ay veue pareille de longueur et de peu de repos, elle n'a peu veoir vostre lettre, car jusques à ceste heure qu'elle commence à reposer, elle a esté vingt-quatre heures en estremité de douleurs du pié gauche, après avoir enduré six jours celle du pié droit. Mais elle m'a commandé vous dire que vous luy faictes fort grant plaisir de souvent luy escripre, et qu'elle vous prie ne vous ennuyer de solliciter le Roy comme avez si bien commencé qu'il n'est possible de mieulx, pour le soulagement des gentilshommes et du peuple; en quoy, oultre le service du maistre et vostre debvoir, faictes chose dont le très grant maistre se contente. J'espère, veu le temps, que n'y ferez long séjour, à quoy elle taschera. Qui me fera finer ceste lettre, vous priant n'oblier ce que vous ay escript par deux aultres, ne sçay si les avez veues? Mais c'est pour ne dormir à ce que vostre bon père a bien commencé[1], car

[1] Voyez lettre 15.

j'ay eu des lettres de M. de Jonvelle qui désire que vous alliez là huit jours pour espouser sa fille[1]. Je croy son vouloir bon, mais pour si long marché le terme d'amys est bien court. Priant Dieu qu'il vous doint tel conseil et vouloir qu'il sçait vous estre bon; et plus n'en aurez, sinon que j'espère puisque Madame dort, que son mal ira tousjours en amendant, s'il plaist à celuy auquel vous recommande

Vostre bonne cousine, MARGUERITE.

[F. Béth., n° 9127, fol. 29. *Dictée.*]

16. — A M. DE MEAUX.

(Janvier 1523.)

Non pour vous ramentevoir ce que, je croy, ne vous sera par la charité infinie permis d'oublier, ne pour advancer la promesse[2] dont je ne doubte l'accomplissement au temps que la bonté seule[3] congnoistra la nécessité, mais afin que par ma faulte, négligeant ce que je dois, comme affamé le pain, désirer, ne retarde l'effect de la grace procédant du libéral distributeur, par vous à nous distribuée, j'ay bien voulu commencer par ceste mon mestier de mendiante.

[1] Ce mariage, dont il a été question dans deux lettres de Marguerite, ne se fit point. Anne de Montmorency épousa, le 10 janvier 1526, Madelaine de Tende Savoie, fille du bâtard de Savoie, tué à Pavie, et cousine germaine de Marguerite.

[2] On voit, par la réponse de l'évêque, qu'il s'agit de l'envoi des Épîtres de saint Paul.

[3] *La bonté seule*, Dieu.

Vous me priastes que si de quelque endroit de la très saincte Escripture doubtois ou désirois quelque chose, le vous escripre; à quoy vous feis promesse présumptueuse de le faire. Je vous prie excuser l'aveugle qui juge des couleurs; car je confesse que la moindre parole qui y soit est trop pour moy, et la plus clere m'est obscure. Hélas! quel choix puis-je faire où la différence m'est incongneue? Ny comme pourray-je demander viande doulce ou saulce, quant je n'ay nul goust? Parquoy je ne vous demande riens, car je ne sçay que je vous demande. Mais à vous, ministre de tels biens, qui sçavez les gousts des viandes restaurantes et fortifiantes, je vous prie que en vérité, sans fainte, du demeurant de celles qui vous sont par le donneur données, en vueillez envoyer les miettes, en sorte que vostre vielle mère, enviellie en sa première peau, puisse par ceste doulce et ravissante parolle de vie renouveller sa vielle peau, et estre tellement repolie, arrondie et blanchie, qu'elle puisse estre au seul nécessaire [1].   MARGUERITE.

[Supplém. franç., n° 337, fol. 220, verso. *Copie*.]

---

17. — AU MÊME.

4 mai 1524.

La dépesche qu'il a fallu faire selon vostre bon conseil, me contraindra, par faulte de temps, à faire du

---

[1] *Le seul nécessaire*, Dieu.

porteur lettre, qui m'ennuye, que ma propre main ne peult escrire. Il vous dira l'estat où il a laissé ceste compagnie, en laquelle j'espère bientost avoir une heure de loysir à plorer, non celle qui a son désir accomply[1], mais celle qui n'a commencé à désirer[2]. La fin est selon la vie! sa fin estoit en sa vie; vous en sçavez plus que moy. Et puis mon imparfaite foiblesse ne peult porter l'indiscrétion d'amour. Parquoy la recommandant à vostre immortelle mère va faire fin sur la fiance du porteur

La vivante en mort, MARGUERITE[3].

[Suppl. fr., n° 337, fol. 307, verso.]

[1] La femme de René, bâtard de Savoie, tante de Marguerite, qui venait de mourir.

[2] Marguerite elle-même, qui n'avait pas encore commencé à désirer la mort.

[3] Voici la réponse de l'évêque de Meaux :
« Aussy peu est recepvable ung larmoyant désollé pour aultres consoller, que ung aveugle pour aultres conduire. Il devoit suffire à envie qu'elle eust par mort fouldroyé la terre, sans empescher le bancquet de larmes préparé par l'affection maternelle, auquel, madame, par vos lettres apportées par M. le Protonotaire, m'avez de vostre grace invité, me promettant une heure pour plorer, non la bonne tante, morte-vivant, ayant désemparé son navire et mis pied en terre des vivans; mais les povres encore fluctuans et voltigeans en la grant mer. L'espoir de recepvoir pasture fortifiante audict bancquet avoit eslevé la voyle de mon navire; mais le vent aquilonaire n'a permis prendre le port désiré, me cuidant persuader que le saige auroit dict mieulx estre aller en la maison de pleurs que en celle du bancquet.................... Bancquet préparé par le feu de la charité déssicatteur des eaues pénétrantes jusques à l'ame.......... Je suis asseuré, madame, que aultres ne désirez plorer, pour lesquels larmes sont vos pains ordinaires, que vous présentez à la bonté divine. Vous suppliant, madame, très humble-

18. — AU MÊME. (*Fragment.*)

(Herbault [1]), du dernier jour d'aoust 1524.

. . . .

Parquoy vous prie en ce temps de tribulacion que mieulx se doibt le contraire sentir, veoiant la fin des labeurs et douleurs importables finis, et le repos de l'ame éternelle de celle que Dieu nous avoit donnée à Royne [2], de qui se peult dire ce que de nulle autre, avoir laissé au royaume les plus beaux dons dont soit mémoire : c'est bonne renommée des vertus, graces et bonté dont Dieu l'avoit douée; figure telle que au souhaict d'ung chacun n'eust sceu estre plus belle, et parfaicte de trois filz et trois [3] filles. Et, pour la fin faire conclusion suivant le cours de sa vie, remettant toutes ordonnances de son testament en la main de son seul très aimé mary, le faict son exécuteur, luy donnant la duché de Bretaigne, et après sa mort, à son fils ainsné, pour perpétuer union en ce royaulme. Confessée et...... en bon sens et parole jusques à la fin, s'en est allée, comme j'estime, en joye, laissant à ses

---

ment qu'il vous plaise en faire part au povre affamé destitué par envie du bancquet maternel.

« Vostre inutile fils et indigne ministre. » (P. 309, verso.)

(Cinq pages, grand in-4°.)

[1] Bourg dans le Blaisois (département de Cher-et-Loir). La cour y allait souvent en *villegiature*.

[2] La reine Claude mourut le 26 juillet 1524.

[3] *Trois* est une faute du copiste; lisez : *quatre*.

amis tristesse telle que j'ay grant paour que la santé de Madame s'en diminue de trop; car faisant grans journées pour retourner la veoir et servir, dont elle estoit partie contre son vouloir, par la seureté que les médecins luy baillèrent qu'elle vivroit encores plus de trois mois; ayant sceu en ce lieu de Herbault la nouvelle, avec le travail du chemin et l'extrémité de l'ennuy qu'elle porte incréable, est venue à faire du sang, comme en sa grant fiebvre, par tous endroits, en telle quantité et esmoution, que s'il duroit ne se pourroit porter. Mais j'espère que se tenant à repos de corps et esprit, Nostre Seigneur la fortifiera.

D'aultre part, le Roy ne faict moings, que nous laissasmes à Bourges attendant la fin; mais veoiant qu'elle approchoit, feit ung merveilleux dueil, disant à Madame : Si je pensois la rachapter pour ma vie, je la luy bailleroys de bon cueur. Et n'eusse jamais pensé que le lyen de mariage conjoinct de Dieu feust si dur et difficile à rompre! Et en larmes nous despartismes, et n'avons eu nouvelles de ce qu'il en a sceu, mais je crains fort qu'il le porte à peine. — Je vous départs de mon gasteau[1].

Vostre inutile mère, MARGUERITE.

[Suppl. fr., n° 337, fol. 359, verso. *Copie.*]

---

[1] La réponse de l'évêque est excessivement longue, et roule tout entière sur la métaphore du gâteau : « Entendez, madame, qu'il y ait en ce monde gasteau de tribulacions, que debvez distribuer à vostre inutile fils. Ung seul en congnois quy y a regné, venu de zizanie[*] sursemée, moulu au moulin d'ennuy, pestry d'eau froide en la huche

[*] *Zizanie,* ivraie.

19. — AU MÊME.

Du 15 septembre 1524.

Vous rendant mal pour bien, où tant suis tenue de mercier Dieu et vous de la consolacion que vostre lettre m'a donnée et donne, (que j'ay leue, et si ne la tiens encore pour veue !) Je vous voys départir de la doulce tribulacion qu'il plaist à N. S. m'envoyer, (forte à porter à ce corps trop foible en Adam !) C'est qu'il a pleu à N. S. donner à madame Charlotte[1] une si griesve maladie de fiebvre et flux après sa rougeole, que je ne sçay s'il luy plaira la tirer à luy, sans plus luy permettre gouster les misères de ce monde. Et pour ce que Madame n'est encores assés forte pour soustenir moindre ennuy que cestuy cy, je le luy fais celer, et au Roy pareillement, qui, vous sçavez, a assez ailleurs à penser. Par quoy, puisqu'il fault que

d'infidèle et inobédiente présomption, cuit au four de propre amour, dont le manger a esté une figue empoisonnant les architectes et leur postérité, jusqu'à ce que la farine sans levain a esté mise au pot de nature humaine[*] (4° *Regum*), etc., etc.

On ne trouve que peu de lignes sur la Reine, dont la mort a été le prétexte de cette énorme lettre : « Et puisque ainsy est, je treuve bien heureuse nostre bonne dame et Royne, qui tant a prolifié, non seulement pour le royaulme en fruict terrestre, mais au spirituel, par exemplarité et parangon de vie, en excellence de perfection, autant que princesse qui feut de mémoire d'homme. »

[1] Seconde fille du Roi.

[*] Il veut désigner le mystère de l'incarnation.

sur moy tombe ceste crainte, je demande le secours de vos bonnes prières, ainsy que le tout seul bon et puissant congnoist et veult en estre faict; vous priant que ne vous veuillés ennuyer de donner secours où ma nulle foy en met la nécessité, espérant que avant que ce porteur soit à vous, (elle sera) ou du tout quitte de la mort, ou remise en l'attente que nous devons plus désirer que craindre; ce que ne peult entendre, si par grace ne l'entend (dont en toutes sortes son imperfection a plus de besoing),

Vostre trop inutile mère, MARGUERITE.

[Suppl. fr., n° 337, fol. 387. *Copie.*]

20. — AU MÊME.

Du 18 novembre 1524.

. . . .
Où le très fort est venu, il a vaincu le feu armé et a commandé à la mer cesser ses ondes, et a laissé content, joyeux, et congnoissant à jamais ne le pouvoir louer de sa grace mon cueur et mon esprit, jusques, (à vous dire la vérité) avoir guéry et fortifié le corps en vain travaillant en peu de repos l'espace de près d'ung mois, tant que la petite dame[1] estoit malade, qui a esté trente jours tenue de fiebvre et flux, comme le pouvez avoir sceu. Mais après son trespas, j'ay eu l'ennuy du Roy à qui je l'avois faict céler, qui, pour avoir

[1] La princesse Charlotte. (Voyez la lettre précédente.)

songé trois fois, qu'elle luy disoit : *Adieu mon Roy, je voys en paradis*, devina sa mort, qu'il print en grant extresme douleur, (par la bonté de Dieu!) patiemment. Et m'escript qu'il aimeroit mieulx mourir que de la désirer en ce monde, contrevenant au vouloir de son Dieu, lequel il en bénissoit. Après avoir esté reconfortée en sa patience, Madame, qui n'en avoit oüy parler, par un capitaine d'adventuriers l'a sceu, qui l'a porté de sorte que depuis au disner jusques au souper, une larme n'attendant l'autre, sans jetter souspirs de despit ou impatience, ne cessa de me prescher et faire envers moy l'office de réconfort que je luy debvois; où je vous souhaicte, car veoiant son corps naturel souffrir douleur, ce sembloit, importable, les yeux levés au ciel, ne cessant jamais de louer Dieu, pensois veoir un esprit ravy en luy. Mais elle a si bien continué, qu'elle a receu la dame tribulacion, non comme hostesse d'ung jour, mais comme sa sœur avec laquelle a esté nourrie et qu'elle désire à jamais avoir pour compagne. Et la doulceur en quoy N. S. la luy faict prendre la garde que sa santé n'en a pis. Je la recommande à vos bonnes prières, sans oublier celle qui n'eust esté à son aise sans vous en avoir escript ce qu'elle en pense, que vous congnoissez, et qui désire, comme pour le mieulx qu'elle peult souhaicter en ce monde, estre

Vostre bonne mère, MARGUERITE [1].

[Suppl. fr., n° 337, fol. 409. *Copie.*]

[1] Les historiens de François Ier, notamment Gaillard (t. V, p. 315), mettent la mort de madame Charlotte à la date du 8 septembre 1524. Il est visible qu'ils se trompent, puisque la lettre de Marguerite, où

21. — A MON COUSIN, M. LE MARESCHAL DE MONTMORENCY.

Lyon, 18 novembre (1524).

Mon cousin, depuis le partement de Sansac [1] n'est survenue aulcune chouse par deçà, qui soit d'escripre,

il n'est encore question que de la maladie de cette princesse, est datée du 15 septembre. La réponse de l'évêque de Meaux, écrite lorsque madame Charlotte était déjà morte, ne porte aucune date; mais la lettre qui vient immédiatement est du 26 septembre. Par conséquent, le Roi perdit sa seconde fille du 15 au 26 septembre 1524. Elle mourut à Blois.

Voici quelques passages de la réponse de l'évêque de Meaux à Marguerite : « Bonne est la mort qui nous donne paix, qui est repos et tout « bien au monde pressuré [de] travail et tourment ! Bien heureux qui « en est dehors (*hors du monde*) et par ce n'est à plaindre, mesme- « ment ayant pour guide innocence, qui jamais ne abandonna madame « Charlotte, par elle conduite jusques au cabinet secret où est le lict « de l'époux, sursemé de innombrables fleurs et odeurs, auquel repose « avec son amy, qui vous commande, madame, ne l'esveiller par pleurs « ne gémissemens............ Je cuide surentendre des glorieux méri- « tans, onéreux consolateurs, qui présumans consoler, regretteront la « mort de la bonne innocente, et diront estre grand dommage « (comme si Dieu estoit ung ignorant !) d'avoir esté sitost surprinse « (390, verso)....... Madame Charlotte n'est à plorer sinon par ceulx « qui n'ont Dieu devant les yeux, ou ne désirent le bien d'elle, aveu- « glez par propre amour en terrestres [*]. Les absalonites fault plaindre « (hélas ! le monde en est plain !) qui ne veulent pas permettre leur « père régner en et sur eux. etc. » (P. 592, verso.)

[1] (Voyez sa vie dans Brantôme, *Hommes illustres*, LXXXVII.)

---

[*] Sans doute il faut lire *ténèbres*, ou peut-être manque-t-il un mot après *terrestres* ?

fors la continuation de la bonne santé de Madame. Elle et la compaignie est ce soir descendue à Saint-Just[1], au logis de Sainct Jehan, pour faire faire les processions et dimanche prouchain recepvoir tous N. S., suivant le jubilé ottroyé par le pape. Je croy que par de là vous n'en ferez pas moins. Je laisse ce propos pour vous prier bien fort, mon cousin, de m'escripre le plus souvent que pourrez de la bonne prospérité du Roy et de son affaire[2], car vous entendez assez que de là dépend tout l'heur, le bien, et le plaisir de ceste compaignie. Je prie N. S. vouloir le tout conduire à telle et si heureuse fin que de très-bon cueur le désire, et qu'il vous doint, mon cousin, ce que bien leur sçavez demander. A Lyon, ce xviiie jour de novembre.

Vostre bonne cousine, Marguerite.

[F. Béth., n° 8514, fol. 63. *Dictée.*]

22. — AU MÊME.

De Sainct-Yon, le 7 décembre (1524).

Mon cousin, pour recepvoir de vous eschangement de quelques bonnes nouvelles espérées en l'affaire de par de là[3], je vous asseure de la bonne santé de Madame et de ceste compaignie, qui, en la souvenance de la continuelle paine où vous estes, continue chacun

---

[1] Près de Lyon.
[2] L'expédition du Milanez.
[3] La guerre du Milanez.

jour à faire processions et prières. Et se faict dymanche prochain une procession generalle de jeunes et petis enfans, pour la bonne intencion du Roy et prospérité de son affaire. Je supplie celluy qui des enfans a parfaict la louange, vouloir donner tel exsaulcement à leurs innocentes prières que nous tous le désirons. Pendant je vous prieray continuer à souvent me rescripre, et je continueray à pryer Dieu, mon cousin, vous avoir en sa saincte grace.

Vostre bonne cousine, Marguerite.

[F. Béth., fol. 149. *Dictée.*]

23. — AU MÊME.

Mon cousin, depuis le partement de Sansac, j'ay receu les lettres que m'avez escriptes, en quoy m'avez faict très grand plaisir, et vous prie continuer en cela, et aussi souvent mander à Madame des nouvelles du Roy et de son affaire, car je suis seure que ne luy pourriez faire chouze plus agréable. Vous l'entendez assez, et congnoissez que tout le bien et plaisir que pouvons avoir viennent de la part où vous estes [1]. Madame et la compaignie remonte aujourd'huy à son logis de Saint-Just, après avoir faict les processions générales par ceste ville, où la plus part a receu le sainct sacrement. Je croy qu'on n'en fera pas moins par delà. Je supplie celuy qui ensemble est le donné et le donneur, nous

[1] D'Italie.

donner bien toust l'ung des fruicts d'iceluy : C'est bonne paix que le monde ne peult donner, ainsi que de très bon cueur le désire

        Vostre bonne cousine, MARGUERITE.

[F. Béth., n° 8567, fol. 85. *Dictée.*]

24. — A M. DE MEAUX.

(Lyon? 1524.)

Bien que je sçay que ce qu'on estime bonnes nouvelles ne vous ont été célées, si faut il que je vous die que Dieu a faict la grace au Roy de non seulement en son cueur le recongnoistre, mais souvent publiquement à tous dire et monstrer la grande miséricorde de Dieu avoir conduit son affaire, et par toutes les lettres qu'il a escript à Madame, ne fault à l'article d'en sentir tout venir du tout puissant, disant que nul n'en doibt ou peult prendre gloire; car il n'est en la puissance de raison de pouvoir entendre telle armée et artillerie en si peu de temps passer tels chemins, et qui, sans estapes, n'ont eu faulte de pain, mais abondance et à bon marché. Les rivières gaiables; que à tard se voit la ville de Milan forcée (les ennemis fuis dehors) sans estre pillée; leurs gens battus, nuls des nostres morts; la peste par tout le quartier, sans que nul des nostres l'ait prise. Parquoy le Roy faict sa conclusion que c'est œuvre miraculeuse, où seulement a mis la main la bonté divine, qui, sans bataille ny assault, a donné victoire à ceulx qui croyent en luy et qui, sans rien espérer de leur sens ou force, se confient en sa paternelle bonté; et requiert que Madame le fasse partout prescher et donner à entendre que le grant Dieu des exercites doibt avoir l'honneur, gloire et louange du tout. J'ay bien voulu retenir et vous escripre ces paroles, estant seure que aultant les sentirez comme

Vostre bonne mère, MARGUERITE.

[Suppl. fr., n° 337, fol. 410, verso. *Copie.*]

Ici se place la bataille de Pavie, le 25 février 1525, jour de saint Mathias.

M. de Montmorency fut fait prisonnier avec le Roi, et ils ne furent point séparés.

25. — A MON COUSIN, M. LE MARESCHAL DE MONTMORENCY [1].

(1525.)

. . . .
Le despit de vous veoir si bon servicteur n'est pas sy grant qu'il me garde de louer Dieu de la grace qu'il vous a faite de servir à heure et besoing celuy qui l'a mérité ; car croyés que la joye qu'il [2] en a eue a esté sy bien sentie icy, qu'il n'est plus question d'ennuy ne de foiblesse de maladie, mais seulement se délibérer de faire ce qu'il a mandé. Bien est vray que toute ma vie j'auray envie que je ne puis faire pour luy office pareil au vostre, car où la voulenté passe toute celle que pouriés avoir, la fortune me tient tort, qui, pour estre femme, me rend le moyen difficile. Mais j'espère que Dieu quy voit mon désir, me garde heure où j'auray mon tour ; à quoy vie, mort, et tout ce quy se peult craindre ou désirer, sera voulontairement sacrifié pour luy ; et j'en supplie le tout puissant, vous

[1] Les premières lignes de cette lettre ont été coupées par le relieur.
[2] *Il*, le Roi.

priant (sy voyés que bon soit) faire mes recommandacions à M. le Vis-Roy [1], car l'honnesteté qu'il garde envers le Roy me rent si affecsionnée à luy, que je ne me puis tenir de vous prier luy en dire ce que vous connoissés que j'en doy penser; et le plus souvent que vous pourrez faire sçavoir à Madame toutes nouvelles de son fils, en la délivrance et santé duquel pend sa vie et consolacion, et sur les deux à la sienne fondée

Vostre bonne cousine, MARGUERITE.

[F. Béth., n° 8550, fol. 17. *Auto.*]

26. — AU MÊME.

(1525.)

Mon cousin, il y a quelque recluse fort dévote, qui trois ans a, n'a faict que inviter ung homme que je congnoys à prier Dieu pour le Roy et luy faire service, ce qu'il a faict; et m'a mandé qu'il est asseuré que s'y plaist au Roy par manière d'oraison, tous les jours, quand il sera retiré, lire les épistres de Sainct-Pol, il est asseuré qu'il sera délivré à la gloire de Dieu et l'honneur de luy; car il promet en son évangile que qui

---

[1] Le vice-roi de Naples, de Lannoy, à la garde duquel François Ier avait été remis. François Ier ne voulut rendre qu'à lui son épée : « Lannoy, un genou en terre, la reçut avec respect; et détachant la sienne propre : Je supplie Votre Majesté, dit-il, d'agréer celle-ci, qui a plus d'une fois épargné le sang françois. Il ne convient pas qu'un officier de l'empereur voie un grand roi désarmé, quoique prisonnier. » (*Biogr. univ.*; Voy. BRANTÔME, *Capit. illustres*, XXIII.)

aime la vérité, la vérité le délivrera. Et pour ce que je pense qu'il n'en a point, vous envoye les miennes, vous priant le supplier de ma part qu'i les veuille lire, et je croy fermement que le Sainct-Esperit, qui est demouré en la lettre, fera par luy chouses ainsy grandes comme il a faict par ceulx qui les ont escriptes; car Dieu n'est pas moins puissant ne bon qu'il a esté, et ses promesses sont toujours véritables. Il nous a humiliez par prison, mais il ne nous a pas abandonnez, nous donnant pacience et espérience en sa bonté, qui est tousjours accompagnée de consolation et plus parfaicte congnoissance de luy, ce que, je suis seure, mieux que jamais le Roy cognoist, n'ayant pour la prison de son corps l'esprit moins en liberté, et plain et remply de la grace de celuy que je supplie parfaire en luy son commandement. En quoy ne peult avoir plus grand ennuy que se sentir pour son service inutile

Vostre bonne cousine, MARGUERITE.

[F. Béth., n° 8562, fol. 38. *Dictée.*]

27. — AU ROY[1].

(Mai 1525.)

Monseigneur, j'ay par l'escuyer Présilles receu deux lettres de vostre main qu'il vous a pleu m'escripre, et vouldroys bien que Dieu me feist ceste grace d'avoir

---

[1] Cette lettre, adressée au roi prisonnier, paraît avoir été écrite pour être vue de Charles-Quint.

le pouvoir tel en vostre deslivrance comme vous plaist le m'escripre, car l'une des choses de ce monde que plus j'ay désirée et désire, c'est de veoir une bonne et seure paix d'entre l'Empereur et vous. Monseigneur, vos bons amis et alliés congnoissent que ce seroit le grant bien de toute la chrestienté et le repos de vos deux magestés. Et s'il est possible que ainsy il peust advenir, je ne doubte, Monseigneur, que ne parveniés à vostre désir de liberté, pour laquelle, en ensuyvant ce qu'il vous plaist m'en mander, ay escript à madame la Régente, pour avoir un saufconduit pour le personnaige¹ que doibt envoyer vers l'Empereur. Et pouvés estre seur que à moy ne tiendra vous donner à congnoistre la voulenté que j'ay de vous y faire service. Mais, monseigneur, comme il vous plaist dire que j'ay tout pouvoir en cest affaire, il me semble que vous vous y pouvés trop mieulx ayder que moy, parce que, je suis bien seure, avés affaire à ung prince si vertueux et bon, que en chose que sera raisonnable ne serés refusé. Par quoy en bonne espérance vous y faire quelque bon service, comme celle qui veult tousjours demourer

    Vostre très humble, MARGUERITE.

[F. Béth., n° 8471, fol. 137. *Copie.*]

¹ C'est elle-même; mais elle n'a garde de se nommer.

28. — A M. MON BON COUSIN, LE COMTE SIGISMOND DE HAULTE-FLAMME [1],

DOYEN DU GRAND CHAPITRE DE STRASBOURG.

Le 24 juin 1525.

Celuy dont les œuvres nous sont aussy connues que sa puissance, sagesse et volonté nous sont célées, veuille vous faire récompense de sa grace pour celle que vous nous avez faite de si bonne et vraye amour, de visiter la mère et la fille, pauvres veuves, et non sans affliction; par où vous faites voir de quel esprit vous estes animé. Mais nous vous prions de tenir et croire que vostre lettre nous a esté très agréable. Aussy avons nous résolu de suivre vostre conseil, pour autant que le père de tous les hommes nous y sera propice. Car

---

[1] Sigismond de Hohenlohe (*de haute-flamme*), chanoine d'Augsbourg, et doyen du grand chapitre de Strasbourg, avait embrassé les opinions de Luther, et travaillait à les répandre. Il publia, en 1525, à Strasbourg, le *Livret de la Croix*, en allemand; réimprimé à Leipsig en 1748, avec des notes et des Pièces justificatives d'où j'ai tiré ces lettres.

Le comte de Hohenlohe avait pris la peine de les traduire en allemand au fur et à mesure qu'il les recevait. Les originaux sont perdus, ainsi que les traductions, hormis les quatre lettres que je donne ici. Une note du comte indique que la lettre ci-dessus est la première qu'il reçut de madame d'Alençon.

J'ai essayé, pour éviter les disparates, de retraduire ces lettres en me servant des expressions et des tours familiers à Marguerite, surtout dans sa correspondance mystique avec l'évêque de Meaux. L'allemand paraît avoir été calqué fidèlement sur le français, mais l'édition est si horriblement défigurée par une ponctuation ridicule, que je ne réponds pas d'avoir toujours retrouvé le vrai sens de la phrase.

vostre opinion et jugement est si droit et sainct, que celuy qui y contredict est desjà condamné. Vous monstrez que vous n'estes pas seulement un cousin selon le sang et la chair, mais aussy selon l'esprit, qui exercez tellement vostre sollicitude; car vous nous rendez obligées à vous pour les graces que le père nous a promises par son fils. Certainement, cher cousin, vous nous liez doublement à vous, à cause de vostre affeccionnée charité, car il y a beaucoup d'amis selon le monde et l'apparence, mais peu qui souhaitent à leurs amis le Seigneur Dieu. Or, puisqu'il luy a pleu que vous nous soyez tel, je le prie fortifier en vous ce bon vouloir; aussy que nous fassiez souvent entendre de vos nouvelles.

Pour ce qui est de nous, croyez ce seur porteur de quelque chose touchant nostre souffrance terrestre [1]; et ceste lettre mal dressée et plus mal escripte de ma main, veuillez la prendre et tenir suffisante pour deux lettres, à savoir de la mère et de la fille, que Nostre Seigneur a réunies en luy. Aussy ne doibt il y avoir dans les ames fidèles qu'une volonté, un Dieu et une espérance; qui est la fiance [2] de tous les esleus.

Priez pour moy, comme vostre amour le vous commande, et, de ma part, je m'oblige à le vous rendre.

Vostre bonne cousine inutile, MARGUERITE.

[1] La captivité de François Ier en Espagne. Madame d'Alençon ne partit pour aller trouver son frère qu'au mois d'août 1525.

[2] Il est clair que Marguerite avait écrit: *qui est la fiance*, expression qu'elle emploie souvent. Son correspondant a lu: *qui est le fiancé*, et a traduit, sans s'arrêter au non-sens: *der ist der Gesponsz aller auszerwællen*.

29. — A MON COUSIN, M. LE MARESCHAL DE MONTMORENCY.

Aigues-Mortes, le 27 août (1525).

Mon cousin, ce porteur vous sçaura bien au long compter de l'empeschement que j'ay eu jusques icy, et comme pour cela ne toutes les difficultés qui ont été mises en avant, (pour n'avoir mon saufconduyct par la mer ne assés ample, ne tel qu'il debvroit estre pour moy[1]; par la terre, par ce que les deux courriers ne sont venus.) Je n'ay laissé de prendre l'adventure, espérant qu'on me laissera voir le Roy; vous asseurant que ce seul désir m'a faict mettre toutes choses arrière, et m'en voys présentement embarquer avecques tel temps que l'ont demandé les mariniers et aultres, qui auparavant n'estoient d'opinion que je deusse entreprendre le voyaige, pour les mauvais temps qu'il a fait ces jours passés. Et plus n'en aurez pour ceste fois, priant Dieu, mon cousin, vous donner le contentement que vous désire, d'Aigues Mortes, le xxvij[e] jour d'aoust,

Vostre bonne cousine, MARGUERITE.

[F. Béth., n° 8551, fol. 36. *Dictée.*]

[1] Le sauf-conduit avait été demandé sans dire pour qui. (Voyez la lettre 27e.)

30. — AU MÊME.

Fargue[1], le 10 septembre (1525).

Mon cousin, vous savez assez la peine en quoy m'a mise ce que vous m'avez escript par Périgort, parquoy je ne vous solliciteray autrement de continuer à m'en faire savoir nouvelles. Toutesfois afin que vous ayiez meilleur moyen de ce faire, je vous ay fait despescher le courrier après lequel va maistre Christofle, en la plus grande diligence que faire se pourra. Au demeurant, je sçay le travail que donneroit à Madame une despesche venue de là où est le Roy, ou de ma part, faisant mention des affaires de la court de l'Empereur, sans qu'il y eust lettres dudict seigneur. Pour ce je vous prie que vous faites, s'il est possible, que ledict seigneur escripve quelque lettre à madicte dame, par le moyen de laquelle je puisse despescher en France, afin qu'il ne demeure riens de ce qui se doibt respondre au contenu de vostre chiffre et d'aultres affaires qui chacun jour occurrent. J'ay faict ce que j'ay peu pour diligenter mon voyaige, et ay assez bon cueur de faire mieulx, car vous savez assez quelle sera ma pacience jusques à ce que je veoye celuy duquel je vouldroys avoir rachapté la santé de ma propre vie, sans offenser celuy que je prie, mon cousin, vous avoir en sa saincte garde. Escript à Fargue, ce x[e] jour de septembre.

Vostre bonne cousine, MARGUERITE.

[F. Béth., n° 8567, fol. 13. *Dictée.*]

[1] Village près de Bordeaux.

31. — ÉRASME A MARGUERITE, DUCHESSE D'ALENÇON [1]. (*En Espagne.*)

(Bâle, le 28 septembre 1525.)

Les admirateurs des vertus de vostre altesse m'ont escript plusieurs fois, m'engageant à vous adresser quelques consolations en ceste tempeste de malheurs. C'est pourquoi, le savant et noble personnage qui vous remettra ceste lettre, s'estant offert à l'imprévu, prest à partir pour l'Espagne, où il ne fera que passer, j'hésitois s'il valoit mieux garder un silence absolu, ou vous envoyer ceste courte lettre et mal ordonnée. Ceste crainte et ceste honte ont cédé à l'affection singulière que je vous porte; car dès long temps j'ay admiré et chéry tant de dons excellens que Dieu a mis en vous : prudence digne d'un philosophe, chasteté, modération, piété, force d'âme invincible, et un merveilleux mépris de toutes les vanités de ce monde. Qui n'admireroit en la sœur d'un grand Roy, ces qualités si rares chez les prestres même et les moines? Je n'en parlerois pas, si je ne savois assurément que vous n'en attribuez le mérite à vos propres forces, mais le reportez tout entier au Seigneur, dispensateur de tout bien. Ainsy avec le désir de vous féliciter plustost que de vous consoler, j'ay faict ceste entreprise. Le malheur est

---

[1] J'ai conservé l'orthographe du xvi⁰ siècle dans cette traduction, comme dans celle des lettres du comte de Hohenlohe, et par le même motif. L'original latin est aux Pièces justificatives, n⁰ XII.

grand, je l'advoue; mais rien n'est si espouvantable dans les choses humaines, qui puisse abattre un courage vrayment appuyé sur ce roc inébranlable, Jésus-Christ.

Si vous demandez d'où je vous connois, qui ne vous ay jamais veue, beaucoup congnoissent vostre altesse par ses portraits, sans avoir jamais eu le bonheur de la voir en réalité. Et moi, des gens de bien et de science m'ont dépeint vostre esprit en leurs lettres beaucoup plus fidèlement que nul peintre ne feroit vostre personne avec l'illusion de ses couleurs. Vous ne devez point soupçonner ma bonne foy : de mesme que je vous loue parceque je vous congnois, aussy ne flatté-je pas vostre puissance, car je n'ambitionne rien de vous qu'une affection réciproque. Dès long tems j'aimois le Roy très chrestien, ou, pour parler plus vray, je luy rendois son amitié, laquelle la première a provoqué la mienne en tant de façons. Une femme, une héroïne telle que vous estes, je ne saurois m'empescher de l'aimer en Nostre Seigneur. Je doy à l'Empereur non seulement de la faveur, mais encore de la piété, et cela, à plus d'un titre. Premièrement je suis né son subject; ensuite voilà desjà quelques années que je suis son conseiller et luy ay presté serment. Pleust à Dieu qu'il eust remporté ceste victoire plus tost sur les Turcs! C'estoit l'objet de nos vœux les plus ardens. Mais les péchés des hommes, sans doute, ont empesché que Dieu nous estimast dignes de ceste grace. Si magnifique que soit la victoire de l'Empereur, je n'ai pu encore l'en féliciter du fond de l'ame.

Mais j'ay bon espoir qu'avant peu, ceste fatale issue de la bataille, quelle qu'en soit la cause, nous deviendra une occasion de féliciter et vous et vostre France autant que l'Empereur luy mesme. Si grand ouvrier est celuy qui dans ses conseils secrets regle les affaires d'ici bas, et souvent quand nos malheurs semblent consommés, subitement les tourne et achemine aux meilleurs succès. Je treuve cest espoir principalement en la clémence exorable de Dieu, que je pense nous estre desjà devenu propice; ensuite, partie dans le génie de l'Empereur, dont la bonté égale ou surpasse la grandeur de sa fortune mesme; partie en l'adresse merveilleuse du Roy très chrestien. Bien plus, j'ay ceste confiance qu'ils ont formé entre eux un lien d'amitié aussy solide qu'une chaisne de diamant. L'espérance que j'en ay, a esté fortifiée par la lettre que, sur le point de son départ pour l'Espagne, vostre altesse a escripte à cest illustre baron polonais, Jean de Lasco. Il demeure avecques moy, et l'amitié a faict entre nous toutes choses communes. En effet, ceste lettre n'annonçoit pas seulement vostre ferme courage à porter le faix des destins iniques, mais encore récréoit nostre sollicitude par quelques mots de fortuné présage. Si ceste espérance se réalise, nous en féliciterons non seulement l'Empereur et vous, mais toute la chrestienté.

J'aurois icy à vous demander pardon à double tiltre; d'abord pour avoir osé de moy mesmes écrire à une si puissante dame, ensuite pour l'avoir faict à l'*in promptu*, ce que à peine se permet un amy plébéien envers son amy. Mais ce scrupule m'a esté chassé de l'esprit par la confiance que j'ay prise sur le bruit de vostre inouïe bonté.

Le Seigneur Jésus veuille vous garder saine et sauve, et florissante de toutes prospérités en luy. A Basle, la veille de Saint-Michel, l'an M. D. XXV.

32. — A MON COUSIN, M. LE MARESCHAL DE MONTMORENCY.

(1525.)

Mon cousin, ce porteur m'a tant faict de service qu'il faut que je m'en loue à vous, car il s'y est acquitté tant honnestement, qu'il n'est possible de mieulx. Je vous prie qu'il le congnoisse. Il s'en va devant, pour regarder à loger ma compaignie, et vous dira de mes nouvelles et le temps que je pourray estre là, qui, à mon advis, ne sera plus tost que mercredy matin, car je vous asseure que je me treuve bien lasse. Mais le désir d'estre là [1], fera que tout faix sera gracieux à

Vostre bonne cousine, Marguerite.

(De la main de la duchesse d'Alençon.)

J'ay receu vostre lettre par le courrier qui est arrivé avecques Figuerol, et sy je me trouvoys où vous dictes, ne faudray à faire ce que me mandés. Mais, à ce que

[1] A Madrid

j'entends, tant de don Hugues [1] que dudict Figuerol, il n'en est nulle question, car l'Empereur s'en va droit à Tolède. Je ne vous diray point la joye que j'ay d'aprocher le lieu que j'ay tant désiré ; mais croyés que jamais je ne congneus que c'est d'ung frère que maintenant ; et n'eusse jamais pensé l'aimer tant !

[F. Béth., n° 8514, fol. 93. *Dictée.*]

33. — AU ROY, MON SOUVERAIN SEIGNEUR.
(*A Madrid.*)

(De Tolède [2], octobre 1525.)

Monseigneur, plus toust ne vous ay je voulu escripre, attendant quelque commencement en vostre affaire, car pour hier que je feus devers l'Empereur, je le trouvay bien froit. Me retira à part en sa chambre avecques une femme, mais ses proupous ne feurent pour faire si grande cérimonie, car il me remit à parler à son conseil, et que aujourd'huy me respondroit. Et me mena voir la Roine sa sœur [3], où je demeuray

---

[1] Don Hugues de Moncade. Charles V, après la mort de Ch. de Launoy (1527), le nomma vice-roi de Naples.
Brantôme a écrit sa vie. (*Grands capit.* XXIV.)

[2] « Le 3ᵉ jour d'octobre, madame d'Alençon se rendit à Tolède, « et y fut reçue avec beaucoup de politesse par l'Empereur en per- « sonne, qui, suivi de l'archevêque de Tolède et de plusieurs sei- « gneurs, la conduisit à l'hôtel de don Diègue de Mendoza, comte de « Mélito, où on lui avoit préparé un logement. » (FERRERAS, t. IX, p. 49.)

[3] Éléonore, veuve du roi de Portugal, qui depuis épousa François Iᵉʳ.

jusques bien tart; annuyst suis allé devers elle, et elle m'a tenu fort bons proupous. Bien est vray qu'elle s'en va demain à son voyage, et je yray prendre congié d'elle. Je croy qu'elle le faict plus par obéissance que par voulenté, mais ils la tiennent fort subjecte. Et parlant à elle, le Vis-Roy[1] m'est venue quérir, et suis allée au logis de l'Empereur, qui m'a mandée en sa chambre, et m'a dit qu'il désiroit vostre délivrance et parfaite amytié, et, pour la fin, s'est arresté sus le jugement de Bourgongne[2], c'est à savoir qu'il ne veult accepter pour juges vos pairs de France et court de Parlement; mais il désire que la chose se vuide par arbitres, et m'a priée d'en faire jetter demain quelque chose par escript, et que de sa part, il commandera à son conseil pour trouver moyen d'amitié, et que nos gens ensemble en débattront demain et samedy; je retourneray devers luy, et que si ils ne se peuvent accorder, il fera chose dont je seray contente. Parquoy, Monseigneur, suis contrainte d'attendre encores samedy, mais je vous envoye quelqu'un qui bien au long

[1] Le vice-roi de Naples, Charles de Lannoy, qui traita François Ier avec beaucoup d'égards, et lui rendit tous les services en son pouvoir.

[2] « Comme le Roi étoit résolu de ne point céder ce duché, ma-
« dame d'Alençon entreprit de le tirer déguisé de prison. Elle con-
« vint à cet effet avec lui qu'on mettroit dans son lit un nègre qui
« apportoit du bois pour la cheminée de la chambre du Roi, et que,
« prenant les habits de ce nègre, et se noircissant le visage, il sortiroit
« à l'entrée de la nuit. Chapin, valet de chambre du Roi, irrité de ce
« que M. de La Rochepot, qui servoit aussi le Roi, lui avoit donné
« un soufflet, découvrit le complot à l'Empereur, qui fit dire prompte-
« ment au seigneur Alarcon de ne plus laisser entrer ce nègre dans la
« chambre du Roi. » (FERRERAS, t. IX, p. 51.)

vous contera ce que demain et tous ces jours aura esté fait, afin que avant passer plus avant, il vous plaise entendre les bons tours qu'ils nous font, et si sçay bien qu'ils ont grant peur que je m'en ennuye, car je leur donne à entendre que s'ils ne font mieux, que je m'en veux retourner, comme demain vous mandera

Vostre très humble et très obéissante subjecte et seur, Marguerite [1].

[F. Béth., n° 8651, fol. 28. *Auto.*]

34. — A MON COUSIN, M. LE MARESCHAL DE MONTMORENCY.

De Tolède, le viij^e jour d'octobre [1525].

Mon cousin, je ne vous diray point l'aise et contentement que vous me donnez de souvent me faire sçavoir de la disposition [2] du Roy. Au regard de l'affaire pour lequel je suis venue pardeçà, le meilleur commencement que je y voye, c'est des bonnes paroles que m'a dit l'Empereur, m'asseurant tousjours qu'il fera chose dont je m'esmerveilleray, et qui sera pour me mettre en repos. Vous povez estre asseuré que je ne feray faulte à le solliciter et importuner, selon le désir que j'ay de venir à chef d'une emprise qui me touche de si près comme celle dont il est question. Priant celuy qui voulut venir en paix en ce monde la

---

[1] Cette lettre fut envoyée à M. de Montmorency, avec une lettre pour le Roi.

[2] *Disposition* : santé. Nous avons conservé *indisposition*.

mettre ou lieu où elle faict tant de besoing, [et] vous avoir, mon cousin, en sa saincte garde,

Vostre bonne cousine, MARGUERITE.

[F. Béth., n° 8769, fol. 33. *Dictée*.]

35. — AU MÊME.
(De Tolède, octobre 1525.)

Mon cousin, quelque mine que l'on me fasse, si sont ils sy estonnés, que ne sçavent que dire! Je ne crains que la longueur; mais dites au Roy en luy présentant ma lettre, que je treuve leur estrangeté sy piteuse, qu'ilz me donnent bonne espérance. J'espère ce soir despescher devers luy pour l'advertir de la conclusion que nous avons prise, et sur cela attendre son bon plaisir; vous asseurant que si j'avois affaire à gens de bien et qui entendissent que c'est que d'honneur, je ne m'en soulcierois; mais c'est le contraire. Chascun me dict qu'il aime le Roy, mais l'expérience en est petite. Le principal est de sa santé, puisque Dieu la luy donne bonne, je vous prie, ne craignés d'ung petit temporiser, car pour retourner à Madril devers luy et pour revenir icy, cela n'est riens, car j'espère que en ces dissimulacions ilz se raviseront. Croyés qu'il y a icy ung chancelier qui est d'étrange sorte[1]. Mais quoy qu'il en soit, leurs menaces et pa-

---

[1] Gattinara. « L'empereur conclut enfin le traité de Madrid, si onéreux à la France, que Gattinara, son chancelier, refusa généreusement de le sceller. Ce fut l'empereur qui, ayant pris froidement les sceaux, scella lui-même l'acte. » (DREUX DU RADIER, IV, 44.)

roles sont si foibles, qu'ilz me font plus espérer que craindre; et après avoir veu ce que j'ay veu, je treuve s'est empiré pire que je ne le pensois, non tant pour nous que pour eux. Vous lirés au Roy ma lettre que je luy escrips, et ceste-cy, et l'asseurerés que samedy et dimanche que je n'ay rien faict, n'ay bougé des religions¹, car où les hommes faillent, Dieu l'à-point oblie.

Vostre bonne cousine, MARGUERITE.

[F. Béth., n° 8507, fol. 87. *Auto*.]

56. — A M. LE CHANCELIER ².

Madrid, le 26 octobre (1525).

M. le chancelier, la joye que par vostre lettre m'avez donnée de la sheureté de la bonne santé de

¹ Des couvents.
² Le chancelier d'Alençon.
Marguerite lui a adressé plusieurs lettres, où elle lui témoigne une grande confiance. Il se nommait *Jean de Brinon*, et était premier président au parlement de Rouen. En cette qualité il signa le traité de 1525, entre Louise de Savoie, régente, et Henri VIII. « Nos Jo- « hannes de Brinon et de Antolio, senatus rhotomagensis praesidens « *primus cancellarius Alenconii*, ac consiliorum illustrissimae domi- « nae Ludovicae in Francia regentis praeses, etc.... » (RYMER *Acta*, t. XIV, p. 118.)
François Ier, allant à Lyon (juillet 1525), laissa le chancelier Duprat près de la Régente ;« et d'autant qu'il avoit besoin près de sa personne « d'un sceau en l'absence du grand, il commit pour l'administration « de ce petit scel maistre Jean Brinon, premier président au parlement « de Rouen, comme il appert par une commission baillée par ledict « seigneur Roy audict Brinon pour interroger l'évêque du Puy, et

Madame, est telle que je ne veulx faillir de vous en mercier, et en rescompense vous rendre semblable plaisir de celle du Roy, qui, Dieu mercy, commence très bien à se fortifier; et vous asseure que je n'ay failly de luy faire entendre l'affection que vous luy portez et le soing que vous avez au bien de ses affaires, car je serois ingrate de celer un si grant bien; et, de luy, croyez qu'il n'en veult aultre témoignage que l'expérience qu'il en a de longue main, et que, à l'ouyr parler, se connoist assez quelle estime il a des gens, qui est telle de vous comme de la personne que j'aye jamais veue qui autant mérite la bonne grace de son maistre; et je vous puis asseurer que aussy l'avez-vous, et que le congnoistrez tousjours en toutes choses.

M. le chancelier, le pouvre baron de Saint-Blancard[1] feist quelques frais extraordinaires pour mon

« autres complices de la conjuration du connétable de Bourbon qui « estoit au bourg de Tarare. Elle est datée de Lyon, 6 septembre 1523. » (LABBE, *Éloges des rois de France*, t. II, p. 314.)

La Croix du Maine attribue à Jean Brinon un poëme, intitulé : *Les Amours de Sydire*, imprimé à Paris.

Brinon mourut avant Marguerite. « Si Brinon vivoit, il en porteroit « tesmoignage, qui fut homme grave, prudent, rare exemplaire de « justice; et quand il mourut chancelier de ce pays, François Oli- « vier fut mis en sa place. » (CHARLES DE SAINTE-MARTHE, *Oraison funèbre*, p. 75.)

[1] C'est probablement Jacques d'Ornezan, baron de Saint-Blancard, dont la fille porta la baronnie de Saint-Blancard dans la maison de Gontaut. Les terres du baron de Saint-Blancard touchaient à la frontière d'Espagne; il paraît que madame d'Alençon s'y reposa avec sa suite, et peut-être emprunta de son hôte quelque somme d'argent.

J'avais pensé d'abord que ce nom de Saint-Blancard pouvait désigner Semblançay, le surintendant des finances, qui aida souvent de

voyaige, dont, à ce que j'ay entendu, il n'a esté remboursé. Je vous prie l'avoir pour recommandé, et qu'il congnoisse que je ne suis ingrate du bon service qu'il m'a fait, car il s'y est acquité de sorte que j'ay occasion de m'en louer. Et à tant je prie Dieu, monsieur le chancelier, vous avoir en sa très saincte garde. Escript à Madril le xxvi° jour d'octobre.

La toute vostre, MARGUERITE.

P. S. Le Roy desire fort que la rançon du mareschal de Montmorency soit payée. Je le vous recommande, car en ce faisant ferés service agréable audict seigneur[1].

[F. Dupuy, n° 486. *Dictée. P. S. auto.*]

sa fortune particulière le Roi et les membres de la famille royale, et dont le nom se rencontre orthographié de plusieurs manières[*]. Dans cette idée, j'avais recueilli, pour la rattacher à ce passage, la dernière lettre de Semblançay à François Ier. Après y avoir mieux réfléchi, je ne crois plus à l'identité de Semblançay et de Saint-Blancard, mais je conserve la lettre de Semblançay aux Pièces justificatives, comme un renseignement curieux et inédit dans ce procès célèbre. (Voyez Pièces justificatives, n° XIII.)

[1] La rançon de Montmorency était de dix mille écus, pour lesquels le Roi s'était rendu caution. (Voyez Pièces justificatives, n° XV.) Madame de Chateau-Regnault, dans un éloge couronné par l'Académie de La Rochelle, dit que *Montmorency supplia le Roi de lui laisser payer sa rançon;* elle a pris cela dans Désormeaux (*Hist. de la maison de Montmorency*, t. II, p. 69), et Désormeaux s'appuie sur les *Hommes illustres* de Dauvigny, où on lit seulement : « Le Roi, connoissant l'attachement et la capacité de Montmorency, *résolut de payer sa rançon.* » (T. XI, p. 274.) On voit par la lettre 50, p. 213, que ces dix mille écus furent payés par le Roi, *sur la demande de M. de Montmorency.*

[*] Saint-Blancays, San-Blançai.

37. — A M. LE MARESCHAL DE MONTMORENCY.

Alcala, le 20ᵉ de novembre ¹ (1525).

Mon cousin, j'ay à mon lever receu vostre lettre, et vous laisse à penser sy ce m'a esté plaisir d'avoir sceu des nouvelles du Roy. Au regard des miennes, le corps n'est que trop bien, mais de l'esprit, je ne vous puis nier qu'il ne luy souviegne de ce qu'il a laissé; et entendez que toute la nuict j'ay tenu le Roy par la main, et ne me voulois esveiller pour avoir plus longuement cest aise. Je me délibère de prendre ce département le mieulx que je pourray, mais que vous me secourez de ses nouvelles le plus souvent qu'il vous sera possible, et de quelque chose de bon, sy vous l'entendez. J'euz hersoir en ce frais logis un gentilhomme du duc de l'Infantade ², lequel n'est en sa maison de Goadela-

---

¹ Cette lettre est la première que Marguerite écrivit après avoir quitté son frère pour revenir en France. Ainsi Ferreras se trompe quand il dit (t. IX, p. 51) : « Madame d'Alençon prit de Madrid la route de France, le 28 novembre. »

² Don Diégo de Mendoza (voyez ci-dessus la lettre 33). Le duché de l'Infantado, situé dans la Castille, comprenait trois villes : Alcozer, Salmeron et Val-de-Clivas. Son nom lui vient de ce qu'il fut jadis l'apanage de plusieurs infants; on l'appelait l'état de l'Infantado. Henri IV de Castille le donna, en 1469, à don Diégo Hurtado de Mendoza, célèbre comme écrivain et comme guerrier, pour qui cet *état* fut érigé en *duché* en 1475. Il passa, par suite d'alliance, de la famille de Mendoza dans celle de Sandoval.

Le duc de l'Infantado était très-disposé en faveur de François Iᵉʳ. M. de Lesparre écrit à la Régente : « Que le Roy est arrivé a Madrit,

fara¹, mais sa sœur et ses enfans m'attendent aujourd'huy au soir, quy est ce que je vous puis mander pour ceste heure, fors que je prie Nostre Seigneur vous donner le contentement que vous désire

(Marguerite, au lieu de signer, ajoute de sa main :)

Je vous prie, bien que je sçay que en aultre chose ne pensés, que, le plus que l'on pourra, l'on luy fasse passer le tems, le divertissant de paines, et me mander comme il se portera de sa médecine. Je suis bien aise de ses grans selles : j'espère que ce sera sa parfaite guérison², dont je prie Dieu. Je maine le courrier jusques au Goadelafara, pour vous mander des nouvelles, et n'en partiray que demain, à deux heures, car il est jeusne, et y a bonne compaignie, par quoy ne feray que trois ou quatre lieues. Vous priant tant que vous pourrez tenir compaignie à ce bon maistre. D'Alcala, ce xx⁰ jour de novembre.

Vostre bonne cousine, MARGUERITE.

[F. Béth., n° 9127, fol. 35. *Dictée.*]

« a douze lieues de Toulettes (Tolède), faisant fort bonne chère, et « que les seigneurs d'Espaigne l'accompaignent fort volentiers, et « entre les aultres, *le duc de l'Infantasguo*, qui est ung des plus « grans du pays......» (Ms. 8612, Béth., f. 12.)

¹ Guadalaxara, à vingt lieues de Madrid.

² Il paraît que M. de Montmorency recevait, de temps à autre, des confidences pareilles sur la santé de son maître. Breton, secrétaire du Roi, lui écrit à une autre époque : « Je vous advise, monseigneur, qu'il y a dix ans qu'il ne se porta mieux qu'il faict, Dieu mercy, et croy que le vomissement qu'il a eu et les selles qu'il a faictes lui ont faict ung corps tout neuf. » (Ms. 8543, fol. 82.)

38. — AU MÊME.

Guadalaxara (21? novembre 1525).

Mon cousin, je suis arrivée en ce lieu de Goadelafara[1], où j'ay trouvé une compaignie fort affectionnée et ennuyée de veoir le Roy là où il est, quy ne m'a esté peu de plaisir de rencontrer de mes semblables. Vostre lettre y est venue bien à propos, car la bonne comtesse a esté très aise de veoir que le Roy se porte bien. Je n'ay encores vu la fille ne la niepce. Au regard des hommes, ils ne sont pas icy; toutesfois cela n'a empesché que je n'y aye esté bien receue. Au demourant, pensant qu'il seroit bien d'avoir quelques blancs[2] du Roy pour les emplir selon que l'on aura affaire, à ceste cause, vous le supplierez de m'en envoyer une douzaine, dont je luy tiendray bon compte; quy sera la fin de ma lettre, espérant bien tost vous veoir. Priant Dieu, mon cousin, vous donner ce que désire

(Marguerite, au lieu de signer, continue de sa main :)

S'il est bon, vous dirés au Roy que le duc[3] a esté adverti de la court, que, sus tout ce qu'il désire complaire à l'Empereur, qu'il ne parle à moy, ny son fils. Mais les dames ne me sont défendues, à quy je parleray au double. Je n'eusse jamais pensé veoir compaignie sy affecsionnée, quy m'a esté grande consolacion! Je

---

[1] A Guadalaxara, chez le duc de l'Infantado.
[2] Blancs seings.
[3] De l'Infantado.

digneray demain icy et m'en voys coucher à quatre lieues. S'il y a riens de bien, je vous prie, mandés le moy, car vous sçavés que plus grant plaisir en ce monde ne peult avoir, de Goadelafara, ce mardy au soir,

Vostre bonne cousine, MARGUERITE.

[F. Béth., n° 9127, fol. 31. *Dictée.*]

39. — AU MÊME.

(30 novembre 1525.)

[1] . . . .
Espérant que vous estes encores avecques vostre maistre, vous veulx bien pryer que je puisse souvent entendre comme il se porte, car vous savés qu'ung jour m'est bien long sans ouyr quelque nouvelle. Je n'ay faict aujourd'huy que trois lieues, et demain yray digner et coucher à cinq, qui est Sigouynce[2], attendant si mon aller sera sans retour, et voudroys bien sçavoir si je ne pourrois passer par plus court chemin que Roussillon? Mais de tout j'en tiens peu de compte au regard de laisser le Roy, car plus je voys avant, et moins me contente de congnoistre que je ne suis digne de servir celuy qui tant mérite de l'estre. Je luy ranvoye tout ce que j'ay eu de Madame, par quoy il

[1] Le commencement de cette lettre manque.
[2] Siguença, dans la Castille vieille, à dix ou onze lieues de Guadalaxara.

pourra estre seur de sa très bonne santé; et avant que Babou luy porte ces fascheuses nouvelles¹, le frère de ce courrier le trouvera, qui luy baillera les dernières que vous avés escriptes. Il m'a dict que dans deux jours je trouveray Brion² qui court la poste, comme il vous dira. Pleust à Dieu que ce feust à moy à faire pour retourner, car la diligence ne seroit Brionnycque! Mais mon infortune m'en fera taire et supplier Nostre Seigneur faire sans moy ce que sans moy par contentement ne se peult faire³; vous priant, quoy qu'il y ait, ne retarder à en advertir

Vostre bonne cousine, MARGUERITE.

P. S. Vous verrés toutes les lettres que j'ay eues de France, vous priant d'asseurer le Roy de la bonne santé de Madame.

(*En marge.*) Depuis ceste lettre, en m'allant coucher, est arrivé ce porteur, par lequel je vous envoye le pacquet que j'avois baillé à l'aultre, et ranvoye l'aultre à Madame avecques ce que m'escripvés et les lettres du Roy, dont en ma part vous prie la mercier très humblement, et veu les propous que l'on luy⁴

---

¹ A Madame.

² Philippe de Chabot, sieur de Brion, qui remplaça Bonnivet dans la charge d'amiral.

Brion, Montmorency et Monchenu étaient tous trois camarades d'enfance de François Ier; ils devinrent ses favoris; le dernier fut le seul qui n'abusa point de sa faveur.

³ Cette phrase obscure est copiée textuellement. Marguerite écrivait vite et mal.

⁴ *Luy*,.... *il*.... François Ier. — *on*.... *les*..... l'empereur et les siens.

tient, j'espère que s'il tient bon, qu'il les fera venir à son poinct, dont je prie Dieu!

[F. Béth., n° 8514, fol. 35. *Auto.*]

40. — AU MÊME.

Siguenza, le 1ᵉʳ décembre (1525).

Mon cousin, j'ay ce soir, par l'homme de madame de Givry, receu les cinq blancs signés que vous m'avez envoyés[1], avecques les lettres de passaige[2], et entendu ce que vous me mandez, qui ne sont que bonnes nouvelles; et attendant quelle en sera l'issue, m'en voys tousjours à petites journées, espérant que Dieu nous donnera quelque chose de bon.

J'escry au Vis-Roy pour Guygnegast qui est arresté à Pampelonne, et vous prie, que l'on treuve moyen de le mettre hors, s'il est possible, car il se consume, et ne peult de rien servir. Vous entendez de quoy cela importe, par quoy ne vous en diray plus, priant Dieu, mon cousin, vous donner ce que désire, à Cygouence, le 1ᵉʳ jour de décembre,

Vostre bonne cousine, MARGUERITE.

[F. Béth., n° 9127, fol. 37. *Dictée.*]

[1] Voyez lettre 36.
[2] Ce que Marguerite appelle ici des *lettres de passage*, est apparemment ce qu'elle appelle, dans sa lettre au chancelier d'Alençon (14 janvier 1526), *un allongement de sauf-conduit* qu'elle avait obtenu, et à l'aide duquel on espérait la tromper et la mettre en défaut.

41. — AU MÊME.

(2 décembre 1525.)

Mon cousin, ce porteur vous dira des nouvelles de mon diligent voyage, suivant ce que, par le commandement du Roy, m'avés escript; à quoy, sy je puis, ne fauldray, en sorte que je pourray faire Nouël à Narbonne. Que ce soit sans desplaisir de l'eslongner[1] sy hastifvement et de sçavoir sy peu comme il se porte, je ne le dis pas, car vous pouvés bien penser que sans luy faire service, l'ennuy de l'avoir laissé et la paine des longues journées ne me sont de peu de travail. Toutesfois voyant que vous m'escripviés que je feisse toute diligence possible, et que bien toust me manderiés pourquoy[2], en ay faict ce que la compaignie que je mène en a peu porter, comme plus au long vous dira ce porteur, qui porte au Roy ce que à ce soir Chasteauvieux m'a apporté de Madame, où j'espère qu'il voira chouse qui luy plaira. Elle a esté malade, mais vous pouvés asseurer le Roy qu'elle est du tout en très bonne santé, et vous asseure que à mon arrivée en ce lieu, n'estois sans paine, tant du

[1] De le quitter. Cette locution est familière à Marguerite.

[2] Charles V, averti qu'elle emportait l'abdication du Roi en faveur du Dauphin, méditait de la faire arrêter si, trop confiante, elle laissait expirer le terme du sauf-conduit avant d'avoir franchi la frontière. On voit par cette lettre que l'avis de cette trahison fut donné, non pas directement à Marguerite, mais à François Ier, qui le lui fit transmettre par Montmorency. J'ai dit, dans la vie de Marguerite, qu'on attribue ce bon office au connétable de Bourbon.

Roy (dont depuis la venue du Vis-Roy, don Hugues et Lalemant n'ay eu nouvelles) que de Madame, pensant mal des deux coustés. Mais Dieu m'en a soulagée de l'ung, le suppliant ainsy faire de l'aultre, car sans sçavoir qu'ilz soient tous deux en bonne santé, la mienne ne pourroit aller loing sans tumber; par quoy, mon cousin, je vous prie que de vostre cousté je saiche comment vostre maistre se porte et les affaires, afin de, tout incontinent que j'en auray faict l'essay [1], envoyer le tout à Madame. Priant Nostre Seigneur qu'il soit comme le désire

Vostre bonne cousine, MARGUERITE.

[F. Béth., n° 8507, fol. 83. *Auto.*]

42. — AU MÊME.

Medina Celi [2], le 3 décembre (1525).

Mon cousin, j'ay veu ce que vous m'avez escript, et par vostre lettre entendu la bonne santé du Roy, que vous pouvez penser ne m'estre peu de plaisir, mesmes d'avoir entendu ce qui est venu de Madame, par où il semble que Dieu nous favorise grandement, et croy que les gens à qui vous avez à besongner entendent bien cela, et que ce leur sera occasion de condescendre à quelque bonne chose, que Dieu vueille par sa saincte grace. Je vous prie que j'en sois advertie le plus tost que pourrez, afin de le faire incontinent

---

[1] C'est-à-dire dès que j'en aurai pris connaissance.
[2] Médina-Céli est à six lieues de Siguença.

sçavoir à Madame, car vous pouvez croire que depuis l'arrivée de Babou, elle ne sera sans ung merveilleux ennuy, doubtant que le Roy en soit pis de sa santé, qui, à ce que vous m'escripvez, est très bien. Nostre Seigneur luy doint continuer, et à vous, l'aise et le contentement que vous désire, de Medina Celi, le iiie jour de décembre,

Vostre bonne cousine, MARGUERITE.

(Marguerite ajoute de sa main :)

J'attens aujourd'huy Brion et de vos nouvelles pour escripre à Madame, car je commence mes journées un peu plus longues, pour la nécessité des logis.

[F. Béth., n° 9127, fol. 41. *Dictée.*]

43. — AU MÊME.

Mont-Réal en Arragon, le 3 de décembre (1525).

Mon cousin, par ce que le Goujast[1] m'a apporté je vous vois si aise, que mes lettres ne seront pour rien comptées. Et pour ce que je vous ay aujourd'huy escript, ne vous feray longue lettre par ce porteur, remettant le surplus à monsieur de Brion, lequel j'ay pour ce soir retenu, et désirerois fort qu'il ne se conclust aucune chose jusques à son arrivée par delà, pour les raisons que vous entendrez de luy. Je dépesche Be-

---

[1] Le véritable nom de cet homme était Gabriel Parant : « A Gabriel Parant, dict *le goujat*, chevaulcheur d'escurye, pour un voyage en poste en Angleterre, 205 liv. tournois. » Acquit signé *Montmorency*. (Béth. 8614. f. 53.)

rangier devers Madame, qui fera bonne diligence, et suivant l'intencion du Roy, j'avanceray mes journées le plus qu'il me sera possible, combien que je ne puis faire grant nombre de lieues, car j'ay aujourd'huy demouré depuis midy jusques à sept heures à cheval pour faire cinq lieues. Mais cela, à ce que l'on me promet, n'empeschera que je ne soye à Noël à Nerbonne ; qui sera tout pour cette fois ; priant Dieu vous donner le parfait contentement que vous désire, de Montréal en Arragon, ce IIIe jour de décembre,

Vostre bonne cousine, MARGUERITE.

[F. Béth., n° 9127, fol. 39. *Dictée.*]

44. — AU MÊME.

Bovierque, le 5 décembre (1525).

Mon cousin, pourceque je ne sçay si ce porteur vous trouvera encores à Madrit, je vous escrips ceste lettre à l'aventure. Je l'envoye là pour savoir des nouvelles du Roy et m'en rapporter ; et en attendant son retour, ne laisseray de m'advancer pour me mettre hors de ce pays dedens le temps de la tresve, dedens lequel espérant vous veoir ne vous fera pour ceste heure longue lettre, priant Dieu vous avoir en sa très sainte garde

(Marguerite, au lieu de signer ici, continue de sa main :)

Vous avés entendu tout ce que Brion a apporté ; vous priant, sy encores vous estes là, attendre une bonne conclusion, afin que la pouvre mère, qui tant en porte d'ennuy, en puisse estre consolée. J'escrips à madame Elvire[1], comme m'avés mandé, car vous sçavés que je ne doy ny ne veux penser que à ce quy touche le Roy et Madame. Mais j'entends bien (dont il me desplaist) que je ne suis digne de faire ny à l'ung ny à l'autre service, sinon d'obéir à leur commandement selon lequel s'en va, à Bovierque, le ve jour de décembre,

Vostre bonne cousine MARGUERITE.

[F. Béth., n° 9127, fol. 33. *Dictée.*]

45. — AU MÊME.

Cervera[2], 10 décembre (1525).

Mon cousin, je vous escrips ceste lettre à l'adventure[3], toutesfois je serois très aise que vous veissiez avant votre partement de Madrit ce quy est venu de France, et pour bonnes causes. Toutesfois sy vous ne l'entendez de là, à votre venue je le vous diray. Tant y a que les affaires vont à souhait, et avons bien occasion de croire que Dieu nous veult aultant consoler, comme il nous a donné de tribulacion. Je m'en voys tousjours continuant mes journées et ma santé, espérant d'estre

---

[1] C'est peut-être une dame de la famille du duc de l'Infantado, qui s'intéressait au sort de François Ier.

[2] Cervera, petite ville d'Espagne, sur la frontière de France, non loin de Perpignan. De là Marguerite put en un jour gagner Salses, où elle était hors d'atteinte.

[3] Voyez la lettre précédente. Marguerite eut bientôt la certitude que Montmorency était encore à Madrid, auprès du Roi.

bien tost où je désire. Qui est ce que vous en aurez pour ceste heure de celle qui supplie le Tout-Puissant vous donner le bien que vous désire, de Servyères, ce x^e jour de décembre,

        Vostre bonne cousine, MARGUERITE.

[F. Béth., n° 9127, fol. 45. *Dictée.*]

46. — AU MÊME.

(Décembre 1525.)

Mon cousin, puisque je voy [que] la disymulacion de ceux à qui le Roy a affaire, sur la conclusion desquels est fondé vostre partement, continue tousjours, je ne puis faillir à vous escrire comme estant[1] auprès du maistre, lequel je vous prie asseurer que Madame fait fort bonne chère, et que puisqu'il luy plaist, je feray si bonne diligence, que samedy j'espère estre à Narbonne, pour y faire séjour du jour de Nouël seulement, afin de trouver Madame incontinent quy m'a mandé se trouver jusques où le Roy vouloit qu'elle vinst. Je croy que de ce temps vous y pourrés bien estre, sy les choses pregnent fin comme il est à penser qu'elles feront, par quoy bien lasse va faire fin

        Vostre bonne cousine, MARGUERITE[2].

[F. Béth., n° 8549, fol. 69. *Auto.*]

[1] Comme à celui qui est.

[2] Sur la manière dont François Ier fut traité en Espagne après le départ de Marguerite, voyez une lettre de Delabarre, prévôt de Paris, à la duchesse d'Alençon. (Pièces justificatives, n° II.) Voyez une réponse de Montmorency à Marguerite : Pièces justificatives, n° XIV.

47. — A M. LE CHANCELIER D'ALENÇON [1].

De Roussillon [2], 14 janvier (1526).

M. le chancelier, j'ay esté bien aise d'avoir à mon retour d'Espaigne trouvé si seur porteur, pour par luy vous faire part de mes nouvelles, et comme je suis jusques à quatre ou cinq journées auprès de Madame cuydé demourer pour une cheuste que je feiz, où je m'esclatay la peau dessus le genoul de près d'ung empan. Mais cela s'en va gary; ce n'est le pis de mondict voyaige, puisque Dieu ne m'a donné la grace de l'exécuter selon mon désir; toutesfois je ne suis hors d'espérance qu'il fera mieulx que nous ne sçaurions penser. Je vous puis dire que j'ay eu affaire aux plus grans dissimuleurs et gens où il se treuve aussy peu d'honneur qu'il est possible. Quelquefois bonne parole, mais incontinent après cela estoit changé; j'ay mis peyne par tous les moyens qu'il m'a esté possible (comme assez, à mon advis, vous l'entendez) de sercher la paix, amitié et alliance de l'Empereur pour venir à la délivrance du Roy, et n'ay espargné chose qui se peust ou deust; et pour toutes les gravités dont l'on m'a usé, a esté de me refuser de demourer en sa

---

[1] Jean de Brinon. (Voyez la lettre 56e.)

[2] Bourg du département de l'Isère. Marguerite, dans une lettre précédente, a annoncé qu'elle séjournerait à Narbonne le jour de Noël seulement, et se rendrait tout de suite auprès de la Régente. On voit, par le *post-scriptum*, que Louise de Savoie était à Roussillon; elle était venue jusque-là au devant de sa fille.

compaignie avecques troys femmes; et au temps que j'ay esté contraincte retourner, n'ay pu avoir allongement de mon saufconduit, sinon ung qui estoit seulement pour trouver occasion de me retenir en leur pays, jusques à la fin de la trefve, et après ne me laisser aller. Cela me contraignit de faire telle diligence, que j'estois tous les jours, ung mois durant, à cheval le plus du temps à six heures du matin, et arrivoys à la nuict au logis. Dieu m'a si bien aydée, que contre leur intention je suis retournée sans aulcun destourbier.

Incontinent après mon partement, ils commencèrent de rentrer en praticque, comme avez peu entendre. Nous espérons tous les jours la conclusion qui se debvoit apporter par le mareschal de Montmorency, dont il y aura tantost ung moys que nous n'ouysmes nouvelles, quy met toute ceste compaignie en grant paine. Le tout est que je laissay le Roy faisant, Dieu mercy, très bonne chère[1], et commençant bien à se fortifier, ayant délibéracion de prendre toutes choses selon qu'il plairoit à Dieu les luy envoyer. Je vous promets que je l'ay veu en telle extrémité de maladie et si bas, que je vous puis dire que tout le monde, fors moy seulement, estoit désespéré de sa vie. Nostre Seigneur luy a rendu sa santé et j'espère que aussy fera-il la liberté, dont de tout son cueur le supplie, et vous avoir en sa très saincte garde, de Rossillon, le xiiij^e jour de janvier,

Vostre bonne mestraisse, MARGUERITE.

[1] Très-bien portant, ayant bonne mine.

(De la main de la duchesse.)

Je vous ouze bien asseurer que j'ay trouvé icy Madame sy contente et satisfaite du bon service que vous faites, qu'il n'est possible de plus. Et croyés que le Roy ne l'est moins, car il entend bien que l'amitié et parfaite alliance du Roy son bon frère[1] et de luy, est la plus grant grace que Dieu en sa tribulacion luy ait donnée, et sus quoy il fonde le seur moyen de sa liberté; et croy que si le roy d'Angleterre entendoit quelle amour et obligacion il a engendrée au cueur du Roy, la sienne encores croistroit, car il dit que sy son corps est prisonnier de l'Empereur, que son cueur et tout ce qu'il a, l'est du roy d'Angleterre. Dieu veuille que je les puisse bien toust voir ensemble, et vous doint ce que vous mérités comme vray et bon serviteur que je vous tiens.

[Archives du royaume, Suppl. au Trésor des Chartes, J. 961. *Dictée.*]

[1] Marguerite fait allusion au traité d'alliance entre Louise de Savoie et Henri VIII, roi d'Angleterre, qui fut ménagé par Jean de Brinon. (Voyez Rymer *Act.*, t. XIV, p. 118.)

François Ier rentra dans Paris dans le courant de mars 1526, laissant en Espagne sa fiancée, Éléonore, douairière de Portugal, sœur de Charles-Quint, et ses deux fils, François, dauphin, et Henri, duc d'Orléans, qui servirent d'otages à l'Empereur.

Le 23 mars 1526[1], Anne de Montmorency fut nommé grand-maître de France et gouverneur du Languedoc; il venait d'épouser (le 10 janvier 1526) Madelaine de Tende Savoie, fille de René, bâtard de Savoie et oncle de Marguerite, tué à la bataille de Pavie. Madame de Montmorency était donc cousine-germaine de madame d'Alençon. Mais on ne s'arrêtait point à la parenté réelle; Marguerite, avant ce mariage, appelait déjà Montmorency *mon cousin;* devenue reine de Navarre en 1527, elle l'appelle *mon neveu*, et madame de Montmorency *ma nièce.*

[1] Duchesne, *Hist. de la maison de Montmorency*, p. 584.

48. — A M. MON BON COUSIN, LE COMTE SIGISMOND DE HAULTE-FLAMME[1].

Paris, le 9 mars 1526.

J'ay reçeu en Espaigne l'une de vos lettres, et l'autre quand j'ay de nouveau prié avec ma mère, qui ne m'ont donné peu de consolation, et me sont une grande cause de suivre le chemin de la vérité, auquel vous me croyez plus advancée que je ne le suis. Mais j'espère que celuy qui, malgré tous mes démérites, vous inspire de moy cette opinion, daignera en moy aussy accomplir son œuvre. A quoi vous ne refuserez pas d'aider par vos bonnes prières.

Sur ce que vous me demandez et témoignez de vostre désir de venir en France, le porteur de ceste lettre vous dira les heureuses nouvelles qu'aujourd'huy j'ay receues. Et puisque vous voulez voir le pauvre prisonnier que le Seigneur tout puissant après l'avoir abbattu a voulu délivrer, je vous conseille de venir à la fin de mars, ou au milieu d'apvril, qui en sera la véritable saison, car nous espérons que trouverez alors tous vos amis rassemblés.

Je ne vous remercierai pas du secours que vous faites, et Dieu par vostre moyen, à tous ses serviteurs, car il vous en réserve la récompense bien plus précieuse que ne seroient mon remerciement ou mes louanges. Et de cela suis-je asseurée, veu l'esprit qui

---

[1] Cette lettre, la 49ᵉ et la 51ᵉ, sont traduites de l'allemand. (Voyez la note sur la lettre 28, p. 180.)

par la vive foy vous unit à vostre seul chef, et vous faict diligemment départir de votre assistance à tous ceux qui en ont besoin, principalement à ceux qui sont unis en l'esprit et en la foy. Mais dès que le Roy sera revenu en France, il enverra vers vous, et vous recherchera à son tour.

J'espère aussy de l'infinie miséricorde de Dieu, que pas vostre secours la parole de vérité sera entendue. Au commencement, comme vous pouvez penser, il y aura quelque travail. Mais Dieu est Dieu, il est ce qu'il est, non moins invisible qu'incompréhensible, dont la gloire et la victoire sont si spirituelles, qu'il est le vainqueur lorsque le monde le croit vaincu. Je suis seure que l'entendez assez, par quoy feray mieux de m'en taire que d'en parler. Je désire vous voir pour l'apprendre de vous.

Vostre bonne cousine, MARGUERITE.

49. — AU MÊME.

(Paris), le 11 may 1526.

La paix du Seigneur, qui surpasse toute volupté et que le monde ignore, soit donnée à vostre cueur si abondamment que nulle contrariété ne le puisse affliger.

Je remercie celuy qui de son propre mouvement et sans s'arrester à nos démérites donne la paix où il veult, pour les nouvelles que j'ay receues de vous, pour vostre vertu, et la persistance de la grace divine en vous. Le désir que j'ay de vous voir s'est encore accru par ce que j'en entends. Mais, mon cher cousin, tous vos amis ont deslibéré que, pour quelque raison, il n'est pas temps encore que vous veniez icy. Mais dès que nous y aurons faict quelque chose, avec la grace de Dieu, je mettray peine à le vous communiquer. Et si tost que le tout puissant nous aura faict la grace d'accomplir ce qu'il nous a faict la grace de commencer, vous serez consolé en ceste compaignie, en laquelle vous estes présent, quoique absent de corps. Et en attendant le plaisir espéré de nous voir l'un l'aultre où vous souhaitez, s'il y avoit chose en quoy je peusse vous tesmoigner mon amitié et dileccion, avec la fiance en celuy par qui tout est possible, je m'y employeray comme pour moy mesmes.

Je me recommande à vos bonnes prières.

Vostre bonne cousine, très inutile, en celuy qui est toutes choses, MARGUERITE.

50. — A MON COUSIN, M. LE MARESCHAL DE MONTMORENCY.

Saint-Germain-en-Laye, le 16 juin (1526).

Mon cousin, j'ay reçeu les lettres que m'avez escriptes, et croy que avant que recepvez ceste response, vous aurez du Roy ce que avés demandé, car j'ay entendue qu'on a icy donné ordre pour les dix mille (*sic*) (écus)[1]. Vous ne pourriez penser l'aise et le

[1] Prix de la rançon du maréchal. Apparemment Montmorency en

contentement que ledict seigneur et Madame ont de la bonne diligence que vous avez faicte; mesmes, ma dicte dame des lettres que luy avez escriptes, dont elle se tient tellement satisfaicte, qu'il est impossible de plus. Je vous prie, pour souvent lui renouveller ce plaisir, continuer à luy escrire tousjours et bien au long de toutes choses. Et sur ce, je fineray ma lettre pour la haste que j'ay d'aller vers madicte dame, qui s'en part pour aller au Landit, n'oubliant pour ce à prier Nostre Seigneur de vous donner, mon cousin, l'heur et le bien que plus désirez. A Sainct Germain en Laye, ce xvie de juing.

Vostre bonne cousine, MARGUERITE.

P. S. Je vous asseure que ceste compaignie faict bonne chère, quy s'en part pour aler au Landit, et m'a dist Madame qu'elle est fort contente des lettres que luy avés escriptes.

[F. Béth., 8549, fol. 105. *Dictée. P. S. auto.*]

51. — A MON BON COUSIN, LE COMTE SIGISMOND DE HAULTE-FLAMME [1].

Paris, le 5 juillet 1526.

Que le seul donneur de tout bien vous remplisse de son sainct esprit.

Mon amy, je ne vous puis dire tout le chagrin que

avait fait l'avance au Roi, et il voulait en être remboursé. (Voyez aux Pièces justificatives, n° XV, et la lettre 36e, p. 194.)

[1] Traduite de l'allemand. (Voyez p. 180.)

j'ay, car je voy clairement la circonstance telle, que vostre venue parmy nous ne vous peult consoler, comme vous le désirez. le Roy ne vous verroit pas voulontiers. Mais la cause qui fait qu'on ne s'y accorde, c'est la délivrance des enfans du Roy, laquelle le Roy estime aultant que celle de sa propre personne, comme bien au long je l'ai expliqué à ce messager, lequel vous en peult dire toute la vérité, car je m'en suis confiée à luy. Mais dès que je verray l'occasion propice, j'espère à Dieu que je ne vous feray point attendre, lequel Dieu, mon cousin, est tout mon désir. Priez le de me donner la cognoissance de luy, comme j'y aspire, et de croire fermement qu'il est tout. Et où vous trouverez que je vous peulx faire service, je vous prie comptez y, car Dieu m'a donné volonté d'appaiser l'envie ou de l'abattre. Aussy que je suis d'aussy bon couraige envers vous, comme il m'est possible d'estre pour l'ung des miens, et plustost encore à cause de l'affeccion fraternelle, que pour les lyens d'une chair et d'un sang périssables. Car ceste aultre naissance et second enfantement, c'est la véritable et parfaite union, en laquelle désire vous estre unie

Vostre bonne cousine, MARGUERITE [1].

[1] Il paraît que le comte de Hohenlohe ne vint pas en France. Cependant son biographe allemand reste dans le doute sur ce point. Ce qu'il y a de sûr, c'est que François Ier écrivit de sa main à ce prélat; mais la commission était donnée de vive voix au porteur de ce billet, qui n'est qu'une lettre de créance. On ne peut donc savoir en quoi elle consistait.

Le Roi écrivit encore au comte de Hohenlohe en 1528, pour lui

52. — A MON COUSIN, M. LE GRANT-MAISTRE.

(1526 [1].)

Je ne vous diray point, mon cousin, le plaisir que vous m'avés fait de m'escripre des nouvelles du Roy, car vous savés bien que de nul lieu n'en puis avoir le semblable ; vous priant luy présenter mes plus que très humbles recommandacions, et luy dire que la peine qu'il luy a pleu prendre de m'escripre, m'en a ousté la plus grande que j'eus de long temps, dont entièrement suis dehors, car son commandement a plus de puissance que ma crainte. Et pour vous rendre le mieulx que je puis de ceste compaignie, je vous advertis que Madame s'est bien portée jusques à ceste nuit qu'elle a eu peur d'avoir sa goutte ; mais tout ce jour a fait bonne chère, se repousant sur son petit lict, elle passe le temps à ces ouvraiges dont jour et nuit nous ne bougeons.

Je vous prie, mon cousin, reprendre la paine pour

---

demander un secours de trois mille fantassins qui furent levés et envoyés par le doyen de Strasbourg. (Voyez aux Pièces justificatives, n° XVI.)

Sigismond de Hohenlohe mourut en 1538, âgé de quarante-neuf ans. Son épitaphe le qualifie *vir elegantissimus gravitate, honesti, æqui ac veritatis amantissimus.*

Voyez sur ce personnage HENNINGES, *in Theatro general. monarch.*, IV, p. 392, et l'ouvrage cité : *Merckwürdige Lebens-Geschichte des Grafen Sigism. von Hohenlohe*, par CHRISTIAN WIBEL. (*Francfurt und Leipsig*, 1748, in-4°.)

[1] Cette date est de Fontanieu.

moy de me mander comme nostre maistre se porte de sa chasse¹, et l'asseurer que Madame n'a mal dont elle laisse à faire bonne chère, telle qu'elle peut en l'absence du Roy, comme vous la connoissés. Qui sera pour vous donner le bonsoir, suppliant celuy qui le peult le vous otroyer pour commencement de perpétuel repous, aultant que en ce monde l'on en peult avoir. Vous priant que en ceste lettre M. le Prévost² treuve mes recommandacions et le merciement des siennes. Sy je vous empesche pour moy, j'espère de le vous rendre à sy bon jour, que, le conte bien rendu, trouvera ne vous devoir rien

Vostre bonne cousine, MARGUERITE.

[F. Béth., n° 8504, fol. 5. *Auto.*]

53. — A MON COUSIN, M. LE GRANT-MAISTRE³.

(1526.)

Mon cousin, aultresfois vous ay-je adverti comme j'avois parlé au Roy touchant la provision de l'office de grenetier de Dieppe, par luy réservée, en cas qu'elle vacast, en faveur de M. de Bures, conseil-

---

¹ François Ier rend compte lui-même à Montmorency d'une de ses parties de chasse, peut-être celle dont il est ici question. Cette lettre fait voir avec quelle familiarité le Roi traitait Montmorency. (Pièces justificatives, n° XVII.)

² Jean Delabarre, comte d'Estampes, bailli ou prévôt de Paris.

³ Cette suscription fixe la date de la lettre. Montmorency ne fut grand-maître qu'en 1526, et à partir de janvier 1527 Marguerite l'appelle toujours *mon neveu*.

ler à Rouen, pour l'ung de ses plus prouchains parens, en considération des très bons services que ledict de Bures a faicts au Roy et à moy, et semblablement le feu grenetier de Dieppe, son père, en la compaignie de Jean Ango, vicomte de Dieppe, beau père dudict de Bures; lesquels grenetier et vicomte (ainsy que le Roy a bien seure congnoissance,) luy ont merveilleusement fort servy sur le faict de marine et guerre de la mer, le tout à leurs propres cousts et despens. A ceste cause, je vous prie, mon cousin, bien affectueusement, suivant ce que m'en accordastes, en parler de vostre part et de la mienne au Roy, et le supplier que la chouse puisse sortir son effect maintenant que l'occasion se y offre; et que, par son bon plaisir, commandement en soit faict, afin que par aultre moyen il n'y puisse avoir surprise. Ledict de Bures, ce porteur, vous dira aultres chouses, lesquelles où il seroit besoing bien remonstrées, pourroient servir à l'accomplissement de cest affaire, lequel de rechef je vous recommande de mon possible, priant Dieu, mon cousin, vous donner le bien que vous désire celle quy est

Vostre bonne cousine, MARGUERITE [1].

[F. Béth., n° 8551, fol. 16. *Dictée.*]

[1] M. Vitet, dans son *Histoire de Dieppe*, dit que Ango avait acheté la charge de contrôleur du grenier à sel avant 1520.

On voit ici que c'est seulement en 1526 que M. de Bures, gendre d'Ango, fit avoir à son beau-père cette charge occupée précédemment par un de Bures. (Sur Ango, voyez plus bas, lettre 80, p. 252.)

54. — AU MÊME.

(1526.)

Mon fils, depuis la lettre de vous par ce porteur, j'ay receu celle du baillif d'Orléans, vous merciant du plaisir que m'avés fait pour le pouvre Berquin, que j'estime aultant que si c'estoit moy mesmes, et par cela pouvés vous dire que vous m'avés tirée de prison, puisque j'estime le plaisir fait à moy[1].

[1] Berquin (Louis), gentilhomme artésien, était conseiller de François Ier. Badius l'appelle le plus savant de la noblesse. Dénoncé au parlement en 1523, comme fauteur du luthéranisme, il refusa de se soumettre à l'abjuration à laquelle il fut condamné; sa qualité d'homme de lettres le sauva pour cette fois. Retiré à Amiens, il se remit à imprimer, à dogmatiser et à scandaliser. Nouvelle censure de la faculté de théologie, nouvel arrêt du parlement (1526). La reine de Navarre vint à son secours par le moyen du grand-maître A. de Montmorency. Érasme conseillait à Berquin, ou de se taire, ou de sortir de France; l'obstiné prêcheur ne voulut ni l'un ni l'autre. En 1529 il fut repris et condamné au feu. (M. Tabaraud a consacré à Louis Berquin un bon article dans la *Biographie universelle*.)

« De Loys Berquin,
« Le vendredy xvi[e] jour d'apvril, mil v[c]xxix, après Pasques, un
« nommé Loys Berquin, escuier, seigneur dudict lieu, lequel pour
« son hérésie avoit esté condampné à faire amende honorable devant
« l'église Nostre-Dame de Paris, une torche en sa main, et illec crier
« mercy à Dieu, à la glorieuse vierge Marie, pour aulcuns livres qu'il
« avoit faicts et desquels il vouloit user contre nostre foy, et d'illec
« mené en la place de Grève, et monté sur ung eschaffault pour
« moustrer ledict Berquin, afin que chascun le vist, et devant luy faire
« ung grand feu pour brusler tous lesdicts livres en sa présence, afin
« de n'en avoir jamais nulle congnoissance ne mémoire; et puis mené
« dedans ung tombereau au pillory et illec tourné, et avoir la langue

220 LETTRES INÉDITES

Ce porteur est demeuré ce jour pour vous rendre compte de ma médecine, qui hier ne me fist riens, et aujourd'huy encores mains. Maistre Jean Goinret[1] est venu, qui la me baillera demain plus forte, afin que je soye en estat que je n'aye plus besoing de garder la chambre. Ce porteur vous dira sy je laisse à ouir et

« percée et la fleur de lys au front et puis envoyé ès prisons de mon-
« sieur de Paris pour achever le demourant de sa vie. Et pour veoir
« ladicte exécution, à la sortie dudict Berquin qui estoit au pallays,
« estoient plus de xx mil personnes. Et luy ainsy condampné en appela
« en cour de Rome et au grand conseil; parquoy par arrest de la
« court de parlement, le lendemain, qui estoit samedy xvii dudict
« apvril, fut condampné à estre mis en ung tumbereau, et mené en
« Grève, et à estre bruslé. Ce qui fut faict l'an et jour dessus dict. »
(Ms. de Saint-Germain, n° 1556, fol. vij^{xx}xiiii, *sic*.)

« Contre Berquin, luthérien bruslé à Paris le samedy xxiiiie jour de
« apvril, mil v^{c}xxix. (1529.)

« Du faux Berquin et de ses documens
« Dieu s'est vengé par les quatre élémens :
« Terre luy a desnié sépulture ;
« Feu l'a destruit et sa fausse escripture ;
« Tisons par eau pluviale arrosez
« Se sont plus fort esmeus et embrasez.
« Dont (pour la fin du malheureux comprendre)
« L'air par les vents en a receu la cendre. »
(*Ibid.*, fol. vi^{xx}xi, *sic*.)

Guillaume Budé fut un des douze juges de Berquin. Pendant trois jours il s'était efforcé vainement d'amener l'accusé à un désaveu de ses doctrines.

[1] Maître Jean Goinret, ou Goinrot, est souvent cité dans ces lettres. Ce médecin, attaché à la maison de Marguerite, était assez avant dans la confiance de sa maîtresse : « Il est, dit la reine de Navarre à Montmorency, il est de mauvaise montre (*d'un extérieur peu prévenant*), mais il m'est seur et loyal. » Il paraît avoir fait quelquefois l'office de courrier.

parler à tout le monde, où, je vous proumets, je treuve assez d'affaires; mais le principal est l'obéyssance que doy à Madame et au Roy, quy me fera partir lundy pour vous mercier de tant de paine que vous prenés pour riens. Mais c'est vostre bonté qui reconnoist à pouvre vieille [1]. Dieu le vous veuille rendre! Et quant à moy, j'espère sy bien faire mon devoir, que je ne vous en devray rien, car vous sçavés que je suis gentille-femme, et m'ennuiroit d'estre obligée à vous. Je vous prie, croiés Madame, et ne prenés la paine de venir monstrer le chemin à celle quy saura bien s'en retourner par où elle est venue. Mais comme Montmorency, je vous ay souhaité icy, pour vous monstrer ma soulcye; mais comme M. le grant maistre, je n'ouze ce que je soulcye. Ce m'est assés de vous avoir aydé à saillir du feu et de l'eau [2]; ne reste plus que toute ma vie prier Dieu vous donner grace de n'y retomber point, lequel je supplie vous donner aussy bonne santé que pour Madame le peult désirer

  Vostre bonne cousine et mauvaise mère,
      MARGUERITE.

[F. Béth., n° 8551, fol. 11. *Auto.*]

[1] Elle n'avait que trente-quatre ans; mais elle aime à prendre le titre et les airs de vieille femme.

[2] Je n'ai pu découvrir l'allusion cachée sous ces paroles. Marguerite y revient encore ailleurs.

55. — A MA COUSINE, MADAME DE LA ROCHEFOUCAULT.

(Décembre 1526.)

Ma cousine, hier le roy de Navarre [1] arresta que je partirois vendredy prochain et seray samedy à Tarbe, où je demeure le jour de la feste [2] et de là prendré mon chemin droit à Proille [3], où je feray quelque séjour, espérant que je vous y voiray, dont je vous prie bien fort. Et sy toutes choses passoient par ma parole, vous n'avés enfans que je ne menasse avecques moy; mais nostre mariage n'est encores si certain que je y ouze convier mes parans, comme je vous diray; vous priant, ma cousine, ne vous ennuyer du voyage où le bon cœur conduit. . . . . mener vos enfans, car l'amour de la vie doit estre oubliée pour la bonne renommée, et je croy que vous ne doubtés pas que mille occasions ne nous oustent de ce monde, suivant la voulenté de celuy qui nous y mit, qui, près et loing, en guerre et en paix, à cheval ou dormant au lict, prend et laisse ce qu'il lui plaist, selon que éternellement il est ordonné par sa puissance et inestimable affecsion, où gist la seureté de nostre salut. Saichant très bien que celuy

---

[1] Il n'était encore que fiancé à Marguerite.

[2] De Noël, sans doute.

[3] Proille (Saint-Preuil), en Languedoc, bourg de l'arrondissement de Cognac. Il y avait un couvent où était religieuse Quitterie d'Albret, qui allait devenir belle-sœur de Marguerite.

qui a pouvoir d'eslire est le tout bon et saige, et en ceste bonté, nous, qui avons les ancres de nostre salut par la congnoissance qu'il nous donne de luy, pouvons estre asseurés qu'il parfera son œuvre en nous. Et en ceste foy je vous prie vous resjouir, afin que l'esprit, repouzé au vouloir du Seigneur, puisse revoir le corps en santé.

A l'esprit de vostre esprit, à nostre fame et tous vos enfans, sans oublier le bon saint Amant, se recommande[1]

Vostre bonne cousine et amye, MARGUERITE.

[F. Béth., n° 8606, fol. 2. *Auto.*]

---

[1] Cette dernière phrase paraît s'adresser à M. de La Rochefoucault, et non plus à sa femme. Cette lettre semble avoir été écrite dans un moment de trouble et de forte préoccupation. L'original est presque indéchiffrable, surtout vers le milieu. Je ne sais à quelle circonstance de la vie de madame de La Rochefoucault Marguerite y fait allusion.

MARGUERITE et Henri d'Albret furent mariés le 24 janvier 1527. Leur contrat de mariage, daté du 3 janvier, est déposé aux archives de la préfecture de Pau. (Voyez aux Pièces justificatives, n° IV.)

A partir d'ici, la reine de Navarre n'appelle jamais Montmorency autrement que *mon neveu*.

56. — A MON NEPVEU, M. LE GRANT-MAISTRE.

Gabarre[1], le 17 octobre (1527).

Mon nepveu, je renvoye Adrian[2] avecques Madame, suivant le commandement qu'elle m'en fist au partir, et n'ay voulu que ce fust sans par luy vous faire savoir des nouvelles de mon mesnaige, où jusques icy je me trouve si bien que j'ay occasion de m'en louer. Et pourceque nous n'arriverons jusques à demain au lieu où le roy de Navarre a deslibéré de faire son séjour, je ne vous en diray aultre chose pour ceste fois, vous priant que quant vous serez de retour de vostre voyaige, vous m'en vueilliez faire savoir, et de la santé du Roy et de Madame. Au demorant pourceque en passant dernièrement à Blays[3], madame

---

[1] Gabarret, petite ville du département des Landes.

[2] Henri d'Albret à M. de Montmorency...... « Je charge *le viconte Adrian, mon secrétaire*, vous dire plus au long ce que j'ay faict et trouvé par delà. »

[3] Blois.

de Monthereul et M. Le Bailly de Troye en me parlant du fait de monsieur et de mesdames me prièrent d'escrire à madicte dame de quelques propos, ce que j'ay différé jusques à ce que fussiez de retour, non pour ne le vouloir point, car je le désire de bon cueur, comme vous entendrez par ce porteur, et ce que Madame, à qui je luy commande d'en dire quelque chose, luy en aura respondu; et vous priant avoir cela pour recommandé, suppliray le Créateur vous donner le bien que vouldroyt, à Gabarre, le xxvij^e jour d'octobre,

Vostre bonne tante et amye, MARGUERITE.

[F. Béth., n° 8567, fol. 15. *Dictée.*]

37. — AU MÊME.

(Pau ou Nérac? Avril 1527.)

Mon nepveu, jamais femme ne fut en la paine en quoy je suis, saichant la maladie de Madame avoir esté plus grande que l'on ne m'avoit escript, et de ce que vous m'advertissés de son amendement je loue Nostre Seigneur, vous merciant de la paine que vous prenés à me donner la consolacion que plus je désire, qui est de savoir souvent nouvelles.

Mais, mon nepveu, je suis en merveilleux ennuy de ce que j'ay sceu qu'elle s'esbahit que je ne luy escrips point, et du tardement de mon retour, par quoy je vous prie prendre ce travail pour moy que de parler au Roy, et luy dire que despuis la venue de M. de

Bayonne¹, jamais je n'ay eu santé; mais cuidant de jour en jour me trouver mieulx, je l'ay prié demourer icy, jusques à ce que je feusse en pouvoir de partir. Mais, à vous en parler privéement, je passe mon terme de plus de huit jours oultre mon mois, ce que je n'ay point accoustumé. Je n'en ouse faire bruit, de peur que ce ne soit riens; aussy je crains à me mettre en chemin, afin que à ce commencement² ne me viegne inconvénient. Toutesfois quoiqu'il y ait, s'il plaist au Roy me commander partir, je le feray, car je ne désire que luy obéir; mais en attendant, s'il luy plaist faire céler à Madame ce qui est de son petit-fils³, je l'en voudrois bien supplier, espérant moy mesmes luy dire en riant, et afin que Madame ne treuve estrange ma demourée, luy dire que j'ay ung reume sy grant, que j'en ay esté comme enfremée, et de vray je n'en ouse saillir de la chambre, et sus le tout je vous prie m'en mander vostre advis pour se conduire selon vostre bon conseil

Vostre bonne cousine et amye, MARGUERITE.

[F. Béth., n° 8550, fol. 65. *Auto.*]

58. — AU MÊME.

(Blois? septembre? 1527.)

Mon nepveu, ce porteur s'en va devers vous pour vous parler d'ung affaire, comme à celuy où il a son

---

¹ Jean Du Bellay, qui fut depuis cardinal.
² De grossesse.
³ Ce qui en est de ma grossesse, qui doit lui donner un petit-fils.

espérance. Il m'a priée le vous recommander, ce que je ne puis refuser, veu le long temps qu'il a servy M. d'Alençon et moy. Mais quelque chose qu'il y eust, si n'en voudrois je point parler, si je ne le pensois homme pour bien servir le Roy en la charge qu'il demande. Vous le congnoissés aussy bien que moy, je remets l'affaire en vos mains, vous priant faire mes très humbles recommandacions à la bonne grace du Roy, et luy dire que despuis son partement, je me trouvay si mal, que je feus contrainte garder le lit; mais maintenant que je suis fort bien, et ay senty bouger mon enfant. J'attens d'heure en aultre ce que il luy a pleu me proumettre, et combien qu'il luy pleust ne me commander que j'attendisse que jusques à dimanche, si ne suis je point voulu passer oultre jusques à ceste heure que l'affaire du roy de Navarre le presse d'aller demain à Paris, afin que le plus toust qu'il pourra s'en retourne devers ledict seigneur.

Mon nepveu, l'asseurance que j'ay de vous me faict entièrement repouser sus vostre promesse, qui est de bien toust mettre à effect la bonne voulonté que je suis seure que le Roy me porte[1]; vous asseurant que vous ne pouviés en endroit vous employer pour moy qui tant me rende obligée à vous que cettuy-cy, qui a trop jusques icy touché mon honneur. Mais se repousant sur vous n'en parlera plus

Vostre bonne tante et amye, MARGUERITE.

[F. Béth., n° 8550, fol. 129.]

[1] Il s'agit du royaume de Navarre. François 1ᵉʳ leurrait toujours sa sœur et son beau-frère de l'espoir de le leur faire restituer.

59. — AU MÊME.

Saint-Germain-en-Laye, 2 avril (F. 1527).

Mon nepveu, je suis constraincte de vous prier de parler au Roy d'ung affaire dont m'a priée l'ambassadeur de ma sœur madame la marquise[1]. C'est que Françoys, M. de Saluces (ainsi qu'il[2] a entendu), s'en retourne par de là, ayant la confiscation des terres que tenoit le chancelier de l'empereur. Vous entendez bien que ce faisant, le bien de ma pouvre sœur sera en dangier d'estre confisqué, et congnoissez les services qu'elle a faicts et tousjours désire faire au Roy. Et d'aultre part, ledict ambassadeur m'asseure qu'elle n'a jamais entendu et qu'elle est innocente des propos que l'on a tenus au Roy d'elle. S'il plaisoist au Roy entendre de M. de Lautrec[3] comme les chouses vont, sans du tout croire ceulx qui de long temps ont désiré ruiner la maison de Montferrat, il ferait grant

---

[1] La marquise de Montferrat. Elle était, de son nom, mademoiselle d'Alençon, l'une des deux sœurs du feu duc Charles d'Alençon, premier mari de la reine de Navarre; l'autre était madame de Vendôme. La marquise de Montferrat était donc, non pas sœur, à proprement parler, mais belle-sœur de Marguerite.

Le marquis de Saluces réclamait le marquisat de Montferrat, comme devant lui revenir faute d'hoirs mâles. Cette affaire est au long déduite dans les Mémoires de Du Bellay.

[2] Il, l'ambassadeur de la marquise de Montferrat.

[3] Odet de Foix, maréchal de France, frère de madame de Châteaubriant (Françoise de Foix). Il mourut l'année suivante, à Naples (juillet 1528).

honneur et bien à ceste pouvre femme. Je luy en escrips ung mot, mais pour ce que le propos est long je le remets du tout sur vous, aussy que vous sçavez que le temps est brief à escripre. Et encores madame la grant maistresse m'est venu avancer[1], disant que Madame me demande, laquelle, Dieu mercy, se commence à amender, mais est en une sy grand foiblesse, que jamais vous ne la vistes tant. Toutesfois j'espère, mais que[2] il soit question d'aller voir le Roy, que sa santé redoublera et qu'elle pourra faire le voyage, car vous entendez bien que c'est son souleil qui la fait revivre.

Sur ce, me recommandant bien fort à vos bonnes prières feray fin priant Dieu, mon nepveu, qu'il vous doint le bien que vous désire, à Saint-Germain-en-Laye, le II° apvril,

Vostre bonne tante et amye, MARGUERITE.

[F. Béth., n° 8550, fol. 97. *Dictée.*]

60. — ÉRASME A LA REINE DE NAVARRE, SALUT[3].

(Bâle, le 13 aoust 1527.)

Reine encore plus illustre par la piété de vos mœurs que par l'éclat de vostre race et de vostre couronne,

---

[1] Hâter, presser de partir.

[2] *Mais que*, pourvu que. Cet italianisme, *ma che*, revient très-souvent dans le style de Marguerite.

[3] L'original latin est aux Pièces justificatives, n° XVIII.

on me rebat de sollicitations de vous escrire, ou plus tost l'on me tance parceque mes lettres ne vont pas déranger Vostre Majesté. Outre que je suis un homme escrasé d'affaires, je n'ay nul subject de vous escrire, et aussy je sçay bien que vos occupations ne vous laissent le loisir de lire des lettres inutiles. Car celle que à la persuasion de ces mesmes personnes je vous ay naguères envoyée, je n'y ai receu aucune autre responce que d'un simple bonjour. On dict que vous m'avez escript depuis peu par un certain Polonois que la mort a surpris en chemin; s'il est vray, je ne sçay.

Je souhaiterois que la prospérité des gens respondist à leur piété; mais celuy qui dirige toutes choses au profit de ceux qu'il aime, sçait ce qu'il nous faut, et quand il lui paroistra bon, tournera subitement les affaires à une heureuse fin; et quand la prudence humaine sera le plus désespérée, alors surtout se revelera l'impénétrable sagesse de Dieu. Celuy qui de cœur a planté en lui l'ancre de son espérance, il ne luy peut survenir accident qu'en la vue de son bien. Il faut donc nous remettre de tout à Dieu.

En ce qui vous touche, il convient plus tost vous rendre des actions de graces de ce que vous faictes que d'employer l'éperon des conseils pour vous inciter à toujours protéger contre la malice des meschans les bonnes lettres et les sincères amis du Christ, lesquels vous doivent déjà beaucoup ainsy qu'à vostre frère, le Roy très chrestien, et à madame vostre très pieuse et très sage mère. Je souhaite que le Seigneur Jésus envoye à tous une entière félicité. Si vous avez quelque ordre à me donner, je suis prest à en prendre la peine.

A Basle, aux ides d'aoust M.D.XXVII.

61. — A MON NEPVEU, M. LE GRANT-MAISTRE.

Fontainebleau, le 27 septembre.(1527).

Mon nepveu, j'ay veu ce que vous m'avez escript, qui m'a esté très grand plaisir, tant pour la seureté que vous me donnez de la bonne santé du Roy, que pour avoir sceu des nouvelles de Messieurs[1]. Et quant vous aurez l'opportunité de continuer et vous le vouldrez faire, vous sçavez l'aise que ce me sera, estant seule en ce lieu; qui me gardera vous en faire prière, congnoissant combien vous désirez faire pour moy. Et pourceque je ne vous puis parler que de mon grant ventre, lequel toutesfois ne m'empesche de visiter deux fois de jour ces jardins, où je me treuve merveilleusement à mon aise, je ne vous en tiendray plus long propos, et supplieray en cest endroit le Créateur vous donner, mon nepveu, le bien que pour soy vouldroit, à Fontainebleau, le xxviie jour de septembre,

Vostre bonne tante et amye, MARGUERITE.

P. S. Je ne vous recommanderay point le roy de

---

[1] Les fils du Roi, François et Henri, captifs en Espagne en place de leur père.

Voyez aux Pièces justificatives, n° XIX, des nouvelles de leur arrivée à Pédraze, dans une lettre de L. Ronsard, leur maître d'hôtel, père du poëte.

Navarre, car je sçay bien que vous ne l'oublierés; mais je vous prie croire que luy et moy nous fions en vous plus que en nous mesmes.

[F. Béth., n° 8550, fol. 89. *Dictée. P. S. auto.*]

62. — AU MÊME.

Fontainebleau, le 2 octobre (1527).

Mon nepveu, Madame m'a icy laissée avecques la garde de partie de ses meubles, qui est son perroquet et ses folles¹, que j'aime pourceque cela luy donne plaisir.

Et pourceque leur gouvernante m'a advertie qu'il est icy mort ung enfant de cuisine du Roy, et que son mary l'a longuement servi, de quoy il luy peult encores estre deu quelque chose (à ce qu'elle dict) de ses gaiges du temps passé, je vous ay bien voulu escripre et prier avoir son fils pour recommandé, et le pourveoir au lieu de celluy qui est trespassé; qui me fera plaisir, pour celuy que celles qu'elle a en charge donnent au Roy et à Madame.

Et à tant, je prie Dieu, mon nepveu, vous donner le bien que pour soy voudroit, à Fontainebleau, le II° jour d'octobre,

Vostre bonne tante et amye, MARGUERITE.

[F. Béth., n° 9127, fol. 161. *Dictée.*]

¹ Comme les Rois et les Princes avaient des *fous,* les Reines et les Princesses avaient des *folles* en titre d'office. La reine de Navarre avait une *folle*, appelée mademoiselle Sévin, de qui Brantôme rapporte un mot sur les vieilles veuves voulant « *fringuer sur les lauriers.*» (*Dames galantes*, disc. 4.)

63. — AU ROY.

(Fontainebleau? 1527.)

Monseigneur, le désir que j'ay continuellement de savoir de vos bonnes nouvelles et de me ramentevoir en vostre bonne grace ne me peult souffrir passer nulle occasion sans prendre le bien de vous escripre. Et pour ce, monseigneur, que le mestier de ce porteur[1] est de se connoistre en femmes grosses, il a veu l'estat où je suis, et je luy ay dit comme je me treuve, afin que s'il vous plaist en sçavoir, il vous en puisse rendre compte. Mais que[2] il plaise à Nostre Seigneur vous garder en bonne santé, je ne crains riens en les maulx qui me sauroient advenir, desquels vous estes après Dieu ma vraye délivrance, et vous me pardonnerez, Monseigneur, si l'espérience que je foys tous les jours de l'eau de maistre Nouel[3] me contraint de vous supplier le vouloir oïr parler, car je m'en treuve sy bien, que je ferois tort à l'affecsion que je vous

---

[1] Son médecin Jean Goinret.

[2] *Ma che,* pourvu que.

[3] Il se nommait Noël Ramard, médecin de François 1er et de la reine de Navarre. Wiérus, qui a publié un livre curieux et philosophique *de Præstigiis dæmonum*, était précepteur des fils de Noël Ramard. Sur le point de raconter la fameuse histoire de la femme du prévôt d'Orléans, j'en ai su, dit-il, tous les détails : *Nam eo ferè tempore Lutetia Aureliam veni, ubi cognomine meo latino, nimirum piscinario, notior,* natalis Ramardi, medici regis Francisci et reginæ Navarræ, *filios duos...... instituendos suscepi.* (*De Præstigiis dæmonum*, lib. v, cap. xxiii.)

porte et à la longueur de vostre vie en santé, que je désire plus que la mienne, sy je ne vous importunois de ce que je pense en estre le plus seur moyen que j'aye jamais congneu. Vous suppliant, regardant à la voulenté quy ne pense avoir en ce monde sa pareille, escuzer la paine que vous donne à lire tant de fascheuses lettres

Vostre très humble et très obéissante subjecte et seur, MARGUERITE.

[F. Béth., n° 8557, fol. 19. *Auto.*]

Le 7 janvier 1528, après un an de mariage, la reine de Navarre accouche d'une fille, qui fut Jeanne d'Albret.

64. — A MON NEPVEU, M. LE GRANT-MAISTRE.

(Pau ou Nérac? Fin de janvier 1528.)

Mon nefveu, je ne vous saurois assés mercier de ce que m'asseurés de la bonne santé du Roy et de Madame, car vous savés que c'est le plus grant plaisir que je puis avoir maintenant, et aussy que j'ay seu que vous estes bien guéry, dont je loue Nostre Seigneur, vous priant, mon nepveu, vouloir garder vostre santé, car vous savés combien vostre paine est nécessaire aux affaires dont vous portés le faix, et où vos amis vous treuvent bien à dire[1] ; et encores que vous en ayés de tous coustés, sy ne me puis-je garder de vous en donner, et vous prier de présenter au Roy les lettres du roy de Navarre et de moy[2], et nous mander ce qu'il luy plaira

[1] Sentent vivement votre absence.
[2] Aux Pièces justificatives, n° V.
La noblesse du royaume avait refusé de contribuer par un *don volontaire* à la rançon du Roi. Elle fit même une consultation de six avocats, pour établir qu'elle n'y était point obligée. Le roi de Navarre fut envoyé pour faire fléchir les gentilshommes du Limousin et du Berry. Il réussit; d'autres réussirent également d'un autre côté, et le *don volontaire* fut payé. (Voyez la Notice sur la reine de Navarre, p. 58 et 59.)

quy soit fait pour son service, car nous n'avons désir que d'obéir. Il a desjà passé Limousin, mais encores n'ay-je eu nouvelles que de ce qu'il a fait en Berry, où les gentilshommes ayant mieux entendu le bon-vouloir du Roy que l'on ne leur avoit dit, ont esté bien marrys de ce qu'ils ont fait par ingnorance, et ont accordé tout ce qu'il plaist au Roy; vous priant, mon nefveu, luy en parler, afin qu'il luy plaise pour l'amour du roi de Navarre et de moy, en leur pardonnant leur faulte, leur faire bailler une lettre que cecy ne parjudicie à leurs droits, comme il luy a pleu faire aux aultres pays, et de plus en plus vous obligerés à vous (vous priant que la grosse seur treuve icy ses recommandacions),

Vostre bonne tante, mère et vraye amye,
MARGUERITE.

[F. Béth., n° 8562, fol. 32. *Auto.*]

65. — AU MÊME.

Barbezieux, le dimanche au soir, 12 janvier (1528).

Mon neveu, vous aurez veu ce que je vous ay dernièrement escript de Liborne depuis la venue de Adrien, et par là entendu la diligence que je suis délibérée faire, qui, avecques les mauvais chemins, me sera excuse de ne vous escrire de ma main, vous merciant de bien bon cueur du plaisir que m'avez faict de m'asseurer par la poste qui a esté dépeschée depuis son partement[1], de la bonne santé du Roi et de Ma-

[1] Depuis le départ d'Adrien.

dame. Ce m'est renfort si bon contre nos longues traictes, que continuant, comme vous le m'escrivez, je ne saurois rien trouver difficile, ne faire journées qui me sceussent travailler. J'espère estre en dix jours à Blois, car ayant passé la disnée de demain, qui est de ce lieu de Barbezieux à Chasteauneuf, l'on m'a asseuré d'estre hors des mauvais chemins, et que je pourray encores croistre mes journées. Et croyez que j'ay ici affaire à ung homme qu'il ne fault point solliciter, car il n'a débat à ses gens, sinon quand il arrive de trop bonne heure au logis, et gagneroit volontiers le devant qui le vouldroit laisser faire, afin que Madame cogneust son obéissance et le désir qu'il a de luy faire service. S'il vous plaist, attendant nostre arrivée, nous secourir de leurs nouvelles, vous ferez merveilleusement grant plaisir à celle qui de très bon cueur vous vouldroit faire, et qui supplie le Créateur vous donner le bien que pour soy vouldroit, de Barbezieux, le dimanche au soir xiie jour de janvier [1],

Vostre bonne tante et amye, MARGUERITE.

[F. Béth., n° 8551, fol 26. *Dictée.*]

[1] Le 12 janvier est tombé un dimanche en 1523, en 1528 et en 1534. Le titre de grand-maître donné à Montmorency exclut la première de ces trois dates; la mention faite de Madame, qui mourut en 1531, exclut la dernière; reste celle du milieu, 1528, quoiqu'il puisse sembler étrange que Marguerite, accouchée le 7, se trouvât le 12 en chemin pour un long voyage.

66. — AU MÊME.

Saint-Germain-en-Laye, le 25 mars (1529?).

Mon nepveu, avant mon partement de Compiègne pour aller en Béarn, je vous priay de ne vouloir oblier Marot aux prouchains estats; et pourceque la souvenance depuis ce temps vous en pourroit estre passée, vous l'ay bien voulu ramentevoir, vous priant de rechef, mon nepveu, le mettre hors de paine d'estre plus payé par acquits, et, suivant l'intencion du Roy, le mettre en l'estat de ceste présente année. Ce faisant, me ferés bien grant plaisir, estimant que l'aurez traicté comme l'ung des miens. Priant Dieu, mon nepveu, vous donner et continuer sa grace; de Saint-Germain-en-Laye, ce XXVe jour de mars,

Vostre bonne tante et amye, MARGUERITE [1].

[F. Béth., n° 8551, fol. 18. *Dictée.*]

[1] Marot sollicita longtemps la grâce de succéder à la pension de son père. Voyez l'épître au chancelier Duprat et celle au Roi; l'épigramme suivante est sur le même sujet. M. Auguis la date de 1529; j'ai suivi M. Auguis.

ÉPIGRAMME.

A M. LE GRANT-MAISTRE ANNE DE MONTMORENCY, POUR ESTRE MIS EN L'ESTAT DE LA MAISON DU ROY.

Quant par acquitz les gages on assigne [*],
On est d'ennuy tout malade et fasché :

[*] On prononçait *assine*. La Fontaine a dit encore :

L'auberge enfin de l'hyménée
Lui fut pour demeure *assinée*.

Il a fait rimer de même *maligne* et *assassine*; ce sont des archaïsmes et non des licences arbitraires.

67. — AU MÊME.

Longray[1], (1529?)

Mon nepveu, je ne cesseray de vous donner peine, vous priant présenter mes lettres au Roy, où je luy rends compte de mon long voyage, en sorte que hyer je arrivay en ce lieu de Longray, où est ma fille, et m'en revoys à ce soir à Alençon pour regarder aux affaires de la duché, afin que le Roy congnoisse comme je suis bonne mesnagière pour luy[2]; vous asseurant que quelques petites journées que j'ay faictes, je me suis trouvée tant lasse et foible pour la douleur d'espaule qui m'a tenue par les chemins, que j'ay bon besoing de repous, ce que je voys prendre hors d'avecques ma fille, car elle est si endemenée, que je ne sauroys repouzer auprès d'elle; mais si vous avés envie

> Mais à ce mal ne fault grant médecine,
> Tant seulement fault estre bien couché,
> Non pas en lict, n'en linge bien séché,
> Mais en l'estat du noble Roy chrestien.
> Long temps y a que debout je me tien !
> Noble seigneur, prenés doncques envie
> De me coucher à ce coup si très bien,
> Que relever n'en puisse de ma vie.

[1] Lonray est un petit village du département de l'Orne, à une lieue d'Alençon. La terre et le château de Longray, situés auprès du village, appartenaient à la famille de Montmorency, et sont aujourd'hui la propriété de M. le baron Mercier, député de l'Orne.

[2] *Pour luy*, parce que le duché d'Alençon devait, après la mort de Marguerite, retourner à la couronne. Elle n'en était qu'usufruitière. Voyez un acte de 1525, dans le P. ANSELME, *Histoire génér. de France*, t. III, p. 281.

que je vive (ce que, je suis seure, vous voulés), je vous prie, mon nepveu, que je saiche de vos nouvelles, m'asseurant de la bonne santé du Roy. Et s'il estoit en ma puissance de vous rendre la pareille, vous sçavés bien (et me tenés tort si vous ne le croiés) que pour vous faire plaisir, n'y a chose en sa puissance que ne voulsist entreprendre

Vostre bonne tante et amye, MARGUERITE.

[F. Béth., 8549, fol. 61. *Auto.*]

68. — AU MÊME.

Saint-Germain-en-Laye, le 12 juin (1529?).

Mon nepveu, j'ay receu par ce porteur les lettres que m'avez escriptes, et vous asseure qu'elles m'ont donné beaucoup de plaisir de m'avoir donné seureté de la bonne santé du Roy, dont sans elles j'eusse esté en doubte. Madame a esté très aise d'avoir sceu qu'il a prins des pilulles, car il luy sembloit que au partir de ce lieu, il avoit besoing de purgation. Pour vous advertir de l'estat de Madame, elle se porte bien, Dieu mercy. Elle feut hyer disner aux Loges, dont elle s'est bien trouvée, et a fort bien reposé ceste nuit. Je continueray à vous escripre de sa disposition[1]. Je vous prie en récompence ne vous ennuyer de souvent nous asseurer de celle du Roy, et d'avoir le roy de Navarre et sa suite pour bien recommendée. Vous sçavez qu'il est en une compaignie qui ne l'espargnera au

[1] Santé.

jeu, sans le remède de vostre bon conseil. Sur ce, mon nepveu, je m'en voys ouïr messe, et prier Dieu qu'il vous doint le bien et l'heur que vous désire, à Saint-Germain-en-Laye, le xiie jour de juing,

Vostre bonne tante et amye, MARGUERITE.

[F. Béth., n° 8620, fol. 14. *Dictée.*]

69. — AU MÊME.

Saint-Germain-en-Laye, le 4 juillet (1529?).

Mon nepveu, j'ay receu la lettre que vous m'avez escripte, et ne vous sçaurois dire le plaisir que vous avez faict à Madame de luy mander des nouvelles du Roy et comme il commence à se bien porter, car croyez qu'elle n'a autre bien que de regarder souvent devers la porte pour entendre s'il en viendra quelque chose, et si vous voyiez ce lieu, vous le trouveriez tout estrange, et semble bien qu'il ne désire moins vostre retour que ceulx qui y sont. Madame a esté merveilleusement aise de ses nouvelles d'Italie, pensant que cela pourra donner quelque plaisir au Roy et le resjouir. Je ne vous prierai point de continuer, saichant bien vostre bonne coustume et que vous conguoissez le bien que vous nous faictes, qui sera mis avecques tous les autres passés et espérés à venir ; vous recommandant mon mary, en asseurance que je le rendray par deçà à vostre femme et à vous, en prières à celui qui tout peult ; lequel je supplie, mon nepveu, vous donner l'aise que vous désire, à Saint-Germain-en-Laye, ce iiii° jour de juillet,

Vostre bonne tante et amye, MARGUERITE.

[F. Béth., n° 9127, fol. 55. *Dictée.*]

70. — A M. LE CHANCELIER D'ALENÇON [1].

Fontainebleau, le 21 juillet (1529?).

Monsieur le chancelier, le roy de Navarre et moy avons délibéré prendre le peintre frère de Jannet, peintre du Roy, à nostre service, et luy baille ledict seigneur cent livres sur son estat, et moy cent. Et pourceque nous avons nécessairement affaire de luy pour quelque chose que nous voulons faire, je vous prie incontinent le nous envoyer, et qu'il soit icy lundy pour le plus tart; et vous prie luy faire délivrer quelque argent pour commencer, pour luy donner couraige de bien besongner. Priant Dieu, monsieur le chancelier, vous avoir en sa saincte garde. A Fontainebleau, le XXI° jour de juillet.

Vostre bonne maistresse, MARGUERITE.

[F. Béth., n° 8516, fol. 3. *Dictée.*]

71. — A MON NEPVEU, M. LE GRANT-MAISTRE.

(Octobre 1529.)

Mon nepveu, Robinet m'a dit comme il avoit porté par delà une nouvelle dont je ne l'ose advouer du

[1] Jean de Brinon. (Voyez lettre 56.)

tout¹; toutesfois les signes en sont sy apparents, que je la puis, ce me semble, espérer, et quant j'en eusse la sheureté qu'il a dite, dont je n'atends l'heur, ce n'eust esté sans vous en advertir.

Le povre Lange² m'a escript comme il ne peult partir de Paris pour aller devers le Roy, par ce que tout son bien se pert et s'en va pour son service. Il a remonstré son affaire à M. le chancelier³, quy luy a faict une responce sy désespérée, que sans l'aide de ses amys, il ne voit moyen de sortir de son affaire. Je vous prie le vouloir remonstrer au Roy, et faire qu'il luy plaise commander à M. le Chancelier que ce qu'il a dépendu pour le service dudict seigneur luy soit alloué. Et croyez que vous ferez fort bon œuvre oultre le plaisir que ce sera à

Vostre bonne tante et amye, MARGUERITE.

P. S. En me recommandant à ma niepce, je vous prie luy donner la maladie que je pense avoir.

[F. Béth., n° 8549, fol. 125. *Dictée. P. S. auto.*]

72. — AU MÊME.

Fontainebleau, 4 febvrier (1530?).

Mon nepveu, j'ay esté merveilleusement ayse d'entendre que le Roy a donné l'évesché de Sarlat à M. de

¹ La nouvelle qu'elle était enceinte pour la seconde fois.
² Peut-être Langey, Guillaume Du Bellay, mort en 1543, qui consacra si utilement sa fortune et sa vie au service de François Iᵉʳ.
³ Duprat, mort en 1535. Il était archevêque de Sens, et fut inhumé dans la cathédrale de cette ville. Il y entrait pour la première fois, dit-on.

Hermault, dont j'ay adverty le roy de Navarre, afin qu'il tienne main que ledict sieur de Hermault soit esleu ou postullé en évesque dudict Sarlat; en quoy je suis seure qu'il s'emploiera d'aussy grande affection que si c'estoit pour frere, pour l'amour que je sçay qu'il vous porte, et l'envye qu'il a de vous faire plaisir et à vos amis. J'ay escript à mon cousin l'évesque de Rodez [1] qu'il y voise, et qu'il s'y employe de tout son pouvoir, et qu'il soit asseuré que le bien qu'il a vient de vous. Je me attends bien qu'il y fera son devoir, et qu'il n'y obmettra rien. J'ay aussy escript à M. de Fors [2] y aller, et qu'il y fasse comme pour moy. Je voys envoyer une douzaine de lettres pour faire adresser là où l'on advisera, qui sont suivant le mémoire que le chancelier d'Alençon en a baillé....[3]. Je vouldroys qu'il venist

---

[1] Georges d'Armagnac, évêque de Rhodez, fut successivement ambassadeur à Venise, puis à Rome; archevêque de Toulouse, co-légat du cardinal de Bourbon, légat d'Avignon, et enfin cardinal lui-même en 1544. Ce fut Paul III qui lui donna le chapeau. M. l'abbé Tabaraud dit que Georges d'Armagnac protégea les gens de lettres, les fit connaître à François 1er, et en avait plusieurs chez lui. (*Biogr. univers.*, t. II, p. 477.) Il mourut en 1585, âgé de quatre-vingt-quatre ans.

[2] M. de Fors est qualifié bailli de Berry, dans le contrat de mariage de la reine de Navarre, et panuetier ordinaire du Roi, dans un acquit signé Montmorency (Ms. 8614). Le nom de famille est en blanc. Ce doit être *Ponsart*. Je trouve, dans une chronique de Dieppe (inédite), que l'amiral Coligny ôta la capitainerie de cette ville à M. de Vieux-Pont, pour la donner *à Charles de Ponsard, sieur de Fors*, lequel s'en acquitta fort mal.

M. de Fors est nommé dans la 54e *nouvelle* de la reine de Navarre. Il y est dit que le village de Grip lui appartenait.

[3] Un mot illisible.

chose à propos, où j'eusse povoir de vous monstrer par effect le désir que j'ay de me revencher de tant de plaisirs que chacun jour me faictes, vous priant, mon nepveu, bien affectueusement que veuilliez continuer aussy à me escripre souvent de la santé du Roy et de Madame, qui me donnera occasion de vous faire part des nouvelles de la compaignie demourée au désert[1], et mesmement de la femme grosse que trouverez pour jamais...

(De la main de Marguerite.)

Vous escuzerés la main qui ne vous escript plus au long, car il est bien tart! et aussy que pour répondre au Roy, j'ay bon besoing de faire long temps repouzer l'esprit, l'œil et tous les sens. Je croy que ma niepce[2] a senty bouger le petit, car elle n'est plus desgoutée. Je vous prie que j'en saiche la vérité, comme celle qui aultant en aura d'ayze.

Vostre bonne tante et amye, MARGUERITE.

[F. Béth., n° 8549, fol. 73. *Dictée.*]

73. — AU MÊME.

(Blois, 1530?)

Mon nepveu, ce porteur m'a fait ce plaisir de venir jusques icy me faire part des bonnes nouvelles[3] dont vous avez tant de peine et de travail porté qu'elles sont telles que nous les désirons; dont je loue Nostre

---

[1] A Fontainebleau. La femme grosse est la reine de Navarre elle-même.

[2] Madame de Montmorency.

[3] Relativement à la délivrance des enfants de France.

Seigneur; vous priant que quand le roy de Navarre sera auprès de vous, comme il espère bien toust, que vous le conseillés en tout ce qu'il aura à faire, comme luy et moy avons en vous nostre vraye fiance; et puisque vous y estes, je n'ay point de peur que tout n'aille bien, sinon que vous ne le puissiés garder d'aimer les dames espaignoles; mais de quoy que ce soit je me fie à vous, vous asseurant que ne ferés jamais plaisir à personne quy de meilleur cueur le vous veuille rendre que celle que à jamais trouverés

Vostre bonne tante et amye, MARGUERITE.

[F. Béth, n° 8549, fol. 85. *Auto.*]

74. — AU MÊME.

(Blois, 1530.)

Mon neveu, maistre Jehan Goinret[1] m'a fait entendre comme ce porteur s'en alloit devers vous et je n'ay voulu que ce fust sans par luy vous faire sçavoir de mes nouvelles qui sont du plus grant ventre que l'on sçauroit veoir. Je ne vous puis rien mander de celuy de ma niepce, car il y a huit jours que j'envoyai ung paige devers elle, que j'atens d'heure à aultre; et ne failliray de vous advertir de ce que j'en entendray. Mademoiselle d'Auvigny a sceu qu'elle faisoit grant chère. Je ne puis ren (*sic*) mander de la court, car depuys vostre partement je n'en ay eu une seule lettre; toutesfois il est bruit que Madame sera icy demain, et

[1] Médecin de la reine de Navarre.

incontinent je le vous feray sçavoir, vous priant faire le semblable du lieu où vous serez à celle que tousjours trouverez

Vostre bonne tante et amye, MARGUERITE.

[F. Béth., n° 8549, fol. 153. *Dictée.*]

75. — DE LOUISE DE SAVOYE
A M. DE MONTMORENCY.

Blois, le 8 mars (1530).

Mon nepveu, arrivant en ce lieu de Bloys, j'ay trouvé ma fille si grosse qu'il seroit difficile sans dangier la mener plus avant. Pour ceste cause, le Roy et moy avons conclud de la laisser icy faire ses couches. Parquoy me semble, mon nepveu, je vous en prie, que vous devez mander à ma niepce, vostre femme, qu'elle s'en viengne icy pour fere ses couches, qui sera chose à propos pour vous et pour elle, car en ce faisant vous la verriez ung moys plus tost que ne feriez, demeurerez plus longuement avecques elle, sans habandonner les afferes du Roy, lesquels ne se peuvent passer de vostre présence. Par quoy de rechief je vous prie, mon nepveu, que vous veuilliez incontinent despescher devers madicte niepce, luy mander que incontinent elle s'en viengne avecques ma fille..... etc. Escript à Bloys ce viij° jour de mars. LOYSE [1].

[F. Béth., n° 8544, fol. 15.]

[1] Madame de Montmorency ne vint pas rejoindre Marguerite à

76. — A MON NEPVEU, M. LE GRANT-MAISTRE.

(Blois, 9 mars 1530.)

Mon nepveu, j'ay receu les lettres que m'avez escriptes, par lesquelles j'ay congneu que vous estes trop meilleur parent que le roy de Navarre n'est bon mary[1], car vous seul m'avez faict sçavoir des nouvelles du Roy et de luy, sans qu'il ait voulu donner le plaisir à une pouvre femme grosse de luy escripre ung seul mot. Je remets à vostre bon jugement s'il a faict le debvoir qui apartient en cest endroit.

Pour vous faire la récompense des nouvelles de ce lieu, Madame y arriva hyer[2], et s'est fort bien trouvée du changement de l'air, de sorte que je ne la vy long tems a mieulx qu'elle est, et croy qu'elle ne partira plus toust que lundy. J'ay cest après disner sceu que madame la mareschale de Chastillon[3] est bien amandée, et qu'elle prendra demain

---

Blois, comme le prouve ce *post-scriptum* de la reine de Navarre au grand-maître (la lettre est du roi de Navarre) :

« Je ne lesseray pour ce mary de vous fere mes recommandacions et
« vous dire que Madame a bien pris que ma niepce face ses couches
« à Chantilly, où je ne fauldray incontinent luy envoyer ma saige
« femme........., etc.

« De Bloys, ce xxviii° jour de mars (1530). »
[F. Béth., n° 8567, fol. 11.]
(Voyez les Lettres analysées.)

[1] Henri d'Albret était avec le grand-maître en Espagne, où ils négociaient la rentrée en France des fils du Roi.

[2] Voyez la lettre précédente de Louise de Savoie.

[3] Dame d'honneur de la reine de Navarre. Ce fut elle qui conseilla

Madame pour venir jeudy trouver ceste compaignie, qui espère et désire bien toust le retour de la vostre. Cependant je vous recommande le Roy de Navarre, selon la vraye et entière fiance que j'ay en vous. Celle qui sera tousjours

Vostre bonne tante et amye, MARGUERITE.

P. S. La Royne et Madame ont conclud ce soir de partir lundy pour aller à Sainct-Germain-en-Laye attendre le Roy.

[F. Béth., n° 8549, fol. 33. *Dictée.*]

77. — AU MÊME.

(De Blois, mars 1530.)

Mon nepveu, ce porteur vous dira le gros estat où il m'a laissée, quy est tel, que le Roy et Madame ont bien veu qu'il me pouvoit mener loing, car je me doubte d'estre au septiesme mois, quy est, après l'huitiesme, le plus dangereux; vous asseurant qu'ils font beaucoup pour moy de me laisser en ung si beau lieu, car je croy qu'il n'en est point de plus sain et aisé à femmes grosses, quy me contraint vous dire qu'il me semble que sy vous y faisiez venir ma niepce, qu'elle s'y trouveroit fort bien. Et quant elle prendroit le

---

le silence à Marguerite, insultée par Bonnivet, du temps qu'elle était duchesse d'Alençon. Brantôme dit qu'elle fut secrètement mariée au cardinal Du Bellay. Elle fut, avec la baillive de Caen et madame de Châteaubriant, la victime d'une plaisanterie, plus que grivoise, que se permit M. d'Albanie à la venue du pape à Marseille. (Voyez BRANTÔME, *Dam. gal.*, disc. 4ᵉ et 6ᵉ.)

chemin que j'ay faict, dont la plus grande part est par eaue, je suis seure que au terme en quoy elle est, ne se sçauroit trouver mal. Et pourceque je l'ay essayé (et sy avois-je des raisons de subjourner qu'elle n'a pas, pour ce qui m'estoit venu au commencement, et toutesfois je m'en suis fort bien trouvée), je ne crains à vous conseiller de la faire venir jusques icy, où plus aisément et longuement vous la pourrez veoir, et en vostre absence je mettray paine de la vous gouverner de sorte que vous en serés content, et la trouverés en bon point : vous asseurant que je ne voudrois mains faire pour elle que pour moy mesmes ; vous priant y penser, et sy vous le trouvés bon, me le faire sçavoir, et j'envoierai mon basteau jusques à Gyan au devant, que j'ay faict faire propre et aisé. Ce porteur vous dira le surplus, et comme Madame se porte bien de sa goutte. Par quoy, en remettant le tout à luy, vous recommandant le roy de Navarre et toute nostre maison quy est vostre, fera fin pour ceste heure

Vostre bonne tante et amye, MARGUERITE.

[F. Béth., n° 8550, fol. 13. *Auto.*]

78. — AU MÊME.

Blois (1530).

Mon neveu, il me semble que vous avez tant de joye de veoir les choses en l'estat qu'elles sont, que l'on ne vous sauroit donner plaisir qui peust approcher de cela. Toutesfois je ne laisseray de vous dire l'aise que vous faites à Madame de souvent luy départir du vostre, et combien que, saichant ce que vous luy mandez, elle ne sauroit estre que bien saine, si vous asseuré-je que jusques à ce qu'elle revoira vostre compaignie elle ne sera point parfaitement bien. J'entends bien que si vous voulez croire le roy de Navarre, qu'il vous fera faire tant de désordre qu'il vous gastera; toutesfois il est bon quelquefois de forcer sa complexion pour le plaisir de ses amis, et vous advise que si madame la grant maistresse estoit icy, que je le ferois, pour luy rendre ce que vous faites par delà à mon mary, dont vous n'aurez, pour son absence, aultre récompense que d'ung grant mercy de celle que tousjours trouverez

Vostre bonne tante et amye, MARGUERITE.

[F. Béth., n° 8567, fol. 19. *Dictée.*]

79. — AU MÊME.

(Blois, 1530.)

Mon nepveu, je sçay bien que vous serés tant empesché à demander nouvelles de la femme grosse quy est à Chantilly[1], que vous ne parleriés point de celle de Blois[2], sy par ma lettre je ne m'y ramentevois. Mais je vous accorde que c'est la raison, et sy M. Douharty ne vous en parloit comme celuy qui l'a veuë, je vous en eusse escript, car il n'y a guères que par sa lettre je

---

[1] Madame de Montmorency.
[2] Marguerite.

suis seure de sa bonne santé, et voudrois qu'elle feust icy, afin que nous deux ensemble nous puissions réconforter de l'absence de nos maris. Toutesfois sy le mien donnoit quelque souspesson aux Espaignols d'estre sy près de la frontière, il me semble que vous le pourriés bien envoyer jusques à Madoz [1]. Je proteste que je n'y prétens que le service du Roy, et m'en remets à vostre jugement, vous priant sans moquerie luy en vouloir conseiller ce qu'il en doit faire, sans regarder affeccion particulier, comme et en toutes choses a sa fiance en vous (remettant le surplus au sieur Douharty)

Vostre bonne tante et amye, MARGUERITE.

[F. Béth., n° 8550, fol. 57. *Auto.*]

80 — A MON COUSIN, M. LE LÉGAT.

Bloys, ce 10 juin (1530) [2].

Mon cousin, le vicomte de Dieppe [3], ce porteur, s'en va maintenant en court, pour faire entendre au

[1] Madoz, dans la province de Navarre, vallée de Laraun, évêché de Pampelune. (MIÑANO, *Diccion. geogr.*)

[2] La date de cette lettre est très-importante. On ne peut la mettre au delà de 1530, puisqu'il y est question de Madame, qui mourut en 1531.

[3] Marguerite donne déjà à Ango le titre de vicomte de Dieppe. M. Vitet se trompe donc en disant que Ango fut nommé vicomte de Dieppe au retour d'une promenade en mer qu'il fit faire à François 1er lors du voyage de ce prince en Normandie. « C'est, je crois, « en 1532, d'autres disent en 1534, que François faisait ce voyage. » (*Hist. de Dieppe*, II.)

Une chronique manuscrite de Dieppe, que M. Olivier a eu la bonté de me communiquer, s'explique nettement sur ce voyage de Fran-

Roy, à Madame et à vous à la verité comment il va de l'affaire qu'il a en Portugal, et du peu d'estime que le roy dudict Portugal a faict des lettres que le Roy luy a escriptes pour ladicte affaire¹; de quoy j'ay esté

çois Iᵉʳ : « La première entrée qu'on ait connoissance avoir esté faite
« à Dieppe, est celle de François 1ᵉʳ en 1535, lorsqu'il vint en Nor-
« mandie voir la moustre des légionnaires. Jean Ango, gouverneur de
« Dieppe, le reçeut avec pompe et magnificence, et le logea en sa
« maison, où demeurent à présent les Pères de l'Oratoire*. Et ce fut
« lors que ledit Ango entra fort en crédit, fit faire des petites barques
« peintes pour porter le Roy jusques à la rade, et aultres choses qu'il
« fit pour son divertissement. »

¹ Le roi de Portugal dont il est ici question, ne peut être que Jean III, beau-frère de Charles-Quint, qui régna de 1521 à 1557. « François premier luy ayant donné la charge de capitaine (à Ango),
« la fortune luy fut si prospère sur la mer, que luy seul mettoit sur
« mer une flotte de douze à treize navires, à ses propres cousts et des-
« pens, de sorte qu'il remporta de grandes victoires sur les Anglois,
« Flamans, Espagnols et Portugais. Il prist mesme une isle sur les
« Anglois. Sa valeur le rendit recommandable dans tous les pays voi-
« sins; mesme un ambassadeur portugais estant venu prier le Roy de
« ne leur faire plus la guerre, il luy respondit qu'il allast traicter avec
« son vicomte Jean Ango, et c'estoit luy seul qui la faisoit.» (*Chron. mste de Dieppe.*)

Cette anecdote, la seule qui ait fait surnager le nom d'Ango, a été révoquée en doute, probablement parce que nul historien portugais n'en fait mention, non pas même Francisco d'Andrada**, ni Emmanuel

---

* « Le premier qui y célébra la messe, ce fut le R. P. Banquemare, duquel
« Jean Ango estoit bisayeul. » (*Chron. inéd. de Dieppe.*)

** Cependant ce fait paraît être indiqué vaguement dans la *Chronique* d'Andrada, au chap. 56 de la IVᵉ partie : *El Rey se manda queixar a el rey de França dos roubos que os Franceses fazem a os seus vasalos.* Mais Ango n'y est point nommé. Voyez aussi plusieurs lettres relatives à cette affaire dans les *papiers d'état du cardinal Granvelle*, t. I, p. 540 et suiv. (*Collection des Documents inédits de l'Histoire de France.*)

fort esbahie, et combien que la congnoissance que vous avez des merites dudict viconte et des bons,

de Continho, les biographes particuliers de Jean III. Le témoignage irrécusable de la reine de Navarre en est d'autant plus précieux[*].

Il est bien étrange que cet Ango, le Médicis Dieppois, ce négociant qui traitait avec les monarques de puissance à puissance et les éclipsait par son faste, soit tombé dans une obscurité si profonde, que son nom ait été omis dans toutes les histoires et dans toutes les biographies : Bayle, Moreri, Iselin, la *Biographie universelle*, etc., etc. M. Vitet est le premier qui, dans son *Histoire de Dieppe*, ait essayé de réparer cette injustice envers un homme réellement extraordinaire. Mais après un si long oubli, il devient bien difficile de recouvrer des indications certaines et suffisantes. Voici ce que dit la chronique manuscrite déjà citée au chapitre des capitaines, gouverneurs et lieutenants :

« Celuy qui s'est rendu le plus illustre depuis Desmarets, ce feut « un nommé Jean Ango, dont la fortune est une des belles qui se « soyent leuës. Celuy-ci estoit enfant de Dieppe, d'assez basse extrac-« tion. Son père ayant faict fortune sur mer luy laissa des biens, à la « faveur desquels et de son grand esprit il se rendit recommandable ; « de sorte que, prenant toutes les grandes fermes[**], il estoit bien « voulu des plus grans............ Mais sa fortune, lasse de luy faire du « bien, l'abandonna comme les aultres, ayant embrassé les vices pour « les vertus. Il mourrut en très maulvais estat, et feut enterré en la « chapelle qu'il avoit faicte bastir à St Jacques, qui est St Yves. »

On ignore la date précise de la mort d'Ango. On croit qu'il était né en 1480.

---

[*] On lit dans Le Ferron (ap. Duhaillan, II, 1461) : « Le mois d'avril en-« suyvant, le comte de Dieppe, Normand, surprint quelques navires impériales « qui retournoient de la navigation des Indes, remplies de marchandises très ex-« quises et précieuses. »

Mais ce fait, placé par Duhaillan en 1538, est évidemment antérieur à 1531, époque de la mort de Louise de Savoie. A moins qu'il ne s'agisse d'une autre affaire que de celle du roi de Portugal.

[**] Les recettes du duché de Longueville, des abbayes de Fécamp et de Saint-Wandrille ; la charge de contrôleur du grenier à sel de Dieppe, etc.

grans et continuels services qu'il a faicts au Roy, suffise en vostre endroict pour sa recommandacion, si ne me suis je peu garder, pour la bonne et affecsionée voulenté que je luy porte, de vous en faire en sa faveur une particulière et non commune, vous priant bien affectueusement, mon cousin, luy donner en son dict affaire le meilleur ayde, port et expédition que vous pourrez, vous asseurant qu'en le faisant me ferez plaisir aussy agréable que vous sçauriez penser. Et pour ce qu'il vous dira de mes nouvelles et de ceste compaignie qu'il a veue, ne vous feray plus longue lettre, que de prier Dieu, mon cousin, qu'il vous doint le bien que de bon cœur vous désire, à Bloys, le xe jour de juing,

La toute vostre bonne cousine et amye,

MARGUERITE.

P. S. Je vous prie, mon cousin, avoir son affaire pour recommandé, car je le congnoys bon servicteur du Roy.

[F. Dupuy, n° 473. *Dictée.*]

81. — A MA COUSINE, MADAME LA MARESCHALE DE CHASTILLON [1].

Blois, 10 juin (1530).

Ma cousine, je vouldroys bien qu'il pleust à Dieu me donner occasion de vous advertir d'aussi bonnes nouvelles de ce cousté, comme chacun jour vous m'en

[1] Dame d'honneur de la reine de Navarre. (Voyez lettre 76, p. 247.)

faictes sçavoir du vostre, lesquelles de bien en mieulx vont en amendant par la bonne et briefve délivrance de Messieurs[1], laquelle, ainsi que je voy, ne peut plus estre différée. Quant à moy, ma cousine, je suis tousjours en ung estat, ignorant mon terme lequel ne peult passer. En attendant l'heure que Dieu y a constituée, je vous prierai continuer à me rescripre, et d'avoir pour recommandée en vos bonnes prières celle qui va requérir Nostre Seigneur qu'il vous doint, ma cousine, autant de parfaite consolation qu'il congnoist vous estre nécessaire. De Bloys, ce x^e jour de juing.

(De la main de la Reine.)

Je vous prie que je sois recommandée à M. de Bayonne[2], et que je l'ay prié et à vous ne vous ennuyer de m'escripre, et s'il retourne devers M. le grant maistre, l'asseurer qu'il n'y a personne en ce monde quy loue Dieu de meilleur cueur que moy de ce que son entreprise[3] prent fin tant à son honneur qu'il oblige maistre et maistresse, et touche la race jusques à la quarte généracion, à luy et aux siens. Je vous prie surtout relier bien l'amitié de luy et du roy de Navarre, lequel recommande à vostre bonne grace

Vostre bonne cousine et amye, MARGUERITE.

[F. Béth., n° 8549, fol. 57. *Dictée.*]

[1] Les fils du Roi, otages de Charles V, à la délivrance desquels s'employaient Montmorency et le roi de Navarre.

[2] Jean Du Bellay, qui fut évêque de Paris et cardinal.

[3] Le traité pour la délivrance de Messieurs.

82. — A MON NEPVEU, M. LE GRANT-MAISTRE.

(Blois, juin 1530.)

Mon nepveu, je ne vous puis dire l'aise que j'ay eue d'avoir veu par vostre lettre la seureté de la délivrance de Messieurs, car elle[1] est sy très grande, que mère et enfans n'eussent peu sentir une plus grande consolacion; je supplie Nostre Seigneur qu'il le vous rende par bien toust vous envoyer telle et sy bonne délivrance de ma niepce que nous tous vos amys le désirons. J'attends demain icy ma tante, quy s'en va au secours comme bonne mère; mais, à ce que je pense, elle[2] ne pourroit aller sy toust d'ung mois que moy, et sy, croy que je pourroy aller jusques à la fin de ce mois; par quoy j'espère que vous serés encores à son accouchement, que, je croy, ne sera sans passer par icy, au moins je m'y attends bien! vous priant, mon nepveu, en attendant, quant les affaires vous pourront donner loisir, me vouloir escripre seulement comme il vous va; et soyés seur que sy toust que je seray à bout de ma grosseur, ne faudray vous en advertir, estant asseurée qu'il y en aura peu de plus ayses que vous sy j'en eschappe en santé, comme tant le m'avés donné à congnoistre. Pour ma revanche, je me souhaite à l'accouchement de nostre femme, pour

---

[1] L'aise.
[2] *Elle*, madame de Montmorency, ne devait accoucher qu'un mois après la reine de Navarre.

luy pouvoir rendre partie de l'obligacion que vous doibt

Vostre bonne tante et amye, Marguerite.

[F. Béth., n° 8562, fol. 36. *Auto.*]

83. — A MON NEPVEU, M. LE GRANT-MAISTRE.

(Blois, juin 1530.)

Mon nepveu, encore suis je sus bout ! quy m'ennuye plus que le mal que j'ay à passer ne me donne de crainte, pour le désir que j'ay d'estre relevée à heure que je peusse aller au devant de la bien venue compaignie [1]. Mais j'ay peur que Nostre Seigneur me voit trop indigne de tant de bien, parquoy il me fauldra convertir mon désir en paciance, dont ma niepce et moy nous ayderons, attendant ce qu'il plaira à Dieu nous envoyer. Vous priant, mon nepveu, me faire ce plaisir de croire ce que ce porteur vous dira de ma part, auquel vous sçavés que je parle franchement, et m'adresse à vous comme à celuy en quy le roy de Navarre et moy avons entière fiance; vous priant prendre ceste maison en telle affecsion que j'ay tousjours eue et ay la vostre, et donner au mary le conseil et secours que j'ay chargé Fors [2] de vous dire; quy est vous donner paine, mais j'ay ceste seureté de vous que vous la vou-

---

[1] Les enfants de France, qui arrivaient d'Espagne avec la reine Éléonore, leur belle-mère, Montmorency, le roi de Navarre, etc. François 1ᵉʳ, avec une partie de la cour, était allé les recevoir à Bayonne.

[2] Voyez la note, page 243.

lés bien, et que je vous feroys tort de vous céler affaire que j'eusse. Remettant le surplus à sa créance [1], mercyant Nostre Seigneur que, après tant d'empeschemens et fascheries, il vous a donné la grace de parvenir à vostre fin, avecques tel honneur et gloire que père, grant mère et tous ceulx qui les ayment, seroient bien ingnorans sy ne se sentoient obligés à vous plus que à homme vivant; dont je loue Dieu et le supplie vous donner aussy longuement continuer par vivre le service du maistre, que pour luy mesmes le désire

Vostre bonne tante et amye, MARGUERITE.

[F. Béth., n° 8549, fol. 25. *Auto.*]

84. — AU MÊME [2].

(Blois, juillet 1530.)

Mon nepveu, si jamais femme se sentit tenue à vous croyés que je recougnois mon obligacion plus grande que nulle autre, de ce que vostre lettre et Goujast [3] m'ont donné la joye de ferme seureté de la venue de Messieurs, qui m'est telle que je ne la puis dire ni penser, mais je la sens si très grande, que je ne pense jamais en pouvoir avoir de pareille, louant Nostre Seigneur dont il vous a faict si heureux que d'estre le moyen d'ung si bon et digne effect, dont Roy et

---

[1] De M. de Fors.

[2] Le feuillet 49, qui portait l'original de cette lettre, a disparu du volume. Je la donne d'après une copie écrite en regard sur le verso de la feuille de garde.

[3] Gabriel Parant, dit *le Goujat*, chevaulcheur d'escuyrie (courrier).

royaume vous sont et seront à jamais obligés, vous priant, mon nepveu, faire mes très humbles recommandacions à la bonne grace de la Royne [1] et de Messieurs, et de les asseurer que j'ay ung merveilleux regret d'avoir perdu le bien de les voir si tost que je le désirois. Ce porteur vous dira combien de larmes de joye il a veu verser à ceste compaignie, où ma sœur de Vandosme [2] ne m'abandonne jusques à mes couches, qui seront quant il plaira à Dieu; mais si tost ne sera-ce que je n'envoye incontinent ma sage femme à ma niepce; et luy ay incontinent envoyé vos lettres vous asseurant qu'elle se porte si bien, que chascun espère qu'elle fera le fils [3], ce que je désire d'aussy bon cueur, avec tout le bien que l'on vous peult souhaiter, que pour soy mesmes le vouldroit

Vostre bonne tante et amye, MARGUERITE.

P. S. Je vous recommande le père de Brodeau [4], dont je vous ay escript par Ysernay [5].

[F. Béth., n° 8546, fol. 48, au verso.]

[1] Éléonore.
[2] Madame de Vendôme, belle-sœur de Marguerite, étant sœur du feu duc Charles d'Alençon.
[3] François de Montmorency, fils aîné d'Anne de Montmorency, naquit en juillet 1530.
[4] Victor Brodeau était de Tours, secrétaire et valet de chambre de François Ier et de la reine de Navarre; ami de Marot, qui lui a souvent adressé des vers. Brodeau en faisait aussi, et Lammonoye regrette que ses poésies légères n'aient pas été publiées. On a imprimé de lui les *Louanges de Jésus-Christ*, poëme en vers de dix syllabes. Lyon, 1540. Il mourut la même année.
[5] Ysernay, valet de chambre de la reine de Navarre, gentilhomme de la chambre du Roi, avait toute la confiance de Marguerite, qui le

85. — LETTRE DE LOUISE DE TOIRVIRON,

SAGE-FEMME DE LA REINE DE NAVARRE,

A MADAME [1].

Blois, vendredi (juillet 1530).

Madame, ceste lettre sera pour vous advertir que la Royne, vostre fille, eut hier tout du long du jour plusieurs tranchées, pour lesquelles elle ne laissa d'aller à la messe et à vespres à Saint-Calays, et après de se pourmener au jardin, et souppa très bien et se coucha environ neuf heures, et a esté sans grant mal jusques environ une heure après mynuict, que ses tranchées l'ont reprinse et luy ont duré jusques à trois heures, que Nostre Seigneur luy a faict la grace qu'elle est accouchée d'ung beau fils [2]; et vous asseure, Ma-

---

mit plus tard à la tête de la maison de sa fille. Il sera souvent question de lui dans cette correspondance.

M. d'Ysernay fut employé par Montmorency pour la délivrance des enfants de France et le paiement de la rançon du Roi. (Voyez les *Instructions à M. d'Ysernay*, Pièces justificatives, n° VI.)

[1] Louise de Savoie était allée avec le Roi à Bayonne, au-devant des enfants de France et de la reine Éléonore.

[2] Ce fils, le second enfant de la reine de Navarre, fut baptisé sous le nom de Jean, qui était celui de son grand-père du côté paternel.

Le père Anselme ne donne pas la date de la naissance de ce prince; il faut la placer vers le 15 juillet 1530. Cela est prouvé par un édit de François Ier, rendu à cette occasion :

« François, par la grace de Dieu, etc......, voulant que nostre cher
« et très amé beau frère le roy de Navarre et nostre dicte sœur, son
« espouse, cognoissent la grande joye que nous avons de la naissance

dame, que la mère et le petit fils se portent, Dieu mercy, fort bien. Et n'y aura faulte que de chascun jour, vous, Madame, ne soyez advertie de leurs nouvelles. Et pourceque M. le prothonotaire[1]. . . . . .
. . . . . ., ce porteur, lequel est exprès party en diligence pour vous en dire ce qu'il en est, ne vous ennuyray de plus longue lettre, mais me recommanderay tant et si humblement que faire puis à vostre bonne grace, suppliant Nostre Seigneur qu'il vous doint, Madame, bonne et longue vie, à Bloys, ce vendredy, à trois heures après mynuyt,

Vostre très humble et très obéissante subjecte et servante, L. DE TOIRVIHON.

[F. Béth., n° 8595, fol. 103. *Dictée.*]

86. — A MON NEPVEU, M. LE GRANT-MAISTRE.

Blois, le 29 juillet (1530).

Mon neveu, j'ay esté advertye que l'abbaye d'Issouldun, en Berry, est de présent vacante ou preste à

« de nostre cher et très amé nepveu *Jehan*, prince de Navarre, du-
« quel nostre dicte sœur est naguères accouchée en nostre chastel de
« Bloys, etc......
« Donné à Angoulesme, le 24e jour de juillet de l'an de grace 1530,
« et de notre règne le 16e. » (*Ordonn.* de François Ier, t. II, coté L.,
fol. 274. Dépôt des Archives judiciaires.)
Cet édit porte qu'il sera nommé gratuitement un maître de plus par chaque corps de métier.
Le prince Jean d'Albret ne vécut que quelques mois.
[1] Un nom illisible.

DE LA REINE DE NAVARRE. 263

vacquer par la mort de l'abbé dudict lieu[1]; et pourceque ladicte abbaye est tellement désolée, ruynée, que si elle ne tumbe entre les mains de quelque homme de bien qui la répare de bons religieulx et d'édifices qui y font besoing, tant pour la nécessité, que pour mieulx vivre en bon estat régulier, elle est pour venir tousjours de mal en pis; à ceste cause, et que je désire ladicte abbaye estre remise en bon et deu estat, entendu qu'elle est au pays dont il a pleu au Roy me donner la charge[2], et que j'ay par deçà un bon et suffisant personnage[3], qui le sçaura très bien faire, je vous prie, mon nepveu, supplier très humblement le Roy de ma part de n'en disposer point, et de me donner pour ledict personnage ladicte abbaye, laquelle ne peult valoir par chacun an que de vi à vij m. l.[4]. Et ne scay encores si les moynes ont previlège d'eslire; toutesfois quant je sçauray par vostre responce le bon plaisir du Roy, je y feray donner tel ordre qui y sera

[1] Elle se trompait et le reconnut, car elle dit, dans la lettre suivante : « J'entends que ledict abbé d'Issouldun est plein de vie et de santé. »

[2] Deux ans après son avénement au trône, c'est-à-dire en 1517, François Ier avait donné à sa sœur le duché de Berry en apanage.

[3] Il s'appelait Christophe Garrault. Dès le mois d'avril, la reine de Navarre l'avait recommandé au grand-maître par un billet de dix lignes : « Mon nepveu, je vous envoye le bailly d'Orleans pour vous desclairer de ma part l'affecsion et désir que j'ay que maistre Christophle Garrault soit pourveu d'une petite abbaye qu'il vous dira. » — Le titulaire est déjà représenté comme un homme « fort ancien et maladif. »—« Il est tombé fort malade; » il s'agit de faire intervenir le Roi dans cette nomination. (Voyez aux analyses.) (Béthune, 8549, fol. 153.)

[4] Six à sept mille livres.

requis, afin que ledict personnage puisse estre pourveu selon mon désir pour le bien et utilité d'icelle abbaye. Et sur ce, mon nepveu, je pry Dieu qu'il vous doint le bien que vous désire, à Bloys, le XXIXe jour de juillet,

Vostre bonne tante et amye, MARGUERITE.

[F. Béth., n° 8551, fol. 32. *Dictée.*]

87. — AU MÊME.

(Blois, août 1530.)

Mon nepveu, j'ay receu par Rabodanges les lettres que vous m'avés escriptes et vous asseure que m'a esté très grand plaisir d'entendre par lui la santé, la joye et l'aise dont est plaine la bonne compaignie où vous estes[1] et les bonnes chères qui se y font, où je me souhaite bien souvent pour avoir le bien de voir le Roy, la Roine, Madame et Messieurs, en si bon estat, et aussy pour dire mon opinion de tant de bonnes et nouvelles graces qu'on dict estre maintenant par delà.

J'ay entendu le bon plaisir du Roy touchant l'abbaye d'Yssouldun[2], et le bien et honneur qu'il luy plaist toujours continuer de faire en mon endroit. Je vous prye l'en mercyer très humblement de ma part, et luy présenter mes très humbles recommandacions à sa bonne grace. J'entens que ledit abbé d'Yssouldun

[1] Il était allé avec le Roi, la Reine mère et la cour, à la rencontre des enfants de France et de la reine Éléonore.

[2] Voyez la lettre précédente.

est plein de vie et de santé. Après que je vous auray asseuré de la mienne et du surplus de cette compaignie, feray fin, pryant Dieu, mon nepveu, qu'il vous doint autant d'heur et de bien que vous en désire

Vostre bonne tante et amye, MARGUERITE.

[F. Béth., n° 8549, fol. 117. *Auto.*]

88. — AU MÊME.

(Blois, août? 1530.)

Mon nepveu, j'ay esté très aise d'avoir entendu de vos bonnes nouvelles par le gentilhomme qui s'en retourne devers ma niepce, vostre femme, et sceu par luy que vous la mandiez pour se trouver le plus toust qu'elle pourrait par deçà, estimant que ce vous seroit une forte corde pour vous y tirer, et que la vraie et affectionnée amour feroit ce que le dangier évident de mort qui est par delà ne peult maintenant faire. En attendant, je vous veulx bien adviser, mon nepveu, que je commence bien à me fortifier [1]; mais sans point de doubte, je ne vous puis celer que pour faire un peu plus l'honneste que le temps ne le requéroit à entretenir la marquise de Genetz [2], je me suis trouvée fort

[1] A se remettre de ses couches.

[2] Femme du comte de Nassau, un des meilleurs capitaines de Charles-Quint. Marguerite aurait dû écrire *Genette* ou *Zenette*, et non pas *Genets*. L'Empereur, dans la diatribe qu'il prononça en plein consistoire, rappelle qu'il envoya « le comte de Nassau, marquis de Zenette, vers ledict Roy, pour traicter alliance et confédération avecques luy. » (LE FERRON.) La marquise paraît avoir été de la suite de

affoiblie. Toutesfois cela ne me retardera de me mettre le plus toust que je pourray par pays pour aller au devant de la bonne et désirée compaignie[1], vous priant, quant vostre loisir le pourra permettre, en départir des nouvelles, et singulièrement des vostres, à celle qui les souhaite aussy bonnes et heureuses que de soy mesmes les vouldroit escripre

Vostre bonne tante et amye, MARGUERITE.

P. S. Mon nepveu, pource que je ay congneu Yzernay[2] estre bon et loyal serviteur du Roy, et qui mérite qu'on s'emploie pour luy, j'ay bien voulu emplir de ma recommandation en vostre endroit le surplus de ceste lettre, vous priant luy estre tousjours aidant en ce que vous pourrez.

[F. Béth., n° 8550, fol. 115. *Dictée.*]

Marguerite, reine de Hongrie, sœur de Charles V, et être venue en France avec elle lors du traité de Cambray (1529). Au moins voici ce que je trouve dans une lettre de Brion (Philippe Chabot, depuis amiral), datée de Saint-Quentin, le 20 août 1529 :

« Sire,.... vous avez merveilleusement bien fait d'envoyer La Ferté
« en ceste compaignie, car sans luy nous n'eussions jamais sceu en-
« tendre le hongre.... Il me semble que je ferois très mal si je ne vous
« advertissois que la plus belle et la mieux en point compaignie que je
« veis jamais est celle de nos dames, et croy, quelque munition de
« porfilleure qu'eust faicte *la marquise de Zenette*, qu'il y a trop de
« différence des nostres.... » (F. Béth., n° 8507, fol. 38.)

Madame d'Alençon avait accompagné Louise de Savoie pour négocier le traité de Cambray, appelé pour cette raison *le traité des dames;* c'est apparemment dans cette circonstance qu'elle connut la marquise de Genets ou de Zenette.

[1] Voyez la lettre 85.
[2] Sur Ysernay, voyez lettre 84.

89. — AU MÊME.

(Nérac, 1530?)

Mon nepveu, je vous envoye ce porteur pour entendre s'il est rien venu du légat d'Avignon, et vous prie l'avoir pour recommandé[1], comme j'ay ma fiance en vous. Aussy pourceque le compéditeur de maistre Gérard[2] en l'abbaye que vous luy avés faict donner

---

[1] Ce porteur.

[2] Gérard Roussel (ou le Roux), savant célèbre et théologien; un des protégés de la reine de Navarre qui ont le plus contribué à la faire accuser d'hérésie. C'était un moine dominicain, qui, ayant déposé l'habit de son ordre, se mit à voyager en Allemagne, où il paraît s'être imbu des doctrines de Luther. D'autres ont soutenu qu'il n'avait aucunement adopté ni celles de Luther, ni celles de Calvin. A son retour, il fut persécuté par les Sorbonistes; Marguerite le tira de prison, lui offrit un asile en Béarn, et lui fit donner l'abbaye de Clairac, dont il est ici question, et l'on voit que ce fut par l'entremise du grand-maître de Montmorency. Plus tard, en 1540, la Reine fit nommer G. Roussel à l'évêché d'Oloron. Il ne survécut guère à sa bienfaitrice. Sponde, qui accuse Roussel d'avoir corrompu la religion du pays basque, nous apprend les circonstances de sa mort:

Gérard Roussel était allé prêcher à Mauléon, en 1550. Il s'élevait surtout contre le chômage des fêtes des saints et en demandait l'abolition. Un fanatique, nommé Arnauld de Maytie, s'approche de la chaire, et en coupe les supports avec une hache qu'il avait apportée sous ses habits. La chaire tombe, l'évêque est relevé à demi mort et reporté dans le Béarn. On lui ordonna les eaux; il partit pour les aller prendre, et mourut en chemin.

Arnauld, traduit devant le parlement de Bordeaux, fut acquitté.

Peu après le ciel le récompensa dignement de sa pieuse et belle action, *ut de pio et eximio facinore convenientissime remuneraretur:* son fils fut nommé évêque d'Oloron en place de Gérard Roussel, as-

empescha entièrement l'obéissance du Roy et la jouissance de luy, je désirerois bien qu'il pleust au Roy le faire venir [1] par deçà, afin qu'il remonstrat ses droits, pour luy estre gardés, s'il en a; aussy, s'il n'y a rien, pour l'apprendre à obéir audict seigneur [2]. Je vous prie, mon nepveu, faire despescher une bonne lettre à ceste fin, comme vous dira ce porteur, par lequel s'il vous plaist me mander des nouvelles du Roy et des vostres, c'est le plus grant plaisir que pour ceste heure peult avoir

Vostre bonne tante et amye, MARGUERITE.

[F. Béth., n° 8550, fol. 53. *Auto.*]

sassiné en pleine église par Arnauld, le père, *zelo fidei incensus,* dit Sponde.

Cet écrivain reconnaît que Gérard Roussel menait une vie irréprochable, prêchait souvent, nourrissait *des bataillons de pauvres* et instruisait des troupes de petits enfants; mais il n'en était que plus dangereux. Il était parfaitement catholique à l'extérieur, *semper se catholicum exterius profitebatur;* il reniait hautement Luther et Calvin; ce dernier composa même un livre contre Gérard Roussel sous ce titre : *Adversus Nicodemitas*, mais Sponde n'en est pas la dupe, et sa pénétration découvre facilement sous ce jeu concerté l'hypocrisie hérétique.

Gérard Roussel avait le tort de prêcher à la cour de Nérac en habit de laïc; on dit aussi qu'il donnait la communion sous les deux espèces.

Gérard Roussel n'a point d'article dans les dictionnaires biographiques; on a tâché de l'indemniser de cet oubli par cette note un peu longue.

[1] Le compétiteur.
[2] Au Roi.

90. — AU ROY.

(Alençon? octobre 1530.)

Monseigneur, puisqu'il a pleu à Dieu tirer à luy celuy qu'il vous a pleu advouer pour vostre petit fils[1], et que vous luy aviés fait tant d'honneur que de vous esjouir de sa naissance en ce monde, craignant que vous et Madame sentés l'ennuy de l'issue, vous ay bien voulu advertir du tout pour vous supplier à tous deux très humblement vous esjouir de sa gloire sans en prendre nulle tristesse ; car, mais qu'il plaise à nostre Seigneur vous donner à tous deux bonne santé, le demeurant des tribulacions sera doucement porté ; vous asseurant, Monseigneur, que le père et la mère se contentent de la voulenté de celuy qui en peult donner d'aultres pour servir MM. vos enfans, mais que nous soyions tousjours en vos bonnes graces, auxquelles plus que très humblement nous recommandons. Vous suppliant, Monseigneur, me pardonner si plus toust et plus au long ne vous ay escript[2].

Vostre très humble et très obéissante seur et subjecte, MARGUERITE.

[F. Béth., n° 8624. *D'après une copie.*]

[1] Jean d'Albret, né le 15 juillet environ, 1530. Voyez la lettre 85.

[2] Charles de Sainte-Marthe (*Oraison funèbre de Marguerite*) nous apprend que la reine de Navarre fit chanter un *Te Deum* dans l'église d'Alençon, à l'occasion de la mort du petit prince, et afficher dans la ville des placards où on lisait ces paroles de l'Écriture : *Dieu l'avoit donné, Dieu l'a osté.* C'est la conduite d'une mère exaltée dans sa résignation, mais non pas d'une hérétique.

91. — RÉPONSE DE FRANÇOIS I{en} A SA SOEUR.

(1530.)

« Si la fortune, ma mignonne, n'avoit expérimenté
« par longues années nostre résolue patience, je [la]
« dirois avoir raison de faire nouvelle preuve de son
« authorité; mais ayant congneu par seure expérience
« les choses miennes estre vostres, elle a deu penser
« aussy ce qui est vostre estre mien : par quoy si
« avez porté la douleur des miens vostres premiers en-
« fans morts, vous cuidant faire injure, c'est à moy de
« porter la vostre comme chose mienne. Doncques,
« comme celuy rebelle à ses commandemens, ne deb-
« vez laisser le combat contre l'ennemy si accoustumé,
« et en vous mesmes pensez que cest le troisième des
« vostres[1] et le dernier des miens que Dieu a appelé
« en son heureuse compaignie, acquise d'eulx avec
« peu de labeur, et tant désirée de nous avecques si
« grant travail; en oubliant vos tristes lermes pour
« obéir à Dieu et pour rendre preuve de vostre accous-
« tumée vertu; en prenant de vous le clair et pur
« conseil qu'en semblable advertissement aultresfois
« m'avez persuadé; en ce faisant, rendrez au lieu d'une
« triste mort, le demeurant [de] vostre vie agréable
« à nous et à nostre mère[2], laquelle avecques sa goutte

---

[1] François Ier avait à cette époque déjà perdu deux enfants; Louise morte en 1517, et Charlotte, en 1524.

[2] Cette phrase est inintelligible dans le texte, où on lit : « En ce

« et colicque accompagnée de sa douleur d'estomach,
« semble, sans qu'elle le sache, qu'elle célèbre les
« funérailles de sa seconde chair¹; dont vous resjouis-
« sant pour satisfaire à vos amys donnerez vous voyant
« contente en sa présence le confort avecques l'ennuy
« et à vostre frere ce que suis seur que sentez. »

[F. Béth., n° 8624.] ²

92. — A MON NEPVEU, M. LE GRANT-MAISTRE.

(Octobre? 1530.)

Mon nepveu, vous avés sceu comme il a pleu à Nostre Seigneur nous visiter³, et despuis j'ay entendu

faisant rendre au lieu d'une triste mort a tout le demeurant de vostre agréable vie. » Il y a une transposition de mots évidente; j'ai tâché de la corriger. La dernière phrase est un galimatias auquel je n'ai pu trouver remède.

¹ *Sa seconde chair....* ses petits-enfants ; ses enfants François et Marguerite étaient *sa première chair.*

² On lit sur la première page de ce volume, *OEuvres de Françoys premier, roy de France.* — 1541.
Ce sont des copies exécutées avec beaucoup de soin quant à la beauté du caractère, mais avec une ignorance incroyable de la langue et de la mesure des vers. La prose même est souvent transcrite de manière à n'offrir aucun sens. Ce copiste était une pure et simple machine. La date de 1541 que porte son œuvre, doit être celle d'un manuscrit original, car l'écriture de celui-ci est d'une époque beaucoup plus récente. On ne peut donc se fier que très-médiocrement au texte de ce volume, mais je n'ai pu trouver ailleurs les lettres de Marguerite et de son frère qui y sont contenues.

³ Expression du style protestant; elle veut parler de la mort de son fils.

l'estat en quoy est mon cousin de Rohan¹, dont je crains l'issue; parquoy j'envoye ce porteur, auquel j'ay donné charge, si vous estes retourné à la court, de s'adresser du tout à vous pour les afaires de leur maison, laquelle je vous prye avoir pour recommandée. Et espérant par M. de Bayonne² vous escripre plus au long, fera fin, pryant Nostre Seigneur donner à vous, au père, à la fame et au petit filz aussy bonne et longue vie que la vous désire comme pour soy mesme

Vostre bonne tante et amye, MARGUERITE.

[F. Béth., n° 8549, fol. 89. *Auto.*]

93. — AU MÊME.

(1530.)

Mon nepveu, je vous promets que vostre lettre m'a aultant donné de consolation que chose que j'eusse peu avoir, car il me semble que vous m'aidés à sous-

¹ Il paraît, par les lettres suivantes, qu'il était ruiné. Madame de Rohan était de son nom Isabelle d'Albret, sœur d'Henri, roi de Navarre, mariée à René 1ᵉʳ de Rohan. Saint-Simon, qui passe la noblesse des Rohan à l'étamine dans le chap. xi du tome second de ses *Mémoires* (p. 157, édit. Sautelet), place le mariage de M. de Rohan et d'Isabelle d'Albret en 1534. Il doit se tromper : 1°. la première phrase se rapporte à la mort récente de Jean d'Albret, et il mourut en 1530; 2°. à la date où Marguerite écrivait ceci, M. de Montmorency avait encore son père, puisqu'elle lui fait des compliments; et Guillaume de Montmorency mourut certainement en mai ou juillet 1531; enfin, M. de Montmorency n'avait encore qu'un enfant, et son second fils naquit en 1535.

² Jean Du Bellay.

tenir le fais¹ que, sans l'ayde de Nostre Seigneur, m'eust esté plus dur à porter que je ne pensoys ; et vous n'avés pas tort d'en avoir eu regret, car vous pouvés tenir vostre ce qui vient du père et de la mère, qui sont tant à vous qu'il n'est possible de plus.

J'ay esté fort aise d'entendre vostre retour à la court, car je vous prie croire que vous n'en sauriés estre si peu loing que vous n'y fassiez faulte; vous asseurant que selon vostre bon conseil nous partirons le plus toust que nous pourrons, car despuis que nous sommes icy et que le roy de Navarre s'est trouvé assés bien, je me suis trouvée si foible, que à grant paine puis-je aller, comme j'ay prié ce porteur², et croiés que je suis en merveilleuse peine d'estre loing de Madame et la sçavoir si mal; et jamais je n'auray repous que je ne soye près d'elle. Je vous prie qu'elle ne sache riens de mon ennuy jusques à ce que je y soye. Bien luy pouvés vous dire que je me suis trouvée icy fort mal, mais que je m'en iray incontinent.

Je retiens encore M. de Bayonne, vous priant faire son escuze au Roy avecques mes plus que très humbles recommandacions, sans oublier les vostres et celles de nostre femme; priant Dieu qu'il vous doint à tous deux et au petit poupon aussy bonne et longue vie que la vous désire

Vostre bonne tante et amye, MARGUERITE.

[F. Béth., n° 8549, fol. 5. *Auto.*]

¹ La mort du petit prince de Navarre. On la cachait à Louise de Savoie.
² *De vous dire*, sans doute. Marguerite, quand elle écrit de sa main, est sujette à ces omissions.

94. — AU MÊME[1].

(1530.)

Mon nepveu, je n'ay failly de parler à Madame des propous que m'a tenus M. de Bayonne[2], vous asseurant qu'elle prent l'affaire aussy à cueur que pour elle propre, car elle connoist bien que tout ne vient que d'une occasion digne d'estre destruite pour donner example à ceulx qui veullent faire honte et injustice sous ombre de bon zèle; et aux paroles que le Roy a tenues à Madame, il commence bien à connoistre et croire tout le contraire de ce que l'on luy avoit dist, et croy que à vostre retour, trouverés que nonobstant beaucoup de fascheries qu'ils ont faictes, leur malice

---

[1] Il s'agit dans cette lettre de la rivalité entre Montmorency et l'amiral Brion (Philippe de Chabot), qui tâchaient mutuellement de s'exclure de la faveur du Roi. Cette jalousie et ces intrigues redoublèrent à la mort du dauphin François (août 1536). La cour fut alors divisée en deux factions. Montmorency, la reine de Navarre et Diane de Poitiers tenaient pour le nouveau Dauphin, Henri; l'amiral Brion et madame d'Étampes étaient les chefs du parti de Charles, naguère duc d'Angoulême, et qui succédait à son frère dans le titre de duc d'Orléans.

La reine de Navarre fait souvent allusion à ces inimitiés sourdes, qui paraissent avoir été fort vives.

L'issue fut conforme aux souhaits des deux rivaux. Brion tomba le premier, en 1540, condamné pour crime de péculat. Ce fut un procès tout à fait semblable à celui de Fouquet. Mais le triomphe du connétable ne fut pas de longue durée : lui-même fut disgracié en 1541, et ne reparut à la cour qu'après la mort de François 1er, à l'avénement de Henri II (mai 1547).

[2] Jean Du Bellay, créé cardinal par Paul III.

a esté plus impuissante que leur cuider. Et pour cette cause et tant d'aultres que je ne le vous puis dire, je vous prie, mon nepveu, vous haster le plus que vous pourrés, et vous trouverés une compaignie où je croy que vous serés consolé, voyant qu'ils ont porté leur part de vostre ennuy. Par quoy espérant que vous viendrés bien tost, va faire fin, priant Dieu vous donner aultant de bien que vous en désire

Vostre bonne tante et amye, MARGUERITE.

[F. Béth., n° 8514, fol. 27. *Auto.*]

95. — AU MÊME.

Saint-Clou, le 20 may (1531).

Mon nepveu, j'ay esté si ennuyée de la fascherie en quoy vous estes party de ceste compaignie, que je ne me suis peu garder d'envoyer ce porteur que congnoissez pour sçavoir de vos nouvelles et de la disposition de nostre bon pere M. de Monmorency[1], vous priant par luy prendre la paine de m'en escripre et croire que si mes prières avoient lieu, que nostre bon père s'en apercepvroit, car je ne luy désire moindre santé que à Madame. Je vous prie qu'il trouve icy mes meilleures recommandations, et pareillement ma niepce, vostre femme, et vos deux sœurs; vous asseurant que s'il m'estoit possible de me pouvoir trouver en ceste bonne compaignie, que je le feroys de bon cœur. Ledict por-

---

[1] Mort le 24 juillet 1531, deux mois avant Louise de Savoie.

teur vous dira des nouvelles de ceste cy, et de la continuation de la bonne santé de Madame, qui me fera finer ma lettre, priant Dieu, mon nepveu, qu'il vous doint le bien et la joie que plus vous désire, de Saint-Clou, le xxe jour de may,

Vostre bonne tante et amye, MARGUERITE.

[F. Béth., n° 8549, fol. 121. *Dictée.*]

96. — AU MÊME.

(Fontainebleau, commencement de septembre 1531.)

Mon nepveu, j'ay monstré à Madame vostre lettre, quy a esté fort aise d'entendre la bonne santé du Roy, de la Raine (*sic*) et de Messieurs, et aussy de ce que vous l'asseurés que le Roy n'oubliera point M. de Saint-Jean [1]; et m'a commandé espressément vous escripre et prier, si l'Evesché vaque [2], estre moyen que la chose pregne bonne fin. Je vous proumets qu'elle a grant envie de le voir bien pourveu, et m'a souvent demandé si j'en avois nulles nouvelles. Vous estes celuy quy connoissés quel servicteur le Roy a en luy, et je suis seure que tous ceulx de sa sorte vous sont pour recommandés.

Quant à la santé de madite dame, elle est si variable, que si hier je vous eusse escript la foiblesse où je la

---

[1] Probablement Jean Du Bellay, alors évêque de Bayonne, et qui voulait le devenir de Paris.

[2] L'évêché de Paris. Le siége de Paris ne fut érigé en archevêché qu'en 1622, pour Paul de Gondy, oncle du coadjuteur, depuis cardinal de Retz.

vys et les propous qu'elle nous tint, il eust fallu aujourd'hui me desdire, car elle a eu assés bonne nuict, et dit que si elle se treuve demain ainsin, elle partira [1], ce de quoy sont d'opinion tous nos médecins et ceux de Paris, car le danger est icy sy grant, que je n'ouse escripre au Roy ny à la Raine (*sic*), ny à vous, de peur que ma lettre se sente de l'air. Vous priant luy faire mes plus que très humbles recommandacions et escuses.

Madamoiselle d'Auvigny partira incontinent, car vous estes seur que en chose qui touche vous ou les vostres, ne voudroit espargner ce qui seroit en sa puissance

Vostre bonne tante et amye, MARGUERITE.

P. S. Les pouvres prisonnières de la peste se recommandent aux prières de madame la mareschale.

[F. Béth., n° 9127, fol. 9. *Auto.*]

97. — AU MÊME.

(Fontainebleau, automne de 1531.)

Mon nepveu, ce dimanche au soir j'ay receu vostre lettre par laquelle me mandés qu'il plaist au Roy et à Madame que Messieurs partent ce jour mesmes pour aller coucher à Amboise, ce qui est impossible non seulement aujourd'huy, mais demain aussy peu, car madame de Montreul [2] m'a dit qu'ils ont faulte des

[1] Pour Romorantin, où elle croyait se mettre à l'abri de l'épidémie régnante.
[2] Gouvernante des fils du Roi.

choses dont elle vous a escript. Mais quant à moy, je suis preste, et ne feust pour les attendre, je feusse desjà à chemin. J'attends à ce soir madame de Villars et ma niepce [1]; j'espère que nous en irons toutes ensemble, quy me fera fort grand plaisir.

Mon nepveu, je ne sçay si nous ouserons passer par Amboise, car l'on dit qu'il y a dangier [2]. Si a-il en tant de villaiges, que tout ce que l'on peult faire est de garder ceste ville, car tout à l'entour n'y faict point seur. Mais nous irons par les lieux les plus seurs et nous séparerons, afin que par nostre faulte ou de nos gens, Messieurs ne puissent avoir inconvénient, et espère que vous les trouverez beaux et sains. Je suis seure que mais que nous soyions en vostre bonne compaignie, nous ne saurons plus avoir de mal, qui ne sera jamais si toust que je le désire, dont je suis seure que vous me croyés sans jurer. Croyés, mon nepveu, que je m'en voys faire telle diligence de nostre partement, que je mettray payne que n'y trouverés point de retardement; quy me fera finer ma lettre, vous priant faire mes tres humbles recommandacions à la bonne grace de ceulx où vous sçavés que plus désire estre recommandée

Vostre bonne tante et amye, MARGUERITE.

[F. Béth., n° 8550, fol. 37.]

[1] M. de Villars, fils du bâtard de Savoie, était cousin germain de Marguerite, et frère de madame de Montmorency (Madelaine de Tende Savoie), que Marguerite appelle toujours sa nièce, comme elle appelait M. de Montmorency son neveu.

[2] A cause d'une maladie épidémique qui sévit cruellement dans l'automne de 1531.

98. — AU MÊME.

(Fontainebleau, automne de 1531.)

Mon nepveu, nous sommes tousjours en ce lieu, où Madame se trouva hier bien foible, jusques à presque esvanouir. Toutesfois je n'y estoye, et n'en sceus rien que par elle mesmes, qui m'en fit après le compte. Aujourd'hui elle se porte assez bien, mais ne se peult encores proumener. Vous ne luy sçauriez faire plus grand plaisir que de luy faire souvent sçavoir de la bonne santé du Roy, vous priant vouloir continuer.

Le bon homme Fabry[1] m'a escript qu'il s'est trouvé

---

[1] Jacques Fabry, ou Lefebvre, surnommé d'*Étaples* parce qu'il était né dans ce village du diocèse d'Amiens, en 1455. (Cette date est incertaine.)

Après avoir visité l'Asie et l'Afrique, il revint à Paris, et professa la philosophie au collége du cardinal Lemoine. Guillaume Briçonnet, transféré du siége de Lodève à celui de Meaux (1518), s'attacha Lefebvre d'Étaples en qualité de grand vicaire, et l'emmena dans sa ville épiscopale. Lefebvre publia alors les dissertations théologiques qui lui valurent les censures et les persécutions de la Sorbonne. Il excusa comme il put la témérité de ses opinions particulières sur sainte Anne et sur Marie Madelaine; mais il avait, de plus, traduit et commenté le Nouveau Testament, crime irrémissible aux yeux du fougueux Noël Béda; preuve d'hérésie non équivoque. On avait voulu profiter de l'absence du Roi, prisonnier en Espagne, pour perdre Lefebvre d'Étaples, mais la duchesse d'Alençon obtint de son frère d'écrire au parlement, et sauva le coupable. (SAINTE-MARTHE, *Élog.*)

Cependant les tracasseries des sorbonistes se reproduisaient sans fin. Lefebvre d'Étaples, qui, après avoir terminé l'éducation du prince Charles, duc d'Angoulême, s'était réfugié dans la modeste place de bibliothécaire à Blois, loin des dignités ecclésiastiques que le Roi lui

ung peu mal à Bloys, avecques ce qu'on l'a voulu fascher par delà. Et pour changer d'air, iroit voulentiers veoir ung amy sien pour ung temps, si le plaisir du Roy estoit luy vouloir donner congié. Il a mis ordre en sa librairie, cotté les livres, et mis tout par inventaire, lequel il baillera à qui il plaira au Roy. Je vous prie demander son congié au Roy, et me faire sçavoir de sa bonne santé et de vos bonnes nouvelles, et ferez singulier plaisir à celle qui est

Vostre bonne tante et amye, MARGUERITE.

[F. Béth., n° 8514, fol. 79. *Dictée.*]

99. — AU ROY, MON SOUVERAIN SEIGNEUR.

(Grez-en-Gâtinois, septembre 1531.)

Monseigneur, voyant la maladie de Madame si variable que une heure il semble qu'elle doive mourir, et l'autre, retourner en santé, je ne vous ay ouzé escripre, ne vous pouvant riens asseurer, espérant que le changement de l'air ¹, veu l'opinion qu'elle y avoit,

avait offertes, sollicita son congé, comme on le voit ici, par l'entremise de sa protectrice. La visite *à un amy sien* n'est qu'un prétexte; il s'en alla à Nérac, où il acheva tranquillement sa vie à l'âge de quatre-vingt-onze ans, en 1536. La reine de Navarre lui fit l'honneur de suivre son convoi : *Solemnem funeris pompam mœrens præsentia sua honoravit.* (SCÆ. SAMMARTH., *Élog.*)

En cette même année 1536, Érasme mourut à Bâle, et une comète avait paru dans le ciel. Dolet rapprocha ces trois événements dans une jolie pièce de vers latins. (CARM., *lib.* IV, p. 156. *Lugd.* 1538.)

¹ Elles étaient parties de Fontainebleau pour aller à Romorantin. Louise de Savoie fut forcée de s'arrêter à Grez, près de Nemours,

luy serviroit ; et pour vous en dire la vérité, comme je say qu'il vous plaist vous en fier en moy, je n'y treuve nul amendemant. Vray est que samedy qu'elle arriva icy elle endura très bien la litière sans se plaindre, et si estoit mal assise ; mais elle n'eut envie de vomir ny ne prist riens pour sa foiblesse comme elle avoit de coustume, et se trouva très bien à son arrivée, et hier assés passablement tousjours avecques ses douleurs de ventre et de colicque. Cejourd'huy je l'ay trouvée fort foible, plus qu'elle n'a esté ; sa voix, débile ; son halaine, pressée ; avecques des paroles si tristes, qu'il n'y a nul qui les puisse porter. Il est des jours qu'elle tient ces propos ; les aultres, non. Toutesfois, Monseigneur, je la vois sans cesse affoiblir, en sorte que si je le vous célois, je ne vous serois telle que je suis, vous suppliant croire que si par vostre bon moyen elle ne s'esforce à manger et se resjouir, je ne voy nul de qui elle se pregne en gré. De ce qui surviendra incessamment, vous en advertira, (se recommandant tant et si très humblement qu'il luy est possible à vostre bonne grace)

  Vostre très humble et très obéissante subjecte et seur, MARGUERITE [1].

[F. Béth., n° 8595, fol. 14. *Auto.*]

où elle succomba, le 29 septembre 1531, âgée de cinquante-quatre ans.

[1] ....« Mourut Louise de Savoye d'une maladie qui l'avoit affligée
« plusieurs ans durant. Elle estoit pleine d'espérance de pouvoir re-
« couvrer sa santé, suivant l'asseurance que luy en donnoit Braillon,
« médecin de grande estime. C'est pourquoi, bien qu'agitée d'une
« griefve fiebvre, elle ne laissoit pas pourtant d'avoir l'œil aux affaires

100. — A MON NEPVEU, M. LE GRANT-MAISTRE.

(Paris, 1532.)

Mon nepveu, ce porteur vous dira des nouvelles de Paris, où je me treuve fort bien quant à la santé. Mais sy se maine l'affaire dont tant vous m'avez asseurée¹, d'une sorte que, sans avoir² la parole du Roy et vostre promesse, j'aurois bien occasion de m'ennuyer. Je l'ay prié vous en parler bien au long, aussy de quelques folies que ung jacobin³ a dictes en la faculté de théologie, comme si vous estiés mon mortel ennemy. Mais je leur ay faict telle responce qu'ils ont bien congneu l'amitié que je vous porte et la seureté que j'ay de la vostre, en sorte qu'il a esté désadvoué de tous

---

« d'importance. Mais enfin, Marguerite de Valois, sa fille, l'ayant
« admonestée de mettre son espérance ailleurs, après avoir souvent
« demandé Braillon et les autres qui avoient emmené le Roy d'auprès
« d'elle, elle détourna son esprit de toutes autres pensées pour l'ap-
« pliquer à se rendre Dieu propice. » (LE FERRON, dans DUHAILLAN,
t. II, pp. 1429 et 1430, éd. 1615.)

¹ La restitution de la Navarre.
² Si je n'avais la parole, etc......
³ Noël Béda, syndic de la faculté. C'est à l'occasion du *Miroir de l'âme pécheresse*, qui parut cette année-là. Apparemment, en accusant Marguerite d'hérésie, Béda s'autorisait des paroles du grand maître. « Marguerite se plaignit, et obtint du recteur, Nicolas Cop, une sorte de désaveu. » (PETITOT, *Introd. aux Mémoires de Du Bellay*, p. 115.)
Peut-être s'agit-il de cette autre conférence dans laquelle un moine proposa de mettre la reine de Navarre, appui des hérétiques, dans un sac, et de la jeter à la Seine.

les théologiens qui le tiennent pour ung fol. Je vous prie penser que maintenant que je suis loing du Roy, il est besoing que vous m'aidés en cest affaire. Je me fie en vous, et sur cette fiance que je ne puis penser jamais me faillir se va repouzer[1]

Vostre bonne tante et amye, MARGUERITE.

[F. Béth., n° 8514, fol. 25. *Auto.*]

101. — AU MÊME.

(1532.)

Mon nepveu, j'ay veu ce que vous m'avés escript et aussy une lettre de Pot[2], ou bien au long il m'escript la charge que vous luy aviés donnée à me dire, vous merciant de la bonne amour et affecsion que vous avés au roy de Navarre et à moy, que vous nous demonstrés tant, que nous serions bien ingrats sy nous ne nous en sentions pas plus que jamais obligés à vous.

---

[1] Mademoiselle Vauvilliers, qui cite dans une note les dernières lignes de cette lettre (*Histoire de Jeanne d'Albret*, t. I, p. 16), dit, en parlant du grand-maître : « La reine de Navarre le croyait-elle « déjà son ennemi, et, toujours généreuse, cherchait-elle à enchaîner « le connétable[*] par l'honneur ou par la crainte, etc.?...... Il est cer- « tain, du moins, que, dans la suite, la haine de Montmorency con- « tre les deux princes de Navarre (Henri II et Antoine de Vendôme, « son gendre), ne fut plus un mystère. Elle ne tarda pas même à « éclater. » — Il est très-probable que Marguerite était de bonne foi.

[2] François de Montmorency, seigneur de La Rochepot, frère puîné du grand-maître.

[*] Anne de Montmorency n'était pas encore connétable à l'époque où cette lettre fut écrite.

Et aussy je vous prie me faire ce plaisir de croire que toutes les paroles du monde ne sauroient servir que de soufflets à une forge, qui allume le feu tant plus fort, tant plus le cuide estaindre[1]. Car dès le commencement de vostre voyaige, vous m'en avés escript si honnestement que jamais je n'en ay faict une seule doubte, et n'en eusse jamais parlé, n'eust esté pour me moquer de ceux quy me pensoient mains seure de vous que je ne suis, comme j'ay prié la grosse seur de vous dire; car je luy ay tout dict ce quy en est, et plust à Dieu que tous ceux quy parlent feussent d'aussy bons effects que vous estes, dont je croy que vous n'estes ingrat envers Dieu, car il vous donne des graces dont vous luy estes bien tenu, et tout ce royaulme à vous, ce que chacun entent très bien. Vous priant, mon nepveu, conseiller et advertir le roy de Navarre en tous ses affaires, et vous trouverés qu'il se conduira du tout par vous comme pour[2] son propre frère, et ainsin le vous asseure

Vostre bonne tante et amye, MARGUERITE.

[F. Béth., n° 8551, fol. 1. *Auto.*]

102. — AU ROY.

(De Normandie, mars ou avril 1534.)

Monseigneur, incontinent que j'ay receu vos lettres et entendu par le sieur Lyves vostre vouloir, j'ay en-

[1] Sans doute, en répondant à la lettre précédente, Montmorency avait désavoué les propos que le jacobin lui prêtait.

[2] Peut-être faut-il lire *par?*

voyé celles qu'il vous a pleu escripre à madame de Touteville, et si toust que j'auray sa responce, le vous escripray[1]. Mais j'espère, Monseigneur, que l'honneur que vous lui faictes rompra son obstinacion, et ne fauldra à venir icy avecques bon vouloir de vous obéir. Mais j'ay grant peur que sans vostre bonne aide et celle de Dieu, nous aurons bien affaire à sa fille, qui a pris si forte opinion au contraire, que si M. de Saint-Pol luy mesmes ne la luy ouste, sans[2] vostre esprès commandement, je ne pense de rien y servir. Toutesfois, Monseigneur, puisque j'entends ce qu'il vous plaist y estre faict, je ne me défie pas que je n'en pregne toute la peine que je pourray, mais ouy bien

[1] Cette affaire, qui donna beaucoup de peine à la reine de Navarre, et qui fait le sujet des cinq ou six lettres suivantes, est assez obscure. Voici ce que j'en ai pu démêler, par les lettres mêmes de Marguerite et par d'autres secours :

Madame d'Estouteville, veuve, avait une fille unique, Adrienne d'Estouteville, que le Roi voulait marier à François de Bourbon, comte de Saint-Paul, frère cadet de Charles de Bourbon, duc de Vendôme.

La mère et la fille résistaient à cette alliance. La mère, par des motifs de fortune et d'ambition ; la fille, parce que M. de Saint-Paul avait eu une intrigue avec une demoiselle de la cour, appelée Bonneval. Cette passion n'était même pas éteinte chez M. de Saint-Paul, mais M. de Montmorency travaillait efficacement à l'en détacher.

Il y avait eu, à la fin du siècle précédent, un mariage entre un sieur d'Estouteville et une demoiselle Louise d'Albret. Cela établissait entre madame d'Estouteville et la reine de Navarre une sorte de demi-parenté ; c'est pourquoi le Roi et Montmorency, qui protégeait François de Bourbon, chargèrent Marguerite de vaincre la mère et la fille.

[2] Marguerite emploie *sans*, pour signifier *à moins de* ; à moins d'un commandement exprès du Roi, elle ne s'en mêlerait pas.

que j'aye la teste assés forte pour résister à la leur ; car ayant le bien de la nourriture avecques vous, je ne sçay comme l'on doit user de rigueur. Par quoy, Monseigneur, quant je sçauray qu'elle devra arriver, je vous demanderay secours pour respondre à ces questions de gens plus suffisans que moy. J'ay icy le chancelier d'Alençon[1] qui vous y servira. En attendant, et s'y vous plaisoit, pour trop plus me donner de contentement que par elle je ne sçaurois porter de fascherie, me faire cet honneur que je soye souvent advertie de vostre bonne santé, ce sera une force pour résister à tous les ennuys que sçauroit de nul cousté avoir

Vostre très humble et très obéissante subjecte
et mignonne,   Marguerite.

[F. Béth., n° 8546, fol. 60. *Auto.*]

---

103. — A MON NEPVEU, M. LE GRANT-MAISTRE.

(Argentan ? 1534.)

Mon nepveu[2], je voy bien par ce que vous m'avés escript et mandé par le sieur Lyves, que vous ne vous contentés pas seulement du travail que continuellement vous avés à la cour, mais vous voulés que je m'en sente, et semble que vous avés envie sur ma

---

[1] François Olivier, qui avait succédé à Jean de Brinon, et qui devint chancelier de France en 1546, soit, dit Scévole de Sainte-Marthe, par l'effet de son mérite, ou par la recommandation de la reine de Navarre. (*Élog.*, p. 53. Iéna, 1969.)

[2] Voyez la lettre précédente.

pais et le repous que j'espérois prendre en ce lieu, veu la commission que vous me donnés de parler à madame de Touteville. Vous connoissez ma condicion et la sienne sy différentes que ce n'est pas jeu bien party¹; car de défaire l'opinion d'une femme que personne n'a sceu gaaigner par une que vous sçavés qui s'est tousjours laissée gaaigner à tout le monde, si Dieu n'y faict miracle, je n'y voy nulle bonne issue, sinon comme elle a accoustumé de user envers moy. Je ne le vous dis pas pour prendre escuze sur ma sotte doulceur de ne faire ce qu'il plaist au Roy me commander et à vous me conseiller, car quant aultre que vous n'en parleroit, vous sçavés bien que ce me seroit plaisir d'en prendre paine; mais je le vous dis afin que, si vous désirés que la chose sorte son effet², que vous regardiés m'envoyer une teste mieulx ferrée que la mienne pour m'aider à respondre à ce que vous connoissés qu'elle³ sçait dire, ou aultrement nous nous despartirons, elle, Normande⁴ sentant la mer, et moy, Engoulmoyse, l'eau doulce de Charante. Je sauray dimanche si elle voudra venir, et incontinent le vous feray sçavoir pour me

¹ *Partir*, partager; habit *mi-parti*, c'est-à-dire de deux couleurs. Les *jeux partis* étaient un divertissement du moyen âge, qui avait laissé pour vestige l'expression employée ici par Marguerite.

Maille à partir, chose impossible, cause de querelles; la *maille* étant la plus petite monnaie.

² *Réussisse*.

³ Madame d'Estouteville, qui était, à ce qu'il paraît, très-entêtée.

⁴ Estouteville est un bourg de la Seine-Inférieure, non loin de Caudebec. Marguerite était née à Angoulême.

secourir; vous priant, pour me soulaiger de sa parole, que j'aye souvant de vos lettres.

J'ay escript au roy de Navarre le brief retour du Roy; je suis seure qu'il fera bonne diligence de s'y trouver; vous priant l'avoir aultant pour recommandé que toute sa vie a désiré et désire vostre bien selon vostre désir,

Vostre bonne tante et amye, Marguerite.

[F. Béth., n° 9127, fol. 23. *Auto.*]

104. — AU MÊME.

(Du même lieu et la même semaine que la précédente.)

Mon nepveu, puis que vous ramentevés le temps passé, il me semble que si vous pensés bien en tout ce que vous m'avés veu faire, vous jugerés que je voudroys plus toust mettre paine de vous retirer du feu si vous y estiez, que de souffrir vous voir en dangier de brusler[1]. Mais il m'a semblé que estant en l'estat où vous êtes, ne devés craindre le feu d'ung aultre[2], veu que le vostre mesmes, en lieu de vous nuire, ne vous a servy que d'augmentation ou de preuve de vertus; parquoy devés avoir pitié de ceux à qui le feu ne peult donner que dimynucion de louenge. Mais, comme dernièrement vous ay escript, si plainte doit

---

[1] Marguerite reproduit en plusieurs endroits, et presque dans les mêmes termes, cette allusion à un fait que je n'ai pu découvrir.

[2] La passion de M. de Saint-Paul pour mademoiselle de Bonneval, fille d'honneur de la cour.

estre, c'est de moy, à qui vous mettés ung affaire en main où j'ay tousjours espérimenté n'avoir nul pouvoir. Mais si j'entendoys aussy bien comme l'on peult vaincre par rigueur et audace ung cueur obstiné que vous faictes la passion de M. de Saint-Pol, je me feroys forte que le Roy seroit obéy, vous priant, si vous voulés y voir quelque fin, et aussy pour me ayder, m'envoyer quelque homme qui puisse respondre à ung cerveau plein de conclusions d'avocas, car mon esprit n'entend ne procès ne contrainte.

Je vous donneray cette paine de faire mes plus que très humbles recommandacions à la bonne grace du Roy, et luy dire que, selon ce que vous m'avés mandé, j'ai escript au roy de Navarre ne faillir à son obligacion. Il aura dans quatre jours ma lettre, et suis seure qu'il n'y faudra, si Dieu luy donne faute de moy.

J'attends à dimanche madame de Touteville, envers qui je feray ce que le Roy commande, vous priant (pensant au passetemps que je y auray) avoir pour recommandée à vos bonnes prières

Vostre bonne tante et amye, MARGUERITE.

[F. Béth., n° 8549, fol. 37. *Auto.*]

105. — AU MÊME.

(Du même lieu et la même semaine que la précédente.)

Mon nepveu, j'ay veu ce qu'il a pleu au Roy m'escripre et mander par Beaulnoys; aussy la vostre, par laquelle je congnois que vous voulez que je m'en aille, ce que je eusse fait samedy; mais pour vous parler en femme de mesnaige, j'ay trouvé icy à mon retour madame Katerine, ma sœur¹, que je menay icy pour la guérir, en assez bonne santé, me pressant de retourner en son monastère, ce que je luy accorde, et est partie avecques ma litière et cheval, en sorte que je suis contrainte d'attendre leur retour, qui ne peult estre plus toust que lundy ou mardy. Or, comme je vous ai escript, madame de Touteville se doibt icy trouver dimanche; si vous trouviés bon que ce mesme jour sa fille² y peust estre, je les emmeneroys toutes deux devers le Roy, ayant parlé ensemble avant que le voir, espérant que mais qu'elles se seront veues, leur voulonté d'ouy ou de non sera bien toust congnue, et vous proumets ma foy que, oultre l'aize de voir le Roy, la Royne et ceulx que j'ayme, l'aise que vous me donnés de m'ouster d'icy, m'est si grande, qu'elle se peult nombrer entre tant d'aultres à quoy je me sens tenue à vous, qu'il n'est possible de plus. Vous priant, mon nepveu, penser que si Nostre Seigneur me donnoit l'effet selon la bonne voulenté, vous connoistriés l'affecsion que vous a toujours porté, porte et portera à jamais

Vostre bonne tante et amye, MARGUERITE.

P. S. Remetant le surplus à ce porteur, nepveu de

[1] Catherine, ou Quitterie, sœur de Henri d'Albret, abbesse de la Trinité, à Caen.

[2] Adrienne, héritière du nom et des grands biens d'Estouteville.

Vanbergier, quy a veu quelle vie j'ay menée en son mesnaige, où aultre foys avés esté.

[F. Béth., n° 8549, fol. 53. *Auto.*]

106. — AU MÊME.
(Caen, avril 1534.)

Mon nepveu, pensant vous voir à ces Pasques à Saint-Germain, ay attendu à vous escripre, désirant m'advancer après le partement de la Roine pour n'y faillir, selon ce que j'avois délibéré quant vous partites (*sic*) de Rouen. Mais, comme vous avez sceu, nous avons fait beaucoup de chemin despuis, sans pouvoir sçavoir nulle conclusion[1]. Par quoy m'en estois venue à Caen, voir madame Katerine[2], espérant encores faire Pasques audict Saint-Germain. Mais le Roy s'est sy bien trouvé en vostre maison d'Argentan, qu'il m'a mandé qu'il y fera Pasques flories, et que je m'y en aille, ce que je foys, pensant y estre mercredy, vous asseurant, mon nepveu, que je vous y trouveray à dire pour beaucoup du propous que je desiroys bien vous donner à entendre avant ceste longue despartie. Par quoy je vous prie me mander quant vous y pourrez estre, et si je ne vous y puis voir, au moins je vous donneray la peine de lire ce qui me touche, pour la fiance que j'ay en vous que vous ne prendrés ennuy de faire plaisir à celle qui à vous et à ma niepce se va bien fort recommandant. Priant Nostre

[1] Sur l'affaire de madame d'Estouteville, voyez les lettres 102-104.
[2] Sœur du roi de Navarre.

Seigneur vous donner aultant de bien que de bon cœur vous en désire

Vostre bonne tante et amye, MARGUERITE.

[F. Béth., n° 8514, fol. 45. *Auto.*]

107. — MÉLANCHTON A LA REINE DE NAVARRE, SALUT.

(*Traduite* [1].)

(Le 13 juin 1534.)

Bien qu'il paroisse hardi pour un homme obscur et de bas lieu d'oser recommander quelqu'un à vostre altesse, cependant le bruit de vostre grande piété répandu par tout l'univers, fait que je ne crois pas devoir refuser ce service à un homme docte et vertueux. Car il ne fault point douter que vostre altesse, veu ceste admirable piété, ne prenne en bien ce que je fais, puisque la charité chrestienne, surtout en ce haut rang, ne saurait mieux s'exercer qu'en estant pitoyable aux misères des studieux, les considérant et les soulageant; surtout quand les bonnes estudes ne peuvent durer, sinon par l'appui et libéralité des grands personnages.

Or, ce jeune Claude Baduel [2], natif de Nismes, en la

---

[1] L'original est aux Pièces justificatives, n° XX.

[2] Claude Baduel, que Mélanchton qualifie *Juvenis*, avait au moins alors trente-quatre ans, puisque, selon la *Biographie universelle*, il était né à la fin du xve siècle.

On lit dans le même ouvrage: « Il dut son éducation aux bienfaits

Narbonnaise, m'a mis devant les yeux le cours de ses estudes et l'iniquité de la fortune, par laquelle il se plaint, si vostre altesse ne le secourt, d'estre arraché aux arts libéraux, et par force destourné vers d'autres arts auxquels par nature et par voulenté il respugne fort. Car il désire uniquement parachever l'estude de l'éloquence et des sainctes lettres, en laquelle il est entré avec bon espoir de succès; mais pauvreté le saisit au collet, pour ainsi dire, et l'entraisne hors de ceste noble carrière. Mais il a résolu de souffrir toutes les extremités avant que d'y renoncer.

Or, il estime que tous les gens d'estude ayant le titre de François ont leur naturelle espérance en vostre altesse, comme en quelque divinité. Aussy a-t-il résolu de se réfugier à vostre altesse, et la supplie de venir libéralement au secours de ses estudes. Vostre altesse treuve icy l'occasion qu'elle désire.

Je ne pense pas que vostre piété ait besoin de plus de paroles, et aussy trop de paroles ne me siéent point. Je crois debvoir ajouter seulement que ce génie me sem-

---

de la reine de Navarre, *ainsi que l'atteste une lettre de cette princesse.*» C'est probablement une erreur; l'auteur de l'article aura voulu parler de la lettre de Mélanchton?

Baduel fut professeur à l'Université de Paris, puis recteur du collége des Arts, que François Ier établit à Nîmes (1539).

Six ans après la mort de la reine de Navarre, en 1555, Baduel embrassa le calvinisme et se retira à Genève, où il fut ministre. La liste de ses ouvrages, tous écrits en latin et vantés pour le mérite du style, se trouve dans l'Histoire littéraire de Genève, par Senebier. L'Éloge funèbre de Florette de Sarra (*Oratio funebris in funere Florettæ Sarrasiæ habita*, 1542), est dédié à la reine de Navarre, qui avait particulièrement aimé cette Florette.

ble digne surtout d'estre entretenu, non seulement pour sa véhémente amour de l'estude, mais encore parce que ayant desjà faict tant de progrès, il seroit dommage qu'il feust retiré de ceste carrière. Son style en latin non seulement est pur et singulièrement élégant, mais il s'y trouve aussy une certaine abondance très agréable. Et ses mœurs sont très pures.

Ce sera une aumosne vrayment royale au profit de l'église chrestienne que d'entretenir et nourrir tels esprits.

Le très sainct prophète Isaïe louant ceste sorte d'aumosnes, dict que les roynes seront les nourrices des studieux de l'Évangile, au nombre desquelles l'Église vous met depuis long temps par tout l'univers, et vous citera jusques à la dernière postérité, car entre toutes les vertus que la véritable Église cultive avec un grand zèle, la reconnaissance est au premier rang.

Enfin je supplie vostre altesse de prendre ma lettre en bien et m'avoir esgallement pour recommandé parmy les studieux des arts libéraux.

Je souhaite à vostre altesse santé et prospérité.

Aux ides de juin, l'an de Jésus-Christ M. D. XXXIV.

108. — A MON NEPVEU, M. LE GRANT-MAISTRE.

(Été de 1534.)

Mon nepveu, ce porteur vous fera mon escuze de ce que ne vous ay escript par le roy de Navarre qui est party maintenant d'icy, et a pris les deux lettres que j'escripvois au Roy; et le vous voulois adresser, mais il n'a pas voulu, de peur que je vous mandasse sa vie au vray, par laquelle pouriés voir que ce n'est point moy qui l'ay retenu si longuement. Je m'en voys maintenant par eau à Cléry, où, comme vous savés, la Roine est demeurée pour ung grant reume, qui l'a contrainte prendre aujourd'huy médecine. Si vous m'en demandés la cause, c'est l'envye qu'elle a de voir son mary qui l'empesche qu'elle n'a voulu confesser son mal, jusques à ce que n'en peust plus porter. Vous entendrés aussy l'estat où est l'affaire du mariaige de monsieur de Saint-Pol[1]; encores que le sieur Lyvye me prie de le vous recommander, je ne vous en diray aultre chose sinon que vous veuilliés suivre vostre bonne coustume, qui est ne faillir jamais à vos amys[2], et mettre à bonne fin les choses qui par vous sont commencées, dont ceste-cy en est une telle que vous la congnoissés. Vous priant, mon nepveu, que les triomphes ne triomphent sur la souvenance de ceste compaignie, et quelquefois prendre le loisir de mander de vos nouvelles, dont jamais n'aura petit contentement

Vostre bonne tante et amye, MARGUERITE.

[F. Béth., n° 8562, fol. 34. *Auto.*]

[1] Voyez les lettres précédentes.
[2] Montmorency, par intérêt pour M. de Saint-Paul, s'efforçait de le porter à ce mariage, et de vaincre son amour pour une autre que mademoiselle d'Estouteville.

109. — AU MÊME.

(1534.)

Mon nepveu, pour avoir mené le roy de Navarre auprès de Nantes, et pour esviter les dangiers de peste, j'ay esté contraincte prendre ung si long tour, que jusques à vendredy ne seray à Alençon; vous priant me tenir la promesse que vous m'avez faicte, de me mander des nouvelles du Roy, pour le plus grant bien que je puis avoir en son absence, et en attendant, luy présenter mes très humbles recommandacions et l'escuze dont je ne luy ay ousé escripre, qui est pour n'avoir veu chose digne de luy, sinon une lettre que m'a envoyée monsieur du Boys d'Illier de madame de Touteville[1], laquelle, s'il vous semble bon, vous luy monstrerés, afin qu'il luy plaise voir que j'ay fait ce que j'ay peu, selon son commandement et vostre conseil. Mais quoy qu'il en soit, j'ay sceu par aultre voye que tant que Bonneval[2] sera à la court, jamais sa fille ne s'y accordera, car elle [a] ceste opinion de

---

[1] Voyez les lettres 102, 103, 104 et suivantes.

[2] Fille d'honneur de la reine Éléonore, dont M. de Saint-Paul avait été fort épris, et dont Adrienne d'Estouteville craignait la rivalité.

Marot a fait pour mademoiselle Bonneval les vers suivants :

A BONNEVAL.

ESTRENNE.

Sa fleur durer ne pourra,
Et mourra;
Mais ceste grace, laquelle
La faict toujours trouver belle,
Demourra.

jamais n'estre bien traictée que l'aultre ne soit maryée. Je suis seure que la mère désire que sa fille le veuille, pour la paine et la crainte en quoy elle est d'estre hors de la bonne grace du Roy. Quant à moy, j'en ay faict mon devoir, parquoy je m'en descharge et vous en charge, pourceque je ne me veulx point mesler de séparer l'amitié de monsieur de Saint-Pol, car entre nous, pouvres femmes de mesnaige, n'entendons riens à rompre si honneste amour, car nous ne[1] savons comment elle se peult prendre. Par quoy remettant le tout à vous, m'en voys prier Dieu en mon désert, vous priant croire sans mocquerie que si Dieu me faisoit digne d'estre ouye, vous aparceveriés de l'affecsion que porte à vostre bien, salut, honneur et consolacion

Vostre bonne tante et amye, MARGUERITE[2].

[F. Béth., n° 8514, fol. 31. *Auto.*]

[1] Peut-être faut-il lire *car nous savons.*
[2] Marguerite ne reparle plus de l'affaire de madame d'Estouteville, dont la conclusion fut celle-ci :

Au mois d'août 1534, le Roi, par lettres patentes données à Fontainebleau, érigea la baronnie d'Estouteville en duché, en faveur d'Adrienne d'Estouteville et de François de Bourbon, comte de Saint-Paul, son futur mari[*] ;

Et le 9 février 1535, fut passé, à Paris, le contrat de mariage d'Adrienne d'Estouteville et de François de Bourbon.

M. de Saint-Paul mourut en 1545. — Brantôme lui a consacré quel-

[*] Les pièces relatives à l'érection du duché sont dans le P. Anselme, V, 249. Le contrat de mariage, dans le même volume, p. 555. — Il se termine par ces mots : « Donné à Paris, le 9 février 1534. » Mais il faut observer que c'est avant Pâques. Les lettres patentes, qui sont du mois d'août 1534, disent : « M. de Saint-Pol, *son futur mari.* » Le mois de février suivant est donc pour nous en 1535.

110. — AU MÊME [1].

(Hiver de 1534.)

Mon nepveu, j'ay plus que jamais occasion de vous mercier de la bonne despeche que par vostre moyen

ques pages (*Hommes illustres et grands capitaines*, LXIII), où il loue sa valeur, sa sagesse, et le représente comme un des plus intimes favoris du Roi.

Sa femme mourut en 1560. Parmi les personnes qui vinrent, en 1549, en Béarn, assister aux obsèques de la reine de Navarre, on lit, avant les noms des ducs de Montpensier, de Nevers, d'Aumale, d'Étampes, etc., celui de « *Madame la duchesse d'Estouteville, vefve de feu monseigneur de Sainct Pol.* »

[1] Dans la nuit du 18 au 19 octobre 1534, on afficha à tous les coins de Paris de longs et terribles placards contre la foi catholique. On y attaquait la messe, la prière pour les morts, etc., etc.; on y disait, de l'eucharistie : *Il ne se peut faire qu'un homme de vingt ou trente ans soit caché en un morceau de paste comme leur oublie.*[*] » La province en fut également infestée, et il s'en trouva jusque sur la porte du château de Blois, où la cour était en ce moment.

La colère du Roi fut extrême. Il ordonna dans Paris une procession publique expiatoire, dont le curieux détail est rapporté par Strobel (*Beytraege*, etc., V, p. 29). On fit, en outre, des recherches actives pour saisir les coupables. On commença par arrêter tous les Allemands, comme soupçonnés d'hérésie; quelques-uns furent suppliciés par le feu, sur la place de l'Estrapade. Gérard Roussel, abbé de Clérac, qui avait eu la permission de prêcher à Paris, fut aussi arrêté comme suspect; on lui fit son procès, dont l'issue lui fut favorable. (*Actiones et monimenta martyrum*, cité dans STROBEL : *Neue Beytraege*, etc., t. V, p. 7.)

[*] Ce placard est inséré en entier dans les *Neue Beytraege zur Litteratur* de Strobel, t. V, 1re part. On l'attribue à Guillaume Farel, et ces imprimés étaient venus de Suisse. (*Lettre de Sturm à Mélanchton*, ibid.)

m'a aporté Moutoze, laquelle a esté très bien exécutée, comme par eux mesmes pourés entendre; et croy que jamais le Roy ne feit chose quy estonnast tant ceux quy n'ont mestier que de mal parler, que ce quy a esté faict [1]. L'on est à ceste heure à parfaire le procès de maistre Gérard, où j'espère que, la fin bien congneue, le Roy trouvera qu'il est digne de mieulx que du feu, et qu'il n'a jamais tenu opinion pour le mériter, ny quy sente nulle chose hérétique. Il y a cinq ans que je le congnois [2], et croyés que sy je y eusse veu une chose doubteuse, je n'eusse point voulu souffrir sy longuement une telle poison, ny y employer mes amis. Je vous prie ne craigniés à porter ceste parole pour moy,

[1] Le Roi, après les premiers mouvements de son indignation, mieux conseillé, peut-être par sa sœur, ordonna que les Allemands prisonniers seraient renvoyés avec les pièces de leur procès, pour être jugés par leurs souverains respectifs. (*Lettre de Sturm à Mélanchton*, dans STROBEL, V, p. 47.)

Ceux qui n'ont mestier que de mal parler. Ces mots semblent désigner les sorbonistes. Noël Béda, le fougueux syndic de la Faculté de théologie, s'était déchaîné contre les sermons de Gérard Roussel, avec une telle fureur, qu'on avait été obligé de le chasser de Paris, lui et quelques-uns de ses partisans. « *Natalis Beda urbe pulsus est cum aliis quibusdam sycophantis, qui adversus quemdam Gerardum furiose vociferati sunt, ac seditiosè quidem. Nunc Gerardus liberè docet evangelium in Lutetia. Hæc certa sunt, et mihi ex Parisiis ab optimis viris diligenter perscripta.* » (*Lettres de Mélanchton*, p. 351. Lugd.)

Celui qui tenait Mélanchton au courant de ces affaires, était probablement Jacques Sturm, recteur de l'Université de Strasbourg, lequel, en ce temps-là, professait à Paris.

[2] Ainsi, les rapports de Marguerite avec Gérard Roussel commencèrent en 1529 ou 1530. Sur Gérard Roussel, voyez p. 267.

car j'espère que la chose sera sy bien prouvée, que vous et moy serons trouvés véritaibles [1].

Je vous prie, mon nepveu, pour le plus grant bien

[1] Comme il ne sera plus question dans ces lettres de Gérard Roussel, je mettrai ici l'analyse d'une pièce inédite qui le concerne, et qui émane de la cour de la reine de Navarre :

« Mémoire et advertissement à Jehan Doulcet pour l'affaire de « l'evesché d'Oloron, vacant à présent par le trespas de messire « Pierre d'Allebret, en son vivant évesque dudict Oloron. »—(Quatre pages.)

Le messager fera diligence pour être à Rome en sept jours, en partant de Fontaine-Française, « pour poursuivre et solliciter la provi-« sion dudict évesché en faveur de messire Gérard Roussel, docteur « en théologie, abbé de Clairac, confesseur et aumosnier ordinaire « desdicts seigneur et dame. »

Pierre d'Albret, évêque d'Oloron, comme il paraît par ce document, avait été empoisonné à son retour de Rome, et mourut « *le lundi 6 du présent mois de septembre*, » n'ayant joui que six mois de son évêché;

On insiste sur ce que Oloron est frontière, et que l'on est sûr de la fidélité de Gérard Roussel;

Le pape ne voudrait pas pourvoir ce siége d'un étranger, à qui, d'ailleurs, les diocésains seraient peu disposés à obéir; au contraire, ils aiment et estiment Gérard Roussel, connu d'eux comme prédicateur;

Le cardinal Salviati, qui avait la réserve de l'évêché d'Oloron, s'en était désisté en faveur de Pierre d'Albret, moyennant une pension de deux cents ducats; actuellement il s'oppose à la nomination de Gérard Roussel : « Il ne le doibt, attendu qu'on luy continuera sa pension, et « de ce luy donne-t-on assurance.

« Et surtout celuy qui fera ce voyaige soit secret et modeste en pa-« roles, fors de celles qui sont nécessaires à la matière. » — « Il adres-« sera ses lettres à M. de Rhodez (Georges d'Armagnac), ou, en son « absence, à M. le chancelier Victor Brodeau, secrétaire du roy et de « la royne de Navarre.

« *Signé* HENRY. »

Cette pièce doit être de 1540.

que je puis avoir, vouloir prendre la paine de me mander souvent des nouvelles du Roy et des siens; et pour récompense, je vous asseure que vos petits enfans font bonne chère, comme le m'a dict mademoiselle de Rufiat, quy vint icy ung jour me veoir, et dit qu'il n'est possible d'estre plus saige. Croyés que j'auray tel soing d'eux que des miens propres, car à jamais vous et tout ce quy vous touchera me trouvera

Vostre bonne tante et amye, MARGUERITE.

[F. Béth., n° 8550, fol. 21. *Auto.*]

111. — AU MÊME.

(1536?)

Mon nepveu, quant Montpezat[1] partit pour aller en Italie, il me pria de vouloir prendre avecques moy la fille de madamoyselle de Pryvoystat, qui est sœur de feu M. d'Aubijou, et demy sœur de M. de Rodez[2], et eut lettres du Roy, par lesquelles luy estoit commandé la me amener, ce que ladicte damoyselle voulentiers accorda, et me la vouloit amener à Lyon. Mais pour ce que, comme vous sçavés, j'estois sur mon aller en Gascoigne, je luy escripvis qu'elle la me gardast jusques à ce que je feusse au pays, ce

---

[1] Jean de Montpesat, surnommé Carbon, lieutenant du roi de Navarre. « Monstre faicte à Lymoges, le 11 mars 1526 (1527), de la compagnie du roy de Navarre.... Jehan de Montpezac, dict le capitaine Carbon, lieutenant. » (F. Béth., n° 8498, fol. 25.)

[2] Georges d'Armagnac, évêque de Rhodez, et plus tard cardinal.

qu'elle a faict si honnestement que j'ay occasion de m'en contenter, veu l'obéyssance qu'elle a portée au Roy. Vous savés, mon nepveu, les affaires qui ont esté depuis, en sorte que le peu de loysir que nous avons eu m'a gardée de l'envoyer quérir, la tenant toutesfois mienne, puisqu'il avoit pleu au Roy me commander la prendre. Mais à ce qu'elle m'escrit et à vous aussy, vous voirés le tort que Montpezat luy a faict et à moy aussy, veu qu'elle estoit mienne. Vous savés que c'est que d'ung rapt contre la voulenté de mère et de fille. Si Montpezat n'a plus de faveur qu'il n'a eu de raison, l'on sait bien ce qu'il mérite; et quant à moy, qui pour l'amour de luy seulement l'avois acceptée, il m'a gardé si peu d'honnesteté que s'il ne me remet la fille entre mes mains, il ne sera pas à fin de procès. Par quoy, mon nepveu, je m'adresse à vous, vous priant avoir pitié d'une pauvre vefve ayant perdu deux fils au service du Roy, qui en luy obéyssant, ne sans donner aucune occasion, a esté spoliée de sa fille par force. Je laisse qu'elle est de bonne maison et bien apparentée, car si c'estoit la moindre femme du monde, si est le cas digne de recommandacion, comme ce porteur et son homme vous diront; priant Dieu, mon nepveu, vous donner aultant de bien que pour soy en sauroit désirer

Vostre bonne tante et vraye amye, MARGUERITE.

[F. Béth., n° 8514, fol. 33. *Auto.*]

112. — A MA COUSINE, MADAME LA MARESCHALE DE CHASTILLON [1].

(1536.)

Ma cousine, j'ay donné charge à ce porteur de passer par vous pour vous dire bien au long toutes nouvelles, et par là pouvés voir que ce monde n'est plain que de mutacions et nouveaultés cruelles, quy me fait plus que jamais connoistre que bienheureux sont ceulx qui ont mise leur fin et leur espérance en Dieu qui n'est point muable.

Il vous dira comme le roy de Navarre s'en va en Guyenne, faire ses légionnaires [2], et en doit ramener quatre mille au Roy. Je demeure icy; je l'accompagneray jusques à Tournon, où nous espérons faire nostre Pantecoste. Il faut bien que je vous die, ma cousine, que luy et moy nous sommes tant tenus à M. le grant maistre, qu'il n'est possible de plus, car en toutes choses qu'il nous peult faire plaisir, il s'y employe comme pour luy mesmes; et si vous puis je asseurer que jamais le Roy ne luy porta tant d'affec-

---

[1] Elle avait élevé Marguerite, puis avait été sa dame d'honneur, et s'était retirée, cédant sa place à la sénéchale de Poitou, grand' mère de Brantôme. Celui-ci assure que madame de Châtillon et le cardinal Du Bellay étaient mariés secretement.

[2] « Le Roy estoit dedans Vienne.... trouvant l'avis bon et salutaire de ceux qui disoient qu'il falloit attendre les Suisses et l'infanterie gasconne, pour laquelle lever et emmener il avoit dès longtemps envoyé Henry, roi de Navarre. » (DUHAILLAN, t. II, p. 1447; voyez aussi DU BELLAY.)

sion ne si neïfve qu'il fait, car il congnoist la différence de ceulx qui le servent par amour ou pour profit¹, et voit bien maintenant la paix qu'il a au prix du tourment continuel que l'on luy donnoit, car la diligence de M. le grant maistre, qui honore ses affaires, luy fait voir clerement la paresse des aultres qui s'en sont meslés, et dans peu de jours nous voirons que Dieu est juste, qui fait enfin congnoistre la vérité. Qui sera ma fin, vous priant à vous et à ma commère croire que je ne perdray heure où je vous puisse donner à congnoistre que je suis

Vostre bonne cousine et parfaicte amye,
MARGUERITE.

[F. Béth., n° 8489, fol. 74. *Auto.*]

113. — A MON NEPVEU, M. LE GRANT-MAISTRE².

(Été de 1536.)

Mon nepveu, il me semble que Nostre Seigneur faict tant de graces au Roy et à ses serviteurs, que

¹ Ceci paraît dirigé contre l'amiral de Brion, chef de la coterie politique opposée à celle de Montmorency.

² Le poëte porteur de cette lettre de recommandation pourrait bien être Marot ; en voici les raisons :

Marot rentra de son exil de Ferrare en France, au milieu de l'année 1536 ;

Marguerite dit que *le porteur a peu de semblables pour honorer par ses écritures les louables faicts des vertueux ;* cela convient au talent et à la réputation de Marot ;

Marot travaillait à une histoire en prose du règne de François Ier. Ce fait, qui n'a pas été remarqué, n'est pas douteux ; le poëte le dit

jamais ne feut plus de besoing de favoriser aux pouhetes que maintenant, afin que tant de choses dignes de mémoire faictes en ce temps, ne soient mises en oubly par faulte de ceux qui sont dignes d'escripre si heureuses et vertueuses croniques; et pource que vous congnoissés que ce porteur a peu de semblables pour honorer par ses escriptures les louables faicts des vertueux, je luy ay voulentiers baillé ceste lettre pour vous prier de luy ayder aultant à avoir de quoy achepter les parchemins pour escripre, comme vous avés faict aux choses qui méritent de les remplir, car le bien qu'il a ne suffiroit à en trouver aultant que vous luy donnés

lui-même en plusieurs endroits de ses ouvrages, notamment dans une épître à M. de Montmorency, en lui envoyant un recueil de ses poésies (1530) :

> Il m'est pris le couraige
> De mettre à part reposer un ouvraige
> Qui pour le Roy sera tost mis à fin;
> Puis *ay choisy une autre plume*, afin
> De vous escrire *en ryme* la présente.
>
> (T. II, p. 80, éd. Auguis.)

Lorsque Marot partit pour Ferrare (1534), la reine de Navarre, à la cour de laquelle il s'était retiré depuis trois ans, avait payé son voyage :

> La Royne de Navarre
> Me donna le bon arrhe
> Qu'en passant tu me vy,
> Pour me faire monter
> Et soudain dévaler
> Les monts jusques ici.
>
> (*Épit. écrite d'Italie*, t. II, p. 198, éd. Auguis.)

Il était naturel qu'à son retour, cette bonne princesse remédiât encore au *défaut de pécune* de son protégé.

incessamment matière d'escripre; et si vous luy faictes avoir ce bien, je suis seure que la paine de sa main merciera celle de vostre parole tant que livres pourront durer; et sy ferés grant cherité envers celuy que je voys supplier vous donner, mon nepveu, en bonne santé longue et bonne vie.

Il[1] vous dira comme M. de Chasteaubryant et moy sommes icy prests à aller où vous voudrés, vous asseurant que vous ne faictes peu pour sa santé et pour ma consolation de le laisser icy avecques moy. Et si toust que nous saurons vostre partement, nous gaignerons les devans, mais que nul des troys ne demeure malade. Vous pryant vous diligenter en sorte que vous ne demeurés après le Roy pour ces Souyces[2], car plus que jamais désire vous voir à sa compaignie

Vostre bonne tante, mère et vraye amye,

MARGUERITE.

[F. Béth., n° 8514, fol. 37. *Auto.*]

114. — AU MÊME.

(1536.)

Mon nepveu, le comte de Carman, mon cousin, s'en va devers vous[3], lequel, à ce que j'ay entendu,

---

[1] Le poëte porteur de cette lettre.

[2] Le Roi était à Vienne, où il attendait la venue des Suisses et de l'infanterie gasconne. (DUHAILLAN, t. II, p. 1447.)

[3] En Provence, où Montmorency se préparait à soutenir les attaques de Charles-Quint.

Sur le comte de Carmain et ses mille Gascons. Voy. DU BELLAY, ann. 1536, p. 117. (Éd. Petitot.)

vous maine une bande de bons hommes et bien espérimentés. Il a sy bonne envye de faire son debvoir, que, pour la congnoissance que j'ay de luy et de sa bonne voulenté, je vous ay bien voulu par ceste lettre prier l'avoir pour recommandé. Il n'y a que luy de la maison de Foix dont je vous ouse proumettre que le Roy tirera bon service; quy m'a faict vous prier, pour l'amour du chef de la maison, l'avoir en vostre bonne protecsion, et je m'en voys voir sa bande à Nismes, où je voudrois aussy bien trouver les Basques et en tel ordre et de tels hommes. Je suis sy courroucée contre eux, que en lieu de les excuser, j'ay envye vous prier les pugnir, car il n'y a nulle raison en leur affaire. J'espère les trouver bien toust; je croy que leur diray leurs vérités. Le roy de Navarre qui estoit près de Toulouse, s'en est retourné à Grenade[1], les faire partir. Il en a tant d'ennuy, qu'il voudroit n'avoir jamais veu les capitaines, veu les faultes qu'ils ont faict, qui sera pour fin de ce fascheux propous; priant Nostre Seigneur, mon nepveu, vous donner aussy bonne et longue vie et santé que de bon cueur la vous désire

Vostre bonne tante et amye, MARGUERITE.

[F. Béth., n° 8550, fol. 5. *Auto.*]

[1] Grenade, village de la Haute-Garonne. Le roi de Navarre était gouverneur de Guyenne. Il faisait une levée de quatre mille fantassins. « Le Roy ordonna qu'on fît une levée de quatre mille hommes de pied, qui seroient prêts à tout évènement, et y envoya le roy de Navarre, son lieutenant-général et gouverneur audict pays de Guyenne. » (DU BELLAY, Ann. 1536, p. 433. Éd. Petitot.)

115. — AU MÊME.

(De la Provence, 1536.)

Mon nepveu, à mon arriver en ce lieu, j'ay trouvé Carbon[1] et sa compaignie, quy sont venus tous en armes sur le bort de l'eau, comme vous dira le sieur d'Assier[2], qui entent si bien ce mestier, que je le laisse à luy à vous dire comme ilz sont bien en ordre et bien montés. Mais, à ce que je puis entendre de leurs bonnes voulentés, vous en serés bien servy et obéy, car ilz ne demandent que d'estre emploiés. Je suis contrainte demeurer ce jour icy pour ma pouvre sénéchale[3] qui s'est trouvée un peu mal; mais ce n'est que lasseté. Cette demeure ne me desplaist pas, pour estre tousjours plus près de vous, ayant moyen de sçavoir de vos nouvelles, desquelles je vous prie me

[1] Jean de Montpezat, dit le CAPITAINE CARBON, à cause de son teint basané. (Voy. la lettre 111, p. 301.)

[2] François Galiot de Genouillac, fils de Galiot de Genouillac, grand écuyer. Homme savant et brave capitaine; il était élève de Guillaume Budé, et quand il alla prendre possession de la place de sénéchal de Querci, qui fut son début aux affaires, il prononça une harangue latine très-applaudie. François 1er, pour récompenser ses services militaires au siége de Luxembourg, à Landrecies, etc., le nomma grand-maître de l'artillerie de France. Son vieux père l'envoyant à Cérisoles (1544), lui dit : « Allez, mon fils, allez quérir la mort en poste. » Il s'y fit tuer.

[3] Louise de Daillon, mariée à André de Vivonne, sénéchal de Poitou, avait succédé à madame de Châtillon dans la place de dame d'honneur de la reine de Navarre. Elle fut grand'mère de Brantôme qui parle souvent d'elle.

faire part, comme à la personne de ce monde qui plus désire qu'elles soient bonnes.

Je vous envoye des lettres pour le Roy, et d'aultres que vous voirés. Je vous prie les leur faire tenir et ne vous soulcier point de la rivière du cousté de deçà[1], car nous ferons bon guet, et croy si l'empereur avoit veu les beaux visaiges de cette compaignie, tous du taint de Carbon, ilz luy feroient si grant peur qu'il n'en ouzeroit approcher. Sy les Basques estoient aussy bonnes gens, je suis seure que vous vous en contenteriés. Quy sera pour fin de celle qui ne finira jamais de prier Nostre Seigneur vous donner bonne vie et longue, et grace qu'en parfaict contentement vous puissiés bientoust revoir vostre bonne tante, mère et amye,

MARGUERITE.

[F. Béth., n° 8549, fol. 17. *Auto.*]

116. — AU MÊME.

(Près de Nismes, été de 1536.)

Mon nepveu, encore suis-je demeurée le dimanche en ce lieu, comme vous dira Benaytaye[2], lequel j'envoie savoir de vos nouvelles. Il demeure demain pour

[1] Le Rhône. Montmorency avait résolu de l'interdire aux ennemis. Voy. Gaillard. (T. III, p. 200. Éd. en 5 vol. in-8°.)

[2] M. de la Benestaye est souvent nommé dans les dernières lettres de Marguerite.

voir ce que ce sera du petit frère de monsieur de Rohan[1], et puis m'en viendra dire des nouvelles à Nismes, où j'espère estre demain à digner; et s'il vous plaist me mander par luy quelque chose, vous le pouvés faire seurement, car je m'y fie. Il vous dira comme Carbon[2] et moy avons interrogué ung espie[3], qui estoit venu demander quel nombre d'hommes d'armes estoient dessà la rivière[4], et s'il y avoit point d'artillerie. Il confesse que l'on luy a voulu donner argent et poysons pour gaster les puits; mais qu'il ne les a voulu prendre, et fait du simple bien fort. Mais il m'a priée luy donner loisir d'une heure, et que si je luy veulx proumettre qu'il n'aura point de mal, il dira vérité, ce que je luy ay proumis, estant seure que

---

[1] La famille de Rohan se trouvait dans une détresse de fortune. Marguerite s'en explique avec assez de détail dans la lettre 92. « Entendant l'estresme nécessité où ma sœur, madame de Rohan, estoit, « et que sans moy, son mari, ses enfans et elle estoient en dangier « d'estre les plus pouvres gentilshommes de France, non par leur « faulte, mais de très maulvais serviteurs; l'obligacion que j'y ai « quant à la nature et quant à l'honneur...., etc. » Marguerite fit à cette occasion un voyage en Bretagne, se chargea de mademoiselle de Rohan, qu'elle fit élever comme sa propre fille (voy. lettre 118), et n'eut point de repos qu'elle n'eût assuré, par le moyen du Roi et de Montmorency, le sort *des petits Rouhan*. Il sera souvent question d'eux dans ces lettres.

Madame de Rohan était de son nom Isabeau d'Albret, sœur du roi de Navarre.

Par ces mots *monsieur de Rohan*, Marguerite entend le fils aîné; *le petit frère*, ou le fils cadet, s'appelait Claude.

[2] Jean de Montpezat.

[3] Un espion.

[4] De ce côté-ci du Rhône : Montmorency gardait l'autre rive.

vous m'en advouerés. Je croy qu'il se laissera plus toust mourir que de la dire. Il vous sera incontinent envoyé; vous priant, mon nepveu, vouloir estre père de monsieur de Rohan et de son frère, comme a en vous et de toutes aultres choses sa parfaicte fiance

Vostre bonne tante, mère et amye, MARGUERITE.

[F. Béth., n° 8514, fol. 19. *Auto.*]

117. — AU MÊME.

(Nismes? 1536.)

Mon nepveu, ce porteur m'a ramené le petit Claude, M. de Rohan [1], lequel par le bon traitement que vous luy avés fait faire est revenu en bonne santé. J'espère que une foys en tirerés du service, vous pryant, mon nepveu, avoir toujours son frere et luy pour recommandés, comme je say que vous avés, car j'expérimente tant la bonne voulenté que vous portés à tout ce qui me touche, que je me fays tort quant je les vous recommande. Et pource mon nepveu que je n'ay chose digne de vous mander, et que ce porteur vous dira de mes nouvelles, ne vous feray longue lettre. Mais, par Saint-Porqué, vous donneray quelques informacions qui m'ont esté données de Montpellier, qu'il me semble estre nécessaire que vous voyiez, combien que je n'y trouve riens d'importance. Et croyez mon nepveu, que, voyant que je ne vous puys donner l'aide que je voudroys, estant fame, je ne cesseray d'assembler une

[1] Voy. la lettre précédente.

bataille de prians devant Dieu, afin que maintenant que, je crois, ce sera la fin de ceste guerre, Dieu nous veuille estre si favorable que nous ayons paix ou victoire, dont la gloire en sera sienne, et vous en rapporterés le plus grant honneur que fist oncques lieutenant de Roy, ce que de tout son cueur desire

Vostre bonne tante, mère et vraye amye,

MARGUERITE.

[F. Béth., 8550, fol. 49. *Auto.*]

118. — A MA COUSINE, MADAME DE RIEULX.

(Nismes? été de 1536.)

Ma cousine, je désire grandement tenir avec (*sic*) moy ma petite niepce, fille de mon frère, M. de Rohan ; mais pource que le Roy faist peu de sehjour en ung lieu, et qu'elle ne sçauroit endurer la lecture, à cause de sa grant jeunesse, (durant laquelle toutesfois je veulx luy faire accoustumer et apprendre toutes choses duysables à une fille de telle maison pour estre en ceste compaignie), et que je sçay qu'en meilleur lieu que avec vous elle ne pourroit estre, je vous prie, ma cousine, la vouloir prendre et tenir jusques à ce que je l'envoye quérir, et je vous promets que me ferez ung très grant plaisir, car je ne l'estime seulement pas ma niepce, mais comme ma propre fille, et comme telle je la vous recommande et baille, comme à celle à qui j'ay aultant d'envoye qu'elle ressemble de complessions que à femme du monde ; et supplie le

Créateur de luy en faire la grace, et à vous, ma cousine, donner le bien que désirés. Je la vous recommanderay encore ung coup, comme la propre personne de

Vostre bonne cousine et amye, Marguerite.

[Coll. Gaignières, v. 398 au dos, fol. 12. *Dictée.*]

119. — A MON NEPVEU, M. LE GRANT-MAISTRE.

(1536.)

Mon nepveu, les petits fils de Rouhan sont venus icy, qui ont esté bien recueuillis de Monsieur[1], et croy à les veoir qu'y seront une fois gens de bien et de service, moyennant l'honneur qu'ils ont d'estre nourris en ceste compaignie, et afin qu'ils aient occasion de se rendre plus subjects à monseigneur[2] et de oublier leurs honneurs de Bretaigne, vous ferez beaucoup pour eux de mander à madame de Montereul[3] de les faire manger avecques le prince et les maistres d'hostel. Ce ne sera pas grand cas davantage pour eux deux et ung homme à les servir, et vous serés cause de les faire plus vertueux. M. de Vanberger m'a bien dit que vous l'entendés ainsin, mais je ne l'ay voulu souffrir que vous n'en escripvés à madame de Monstereul. Vous asseurant que ceste compaignie se porte très

---

[1] Henri, duc d'Orléans, second fils du Roi, qui bientôt, par la mort de son frère aîné (12 août 1536), fut Dauphin, et plus tard Roi, sous le nom d'Henri II.

[2] Au dauphin François.

[3] Gouvernante des enfants de France.

bien, et aussy fait ma niepce, à ce que j'ay oüy dire. Vous priant, mon nepveu, ne vous ennuyer de me mander de vos nouvelles, et me faire le plaisir de faire mes très humbles recommandacions à la bonne grace du Roy. Je ne crains à vous donner de la peine, pourceque pour vous en voudroit de bon cueur porter

Vostre bonne tante et amye, MARGUERITE.

[F. Béth., n° 8468, fol. 17. *Auto.*]

120. — AU MÊME.

(Nismes, été de 1536.)

Mon nepveu, M. de la Bourdaizière m'a dist qu'il vous avoit parlé pour le lieutenant d'Arles, afin que vous l'eussiés pour recommandé envers le Roy, pour ung office du grant conseil; et pource, mon nepveu, que je suis sitoienne de Nismes, dont il est, et que je puis estre tesmoing des services qu'il a fait au Roy en Arles, par ce que m'en a escript le prince de Melphe, je ne crains vous recommander ung si homme de bien; et pourceque ce porteur, qui est à M. le cardinal, en fait la poursuite, j'ai bien voulu adjouter à la prière de luy et de tous ses amis ceste lettre, que je ne finiray sans vous prier croire qu'il n'y a créature en ce monde qui passe en l'amour et affecsion envers vous

Vostre bonne tante, mère et vraye amye,

MARGUERITE.

[F. Béth., n° 8514, fol. 39. *Auto.*]

121. — AU MÊME.

(Valence, 1536.)

Mon nepveu, suivant vostre bon conseil, je vins icy hier trouver le Roy, quy estoit sur les rampars qu'il faict faire[1], et me fit sy bon visaige et dit tant de bonnes paroles, que j'ay congneu que ma veuë ne luy a point augmenté son ennuy; mais m'a dict qu'il n'avoit riens jusques à maintenant; qu'il faict tout son pouvoir de se divertir et faire bonne chère, et est en très bonne santé; et sy vous puis dire que jamais maistre n'eut tant de contentement de servicteur qu'il a de vous, et a dict que vous estes venu au trot de M. de Mauléon : c'est de mettre la main à l'espée et à la bourse, quy n'a encores esté offert de nul servicteur, combien qu'il y en ait à quy il ne default que le bon vouloir[2]. Il ne parle à nul quy viengne du camp[3] qu'il ne vous loue, tant que jamais lieutenant du Roy n'eut l'estime que vous avés. Il m'a commandé demeurer icy jusques à son partement, quy est ce que vous voulés, et n'avés pas tort, car je vous promets ma foy que vous n'y aurés jamais personne quy vous aime tant que moy.

Mon nepveu, ce porteur m'est seur et loal[4], et

[1] Du Bellay, t. II, p. 75. (Éd. Petitot.)
[2] L'amiral Brion?
[3] Du camp d'Avignon.
[4] C'est son médecin, Jean Goinret. Cette lettre et la suivante paraissent avoir été envoyées ensemble et écrites le même jour.

combien qu'il ne soit de grant monstre, il est affecsionné servicteur. Je luy ay dict plusieurs propous pour vous dire : je vous prie le croire. Vous merciant de ce que m'avés mandé. Je pense bien que c'est; mais que je vous aye pour tel amy que vous m'estes, aydant Dieu, ne craint rien

        Vostre bonne tante et vraye amye,
                          MARGUERITE.

[F. Béth., n° 8550, fol. 61.]

122. — AU MÊME.

(Valence, 1536).

Mon nepveu, despuis que vous estes party[1], le Roy a si bien commencé à regarder à ses affaires, que s'il continue, il ne devra rien à vostre bonne diligence. A ce matin, il a commandé à Villendry[2] vous escripre tout ce que luy a dict Ambres et M. de Grignan, l'ung de l'empereur, l'aultre du légat; quy me gardera de vous en faire redicte. Il m'a dict qu'il vouloit escripre unes bonnes lettres à madame la mareschale[3] pour l'asseurer entièrement de sa bonne grace, attendant son retour. Je vous asseure que sy feust demeuré plus longuement, elle mesmes feust venue quérir ce bonne asseurance; mais puis qu'il s'en va et moy bien tost, il me semble qu'il est mieulx ainsin.

[1] Pour Avignon où il forma son camp. Le Roi resta à Valence.
[2] Secrétaire des commandements du Roi.
[3] A madame de Montmorency, qu'elle appelle aussi *madame la grand' maistresse*.

Celuy qui ressemble à l'Evesque de Maillezais[1] estoit hier tout davant moy quant je vous dis adieu. Le Roy l'advisa bien, qui me dict après souper qu'il pensoit bien qu'il escripvroit vostre adieu en Bourgoigne[2], dont il estoit bien aise, afin que ceux qui vous ont cuidé nuire voyent leur labeur effacé. Mais il [le] m'a dict d'un visaige tant bon, et avecques tant de louanges, qu'il feust une heure après son souper, qu'il me vint chercher seule, pour me parler du contentement et de la seureté qu'il a de vous, et vous treuve tant à dire, que vous diriés qu'il est tout seul. Il preste l'oreille à tout le monde, et prent tant de paine que en peu de temps il connoistra celle que vous avés eue continuellement. Il me semble que vous ferés bien de le louer par vos lettres du travail qu'il prent pour ses affaires, et le prier ne s'en ennuyer pour ung mois, car il commence fort bien!

Je vous prie aussy, mon nepveu, sitoust que vous sçaurés que les bandes de Guyenne[3] viendront en Avignon, le me mander, ou à Monsieur, si je suis partie; car si je (y) suis, je solliciteray bien son partement[4], et il ne fault pas de le me dire à toute heure.

Or, mon nepveu, estant seure que tant que Dieu

---

[1] Geoffroy d'Estissac, protecteur de Rabelais. Celui qui lui ressemblait était un homme de la coterie de l'amiral de Brion; mais qui?

[2] A Brion qui était gouverneur de la Bourgogne.

[3] Les quatre mille fantassins levés par le roi de Navarre.

[4] Le départ d'Henri, duc d'Orléans, qui voulait aller rejoindre Montmorency à Avignon. Le Roi eut de la peine à le lui permettre. (GAILLARD. T. III, p. 207.)

vous donnera bonne santé, vostre honneur et celuy de vostre maistre triompheront, je ne puis pour ceste heure mieulx satisfaire à mon désir que vous envoyer mon médecin[1], vous asseurant que si ma santé vous servoit, je vous en envoyrois bonne partie. Ne vous arrestés pas à ce que vous voirés de luy, mais à son sçavoir et espérience que j'ay esprouvé bonnes. Je vous envoye par luy ung saultier en françoys, afin que les paroles que le Roy faict mettre sur les Bardes soient imprimées au cueur où je sçay que vous avés l'honneur de Dieu. Il me desplaist qu'il n'est en parchemin, mais je n'en ay sceu trouver. Je supplie celuy par l'esperit duquel tous les psalmes sont composés, vous donner le vostre de Josué, pour délivrer son peuple, comme le désire et espère fermement

Vostre bonne tante et amye, MARGUERITE.

[F. Béth., n° 8530, fol. 17. *Auto.*]

123. — AU MÊME.

(Valence, 1536.)

Je ne vous feray longue lettre, car je lairay à ce seur messaige[2] à vous faire des contes des saiges et foulx de ce monde, et aussy comme j'ay eu nouvelles de vostre soudart, le roy de Navarre, lequel je pense

---

[1] Jean Goinret.
[2] Messager. *Les saiges et foulx de ce monde* paraissent désigner les deux partis qui divisaient la cour, celui du Dauphin, et celui de l'amiral Brion.

estre à chemin, puisqu'il estoit délibéré partir sans aller à Bayonne; car il a maintenant les lettres où je luy mande que l'empereur vient, et que vous l'attendés au camp[1]. Je suis seure qu'il n'y faillira, vous priant, mon filz, que vous le tenés comme vostre frère, car je suis seure que vous le trouverés de si ferme et bonne amour, que vous ne vous repentirez d'avoir prisé son amitié.

Je m'en voys au lever du Roy demander mon congié et le supplier pourvoir au mémoire que vous avés veu, en quoy m'aidera bien la lettre que vous en escripvez audict seigneur, dont je vous mercie. Et va prier Nostre Seigneur vous donner le bon jour

Vostre bonne tante et amye, MARGUERITE.

P. S. M. de Soissons est parti, qui a porté à madame la mareschalle une bonne lettre du Roy, que luy mesmes a devisée[2].

[F. Béth., n° 8514, fol. 77. *Auto.*]

124. — AU MÊME.

(Valence, 1536.)

Mon nepveu, j'ay dict au Roy le contentement que vous avés eu d'avoir entendu l'honneste lettre qu'il a escripte à madame la mareschale, et que l'estime que vous en faictes n'est tant pour la consolacion de la mère et de la fille (combien que c'est une chose quy

---

[1] Au camp d'Avignon.
[2] A dictée. Elle a déjà parlé de cette lettre plus haut. (Voy. p. 316.)

vous touche de près) que de veoir en vostre absence qu'il luy plaist, non seulement vous rendre obligé par l'honneur qu'il vous faict et la fiance qu'il a en vous, mais encores ne veult il que riens de vous demeure sans la seureté de sa bonne grace, et que d'aultant que vous n'en avés jamais voulu parler à nul amy que vous ayiés pour le luy faire entendre, d'aultant trouvés vous meilleur ce qu'il a faict de sa naïfve voulenté. Je vous proumets, mon nepveu, qu'il m'a dict qu'il a tant de fiance à vous, et sy seure congnoissance combien vous luy estes nécessaire, qu'il n'y a chose qu'il pense estre pour vous et les vostres, qu'il ne fasse. Sur cela, il s'est fort courroucé de vostre pouvoir[1], et a dict que l'on le dispose vistement le plus ample que l'on pourra, car vous ne ferés rien qu'il n'advoue, et que sy ce n'estoit pour les aultres[2] à quy vous avés à commander, il ne vous en bailleroit point, pourceque vous seul congnoissés sa voulenté, et sçavés bien que tout ce que vous ferés, il le tiendra pour faict. Je vous proumets que plus il va en avant, et plus il congnoit le soulaigement qu'il a quant vous y estes; mais espérant vous veoir bien toust, il porte tout le faix.

Or, mon nepveu, j'ay mon congié pour partir vendredy. Sy vous estes encores en Avignon, je vous iray veoir, sinon je partiray du Pont-Saint-Esprit pour aller à Toulouse. Vous priant sy vous m'escripvés, mettre ma lettre avecques celle de Villendry, et celles

---

[1] « Pouvoir du grand-maistre de Montmorency en l'armée de Provence. » (Dupuy, vol. 500, fol. 8, daté du 14 juillet 1536.)

[2] *Les aultres*, Brion et ses partisans.

que je vous escripray, je les vous feray tenir par luy ; et croyés que où que je soye, vous n'aurés jamais une plus fidèle amye que celle que vous trouverés tant qu'elle vivra

Vostre bonne tante et amye, MARGUERITE.

[F. Béth., n° 8550, fol. 1. *Auto.*]

125. — AU MÊME.

(Valence, 1536.)

Mon nepveu, depuis vostre partement de la court, j'ay veu des choses qu'il m'a semblé que je ne les debvois celer à monsieur de Chasteaubriant et de Villendry, comme à ceulx que je congnois estre vous-mesmes. Et combien qu'il n'y ait chose digne d'en faire cas, ny qui sceut avoir puissance de vous nuire, par leur advis nous avons prié ce porteur aller devers vous, et vous porter nostre confession générale despuis que je ne vous ay veu, afin que vous congnoissiés le cueur d'ung chascun et la seureté de vostre maistre sur qui l'on n'a riens gaigné en vostre absence [1], mais plus il va en avant, et mains il s'ennuye de faire vostre office, et mains le veult laisser faire à nuluy, et pour ce que de tous costés ce porteur vous rendra bon compte, ne vous en feray redicte, sinon que je n'ay jamais veu le Roy si confirmé à l'amour et fiance qu'il a en vous qu'il est maintenant. Je n'ay point pris congié de luy,

[1] L'amiral de Brion cherchait à supplanter Montmorency.

mais je n'ay pas laissé de pleurer. Toutesfois je le laisse en sy bonne santé et ses affaires en sy bon train, que je ne puis espérer que ung heureux revoir, et sy vous eussiés esté en Avignon, je vous feusse allé voir [1], mais puisqu'il ne m'est possible, vous va encores une fois dire adieu

Vostre bonne tante et vraye amye, MARGUERITE.

[F. Béth., 8507, fol. 81. *Auto.*]

126. — AU MÊME [2].

(Valence, 1536.)

Mon nepveu, vous m'apprenés le langaige que je vous doy tenir, qui est que plus je voys en avant, et plus je congnois l'affection que vous me portés, et combien je suis obligée à vous. Mais quant je pense le long temps qu'il y a qu'elle est commencée, je tiens pour chose seure qu'elle durera toutes nos vies, vous priant croire qu'elle est de ma part sy bien rendue, que sy Dieu me donnoit le moyen de le vous donner à congnoistre, je suis seure que vous en contenteriés; car je ne puis nier que toute ma jeunesse elle

---

[1] Elle y allait, comme on verra plus bas, mais elle voulait surprendre Montmorency.

[2] Je ne sais par quel service M. de Montmorency avait provoqué les effusions de tendresse et de reconnaissance dont cette lettre est remplie. Selon toute apparence, il est encore question du recouvrement de la Navarre; c'était l'idée fixe de Marguerite, et l'appât dont le Roi et le grand-maître amusaient elle et son mari.

n'ait esté aussy grande qu'il m'estoit possible, mais sy puis-je bien confesser que celle de maintenant la passe, pourceque ma congnoissance est meilleure, et vostre mérite plus grant. Et je vous prie, mon nepveu, penser que les louanges que chascun me dict de vous me donnent telle satisfacsion que sy c'estoit de mon propre fils, et loue Dieu de tout mon cueur d'entendre la façon en quoy sont les affaires du Roy par vostre saige conduite, tant pour le service dudict seigneur qui avoit besoing d'ung tel servicteur, que pour l'honneur que vous en rappourterés. L'on ne dict plus que le lieutenant du Roy a peur, qu'il ne veult ouïr personne, ny tenir conseil, ny se faire craindre; mais au contraire, tant de bien de vostre doulceur, de vostre audace, justice et miséricorde où il est besoing, que je ferois mal de le vous céler, saichant très bien que vous en donnés la gloire à celuy dont elle vient. Mais je ferois tort au bruist que vous donnent tous les gens de bien, si je le vous célois. Je supplie Nostre Seigneur vous donner la santé et continuacion de cest affaire, pour parachever ce que je sçay que vous désirés [1].

Il est vray, mon nepveu, que non contente d'ouïr seulement parler de vous, j'avois grant envie d'aller en Avignon, seulement pour vous dire adieu; mais après avoir entendu par ce seur messaigier l'occasion qui vous contraint à partir, je ne passeray point demain le pont Sainct-Esperit, et feray la meilleure diligence que

---

[1] L'épée de connétable, sans doute.

je pourray d'aller trouver vostre souldart¹ pour le vous envoyer. J'eus hier lettres de luy, qu'il m'asseure estre la disiesme de ce mois à Montpelier, où je mettray paine d'estre, car puisque vous n'estes en Avignon, il n'y a personne qui me sceut arrester. Ce que je me haste, est afin d'estre plus toust preste du retour. En attendant, je vous requiers me mander souvent de vos nouvelles, mais non plus de vostre main, car vous sçavés que je sçay assés les affaires que vous avés, où vous n'avés besoing de perdre une heure de temps, et aussy que vous me tenés tant vostre, que vous me feriés tort sy vous n'usiez envers moy comme envers vostre mère. Par quoy, je vous reprie, ne m'escripvés plus que par lettre d'aultre main; mais donnés ordre que j'en saiche souvent, pour la plus grant grace que je vous demande après celle que vous m'avés promise, d'avoir mon mary pour recommandé. Je suis seure que vous le trouverés tel que vous vouldrés, et que son amitié sera de longue durée, et, en la fiance que j'en ay à vous, je ne me donneray paine de luy, puisqu'il sera entre vos mains. Et si Dieu me faict cest heur de vous pouvoir une fois rendre tant d'obligacions que luy et moy avons à vous, vous congnoistrés que riens n'y sera espargné, car vous pouvés disposer de nostre maison comme de la vostre; quy sera pour la fin, priant celuy en la main de quy sont les victoires conduire vostre esperit et vostre bras à sa gloire et le salut de ce royaulme. De quoy incessamment, ne vous pou-

¹ Le roi de Navarre, son mari, qui amenait quatre mille hommes levés en Guyenne.

vant pour ceste heure faire millieure aide, le priera continuellement et fera partout prier

    Vostre bonne tante et vraye amye,
          Marguerite [1].

[F. Béth., n° 8507, fol. 95. *Auto.*]

127. — AU ROY.

(Montfrin [2], 1536.)

Monseigneur, encores que ce ne soit à moy à louer une chose où mon estat me rent ignorante, si ne me puis-je garder de vous escripre que tous les capitaines m'ont asseurée n'avoir jamais veu camp si fort et si à propos que cestuy-cy. Une chose ne puis je ignorer, que c'est la plus nette place, fust-ce ung cabinet, que je vis oncques, remplie des plus beaux hommes, en très grant nombre; les millieurs visaiges, les millieurs propous monstrant l'envie qu'ils ont de vous faire service que l'on sçauroit souhaiter. Il est vray, monseigneur, que vous leur avés baillé ung chef [3] qui est tant digne d'estre vostre lieutenant, que je croy que en tout le monde n'en eussiés sceu trouver ung qui en toutes choses approche tant de vous que luy; car parlant à luy, l'on oït vos propous, qui sont pour asseurer toutes les craintes dont ceulx qui contrefont les saiges veulent user; vous asseurant, monseigneur, que en pa-

---

[1] Marguerite alla visiter le camp d'Avignon. Dans la lettre suivante, elle rend compte au Roi de cette visite.
[2] Bourg du département du Gard, non loin de Nimes.
[3] Montmorency.

roles et en effects, en estresme diligence et vigilance, en doulceur envers ung chascun, en prompte justice, en ordre, en pacience à escouter chascun, en prudence de conseil, il monstre bien qu'il est faict de vostre main et appris de vous seul, car de nul aultre ne peut il estre disciple; car de toutes les vertus que Dieu vous a données, il en a pris si bonne part, que vous trouverés en toute chose vostre voulenté suivie. Ce que je vous dis n'est point de moy seule, mais après avoir parlé à tous les capitaines l'ung après l'autre, de toutes les sortes et nacions que vous avés au camp, ils m'ont dit tout ce que je vous mande, et mille fois davantaige, luy portant une amour et une obéissance si grande, que encores entre eux n'y a eu nul débat, et sont ceulx qui de natures estoient contraires comme frères unis ensemble. Le comte Guillaume[1] m'a dict que je vous escripve qu'il y a bien différence du purgatoire honteux d'Italie au paradis glorieux de ce camp, et m'a dict des faultes passées que j'ayme mieulx qu'il vous compte que moy, car ils sont importables, principalement voyant, Dieu mercy, tout le contraire en cette armée, qui est telle que je ne voudroys pour tous les biens de ce monde ne l'avoir veue, car je l'estime tant, que je vous proumets ma foy, monseigneur, que sy l'Empereur feust venu quant je y estois, je n'en eusse point bougé, estant toute seure qu'il ne peult nuire à une telle compaignie. Au pis aller, je serois trop heureuse de mourir avecques tant de vertueuses personnes.

[1] Guillaume de Fustemberg.

Je ne vous diray point l'honneur que m'a faict M. le grant maistre, lequel ne savoit riens de ma venue, ne nul de mes gens. Il m'a monstré tout vostre camp, avecques ces deux vieux pères, et ces jeunes princes, et si grant nombre de gens de bien, que jamais Pantasilée[1] ne feut receue en tel honneur, lequel procède de vous à qui je le retourne. Sy suis-je seure que l'Empereur en tiendra deux jours conseil davantaige, pour deviner la cause qui m'y a fait aller, et si en feray là où je voys[2] bien mon prouffit et son dommaige.

Monseigneur, je vins arsoir[3] en ce lieu de Monfrin, où est la compaignie du roy de Navarre, que j'aye veue toute en bataille. Je ne vous diray rien des hommes d'armes, mais il y a peu de gens mieulx montés que les chevaux légiers. Vous vous contenterés des Gascons; et pleust à Dieu que l'Empereur s'essayast de passer le Rosne quant je suis icy! car avecques le secours que vous m'envoyriés (et sy n'en fault pas beaucoup!) j'entreprendrois bien sus ma vie, toute femme que je suis, de le garder de passer, et n'y a nul que vous quy me peust garder d'y estre, mais je croy qu'il ne l'entreprendra pas, ny aussy d'assaillir le

---

[1] Reine des Amazones, qui alla au siége de Troie. Pentasilée était fort à la mode au xvie siècle :

> Arrière donc, royne Pantasilée,
> Maintenant est ta gloire annihilée.
> (Marot.)

[2] Là où je vais.
[3] *Arsoir*, hier soir.

camp, ny encores moins d'aller de vostre cousté, car vostre demeure luy donne une merveilleuse crainte et grant faveur à vostre camp. Ce ne vous est petit honneur que ung de vos servicteurs arreste l'Empereur et le fait mourir de faim, en sorte que si Dieu vous preste, comme il fait, sa main, je tiens la victoire ou la paix comme vous la sçauriés demander; et pensés, monseigneur, voyant vostre santé et vos affaires aller sy bien, en quel contentement et louange de Dieu s'en va priant continuellement pour vostre prospérité

Vostre très humble et très obéissante subjecte et mignonne, MARGUERITE.

[F. Béth., n° 8546, fol. 55. *Auto.*]

128. — A MON NEPVEU, M. LE GRANT-MAISTRE.

(1536.)

Mon nepveu, je ne vous puis assés mercier de ce que par ce porteur nous avés envoyé visiter, et sy nous eussions pensé que le Roy feust encores tant en Avignon et vous aussy, nous n'en feussions point partis, ny ne ferons d'icy pour demain, vous priant, mon nepveu, me faire sçavoir s'il seroit pas bon que nous allassions attendre le Roy à Lyon, ce que je désire bien, mais je n'en feray que ce que vous nous en manderés.

Je sçay bien la paine où vous estes, dont je ne seray à mon aise que je ne saiche que vos gens soient despartis. Mais quoy qu'il y ait, je vous requiers garder vostre santé, et ne vous donnés tant de travail, et vous gardés d'aller veoir les malades, car ces flux de ventre se pregnent comme peste, et vous pouvez estre seur que sy vous estes malade, je retourneray à vous.

Je suis merveilleusement aise du bon tour que a faict le roy d'Escosse [1], et me semble qu'il est maintenant fort à propous pour monstrer à son oncle [2] son ingratitude. Il mérite bien d'estre le bien venu en ce royaulme, comme le Roy et vous le sçaurés bien faire, quy sera exemple à tous.

Mon nepveu, j'ay prié ce porteur passer par Sainct-Pol [3], et vous faire tenir des lettres que ce jourd'huy vous y ay escriptes en passant, afin que son rapport adjousté à ma lettre, vous congnoissés la vérité et donnés l'ordre à l'advenir. Et de peur de vous ennuyer de ce fascheux propous, je y feray fin, priant Dieu, mon nepveu, vous donner aussy

---

[1] Jacques V. « Sur le bruit qui courait que l'empereur allait engloutir la France, Jacques V, se souvenant des anciennes alliances de sa nation avec nos Rois, embarqua seize mille hommes pour venir au secours de François Ier, sans en être prié. Le vent le rejeta trois fois sur les côtes de son pays; il aborda enfin avec quelques vaisseaux à Dieppe, d'où il prit la poste pour aller trouver le Roi. Mais il le rencontra sur la route de Lyon à Paris. En reconnaissance d'un secours donné de si bonne grâce, le Roi ne put lui refuser Madelaine, sa fille aînée, quoique ce prince fût déjà fiancé à une fille du duc de Vendôme. » (Note de M. Auguis, Œuvres de Marot, t. II, p. 349.)

[2] Henri VIII.

[3] Ce doit être Saint-Paul en Languedoc, près d'Usez.

bonne vie et longue que la vous désire, comme mère à enfant,

Vostre bonne tante, mère et vraye amye,
MARGUERITE.

[F. Béth., n° 8550, fol. 45. *Auto.*]

129. — AU MÊME [1].

(Amboise, fin d'août 1536.)

En ce lieu d'Amboise m'a aporté vostre lettre le général de Normandie [2]; en ce lieu je vous en foys responce, et vous envoye une ensaigne [3] aussy mal faite que je craingnois qu'elle le fust. Mais la suffisance de ce porteur est telle qu'elle en fera l'office que je ne puis faire, car je confesse qu'elle est très mal de l'intelligence. Il vous en rendra meilleur compte que moy mesmes, car il y peult mieulx. Adjoustez que je ne saurois penser. Aussy, mon nep-

[1] Le commencement de cette lettre paraît manquer. Peut-être aussi, dans le désordre de sa douleur, la reine de Navarre a-t-elle omis la formule de début à laquelle d'ordinaire elle ne manque jamais.

On lit, dans le texte original: *en ce lieu de ce poupitre d'Amboise*, ce qui n'offre aucun sens. On a pu remarquer combien Marguerite était étourdie quand elle écrivait elle-même; sans doute elle aura oublié d'effacer *de ce poupitre*, qui se rapportait à une autre pensée.

Il s'agit dans cette lettre de la mort du dauphin François, arrivée à Tournon, le 10 août 1536, et attribuée à un empoisonnement dont Montécuculli fut jugé l'auteur.

[2] Le lieutenant-général de Normandie, Thomas Boyer.

[3] Une peinture de notre état. La reine Éléonore se trouvait à Amboise avec Marguerite, quand la nouvelle de cette catastrophe y parvint.

veu, il vous dira l'estat où est la Roine¹, et l'ennuy que nous en avons eu, dont j'ay cuidé estre malade, tant pour la voir en paine que pour le lieu²,

¹ Éléonore avait servi de mère au Dauphin et au duc d'Orléans, lors de leur captivité en Espagne.

² Le Dauphin était né à Amboise, en 1517. François Ier et Marguerite y avaient passé leur enfance. Voici les vers de Marot sur la mort du Dauphin :

> Cy gist François, dauphin de grand renom,
> Fils de François le premier de ce nom,
> Duquel il tint la prison en Espaigne.
> Cy gist François, qui la lice en campaigne,
> Glaives tranchans et harnois bien fourbis,
> Aima trop plus que sumptueux habits.
>
> Formé de corps ce qu'est possible d'estre
> Le fit nature; encore plus adextre.
> Et en ce corps hault et droict composé,
> Le ciel transmit un esprit bien posé,
> Puis le reprint, quand, par grave achoison,
> Ung Ferrarois * luy donna la poison
> *Au vœu d'autruy* **, qui par crainte régnoit
> Voyant François qui Cæsar devenoit.
>
> Ce Daulphin, dy, qui, par terre et par mer,
> Flustes et gens eust prins plaisir d'armer,
> Et la grandeur de terre dominée
> Si vaincre eust peu sa dure destinée.
> Mais ses vertus luy causèrent envye,
> Dont il perdit sur les vingt ans la vie
> Avec l'attente, hélas, de la couronne,
> Qui le cler chief de son père environne.
> Qu'as-tu, passant? complaindre on ne s'en doibt :
> Il a trop mieulx que ce qu'il attendoit.
>
> (*Cimetières*, xxiv.)

* Sébastien de Montécuculli. Il avoua et fut supplicié.

** De Charles V. On a nié que François Ier ait soupçonné l'Empereur ; la politique a pu lui dicter un désaveu; on verra plus loin ce qu'il en pensait dans son âme.

car je ne puis plus entendre qu'Amboyse soit Amboyse, mais une source d'infignye mémoire de douleur. Et sur ce propous, va supplier Nostre Seigneur vous donner et à vostre mesnie aultant de consolacion que despuis que nous sommes issy a receu le contraire

Vostre bonne tante et amye, Marguerite.

[F. Béth., n° 8549, fol. 49. *Auto.*]

150. — AU ROY, MON SOUVERAIN SEIGNEUR.

(Automne de 1536.)

Monseigneur, j'ay receu la lettre qu'il vous a pleu par Fors me faire, dont très humblement vous mercye, et ay baillé au roy de Navarre l'article, quy en a fait selon vostre commandement, et n'a failly de dire au gentilhomme dont il vous a parlé chouse par laquelle l'Empereur pourra entendre qu'il ne fault point qu'il s'adresse à luy[1] pour vous cuider entretenir de paroles, mais que à l'effect il pourra faire congnoistre s'il a envie d'estre vostre amy, comme il dit; car il sçait ce que vous demandés, et les offres que vous luy avés faictes, qui sont sy raisonnaibles, que s'il a envie de la paix, qu'il vous en fasse parler ouvertement, et vous baille ce qui vous appartient, ou qu'il ne s'attende jamais à l'avoir.

Monseigneur, sy je estois aussy suffisante pour en dire mon opinion comme je désire qu'elle vous peust

[1] Au roi de Navarre.

servir, je dirois qu'il n'est possible de faire meilleure response que la vostre [1], et me semble, monseigneur, que vous me tenés tort de me ramentevoir les mauvais tours que l'Empereur vous fist, quant vous luy envoyastes M. le cardinal [2]; car je les ay tant devant les yeux, que saichant l'honnesteté dont vous usastes envers luy et les folles et oultrecuidées responses qu'il

[1] Charles-Quint feignait toujours de vouloir la paix, et d'y chercher des acheminements. Sous ce prétexte, il convoqua à Rome le sacré consistoire (7 avril 1536, Gaill.), et là, à la grande surprise du pape et des cardinaux, prononça contre François Ier une longue diatribe concertée à loisir. Il refusa d'en donner ou d'en laisser prendre copie aux envoyés du roi de France; mais le cardinal Du Bellay, qui était l'un d'eux, partit en poste, et, par un surprenant effort de mémoire, rendit mot à mot à François Ier la harangue de Charles V. François Ier y répondit article par article, et envoya sa réponse écrite. C'est celle dont parle ici la reine de Navarre.

Voyez ces deux discours dans Du Bellay ou dans Le Ferron (DUHAILLAN, t. II, p. 1433, éd. 1615); et aussi un passage curieux de Brantôme, où il condamne la modération des ministres du roi de France, et imagine une scène fanfaronne très-plaisante.

Les *réponses folles et outrecuidées* dont parle Marguerite quelques lignes plus bas, c'est la proposition que fit l'empereur d'un duel entre le roi de France et lui; duel en chemise, et à coups de poignard. François Ier avait autrefois défié Charles-Quint, mais d'une façon moins ridicule et que l'âge des deux monarques rendait alors plus excusable.

[2] « Le cardinal de Lorraine alla trouver l'empereur à Sienne pour « négocier la paix, et fit les ouvertures les plus conciliatrices. Fran« çois Ier, entre autres choses, offrait d'envoyer son fils, le duc d'Or« léans, avec une suite digne de son nom, aider Charles-Quint dans la « conquête d'Alger. L'empereur répondit par une longue déduction « des mêmes griefs exposés dans sa protestation, qui, selon lui, de« mandaient qu'il s'armât de défiance s'il ne voulait s'exposer à être « trompé. » (DU BELLAY, t. III, p. 139; édit. de l'abbé Lambert.)

fist, cuidant se faire le contraire de ce que Dieu l'a faict ; cela suffit seulement pour faire désirer à toutes femmes estre hommes, pour vous servir à rabaisser son orgueil, sans ouser repenser la dernière cruaulté[1], quy est sy grande, que celuy seul qui la congnoist en fera la vengeance, comme vous l'avés remise en luy, en luy sacrifiant vostre voulenté ; dont tout soudain commença à vous remunérer de sy bon effect, que l'espérance certaine d'une heureuse fin doit estre la consolacion de vous et de ceulx qui ne congnoissent aultre voulenté que la vostre ; et comme celle qui, après vous, a plus porté que son fais de l'ennuy commun à toute créature bien née, j'estimerois la fin de ma vie ung paradis, sy elle estoit mise pour vous y faire quelque service. Mais congnoissant que je n'ay mérité tant de bien que d'avoir occasion de vous monstrer ce que vous sentés comme ce quy est vous mesmes ; attendant vos commandements ; ne pouvant donner pour vous aultre exercice à mon désir ; le va continuellement présenter à celuy qui peult, ou par amitié ou par destruction, rendre vostre ennemy tel que vous le désirés ; luy suppliant en bonne santé vous donner longue et contente vie, et en vostre bonne grace à jamais pour recommandée retenir

  Vostre très humble et très obéissante subjecte et mignonne, Marguerite.

[F. Béth., n° 8507, fol. 3. *Auto.*]

[1] L'empoisonnement du dauphin François, par Sébastien Montécuculli. On voit que François 1er et sa famille n'hésitaient pas à en accuser Charles V.

131. — A MON NEPVEU, M. LE GRANT-MAISTRE.

(Brest ou Châteaubriant? Hiver de 1536.)

Mon nepveu, le désir que j'ay de sçavoir de vos nouvelles me faict estre importune d'escripture, estant asseurée que vous escuserés tousjours les faultes venant par affeccion.

J'escrips à M. de Jully quelques propous que Lartigues a aportés de La Rochelle. Je vous prie, voyés l'audace ou folie du seigneur dont il est question! Je ne m'en puis tenir de m'en plaindre à vous, comme à celuy quy est moy mesmes.

Aussy, mon nepveu, il fault que je vous die que M. de Chasteaubriant[1] et moy ne faisons icy, à nostre repous, que incessamment penser aux affaires où vous estes, quy sont en train d'estre ou les pires ou les meilleures quy feurent oncques; car vous sçavés que l'honneste tour que a faict le roi d'Escosse[2] de venir en ce royaulme en telle amour et seureté qu'il démonstre avoir au Roy, engendrera une grant envie et soupessons à l'Anglois; d'aultre part, la perte de l'Empereur, dont il en sent despit, luy fera chercher tous moyens, jusques à aimer ses enne-

---

[1] Jean de Montmorency-Laval, seigneur de Châteaubriant, mari de la célèbre Françoise de Foix, laquelle vivait encore à l'époque où la reine de Navarre écrivait cette lettre. M. de Châteaubriant était gouverneur de la Bretagne.

[2] Voyez la lettre 128, et la note p. 529.

mis ¹, pour vous nuire. Et sy ces deux s'accordent, France peult bien pour long temps prendre les armes. Par quoy, mon nepveu, il me semble que sy jamais une bonne pais fut requise, elle l'est maintenant, et sy seroit plus à l'honneur du Roy qu'elle ne feut oncques; par quoy nous vous prions que vous cherchés tout ce qu'il vous sera possible pour y venir. Et pleust à Dieu qu'il ne tint qu'à y mettere (*sic*) de ma santé bien avant; car sy nous ne l'avons, nous voirons la guerre rendre ce royaulme en grant nécessité, comme voiés qu'il commence. Nostre Seigneur veuille favoriser le bon vouloir que connoist que vous y avés

Vostre bonne tante et amye, MARGUERITE.

[F. Béth., n° 9127, fol. 27. *Auto.*]

132. — AU MÊME.

(Mars 1537.)

Mon nepveu, je vous prie croire que vous m'avés fait ung merveilleux plaisir de m'avoir envoyé ce porteur et m'asseurer de la bonne santé du Roy dont je n'estois en petite paine, car j'avois entendu par ung que j'avois envoyé à madamoiselle de Bresvier que Burgencis ² s'en estoit allé en diligence et que vous l'aviés envoyé quérir; et sy ne pus sçavoir pour quy c'estoit, mais j'estois seure que c'estoit pour chose

---

¹ Charles V, irrité de sa défaite en Provence, se ligua avec Henri VIII.

² Médecin du Roi.

quy me touchoit de près, dont je loue Dieu de la guérison, et le supplie très longuement conserver sa santé.

Quant est de moy, mon nepveu, je m'en pars demain pour aller où je sçauray que sera la compaignie, et passeray par Boisgency, où la pouvre dame a perdu son second fils, qui m'a encores priée l'aller veoir. Quant je voy l'ennuy que l'on a de les perdre, je me contente de n'en avoir point. Encores j'ay sceu que la mienne a esté malade d'ung grant desvoyement d'estomach, mais elle est guérie, comme m'a asseuré maistre Jean Goinret[1]. J'eusse passé par Alençon, mais je n'eusse esté d'heure où je doy et veux faire service[2], par quoy m'en voys mon droit chemin à vous[3] que j'ay plus d'envie de veoir que je n'eus oncques ; vous priant dire au roy de Navarre que s'il continue, je n'auray pas grant paine de respondre à ses lettres. Mais que je vous voye, je me plaindray à vous, comme à la personne de ce monde à quy plus a d'amour et de fiance

Vostre bonne tante et vraye amye,
Marguerite.

[F. Béth., n° 8550, fol. 73. *Auto.*]

[1] Son médecin.
[2] Chez madame de Rohan (Isabeau d'Albret).
[3] Montmorency était en Picardie, où les Impériaux s'étaient jetés.

153. — AU MÊME.

(Piquigny, mars 1537.)

Mon nepveu, je vous mercye aultant qu'il m'est possible de ce que par ce porteur m'avez advertie de ce que je doy faire, vous asseurant que, quoy que ce soit, je ne passeray jamais oultre ce que vous me manderés. Il vous dira comme il m'a trouvée en ce lieu de Picquigny, et pensoys aller digner à Amiens, mais me doubtant que j'y trouverois une pouvre maison bien désolée [1], je digneray icy pour m'en aller tout droit à ma pouvre sœur, qui faict un si très grant deul et l'a continué tant de jours, que je crains bien sa santé. La pouvre femme a bien besoing de la bonne grace du Roy et que vous luy soyiés bon amy. Je m'en voys mettre paine de la consoler en ce qu'il me sera possible ; et quant à la demeure que j'ay faict à Saint-Riquier [2], les dames qui sont à Amiens m'en ont bien mercyée, car si Dieu ne m'eust amené M. d'Hely, je crois qu'il s'en feust allé après Unchy [3], pour la grosse

---

[1] Celle de madame de Rohan, sa belle-sœur, qui était ruinée.

[2] Saint-Riquier, assiégé par les Impériaux, s'était vaillamment défendu. « Les femmes, montant elles mesmes sur les murailles avec-« ques leurs maris, exercèrent si virilement l'office d'hommes, qu'à « force de poix résine et d'eaux chaudes et bouillantes elles contrai-« gnirent enfin les impériaux de se retirer. Voire, dict on, que quel-« ques unes de ces femmes habillées en hommes leur ostèrent deux de « leurs enseignes. » (DUHAILLAN, t. II, p. 1451 ; édit. de 1615.)

[3] Le Roi avait pris Auxi-le-Château et Hesdin. « Il est vrai que le « seigneur de Dunchy mourut à l'assaut, et que Hély y fut griefve-

fieuvre qu'il avoit. Mais si toust que je l'ay veu en seureté, m'en suis partie, comme par Nançay je vous escripvis.

Mon nepveu, j'ay escript à M. de Chasteaubryant touchant le gouvernement de Picardie pour M. de La Roche[1], et ay prié M. le cardinal du Bellay vous en parler. Je laisse à part qu'il est vostre frère, mais je vous dis que pour le service du Roy, si vous ne l'y mettez, vous ferez chose dont vous aurez regret. Tous les gens de bien et servicteurs du Roy le désirent et ont une merveilleuse peur de tumber aux mains qu'il vous dira. Je vous prie, pensés y; et ne vous pouvant d'aultre chose servir, dont il me déplaist, je m'en voys avecques les dames solliciter les prières envers celuy que de tout mon cueur je supplie vous donner aussy bonne vie et longue, et aultant d'heur que vous en désire plus que pour soy mesme (vous recommandant le roy de Navarre)

Vostre bonne tante et vraye amye,

MARGUERITE.

[F. Béth., n° 8557, fol. 1. *Auto.*]

« ment blessé; tous deux hommes belliqueux et d'une grande magna-
« nimité. » (DUHAILLAN, t. II, p. 1452; édit. de 1615.)

[1] M. de La Rochepot, François de Montmorency. Il fut nommé, cette année-là, gouverneur de la Picardie.

134. — A M. D'IZERNAY.

Amiens, 21 avril (1537).

M. d'Izernay, j'ay receu les lettres que m'avez escriptes, et vous asseure que vous m'avez faict très grand plaisir de m'advertir bien au long des nouvelles du lieu où vous estes. Je vous prie prendre la paine d'y continuer le plus souvent que vous pourrez.

J'escrips à présent à M. le grand maistre et à M. de Chasteaubryant[1], et à M. Desnedy, et vous prie leur bailler mes lettres ; et quand ilz m'en feront responses, les me faire tenir seurement. Nous sommes icy demeurés encores pour cejourd'huy et pour demain, qui est dimanche, et lundy matin nous en partirons. Il me desplaist qu'il y a si long chemin entre icy et Béarn ; je vouldrois bien qu'il n'y eust que dix lieues, pour plus toust faire au Roy le service que nous désirons.

Je vous prie, M. d'Izernay, faire tousjours envers M. le grand maistre le bon office que vous avez commencé pour le roy de Navarre et pour moy, et l'asseurer que toute notre fiance est en luy[2] ; et si je ne luy escrips souvent, qu'il m'en tienne pour excusée, car la congnoissance des grans et continuels empeschemens qu'il a me garde de l'occuper à lire mes lettres. Et n'oubliez de luy remonstrer ce que je luy escrips

---

[1] Gouverneur de la Bretagne.
[2] Pour recouvrer le royaume de Navarre.

en mes lettres que vous voirez touchant les morte-payes de Brest, qui n'ont eu argent depuis neuf mois. Vous sçavez quels gens ce sont, et qu'il ne fault que ung mauvais garson pour faire une meschanceté qui pourroit tourner à grand dommaige; quy sera fin du commencement de mes lettres, car vous en aurez bien souvent de plus longues. Priant Dieu, M. d'Izernay, qu'il vous ait en sa saincte et très digne garde, à Amiens, le xxi⁰ jour d'apvril,

La bien vostre, Marguerite.

[F. Béth., n° 8550, fol. 149. *Dictée.*]

135. — A M. DE MONTMORENCY.

(Amiens? 21 avril 1537?)

Mon nepveu, je commenceray par louer Nostre Seigneur des graces qu'il vous faict, qui sont sy grandes et contynuelles, que tout le royaulme a grant occasion de se resjouir comme il fait.

Or, mon nepveu, combien que vos affaires ne vous doivent laisser lire ceste lettre, sy fault il que je vous die deux choses : l'une, que j'ay veu à Chasteaubryant le seigneur de la maison, ayant encores un peu de fièvre, dont il a esté guéry à ma venue, et m'a fait telle chose que vous pouvez penser. Il est en une grant paine pour la peur qu'il a de Brest, veu les mains entre quy est une telle pièce et de si grant importance, car le lieutenant et les morte-payes ne sont point poyées, en sorte que luy et tous les bons serviteurs du Roy sont en grant peur, veu le malcontentement de celuy quy en a la principale charge [1]. A la prière de M. de Chasteaubryant j'en escrips au Roy. C'est une chose de telle importance que le gouverneur du pays [2], pour le plus seur, en devroit avoir la charge, car il ne peult estre en trop seure main.

L'autre point est de mademoiselle de Laval [3], quy est fort ennuyée despuis la mort de sa tante [4], et sy fait une grande despérence. J'en ay parlé à la Pom-

[1] Brion, en sa qualité d'amiral.
[2] C'est-à-dire M. de Châteaubriant.
[3] Fille de Nicolas de Montmorency-Laval, nièce de M. de Châteaubriant (Jean de Montmorency-Laval), orpheline de père et de mère. Anne de Montmorency refusa d'être son tuteur : « Je suis bien con-
« tent de prendre seulement la garde et éducation de la personne de
« ladicte demoiselle Charlotte de Laval, *et ses biens qu'elle a aportez*
« *avec elle*.......... Mais quant à la tutelle, je ne la pourrois et ne
« suis desliberé de l'accepter. » (8620, f. 150.)

M. de Montmorency, qui n'avait accepté d'abord que la garde des biens de Charlotte de Laval, paraît s'être décidé à accepter aussi le titre de tuteur, car dans une lettre à La Pommeraye, on lit :
«........ J'envoie ung tiercelet à M. de Chasteaubryant...... J'ay reçeu
« vostre lettre du dernier jour du moys passé, ensemble la minute que
« m'avez envoyée *pour imposer silence au procureur de M. le Daul-*
« *phin, touchant le faict de la tutelle de madamoiselle Charlotte de*
« *Laval*..... » (Gaignière, t. I, fol. 118.)

[4] Françoise de Foix, madame de Châteaubriant, jadis maîtresse de François Ier, au sujet de laquelle les romanciers, sans compter certains historiens, ont donné carrière à leur imagination. Varillas et Sauval disent que, forcée de retourner auprès de son mari après la défaite de Pavie et la prise du Roi, M. de Châteaubriant, dont la jalousie est historique, la tint six mois captive dans une chambre tendue de noir, et qu'au bout de ce temps, il lui fit ouvrir les veines et

meraye¹; mais nous n'y voyons ordre sy vous ne la retirés, luy rompant son train, et sy ne luy ferés peu de bien pour sa santé de luy oster ceulx qui ne cessent de la faire ennuyer et luy mettent en la teste tout plain de fascheries, à quoy par vostre commandement saura bien donner ordre ledict de Pommeraye, quy vous est tel serviteur que vous cognoissés. Sy vous voulés que, en attendant vostre retour, elle viengne là où est ma fille, vous sçavés que tout ce que j'ay est à vous comme vostre maison mesmes.

Or, mon nepveu, vous sçavés que je n'ay jamais cessé de vous donner paine; encores fault il que à ceste heure, quy est l'estrémité de l'affaire du roy de Navarre, vous veuilliés vous monstrer tel amy que nous espérons vous trouver. C'est que sy Dieu nous donne la pais par vostre moyen, vous veuilliés avoir

l'assassina. Il paraît démontré que Françoise de Foix mourut seulement en 1537.

Cependant, même à cette époque, M. de Châteaubriant n'échappa point au soupçon d'avoir hâté la fin de sa femme. Il y eut des poursuites commencées, qu'il étouffa par la protection de M. de Montmorency, et cette protection, M. de Châteaubriant l'acheta au prix de toute sa fortune. Les Mémoires de Vieilleville, livre 1, chapitres 21 et 22, font connaître par quels moyens Montmorency s'appropria la terre de Châteaubriant. Voyez aux Pièces justificatives, n° IX.

¹ « A M. de La Pommeraye, conseiller et maistre d'hostel ordinaire du Roi. » — Adresse d'une lettre de M. de Montmorency. (Gaignière, t. I, f. 118.)

Ce La Pommeraye paraît avoir été l'homme de confiance, le factotum du connétable. Montmorency lui écrit, au sujet de la donation dont il a été parlé dans la note précédente, que « *M. de Chasteaubryant est disposé à mieux faire encore.* » (Ms. Béth., 8620, fol. 195.) Voyez les Pièces justificatives, n° IX.

le royaulme de Navarre pour recommandé, et aider à le remettre entre les mains dont il a esté ousté pour s'estre desclaré françoys[1]. Vous sçavés quel honneur ce sera au Roy de remettre son beau frère en son héritaige, et quel esemple à tous les princes gardant leur neutralité, voyant que le Roy n'oublie les services passés. Vous sçavés que M. le grand maistre de Boisy[2] avoit pris cest affaire en main et y avoit desjà mis bon commencement. Je croy, mon nepveu, que le roy de Navarre ne trouvera moins de faveur en vous, en quy de sy long temps il a fiance et amitié, qu'il faisoit audict feu grant maistre, quy n'avoit cognoissance de luy que par la pitié qu'il avoit du tort que l'on luy tenoit. Je me tiens sy seure de vous, que je ne me mettray à vous en persuader, sinon de vous dire que en faisant pour nous, vous faites pour vous, car vous pouvez estimer vostre ce que aura jamais le mary et la femme, quy remettent en vous leurs affaires, comme en la personne de ce monde de qui plus a de seureté

Vostre bonne tante et amye, MARGUERITE.

[F. Béth., n° 8550, fol. 9. *Auto.*]

[1] En 1512, Ferdinand-le-Catholique s'empara de la Navarre.
[2] Artus de Gouffier, seigneur de Boisy, frère de Bonnivet, mort en 1519 (*Biogr. univ.*), grand-maître de la maison du Roi.

136. — AU MÊME.

(Saint-Cloud, juin 1537.)

Mon nepveu, de peur de vous empescher, j'ay escript par deux fois à Yzarnay l'estat de la maladie du roy de Navarre, dont je n'ay eu nulle response; mais ayant entendu, par lettres escriptes à quelques ungs de ceste ville, que le Roy s'est trouvé mal trois ou quatre jours, et que, Dieu mercy, il est guéry et party du lieu où il estoit, je ne me puis garder de me plaindre à vous de vous mesmes de ce que vous n'avés commandé à quelqu'un de le m'escripre. Je m'attendois tousjours à Yzarnay, mais craingnant que vous l'ayiés occupé en aultre chose, je vous prie bien fort, mon nepveu, ordonner à Bertereau ou à Estienne que, par tous ceulx quy viendront en ceste ville, ilz me mandent de la bonne santé du Roy et de la vostre. Car sy Dieu ne donne mieulx au roy de Navarre, j'ay peur que de quinze jours il ne soit prest à partir d'icy, pour ce que sa fiebvre, qui jusques au cinquiesme a esté continue, et que à ce matin je pensois du tout dehors, après digner luy est un peu reprise, avecques douleur de teste, quy me faict craindre la tierce, de quoy encores j'ay cause de me contenter le voyant hors du dangier où je l'ay veu pour quatre jours. Croyés, mon nepveu, qu'il a sy grant regret de ne pouvoir estre en lieu où il fasse service au Roy, que je ne luy ay ousé monstrer ce que ce porteur apporte de M. de Bourdeaux, dont j'escrips bien au long à M. de Sainct André, pour vous prier penser que M. de Bourdeaux se plaint de demeurer seul, et luy semble qu'il ne tient qu'au roy de Navarre qu'il n'ait ce qu'il demande, dont le roy de Navarre ayant faict son debvoir de supplier le Roy, ou d'y envoyer quelqu'un ou d'y aller luy mesmes, voyant le peu d'ordre qu'il y a eu jusques icy, en a eu tant d'ennuy que je ne luy en ouse parler, veu qu'il n'est pas en estat de rien servir. Par quoy je vous prie, mon nepveu, vouloir satisfaire à M. de Bourdeaux, et envoyer celuy qu'il plaist au Roy quy y aille, car le temps vous presse, et l'empereur n'a désir que de faire une surprise. Je vous ai dict souvent que le roy de Navarre n'a lieu quy vaille ung coup de poing, et sy n'a mis nul ordre en ces pays, car en son absence, il estoit difficile, sans faire un grant bruit de guerre, que le Roy n'a voulu estre faict, que les estats d'Espaigne ne feussent tenus. Par quoy il me semble que sy vous ne pourvoyez à Bayonne et Dax, ce cousté là est bien foible, quelque petite armée que ce soit. Je vous prie, mon nepveu, y vouloir penser, car je m'adresse à vous congnoissant combien vous avés à cœur ce quy touche le bien du Roy et du royaulme, de quy vous estes tel servicteur et sy suffisant, que l'on vous peult dire sans compaignon, et me pardonnerés sy je vous tiens tant à lire, mais vous sçavés que la matière le requiert, et aussy que à vous seul s'adresse de tous ses affaires

Vostre bonne tante et vraye amye, MARGUERITE.

[F. Béth., n° 9127, fol. 3.]

137. — AU ROY.

(1537?)

Monseigneur, si toust que j'eus receu la lettre qu'il vous pleust m'escripre de Tours, m'en (partis) sans aller devers la Royne, pour n'allonger mon chemin ; car après vostre commandement, je n'ay regard à nul aultre, et n'ay voulu mener personne, combien que assés eussent voulu faire le voyaige, pour ce que vous me commandés seulement m'en aller devers vous, ce que auparavant le roy de Navarre m'avoit escript, pour luy aller aider à solliciter ung affere ; ce que je n'eusse jamais faict sans vostre exprès commandement, combien que ce soit l'affere (après vostre service) qui plus luy touche le bien et l'honneur. Mais, Monseigneur, estant arrivée à Limoges, le lendemain Longueval[1] me bailla unes lettres de vous qui ne portoit aultre créance, sinon qu'en s'en allant chez luy, il me diroit des nouvelles de vostre bonne santé. Tou-

---

[1] Nicolas le Bossut, comte de Longueval, qui fut toute sa vie un traître. Voyez, dans Du Bellay, à la date de 1523, comment il avait fait marché avec les Impériaux pour leur livrer le château de Guise, par l'intermédiaire d'un de ses gens.

Lorsque Charles-Quint vint à Paris (1539), il gagna la duchesse d'Étampes, qui depuis entretint des rapports d'espionnage avec l'empereur. « L'agent dont elle se servait pour cette dangereuse corres- « pondance, était le comte Bossut de Longueval, homme sur le « dévouement duquel elle pouvait compter, et qui passait pour être « plus que son ami. » (PETITOT, *Introd. aux Mémoires de Du Bellay*, ann. 1544.)

tesfois, Monseigneur, il me dit qu'il vous plaisoit que j'attendisse madame d'Estampes, et que je n'allasse point sans elle devers vous, et d'aultres propos qui ne sont point fascheux ; et me dit que le roy de Navarre avoit charge de l'amener, et qu'il me diroit plus au long vostre voulenté. Qui feut l'occasion que je demeuray le jeudy et le vendredy, ce que je n'eusse faict.

Le roy de Navarre vint au matin, et madame d'Estampes au soir, qui me dit que vous luy aviez escript qu'elle me vinst trouver, pour aller ensemble. Je demanday au roy de Navarre si vous luy en aviez rien commandé ; il me dist qu'il n'en avoit jamais ouy parler. Croyez, Monseigneur, que je ne suis sans grant peine, car vous sçavez les propos qu'il vous pleut me dire au partir, tant d'elle que de celuy qui par vous le me commandoit[1]. Et puis le roy de Navarre me dit n'en avoir nulle messaige, et de moy, je n'en ay nulle lettre de vous ne de nul des vostres, et je sçay que jamais vous ne voulustes que je menasse nulle compaignie, ny en Bretaigne, ny ailleurs, qu'il ne vous ait pleu le m'escripre.

Craignant en vous cuydant obéyr vous offenser, je dis à elle, à Longueval, que vous m'aviez permis aller pour l'affaire du roy de Navarre, et que je n'avois nul commandement de vous aller en aultre compaignie, et que d'entreprendre une telle chose de mon authorité sur celles qui sont à la Royne[2], j'aurois peur qu'elle le

---

[1] Il paraît que François Ier avait communiqué à sa sœur ses soupçons sur madame d'Étampes et le comte de Longueval.

[2] Madame d'Étampes était *dame d'honneur* de la Reine. Cette in

trouvast mauvais et que cela nuysit à l'affere pour lequel j'allois. Mais que je vous en escriprois, et que après avoir receu vostre commandement, je ne craindroys personne de ce monde; ce qu'elle me dit estre bon. Et nous en allons droict à Boulogne, où elle viendra après moy. Et si c'est vostre vouloir que je fasse ce que me dit Longueval, je l'attendray là où j'auray vos nouvelles; vous suppliant, Monseigneur, de toutes choses en quoy il vous plaira que je vous serve, me faire l'honneur que je l'entende de vous, ou de ceulx que vous estimez; car quoy que ce soit, sans regarder la qualité du commandement, je vous obéyrai : mais il ne vous desplaira point si en toutes choses et pour qui que ce soit, je demande lettres de vous; car jamais je n'ay peur de faillir mais que je sois seure de vostre voulenté; et si, j'ay tant veu de mensonges, que je ne croiray qu'en vostre escripture, à laquelle obéira jusques à la mort vostre tres humble et tres obeissante subjecte et mignonne[1].

[F. Béth., n° 8546, fol 102. *Dictée.*]

digne favorite gouverna le Roi pendant plus de vingt ans. Elle donna à ses trois frères des évêchés, à ses deux sœurs de riches abbayes. Elle vendit à Charles-Quint le secret des opérations de l'armée française. L'invasion de la Champagne par les Impériaux, qui faillirent menacer Paris; le honteux traité de Crépy, furent l'ouvrage de cette belle duchesse.— Après la mort de François Ier elle fut exilée par les intrigues de Diane de Poitiers. Celle-là, du moins, ne trahissait que son amant. Madame d'Étampes languit dans une obscurité si méprisée, qu'on ne sait pas l'année précise de sa mort.

[1] Cette lettre n'a aucune signature. On lit au dos, de la même main que le corps de la lettre : Double d'une lettre escripte au Roy par la royne de Navarre.

138. — A MON NEPVEU, M. LE GRANT-MAISTRE.

Vanves, 27 juing (1537).

Mon nepveu, j'ay esté merveilleusement aise d'avoir entendu par ce que l'on m'a escript de la court et par les lettres d'Estienne, l'ung des vostres, la disposition de M. le Daulphin et la vostre, et le bon ordre que vous donnez aux affaires de par delà, dont ung chascun vous loue et estime. J'ay sceu aussy le chemin que prennent les ennemis, et m'a semblé qu'ils ne sçauroient pis faire pour eux que de se adresser à Thérouenne ou à Boulongne, estant lesdictes villes si bien garnies et munies de toutes choses comme elles sont. Je vous prie, mon nepveu, commander audict Estienne ou aultres tel que vous adviserez, que je puisse estre souvent advertie des nouvelles de M. le Daulphin et des vostres, sans prendre la paine de m'en escripre, pour les continuelles et nécessaires occupations que je sçay que vous avez ailleurs.

Pour vous faire sçavoir de la disposition du roy de Navarre, il changea hier l'air du pont Sainct-Cloud en celui de Vanves, où il s'est assez bien trouvé, et commence à se pourmener par la chambre. Mais il est encores si foible qu'il ne peult pas faire grant chemin sans se reposer. J'espère, aidant Nostre Seigneur, qu'il sera bien toust guéry et en estat de faire service au Roy, selon le désir qu'il en a.

Je croy, mon nepveu, que vous avez bien sceu

comme le Roy s'est trouvé mal, de quoy j'ay esté en très grant paine. On a envoyé quérir M. Burgencis, qui estoit icy avecques le roy de Navarre, pour aller devers luy. Il est parti ce matin. J'entends que ce ne sera rien, car si sa maladie continuoit, le roy de Navarre m'a dict qu'il me donneroit congé pour aller devers luy, luy faire service pour nous deux.

Au surplus, mon nepveu, l'homme qui poursuit l'affaire de Daulphiné, que vous entendez, est encores à la court pour entériner unes lettres du Roy addressées au président Bertrandy, pour exécuter la commission qui luy est addressée par le Roy, et n'a peu encores entériner les lettres, à cause des menées que l'on faict au contraire; et une raison qu'on allègue, c'est que Gadaigne veult avoir la ferme du sel, et prester une grosse somme d'argent au Roy, ce qu'il ne vouldra pas faire s'il congnoist que l'on veuille icy maltraitter son prédécesseur. Congnoissant les menées et ceulx qui les font, le roy de Navarre et moy avons envoyé M. de Juilly devers le Roy en diligence, pour luy offrir de vostre part et de la nostre tout ce qui pourra venir de ceste confiscation, et le supplier qu'il s'en aide au besoing pour son service, ayant bien le pouvoir cy après de nous en récompenser. Je vous prie, mon nepveu, en escripre encores unes bonnes lettres à M. le chancelier, car il me semble qu'il en est besoing. De nostre cousté, nous y ferons pour vous comme pour nous mesmes.

Il est temps, mon nepveu, que je fasse fin de lettres, suppliant Nostre Seigneur vous donner aussy bonne et heureuse issue de la charge que vous avez, que continuellement le requiert celle qui sera à jamais, de Vanves, ce xxviie jour de juing,

Vostre bonne tante et vraye amye, Marguerite.

P. S. Je vous prie faire les très humbles recommandacions du malade et de moy à la bonne grace de Monsieur.

[F. Béth., n° 8507, fol. 85. *Dictée. P. S. auto.*]

139. — AU CHANCELIER D'ALENÇON.

(Vanves, 27 juin 1537.)

M. le chancelier, ce porteur s'en va pardelà, lequel vous dira des nouvelles du roy de Navarre et de moy, et comme nous avons changé l'air pour venir de Sainct Cloud en ce lieu de Vanves, où j'espère que ledict roy de Navarre recouvrera son entière guérison. Cedict porteur vous parlera d'ung affaire qui concerne grandement le profit et utilité du Roy, et le bien qu'il luy plaist faire audict roy de Navarre et à M. le grand maistre; sur quoy je vous prie le vouloir ouïr et croire. Je suis seure que vous estes si bon serviteur du Roy et tant amy de ces deux personnaiges (qui sont les vostres bien affectionnez), que ceulx qui veulent donner empeschement à l'exécution dudict affaire, ne seront point ouïs ne soubstenus de vous, de quoy je vous prie de très bon cueur, remettant le surplus sur la parole et suffisance dudict porteur, je supplie Nostre Seigneur, M. le chancelier, qu'il vous ait en sa très saincte garde. Escript à Vanves, ce xxviie jour de juing,

La plus que toute vostre bonne amye,
MARGUERITE.

P. S. Despuis la présente escripte, j'ay avisé envoyer par delà l'abbé de Juilly, présent porteur, tant pour vous donner à entendre l'affaire susdict, que pour vous fere foy de la disposition dudict seigneur roy de Navarre.

[Archives du royaume, Suppl. au Trésor des Chartes; J. 920.]

---

140. — A MON NEPVEU, M. LE GRANT-MAISTRE.

(Août 1537.)

Mon nepveu, l'attente de vostre venue m'a gardée de plus souvent vous escripre; toutesfois, à l'adventure j'ay prié M. de La Roche[1], ce porteur, que j'ay tousjours congneu vostre, de vous aller trouver où que vous soyés, pour vous rendre par le menu compte de tout ce que j'ay veu, faict et ouy despuis que je suis icy, et que je vous escrivis par la Terrasse. Car despuis le matin jusques au soir que le Roy va veoir les dames, je ne le pers pas de veue. Il me faict tousjours la chère que vous m'aviés promise, dont je sçay de plus en plus l'obligacion que j'ay à vous. Dieu me doint grace d'avoir moyen de la vous rendre ainsin que je le désire. Mais en attendant, la voulenté y sera sy parfaite qu'elle ne le

---

[1] François de Montmorency, seigneur de La Rochepot, frère puîné du grand-maître, gouverneur de la Picardie.

pourroit estre plus. Je ne vous en feray long propous, car je suis seure que vous le croyés et sentés ainsin.

Au demeurant, après que l'on a attendu pour voir sy le Roy me feroit bonne chère, chescun commence à me venir rechercher, pour avoir vostre amitié. L'on regardoit bien quel visaige le Roy feroit à la venue du président Poyet [1]; mais il l'a montré aussy joyeux et content de vous que s'il eust eu la pais [2], et je croy

[1] Guillaume Poyet. Il avait soutenu comme avocat les prétentions de Louise de Savoie, dans son procès contre le connétable de Bourbon. Ce fut l'origine de sa fortune. Il fut avocat-général, puis président à mortier, enfin il succéda à Ant. Dubourg dans la place de chancelier de France (1538). C'était une âme basse et vénale. Il se fit l'instrument de la haine de Montmorency contre Chabot, et, par une indigne perfidie, feignit d'embrasser les intérêts de l'amiral afin de le perdre plus sûrement. Il alla jusqu'à falsifier les dispositions de l'arrêt pour les aggraver. La disgrâce du connétable, qui suivit de près, entraîna celle du chancelier. Poyet, convaincu de malversations nombreuses, fut déposé de sa charge (1545). Il ne lui servit de rien d'implorer la pitié de Brion rentré en faveur. Lorsqu'il mourut, haï et méprisé, en 1548, il jouissait encore de dix mille livres de rente et de deux abbayes.

On lui a l'obligation de la célèbre ordonnance de Villers-Cotterets (1539), qui prescrit dans tous les actes publics l'emploi de la langue française au lieu de la latine.

On lui a reproché d'avoir retardé, autant qu'il lui fut possible, la fondation du collége de France.

En 1537, on fit un poëme latin *De Improbis Guillelmi Poyeti moribus*. Je ne sais s'il est imprimé; on le trouve dans les manuscrits de Dupuy, 736.

[2] Charles V, après avoir échoué devant Thérouenne, Péronne, etc., commença à désirer la paix. Sa sœur, la reine de Hongrie, proposa des conférences; elles se tinrent à Bomy, village à deux lieues de Thérouenne. On y conclut, non pas une paix définitive, mais une trêve de dix mois. Ce traité est du 30 juillet 1537. Les députés fran-

que en son cœur après s'estre mis à toute raison et l'ayant faict entendre à toute la cristienté, puisque la faulte vient de l'obstinacion de l'Empereur, il ne voudroit point qu'il feust autrement; mais quoy qu'il en soit, il est bien satisfaict de vous, dont je loue Dieu. Et remettant le surplus sur ce porteur lequel je vous recommande, va vous donner le bon jour

Vostre bonne tante et vraye amye,

MARGUERITE.

P. S. Le roy de Navarre dit que je vous mette icy ses recommandacions du plus parfaict amy que vous ayiés.

[F. Béth., n° 8551, fol. 29. *Auto.*]

141. — A M. LE CHANCELIER D'ALENÇON.

Montfrin, 24 aoust (1537?)

M. le chancelier, j'ay entendu par ung mien serviteur venant de Thoulouse, comme l'office d'inquisiteur dudict lieu, de laquelle j'ay esté circonvenue et trompée par ung nommé Becanis, n'est despeschée; lequel Becanis m'a faict entendre par Binety que c'estoit luy au nom duquel Badeto[1] l'a résignée, et toutesfois j'ay bien sceu le contraire, car celluy au nom duquel Badeto l'a résignée, qui est celuy que je

---

çais étaient Jean d'Albon, maréchal de Saint-André, le président Poyet et Nic. Bertereau, secrétaire d'État. (GAILLARD, *Histoire de François I*er, t. III, p. 239; édit. in-8°.)

[1] Badeto, ou Badet, comme l'appelle Théodore de Bèze, qui rési-

désire en estre pourveu, se nomme Rocheto[1], et est homme pour bien faire ledict office; aussy est ce luy au nom duquel le Roy l'a m'a octroyée, et me seroit, je vous asseure, M. le chancelier, une chose tant mal aisée à supporter que d'estre ainsy circonvenue, que je ne me pourrois tenir [de] faire recongnoistre aux circonveneurs que ce n'est à moy à qui l'on doibt user telles bourdes. Et pour éviter aux inconvéniens, je vous prie, M. le chancelier, sans avoir respect d'oyr parler ledict Binety, veuillez faire le vouloir du Roy,

---

gnait sa charge d'inquisiteur de Toulouse vers 1537, devint conseiller au parlement de Provence, en 1544. Il fut un de ceux qui, avec d'Oppède, Lafont et de Tibutiis, firent les massacres de Mérindol. Conformément aux injonctions de François Ier au lit de la mort, Henri II leur fit faire leur procès (1549), comme ayant dans cette épouvantable exécution surpris la bonne foi de son père. Ils furent renvoyés absous par des juges, dit Bèze, aussi sanguinaires et criminels qu'eux-mêmes. (*Histoire ecclés.*, t. I, liv. II, p. 78.)

[1] « Un inquisiteur de la foi, nommé Rochet, jacopin, avoit esté envoyé audit Agen pour connoistre du fait d'hérésie en dernier ressort, avec Geoffroy de La Chassaigne, conseiller au parlement de Bordeaux. » Bèze ajoute qu'ils inquiétèrent Scaliger, et que Rochet fut brûlé la même année, pour crime de sodomie.

Mais l'esprit de parti dont Bèze ne sait jamais se défendre, l'a induit en erreur. Frère Louis Rochette, inquisiteur de la foi, fut effectivement brûlé vif à Toulouse, sur la place du Salin, le 10 septembre 1558; mais c'était comme convaincu d'être tombé lui-même dans l'hérésie qu'il devait poursuivre. « Rien n'est plus faux, dit Lafaille, « que cette imputation de sodomie; les Annales du Parlement et de « l'Hôtel-de-Ville font foi qu'il s'agissait uniquement d'hérésie. Si « Bèze revenait au monde, il serait sans doute bien fâché d'avoir ca-« lomnié si vilainement un homme dont il pouvait faire un de ses plus « glorieux martyrs. » (*Annales de Toulouse*, t. II, p. 109.)

Je n'ai pu rien découvrir sur Bécanis ni sur Binety.

qu'est que ledict Rocheto, au nom duquel il m'a octroyé ledict office, en soit pourveu, sans que les choses en viennent plus avant. Car aussy bien nonobstant tous les empeschemens quy y pourroient survenir, si le Roy ne m'en veult du tout esconduire, je feray en sorte que son vouloir et le mien sortiront leur effect en chose tant raisonnable comme celle cy; à laquelle suis asseurée, après l'avoir bien entendue, tiendrez la main, et non pour aultre chose que pour la raison ; car je m'asseure que ne vouldriez permettre que telles traffiques eussent lieu envers le Roy, et à moi seroit chose tant desplaisante, que ne le pourriez penser. Qui me fera de rechef vous prier pour l'affaire que j'ay de luy par deça, le vueillez despescher, pour s'en venir à Thoulouze vers moy, où je le présenteray au Parlement. Qui sera fin, suppliant le Créateur, M. le chancelier, vous tenir en sa saincte grace. A Montfrain, ce XXIII d'aoust.

La toute vostre bonne amye, MARGUERITE.

[Archives du royaume, Suppl. au Trésor des Chartes, J. 920. *Dictée.*]

142. — A MON NEPVEU, M. LE GRANT-MAISTRE.

(Fontainebleau, septembre 1537?)

Mon nepveu, après avoir receu vostre lettre, j'ay parlé à Burgencis[1] et aux médecins de la Royne, pour sçavoir leur opinion sur son deslogement de ce lieu ; sur quoy ils vous font bien au long response, et oultre

[1] Louis de Burgency, médecin du Roi.

ce qu'ils vous escripvent, je vous asseure qu'il n'y a villaige à quatre lieues d'icy où il n'y ait encores plus de malades, et tous de pareilles maladies, quy sont longues et aspres au commencement, mais nul n'en meurt. Madame Marguerite[1] et moy feusmes hyer voir le pressouer du Roy, pour ung peu prendre de l'air ; mais la femme de Janot me conta que tous les servicteurs de son mary sont malades de fiebvres continues, quotidiennes et tierces ; et, combien qu'ils sont traictés d'aulx, d'oignons, d'eau pure et de toutes mauvaises viandes, ils guérissent tous. Après six ou sept révérences, elle me conta qu'elle n'ousoit aller à sa paroisse de Moret, pour ce qu'il y a encores plus de malades, et par tous les villaiges ; quy a faict prendre conclusion aux médecins qu'il vault mieulx que dans ce bon logis la Royne se guérisse, que retomber malade en ung mauvais ; et quant bien elle le voudroit, elle ne sauroit endurer la litière. Mais sy toust qu'elle n'aura plus de fiebvre, elle a deslibéré se faire porter jusques à Montargis et Chastillon pour là se fortifier.

Nous avons ung example quy donne crainte aux malades de partir : c'est que M. de Monchenu[2], sans le conseil des médecins, voyant que sa femme estoit amendée d'une fiebvre tierce qu'elle avoit, luy fit changer l'air à une lieue de Sainct-Maturin ; dont elle a pris une grosse fiebvre continue. Je y ay encores mon médecin, et luy ay prié qu'il voulust que je luy

[1] Fille de François Ier, nièce et filleule de la reine de Navarre.
[2] Maître d'hôtel du Roi, et de ses trois favoris le plus discret et le moins coûteux.

envoyasse sa fille et de mes femmes; ce qu'il n'a voulu. Mais je y en envoirai, car la diligence et la despense qu'il a faicte pour la retirer de prison, m'a faict doubter qu'elle n'a pas tout ce qu'il luy seroit mestier.

Je ne veux oublier de vous dire que sy je me congnoissois aussy bien au mesnaige comme j'ay trouvé beau l'ouvraige du Roy, tant en son pressouer que en sa vigne, j'en ferois une bien longue lettre, car il me semble qu'il n'est possible de veoir édifice pour l'occasion plus magnifique et plaisant. Sy nous sommes encores icy, nous irons faire ces vendanges quy seront bonnes, car les raisins sont bien bons.

Sy vous assuré-je bien que pour nous ayder à guérir la Royne et madame la Daulphine[1], quy à ce matin a pris son quart accès de sa quarte, y fera tout ce quy sera en sa puissance

Vostre bonne tante et amye, MARGUERITE.

[F. Béth., n° 8550, fol. 33. *Auto.*]

143. — AU MÊME.

(Fontainebleau, septembre 1537.)

Mon nepveu, à ce matin que madame la Daulphine debvoit avoir sa fiebvre, je la suis venu veoir, et l'ay trouvée sans nul mal, faisant aussy bonne chère qu'il est possible. Quelque aultre mal luy est pris, quy est sa parfaicte guérison.

La Royne a tousjours un peu de fiebvre et continuelles sueurs, tant en sa fiebvre que sans l'avoir; que

[1] Catherine de Médicis, mariée à Henri, duc d'Orléans (1533).

nous espérons estre la fin de son mal. Vous pouvés penser combien la longueur luy ennuie, principalement ayant entendu la délibéracion du Roy, pour le désir qu'elle a de le pouvoir veoir avant son partement de Lyon; à quoy nous mettrons tous la millieure paine que pourrons. Qui sera ce que pour ceste heure vous saurois mander, vous priant asseurer Monsieur[1] que sa femme est saine et en bon point, et que nous le souhaitons bien à veoir les joustes des cerfs, où nous allons souvent. Madame Marguerite[2] qui, despuis le trespas de la Royne sa sœur[3], avoit commencement de tumber aux pasles couleurs, se porte fort bien, et prend couleur et graisse de bonne sorte; et pour cest effect, je la presse souvent d'aller le matin à l'esbat, où je luy tiens compaignie. Je vous prie, mon nepveu, si je m'avance trop, pour le désir que j'ay de les veoir bien saines, que vous le me mandés, car je ne me puis garder de vivre avecque ce quy touche le Roy comme il luy plaist me donner la hardiesse de faire avecques luy : c'est me soulcier de leur santé, car au demeurant, c'est la plus honneste et gracieuse compaignie que je veis oncques. Je me fie en vous, mon nepveu, que vous ne laisserés point faillir par faulte d'avertissement

Vostre bonne tante et vraye amye, MARGUERITE.

[F. Béth., n° 8551, fol. 7. *Auto.*]

[1] Henri, dauphin.
[2] Seconde fille du Roi, nièce de la reine de Navarre.
[3] Madelaine, mariée à Jacques V, roi d'Écosse, le 1ᵉʳ janvier 1537, et morte le 2 juillet de la même année.

144. — AU MÊME.

(Fontainebleau, septembre 1537.)

Mon nepveu, j'ay laissé la Royne guérie de sa fiebvre et aussy madame la Daulphine, et m'en voys veoir ma fille, qui commence fort à s'amender; où je n'espère demeurer que bien peu, car je ne fauldray à me retrouver à Chastillon, comme j'ay promis à la Royne et à la dame de la maison[1]. Il est vray que pour le reume que j'ay encores, j'avois délibéré me mettre par eau à Orléans; mais madame Davaugourt[2], quy ne faict que escouter, l'avoit sy bien mandé, que l'on me debvoit venir trouver audict Orléans, quy m'a gardée d'y passer, et m'en voys droit à Boisgency, où, sy je puis, j'emmeneray la dame avecques moy jusques à Blois, et ne retournerons que les aultres ne soient passées jusques à Nevers, où elles se doibvent trouver. La compaignie que j'ay laissée en a belle peur, car despuis qu'elle en est loing, nous avons esté comme en paradis. Leur espérance est en Monsieur[3] et en vous, que vous les soustiendrés tousjours devant le Roy, et encores qu'elles prient bien Dieu pour vostre

---

[1] Madame de Châtillon avait été gouvernante, puis dame d'honneur de Marguerite.

[2] Dame de la suite de la reine de Navarre. Marot lui a adressé des vers.

[3] Henri, dauphin.

retour. Aussy faict de tout son cœur, avecques sa douleur de dents qui me contraint finer

Vostre bonne tante et vraye amye, MARGUERITE.

[F. Béth., n° 8551, fol. 3. *Auto.*]

145. — AU MÊME.

(Fontainebleau, automne de 1537.)

Mon nepveu, de toutes les obligacions que j'ay à vous, je puis bien compter ceste cy du plaisir que vous m'avés faict de m'avoir asseurée de la bonne santé du Roy, dont je loue Dieu de tout mon cueur. J'avoys bien sceu par le prevoust de Paris qu'il avoit eu quelque mal à l'espaule, dont j'estois en grant paine, et m'avoit esté célée jusques à la venue dudict prevoust. Je ne pouvoys estre sans grant peur qu'il y eust pis, car ledict prevoust le me dist ainsy que j'estoys à disner, qu'il arriva ; et me dist qu'il avoit tant d'affaires de par le Roy, qu'il ne me donna loysir de bien m'en enquéryr ; ny despuis ne l'ay veu, car il est allé dehors. Mais je demouray en grant doubte dont votre lettre m'a du tout délivrée. Dieu me doint grace de vous pouvoir rendre ung plaisir pareil, que j'estyme le plus grant que je sauroys avoir. Je luy escrips une lettre que je vous prie luy vouloir présenter et luy dire que puis [que] ma fille est bien guérie, je la meneray lundi à Seuraine ou Saint-Clou pour changer l'air, et aussy pour me reposer du festoyement que j'ay faict aux Anglois, que je remeetz à M. de Humyeres à vous conter, quy s'aquite de sorte envers eux, que je ne vis jamais gens plus contens et du Roy et de ses serviteurs.

S'il y avoit riens par dessà où je vous peusse faire ung bon service, vous feriés grant tort à l'espérience que vous avés de long temps sy vous n'y vouliés employer

Vostre bonne tante et amye, MARGUERITE.

[F. Béth., n° 8550, fol. 77. *Auto.*]

146. — AU MÊME.

(Du Bourg-la-Reine, décembre 1537 [1].)

Mon nepveu, à ceste heure qui sont deux heures après mynuyt, j'ay sceu que ma fille est, Dieu mercy, bien amendée, et a perdu sa fiesvre et fort dyminué son flutz de ventre. Elle m'escript, comme vous voirez, ce que incontinent vous ay envoyé, car il me semble que vous avez tant participé en mon ennuy, que je vous ferois tort sy je ne vous departois de ma consolation, vous pryant dire au Roy que Nostre Seigneur n'a voulu priver ma fille de l'heur et du bien qu'il luy a préparé en sa pensée; car si elle n'eust eu nom que de mienne, la mort en eust voulu faire comme des

[1] Jeanne d'Albret fut très-malade au Plessis-lez-Tours, où François Ier la faisait élever loin de ses parents.(Voyez la Notice biographique, p. 65.)

Ch. de Sainte-Marthe (*Or. fun.*) dit expressément que lorsque la nouvelle de cette maladie arriva à Paris, on était aux jours les plus courts de l'année.

aultres[1]; mais la voyant esleue pour luy, elle n'a ouzé toucher à ce qu'il luy plaist nommer ses enfants.

Il fault que je vous confesse que j'ay mené une vie despuis que je partis, qui me contraindra garder pour aujourd'hui la chambre, car la douleur que j'ay eue, m'a gardé de sentir mon mal et ma lasseté; ce que je sens maintenant à bon escient. Vous priant que je saiche des nouvelles de la bonne santé du Roy, de la Royne et de Messieurs et Mesdames, et des vostres, car mais que tout soit bien, à cause de louer incessament Nostre Seigneur.

Vostre bonne tante et amye, MARGUERITE.

[F. Béth., n° 8549, fol. 29. *Auto.*]

147. — AU MÊME.

(Tours, janvier 1538.)

Mon nepveu, plus je voys en avant, et plus je connois la vraye amytié que me vous portés, car aux affaires sy grans et sy contraints où vous estes, vous avez mémoire de la personne de ce monde qui plus vous est tenue, me congnoissant tant obligée à vous du bon advertissement que vous me faites, que si le pouvoir et le moyen estoit de faire aultant pour vous comme je le désire, vous seriez le plus heureux homme du monde; ce que, Dieu mercy, je vous tiens, veu les graces qu'il vous fait, et au Roy et à son royaulme, par

[1] Comme du prince Jean d'Albret, mort en bas âge, et des enfants que le Roi avait perdus et que Marguerite appelait les siens.

vostre prudence, hardiesse et diligence, dont je reçoy une sy grant joye que je n'en eus jamais de pareille. Je suis seure que vous n'oubliés d'en donner la gloire à celuy dont tel heur vous vient, lequel j'en loue sans cesse de tout mon cueur.

Or, mon nepveu, pour le lieu là où vous estes, je ne vous ay voulu fascher de propous indignes d'aller si loin; mais afin que sy l'on trouve mauvais mon voyaige de Bretaigne, que vous veuilliés uzer de l'amour que je suis seure que vous me portés et en dire la vérité, je vous veux bien ramentevoir que quand le Roy partit de Fontainebleau, je luy demanday, voyant l'estat ou estoit la Royne, s'il luy plaisoit que je demeurasse pour luy faire service tant qu'elle seroit malade. Il me dit qu'il le me commandoit. J'ay fait son commandement, et combien que ma fille par deux fois feust malade, je ne voulus demander mon congié, jusques à ce que la Royne feust toute necte de sa fiebvre, et, par le commandement du Roy, m'en vins voir ma fille, espérant y demeurer jusques à recevoir aultre commandement. Mais entendant l'estresme nécessité où ma sœur, madame de Rohan[1], estoit, et que sans moy, son mary, ses enfants et elle estoient en danger d'estre les plus pouvres gentilshommes de France, (non par leur faulte, mais de très-mauvais serviteurs) l'obligation que j'ay, quant à la nacture et quant à l'honneur, m'a contrainte laisser ma fille qui estoit guérie, pour aller guérir ma pou-

[1] Isabeau d'Albret, belle-sœur de Marguerite.

vre sœur, laquelle j'ay amenée avecques deux femmes pour la nourrir avecques ma fille, jusques à ce que leur maison soit désendebtée, (qui doibt sessante mille francs, et plusieurs terres engaigées!) et sans moy le demourant s'en alloit, où ils n'eussent sceu vivre. Mais quoy qu'il en soit, je n'ay demouré à aller et venir que le temps que j'eusse séjourné à Blais, auquel lieu je m'en voys ramener ma fille, que j'avois amenée par eau en ceste ville de Tours, afin en allant et venant la voir huit ou dix jours en tout. Je vous prie, mon nepveu, le vouloir faire entendre au Roy, et l'asseurer que sy j'eusse entendu qu'il luy eust pleu que je feusse demourée avecques la Royne, il sait bien que je n'ay affaire sy contraint que je n'eusse laissé, combien qu'il fault que je vous die que quant ils sont en bonne santé, je foys sy peu de service au Roy en la compaignie des dames, que luy ny nul ne se doibt appercevoir de mon absence. Je vous prie encores bien fort, afin que je ne faille par faulte de l'entendre, me mander sy l'intention du Roy est que je ne bouge d'avecques la Royne, car où il luy plaira, il congnoistra qu'il sera obéy de bon cueur.

Mon nepveu, j'espère que le bon effet que vous avés mis à fin[1] nous appportera une bonne paix et la fera plus facile; par quoy je ne me puis garder de vous prier avoir le Roy de Navarre pour recommandé, car vous savez que tout l'espoir qu'il peult avoir de jamais recouvrer son royaulme est la faveur du Roy, soit

[1] La trêve de Leucate.

par paix ou par guerre avecques l'Empereur. Je sçay bien que ce n'est la raison que son affaire soit traitté avecques celluy du Roy; mais vous sçavés que le Roy voulut bien que le chancelier d'Alençon y allast de la part du roy de Navarre. Seulement je croy que puisque vous en avés la charge, il ne l'accordera pas mains voulentiers, et si, me tiens seure que après avoir fait l'affaire du Roy, vous n'oublierés de faire toute la faveur que vous pourrés à celuy que vous congnoissés aussy bien que moy quel amy y vous est, et sy par vostre moyen le pouvoir luy augmente de monstrer quelle afecsion il vous porte, vous ne vous repentirés d'avoir prochassé de l'honneur à ceulx desquels vous pouvés conter la maison la vostre mesmes; vous priant estre l'ayde, le conseil et l'appuy de celuy qui a en vous sa parfaite fiance et avecques luy

Vostre bonne cousine et vraye amye, MARGUERITE.

P. S. Je vous prie voir ce que j'escrips au Roy, et, s'il vous semble bon, la luy bailler ou faire bailler, ou la brusler. Je remets tout à vous.

[F. Béth., n° 8562, fol. 42. *Auto.*]

148. — A M. LE CHANCELIER D'ALENÇON.

Lyon, 8 juillet (1538).

M. le chancelier, depuis vostre partement, est arrivé icy Pommeraye, lequel a laissé le Roy à Valence, dont estoient partis le Vis-Roy et Montmorency, pour aller devers l'Empereur[1]. Ils ont si grande espérance en la paix qu'il n'est possible de plus. Nostre Seigneur nous en donne de tous costés sy bonnes nouvelles, que nous avons bien cause de le louer et mercier. Je luy supplie conduire le tout à bonne fin, et vous donner le bien que vous désire, de Lyon, le viij° jour de juillet,

Vostre bonne maistresse, MARGUERITE.

[Archives du royaume, Suppl. au Trésor des Chartes, J. 920. *Dictée.*]

[1] Au congrès de Nice. François Ier et Charles V avaient accepté la médiation du pape. Ils signèrent une trêve de dix ans. Le Roi et l'Empereur se rendirent ensuite à Aigues-Mortes; leur cour les y suivit; « et dans cette entrevue qui dura trois jours, du 14 au 17 juillet, les « deux monarques eurent plusieurs entretiens, où, perdant en appa- « rence le souvenir du passé, ils se traitèrent avec une confiance et « une cordialité qui firent concevoir à la Reine les plus flatteuses « espérances. » (PETITOT, *Intr. à Du Bellay*, p. 142.)

Il y a apparence que Marguerite écrivit ce billet étant en chemin pour Aigues-Mortes.

Il y a ici une lacune de deux ans dans la correspondance de la reine de Navarre. Nous avons laissé Marguerite s'occupant activement de politique, parcourant la Provence, la Bretagne et la Picardie pour les intérêts de son frère; nous la retrouvons établie paisiblement en Béarn, avec son mari.

Dans cet intervalle se placent deux événements importants qu'il faut mentionner :

Montmorency, fait connétable à Moulins, le 10 février 1538, ne tarda pas à se brouiller avec la reine de Navarre. Le connétable, parvenu au dernier degré où son ambition pouvait aspirer, ne ménagea plus sa bienfaitrice. « J'ay ouy conter « à personne de foy que M. le connestable de « Montmorency, en sa plus grande faveur, dis- « courant de ce faict un jour avec le Roy, ne fit « difficulté ny scrupule de luy dire que s'il vouloit « bien exterminer les hérétiques de son royaulme, « qu'il falloit commancer à sa cour et à ses plus « proches, luy nommant la Royne sa sœur. A « quoy le Roy respondit : Ne parlons point de « celle-là, elle m'ayme trop; elle ne croira jamais « que ce que je croiray, et ne prendra jamais de

« religion qui préjudicie à mon Estat. Dont onc-
« ques puis elle n'ayma jamais M. le connestable,
« l'ayant sceu, et luy aida bien à sa desfaveur et
« bannissement de la cour. » (*Dames illustres;*
Marguerite, royne de Navarre. Édit. *Panth.*,
t. II, p. 184.)

Le second fait à signaler est le mariage de
Jeanne d'Albret avec le duc de Clèves, mariage
conclu sans l'aveu des parents de la petite princesse, âgée alors de onze ans et demi. Les cérémonies se firent à Châtellerault, le 15 juillet 1540.
En cette occasion éclata la disgrâce du connétable.

« Si bien que le jour que madame la princesse
« de Navarre, sa fille, feut mariée avec le duc de
« Clèves, à Chastelleraud, ainsy qu'il la fallut por-
« ter à l'église, d'autant qu'elle estoit sy chargée
« de pierrerie et de robe d'or et d'argent, et pour
« ce que par la foiblesse de son corps n'eust sceu
« marcher, le Roy commanda à M. le connestable
« de prendre sa petite niepce au col et la porter à
« l'église; dont toute la cour s'en estonna fort,
« pour estre une telle charge peu convenable et
« honorable en telle cérémonie pour un connes-
« table, et qu'elle se pouvoit bien donner à un
« aultre. De quoy la royne de Navarre n'en feut
« nullement desplaisante et dict : Voylà celuy qui

« me vouloit ruyner autour du Roy mon frère,
« qui sert maintenant à porter ma fille à l'église.
« .... M. le connestable feut fort desplaisant de
« ceste charge et en eut ung grand despit, pour
« servir d'ung tel spectacle à tous, et commença
« à dire : C'est faict désormais de ma faveur ; adieu
« luy dis. Comme il arriva, car après le festin et
« disner des nopces, il eut son congé et partit
« aussitost. Je le tiens de mon frère aussy, qui
« estoit lors paige à la cour, qui veit le mystère et
« s'en souvenoit très bien, car il avoit la mémoire
« très heureuse. » (BRANTÔME, *Dames illustres*.)

149. — A M. D'IZERNAY [1].

Nérac, 29 décembre (1541).

M. d'Izernay, sy le Roy a eu contentement d'entendre par vous l'estat où je suis, croiez que j'en ay encores plus d'entendre la continuation de sa santé et les propos que par vos lettres me mandez qu'il vous a tenus ; quy me faict vous estimer très heureux messagier pour moy, et moy encores plus heureuse de vous avoir tel, car je n'eusse ouzé demander ce que vous avez obtenu pour moy, en quoy vous avez merveilleusement bien faict de prendre le conseil de M. le chancelier d'Alençon [2], lequel ne

[1] Il était devenu chef ou intendant de la maison de Jeanne d'Albret.
[2] François Olivier.

peult jamais estre que à mon advantaige, vu le sçavoir qu'il a, et l'affection qu'il me porte. Et fault que je vous die que je n'estime pas moins la grace que le Roy me faict d'envoyer icy les commissaires que me nommez, que d'envoyer M. de Condom à Bloys[1], car je n'ay pas tant de hayne à luy que j'ay de désir que le Roy soit aymé et obéy en ce pays, comme la raison le veult, et congneu aultre prince que l'évesque ne l'a fait prescher. Ce sont propos de quoy vous sçavez que je n'ay jamais voulu fascher le Roy; mais si est-ce que depuis qu'il[2] eut congé de retourner chez luy, vous n'avez jamais veu la braverie qu'ont faict ses parens! Et par quelques advertissemens que j'ay eus que l'on use fort de poisons de ce costé là, j'ay prié le roy de Navarre, tant que je aurois à demourer icy, que l'on eslongnast de ceste ville ceulx qui estoient audict évesque, ce qu'il a faict doulcement, en leur remonstrant l'opinion que j'en avois, et a on donné ordre que personne n'entre à nos offices. L'invention que l'on dit que les moynes ont d'empoisonner en ce pays, c'est dedans l'encens, duquel je

[1] Érard de Grossoles, de la maison de Flamarens. C'était un fougueux catholique; François Bellemare lui dédia sa défense du Saint-Siége contre Luther. Du Bellay dit que plusieurs évêques de France firent répéter en chaire les odieuses calomnies qu'on semait en Allemagne contre François 1er (livre VI, p. 437, éd. Petitot). Érard de Grossoles était apparemment un de ces prélats. Il eut pour successeur au siége de Condom Charles de Pisseleu, frère de madame d'Étampes. (1544.) Voyez la *Gallia christiana*, t. II, p. 968, et le P. ANSELME, t. VIII, p. 476. Le P. Anselme met la nomination de Ch. de Pisseleu en 1545.

[2] L'évêque de Condom.

ne doy point avoir de peur, car depuis que vous estes party, me suis trouvée plus mal que je n'ay point encores faict; mais ce n'est que de vomissemens [1], par quoy ceste feste de Noël a esté chantée en nostre grant salle, et de mon lict j'ay ouy matines et la grant messe, car nous sommes venus loger en la chambre de Madame.

Vous me mandez que le Roy ne veult point que je parte encores d'icy : mais je vous promets que ce me seroit chose bien difficile. Je me suis trouvée cinq ou six jours si forte et si bien, qu'il n'estoit possible de mieulx, et avois du tout laissé le Creneche [2]; mais j'ay esté contrainte de le reprendre quant c'est venu sur le terme des trois mois, lequel j'auray passé le quatriesme de janvier, car je suis grosse du jour de Sainct Firmoys [3], ou je ne le suis point.

Je n'escrips point pour ceste heure au Roy, pourcequ'il n'est point de besoing; mais si vous le trouvez bon, vous luy direz le contenu en une petite ame [4] escripte de ma main, que vous trouverez en ceste lettre, ou la luy monstrerez. Vous luy direz aussy l'aise que j'ay d'entendre que ses affaires se portent si bien de tous costés, et le pouvez asseurer que le roy de Navarre le faict bien semer partout, et principalement pour battre contre les mensonges que ses voy-

---

[1] La reine de Navarre commençait une nouvelle grossesse.
[2] Elle avait cessé l'usage du vin de Grenache.
[3] Saint-Firmin, le 25 septembre.
[4] Un billet inclus dans une lettre. Cette singulière expression appartient au langage précieux du xvie siècle.

sins font courir. Au demeurant, après avoir faict ce qu'il luy semble nécessaire pour le service du Roy, nous ne faisons que passer nostre temps. Mademoiselle de Caulmont et la séneschale de Caulx doibvent revenir à ces Rois. Mademoiselle de Clermont arriva samedy dernier, qui n'a point apporté de mélencolie. Elle se loue fort de madame de Clermont sa belle mère ; vous le pouvez dire au comte et à la comtesse de Vertus[1] que vous irez visiter de ma part, et direz à la comtesse qu'il me desplaist bien de quoy elle a ceste vilaine maladie[2] ; toutesfois que je l'ay eue la plus grosse qui fut jamais, et s'il est ainsi qu'elle l'ait prinse, que l'on m'a dict, je vouldrois estre près d'elle pour luy garder son tainct, et luy faire que j'ay faict ; toutesfois que j'escrips à maistre Jehan Goinret.

Je pense que avant que vous aiez ma lettre, que madame d'Estampes sera retournée, à laquelle je suis seure que vous ne fauldrez de dire les propos que je vous ay tenus. Je vous prie que vous la hantez le plus que vous pouvez, car vous sçavez bien qu'elle a vostre compaignie à gré, et en cela vous ferez pour vous et pour moy. N'obliez à luy dire que j'entends très bien qu'elle est occasion de toute la consolation que j'ay, et contez luy comme vous avez trouvé le Roy si bien disposé pour mes affaires qu'il n'est possible de mieulx, à quoy vous estimez que les propos qu'elle a tenus de moy ont merveilleusement servy, et l'asseurez

[1] François de Bretagne, comte de Vertus, avait épousé Charlotte de Pisseleu, sœur de la duchesse d'Étampes.
[2] La petite-vérole.

bien de l'amitié que mary et femme luy portent. Et nonobstant que vous ne me voulez escripre ceulx que vous avez eu à combattre pour l'affaire de Condom, si vous veulx je bien prier d'entretenir tousjours M. le général Bayard[1], et l'asseurez que le roy de Navarre et moy nous fions bien fort en luy. Vous n'oublierez aussy Bouchetel, car vous sçavez l'amour que je luy porte. Pareillement à M. de Tulle[2], et à ceux que congnoissez qui me portent affection. Il me semble que pour ceste heure vous en avez assez, vous priant continuer vostre heureux et bon commencement en doulceur, sans nulle importunité, et je vous promets ma foy que vous me trouverez tant que je vivray

Vostre bonne maistresse, MARGUERITE.

[F. Béth., n° 8560, fol. 82. *Dictée.*]

150. — AU MÊME.

Nérac, le 30 décembre (1541).

M. d'Izernay, avant hier je receus vos lettres du 18ᵉ de ce mois, auxquelles hier je vous feis responce; et aujourd'huy ay receu celle que m'escripvez du

[1] Bayard, secrétaire-général; Bouchetel ou Bochetel, secrétaire ordinaire du Roi.

[2] Pierre du Castel ou Du Chatel, évêque de Tulle, puis de Mâcon, puis cardinal, lecteur du Roi, un des plus illustres savants de ce siècle, protecteur des gens de lettres auprès de François Iᵉʳ. Il contribua avec Budé et Du Bellay à la fondation du collége de France.

On a de Pierre du Castel une relation curieuse des obsèques de François Iᵉʳ. On la trouve à la fin de la vie de du Castel, écrite en latin par Baluze; l'abbé Lambert l'a insérée dans son édition de Du Bellay (t. VI, p. 126). L'original est dans le volume 8517 de Béthune.

21ᵉ, sur lesquelles avant que passer plus oultre vous diray (comme craignant que ne soyez plus à la court, veu que me mandez vouloir aller en vostre maison), j'ay changé propos de l'ame[1] que je vous escripvis vouloir mettre en madicte lettre d'hier, pour le contenu en icelle faire entendre au Roy, auquel seigneur il m'a semblé meilleur escripre et envoyer au prothonotaire d'Hourte ma lettre pour luy présenter; ce que je fais. Et à celle fin que vous saichez ce que vous eussiez veu en ladicte ame, je vous diray que toute la substance estoit des remerciements que je vous priois faire au Roy sur les bons propos qu'il vous a tenus, lesquels, si vous estes encores près de luy, vous pourrez bien faire ainsy que vostre discrétion le sçaura aussy bien adviser que je le vous pourrois escripre. Et vous diray seulement, veu aussy que à vostredicte première lettre j'ay faict ample responce par la mienne d'hyer, que celle d'aujourd'huy m'a aultant satisfaicte que lettres que je aye de long temps receues, et voy bien que vostre diligence m'a merveilleusement servie, et que sans elle et le bon conseil que vous donna M. le chancelier d'Alençon, à grant peine que les choses eussent si tost sorty effect, duquel je ne me resjouis en façon quelconque que pour faire congnoistre à ce pauvre peuple comme leur Roy n'est pas aussy cruel que on leur a presché[2]; et n'estoit l'asseurance que j'ay que le Roy sçait bien que je n'ayme la vindication, je crain-

[1] Au sujet du billet, etc. (Voyez la lettre précédente, p 375.)
[2] C'est l'affaire de l'évêque de Condom, dont elle a parlé dans la lettre 149ᵉ.

drois que l'on pensast qu'elle feust cause d'avoir ainsy prins cest affaire à cueur; mais il me congnoit et sçait si bien que je n'ay affection sinon en ce qui luy touche, que je ne crains point que l'on pense que je le fais pour aultre respect que le sien. Et sy à la fin congnoistra que je n'ay point parlé sans grande (*sic*) occasion, et que ceulx qui luy ont voulu dissimuler, ne l'ont pas si bien entendu que moy. Je ne doubte point que leurs défenses n'ayent esté cause de vous faire aussy tirer au chevrottin, comme vous me dites avoir faict; mais à la fin vostre victoire ne sera moins louable pour vous que leurs défenses à leur confusion.

J'ay receu la lettre du Roy, qui m'a esté telle joye que vous pouvez penser; et encores que vostre grant affection vous gardast de la trouver assez bonne, sy n'ay je laissé de la trouver de si bonne substance et vertus, qu'elle m'a nettoyée de tous mes maulx, et sy vous asseure que, depuis dix ou douze jours, j'ay eu aultant de mal de cueur, foiblesse et vomissement que j'eus oncques; qu'est une maladie que j'ay tousjours accoustumé d'avoir sur la fin du troisième mois que je suis grosse. Et croy que mon mal eust continué jusques à la fin desdits trois mois, qui sera mercredy, n'eust esté la réception desdictes lettres qui m'ont apporté ce bonheur, et espère qu'elles porteront encores, car je ne les abandonneray point et ne bougeront de dessus moy, et si vous asseure que je les baiseray pour le moins une fois le jour d'aussy bon cueur que je feis jamais baiser, et les porteray comme relicques, dont elles ont aussy bien servy au roy de Navarre comme à moy, car il a esté environ vingt-quatre heures aussy malade d'une colique que je le veis oncques, et a fait de l'eau aussy noire que encre. Mais il a prins si grant joye de ouïr la lecture desdictes lettres que je luy ay faicte durant sa maladie, qu'il en est guary.

Incontinent que verrez madame d'Estampes, je vous prie ne faillir à bien au long luy compter ce que à vostre partement je vous donnay charge, et surtout asseurez la bien de l'affection que vous sçavez et avez congneu que le roy de Navarre et moy luy portons. S'il estoit possible de luy en dire aultant qu'il y en a, elle en trouveroit autant que jamais créature feist à aultre. Je vous rescriprois lesdicts proupos que vous luy debvez tenir, mais par vostre dernière lettre m'asseurez de ne les avoir oubliés, ne aussy ceulx que debvez tenir à la baillifve de Caen [1], à laquelle j'escrips une lettre de créance que je vous envoye en ce pacquet, que Ferté faict tenir au conterolleur de postes

---

[1] La baillive de Caen était de son nom Aymée de La Fayette, mariée à François de Silly, seigneur de Lonray et de Fay, gentilhomme de la chambre du Roi, son premier valet tranchant, bailly, capitaine de Caen, lieutenant dans la compagnie du duc d'Alençon, etc., etc., mort en 1524.

Madame de Silly, restée veuve, accompagna Marguerite en Espagne. Elle agit si utilement pour les intérêts du Roi prisonnier, que ce prince lui donna la baronnie de l'Aigle, confisquée sur un complice du connétable de Bourbon.

Marguerite, devenue reine de Navarre, nomma la baillive de Caen gouvernante de la princesse Jeanne d'Albret. Il est à noter que madame de Silly était très-bonne catholique; elle fit élever à son mari un magnifique tombeau dans l'église de Lonray, près d'Alençon. Elle-

pour le vous envoyer à Blois, se n'estes plus à la court.

Voylà tout ce que pour le présent vous aurez de moy, sinon de vous dire que m'avez fait grant plaisir de ainsy au long m'avoir escript des nouvelles particulières, et de supplier le Créateur, M. d'Izernay, de vous donner parfaict contentement.

De Nérac, le xxxe jour de décembre.

Vostre bonne maistresse, MARGUERITE.

P. S. J'ay bruslé vostre lettre.

[F. Béth., n° 9127, fol. 83. *Dictée. P. S. auto.*]

151. — AU MÊME.

Nérac, le 12 janvier (1542).

Monsieur d'Izernay, je vous ay cy devant faict bien ample responce à toutes vos lettres, et pource que par vostre dernière me mandiez aller en vostre mesnaige,

même fut inhumée dans l'église de Sainte-Claire d'Alençon, à laquelle elle avait fait de grandes libéralités.

(Voyez une lettre de M. Odolant Desnos, docteur-médecin à Alençon, du 13 janvier 1766; — et Dreux du Radier, *Mém. et Anecd.*, t. IV, p. 140; édit. de 1808.)

Brantôme rapporte une plaisanterie un peu forte du duc d'Albanie, lors de la venue du pape à Marseille. Les trois dames pour qui le duc sollicitait (en italien) une dispense équivoque en les présentant à Sa Sainteté, étaient mesdames de Châtillon, d'Étampes et la baillive de Caen. (*Dames gal.*)

Le nom d'Aymée de La Fayette figure sur la liste des personnes qui assistèrent Jeanne d'Albret dans sa protestation contre son mariage avec le duc de Clèves (juillet 1540).

je pense que maintenant ne soyiez à la court, qui est cause que j'escrips au prothonotaire d'Hourte [1] que s'il est ainsi que vous n'y soyiez, qu'il tienne un propos au Roy que je vouldrois bien (pource que desjà en avez faict le commencement) estre tenu par vous, et à celle fin, si d'adventure vous estes de retour, que vous le mettez à exécution. J'escrips audict prothonotaire le vous dire, et encores le mettray je icy. Vous sçavez comme le Roy a ordonné que MM. de Bayf et Bagie viendroient par deçà avec commission d'informer sur le faict de M. de Condom [2] et autres choses concernant le proufict du Roy; et pource que, nonobstant son ordonnance, je n'entends point parler de la despesche de ladicte commission et encores moins de leur partement, qui me faict craindre qu'il y ait quelque empeschement, car souvent telles dépesches ne se font pas selon l'entière intencion du Roy, ne si promptement qu'il entend, par quoy vous luy direz (au moins si desjà ledict prothonotaire ne luy a dict) que je vous ay mandé que je n'entends point parler de la venue desdicts commissaires, et que je le supplie commander qu'ils viennent, et leur dire de bouche qu'ils informent les témoings que je leur produiray, tant sur le faict dudict sieur de Condom que en aultre chose qui concerne sa justice et proufict; et que j'espère qu'il congnoistra que les propos que je luy ay cy devant tenus sont véritables, et qu'il n'a pas en ce pays de deçà esté de tous servy aussy fidellement qu'il

[1] D'Orthez.
[2] Voyez ci-dessus, lettres 149 et 150.

le mérite. Mais si vous n'estes à la court, et que ledict prothonotaire luy ait desjà tenu lesdicts propos, il ne sera jà besoing que vous luy en parlez, car il ne luy en fault tant rompre la teste.

Quant aux nouvelles deçà, je n'ay point encores bougé de ce lieu, où je suis au mesme estat que vous me laissastes. Nous y passons nostre temps à faire mommeries et farces. Si vostre bonne partie [1] veoit la fin de ceste lettre, elle y trouvera mes recommandacions, et vous, la supplication que je fais au Seigneur, M. d'Izernay, vous donner sa très saincte grace.

De Nérac, le XIIe jour de janvier.

Vostre bonne maistresse, MARGUERITE.

[F. Béth., n° 9127, fol. 86. *Dictée*.]

152. — AU ROY, MON SOUVERAIN SEIGNEUR.

(Nérac, 1542.)

Monseigneur, pource que j'ay failly à obéir à vostre commandement et ne me suis trouvée grosse [2], je n'ay ousé prendre la hardiesse de vous escripre; car il me semble que vostre désir estoit assés puissant pour donner enfant à ma viellesse, si Nostre Seigneur eust voulu oublier mes démérites pour satisfaire à la bonne

---

[1] Votre *moitié*, sa femme.

[2] « 1542. Le Roy s'achemina premièrement à Montpellier, delà à « Toulouse, et de Toulouse il alla veoir Marguerite, royne de Navarre, « sa sœur, qui sejournoit à Nérac, et disoit-on qu'elle estoit grosse « et desja preste d'accoucher. Mais il advint depuis qu'elle n'enfanta « seulement ce que l'on appelle une mole. » (LE FERRON, dans DU-HAILLAN, t. II, p. 1477; édit. de 1615.)

voulenté qu'il vous a pleu y avoir. Mais, Monseigneur, si en cest estat ne vous puis faire service, je m'en voys devers vous pour obéir à tous les commandemens qu'il vous plaira me faire, et feusse plus toust partie, n'eust esté la grant envie que j'avois de veoir Chambort, que j'ay trouvé tel que nul n'est digne de le louer que celuy qui l'a faict, qui, par ses œuvres parfaictes, faict admirer sa perfection. Vous merciant très humblement, Monseigneur, de ce qu'il vous plaist, que j'aye ma part [en] la veue de Fontainebleau, ce que j'avois bien desliberé, encores que vous eussiés faict vostre Nouël à Paris. Mais je loue Dieu dont vous y demeurés jusques là, car voir vos édifices sans vous, c'est ung corps mort, et regarder vos bastiments sans ouïr sur cela vostre intencion, c'est lire en esbryeu¹. Mais puisque j'auray ce bien de vous y veoir, je fortifieray mes yeux, mon cueur et mon entendement, pour voir, sentir et entendre de vous seul le seul contentement que sauroit ny pourroit espérer de toutes créatures

  Vostre très humble et très obéissante subjecte
   et mignonne, MARGUERITE.

[F. Béth., n° 8507, fol. 93. *Auto.*]

¹ C'est lire de l'hébreu.

François Ier meurt le 31 mars 1547, entre une heure et deux heures après midi. (*Relation de l'évêque de Mâcon.*) [1]

La reine de Navarre était en Béarn ou au monastère de Tusson, en Anjou.

Le premier soin d'Henri II fut de replacer au faîte de la faveur et du pouvoir le connétable A. de Montmorency, malgré la recommandation expresse de son père au lit de la mort.

153. — A M. D'IZERNAY.

Pau, le 13 juin (1547).

M. d'Izernay, j'ay receu toutes les lettres que vous m'avez escriptes avecques celle de madame la duchesse de Valentinois [2], à laquelle je fais responce, comme vous verrez, vous priant de la luy présenter, et l'asseurer que je me tiens tant contente des bons propos qu'elle m'a escripts et que vous m'avez mandés, que quant mes services [3] n'auroient aultre récompense que de sa bonne volonté, si veulx-je entièrement satis-

---

[1] Sur la santé du Roi pendant la dernière année de sa vie, voyez un fragment de lettre du cardinal d'Armagnac. (Pièces justific., n° XXI.)

[2] Diane de Poitiers, qu'on appelait la grande sénéchale, toute-puissante par l'avénement d'Henri II au trône.

[3] Il y a dans le texte *serviteurs*, mais il faut évidemment lire *services*.

faire à M. de Charliez¹ pour l'amour d'elle, à qui toute nostre maison est plus tenue que à femme du monde, comme plus au long elle sçaura par le roy de Navarre, qui feust desjà parti, n'eust esté les affaires de madame de Laval qui l'empeschent ung peu icy pour en prendre une résolution. Mais il partira vendredy, après la Saint Jean, et emmène sa fille avecques luy. Je demeureray au Mont-de-Marsan, où je feray si bon mesnaige, que l'on s'en esbahira. Par quoy il n'est point de besoing que vous prenez la peine de venir encores, pour les raisons que je vous manderay mais que je sois là, et aussy que me faictes beaucoup plus de service à solliciter mes affaires par delà, dont la plus grande, c'est la seureté de mes xxv mille liv.²,

---

¹ Pour la place de capitaine de la grosse tour de Bourges, dont Marguerite disposait comme duchesse de Berry. M. de Charlicz est effectivement porté sur *l'état* de 1548, en cette qualité, aux appointements de 1,200 *livres*.

² Elle obtint bientôt cette certitude. Voici quelle était la fortune du roi et de la reine de Navarre, au commencement du nouveau règne. On lit dans « l'estat des pensions, gaiges et aultres entrete-
« nemens que le Roy (Henri II) a ordonné estre payés sur les de-
« niers de son espargne, pour l'année commençant le 1ᵉʳ de janvier
« 1548, et finissant le dernier jour de décembre 1549 (Béth. 8651,
« fol. 31) :

« Au roy de Navarre, pour pension.................. 24,000 liv.

« Pour l'estat de gouverneur de Guyenne, 6,000 liv., et
« pour l'amiraulté de Guyenne, 4,000 liv............. 10,000

Princesse.

« La royne de Navarre......................... 25,000

« Ce qui donnait un total de..................... 59,000 liv. »

car sans cela vous sçavez qu'il me seroit impossible d'entretenir mon estat, et n'ay de bien que ce qu'il m'en fault pour passer mon année, et peult l'on bien croire que, sans grande nécessité, ma coustume n'est point de demander. Et si j'avois père, mère, frère, oncle ou parent, je les prierois d'estre mes advocats. Mais puis qu'il a pleu au Roy[1] me promettre de me servir de tout, il ne luy desplaira point si je luy demande son ayde, car sans sa grace et bonté je ne puis vivre, n'ayant en ce monde aultre bien que celuy que le Roy[2] et luy m'ont donné, et de cela je me suis tousjours aultant contentée que si j'eusse eu grant partaige de ma maison. Il me suffist que sur ma vieillesse il plaist au Roy me continuer le bien qu'il m'a confirmé, et j'employerai mes vieulx jours à prier Dieu pour luy, car je croy très bien que plus grant service n'est pas en ma puissance; mais mes enfans satisferont pour moy.

Vous m'escripvez la bonne volonté que me porte M. le président Bertrandy[3], et le désir qu'il a de s'employer en mes affaires; vous luy baillerez ce que je luy escrips, et l'asseurerez que en tout ce que je congnoistray qui le touchera, je y feray comme pour mes affaires propres, lesquels je luy recommande, car je suis seure qu'il m'y peult bien ayder, mesmes de me faire bailler assignation de ma pension.

[1] Henri II.

[2] Le roi de Navarre ou le feu Roi? — *et luy*, et Henri II.

[3] Jean Bertrandy, de Toulouse, où il fut capitoul (1519), puis président du parlement. Il fut troisième président du parlement de Pa-

Je vous envoye les lettres de M. de Caulx[1] pour son gendre, lesquelles aussy vous luy baillerez, vous priant pendant que serez par delà, me faire sçavoir des nouvelles le plus souvent que vous pourrez, et de faire mes recommandations à M. le chancelier, auquel je n'escrips pour ceste heure, craignant de luy donner peine à me faire response. Vous me ferez sçavoir l'estat de sa disposition, et vous me ferez plaisir. Et sur ce feray fin en suppliant nostre Créateur, M. d'Izernay, vous donner sa très saincte grace.

Vostre bonne maistresse, MARGUERITE.

P. S. J'escrips une lettre à Margat que je vous prie luy faire tenir, et luy mander de vostre part qu'il ne le treuve mauvais, et me semble que vous en devez advertir M. de Longpont et M. de la Benestaye.

[F. Béth., n° 8560, fol. 80. *Dictée*.]

134. — AU CONNÉTABLE ANNE DE MONTMORENCY[2].

(1547.)

Mon nepveu, vous ne trouverés estrange sy incessamment je vous mercie, comme incessamment vous

---

ris (1538), à la sollicitation de Montmorency, récemment nommé connétable. Sous Henri II, Diane de Poitiers le fit nommer garde des sceaux. Il est souvent loué dans les vers d'Olivier de Magny. (Voyez GOUJET, *Bibl. fr.*, t. XII, p. 55, 56, 94.)

Dans l'état de 1548 : « Conseillers du conseil et maistres des requestes extraordinaires..... M. le président Bertrandy, 2,800 liv. »

« Le Bailly de Caulx, Arthus d'Escosce, 1,000 liv. » (État de 1548.)

[2] C'est la première lettre que je retrouve adressée à M. de Mont-

m'en donnés occasion, car par les propous que m'a tenus ce porteur, je voy bien que le temps n'a point eu victoire sur vostre mémoire, d'en pouvoir effacer l'amour que dès vostre enfance je vous ay portée; laquelle je vous prie vouloir continuer jusques à la fin de vostre vieille mère, et luy estre son baston de vieillesse, comme elle a esté les verges de vostre jeunesse. Car vous avés eu beaucoup d'amys, mais souvegnés vous que vous n'avés eu que une mère, quy jamais ne perdra ce nom ny l'effect, en tout ce qu'elle pourra faire ou désirer pour vous ou les voisins.

Et le surplus des propous que vous m'avez mandés, remettra la responce au seur messaigier, pour ne vous ennuyer,

Vostre bonne tante, mère et vraye amye,

MARGUERITE.

[F. Béth., n° 8507, fol. 79. *Auto.*]

155. — AU ROY[1], MON SOUVERAIN SEIGNEUR.
(*Fragment.*)

(Après juillet 1547.)

(Après lui avoir recommandé le porteur, qu'elle ne nomme point :)

Et pour ce, Monseigneur, qu'il vous pourra dire l'estat où je suis et l'espérance que j'ay que Dieu me

---

morency depuis que Marguerite et lui s'étaient brouillés (1540). Montmorency s'était employé à faire confirmer la pension de la reine de Navarre.

[1] Henri II.

redonnera bientost la santé que quatre moys il m'a oustée, avecques laquelle ne faudray de vous aller faire la révérence, ne vous ennuyray de ma mauvaise escripture, suppliant celuy duquel avez receu la sainte oncsion[1] la vous accompagner de toutes les graces et félicités qu'il a données a tous vos prédécesseurs avecques bonne et longue vie, pour laquelle prie incessamment

Vostre très humble et obéissante subjecte et tante,

MARGUERITE.

[F. Dupuy, n° 569. *Auto.*]

156. — AU CONNÉTABLE DE MONTMORENCY.

(1547.)

Mon nepveu, par ce que m'a escript le viscomte de Lavedan, je voy bien que je n'ay pas tort de me confier en vous, et que l'amitié que de tout temps vous m'avés portée ne diminue point pour la longueur du temps que je suis sans vous voir, que, j'espère, ne durera plus longuement; car puis que Dieu m'a redonné ma santé, je vous asseure qu'elle ne sera espargnée d'aller faire la révérence au Roy, et le mercier de toutes ses graces, que plus j'estime grandes, veu qu'elles viengnent de sa bonté, sans l'avoir aultrement mérité que d'amour et de désir de luy faire service; et là je vous voiray au lieu où toute ma vie vous

---

[1] Henri II fut sacré à Reims le 25 juillet 1547, par le cardinal de Lorraine. Le nouveau Roi avait vingt-sept ans, Catherine de Médicis vingt-huit, la reine de Navarre quarante-cinq, et Diane de Poitiers quarante-sept.

ay désiré, qui est une des choses de ce monde dont j'ay aultant d'envye, comme j'ay prié le sieur de Arambure vous dire. Pour ce que je sçay qu'il est entièrement vostre, ay parlé à luy tant privéement, que je suis seure qu'il vous saura mieulx dire mon afecsion que mon escripture, de laquelle, pour donner lieu à sa parole que je vous prie de tenir pour la mienne, ne vous en dira plus, mais va prier Nostre Seigneur, mon nepveu et bon fils, vous donner aultant de parfaict contentement que, comme mère pour enfant, vous en peult désirer

Vostre bonne tante et vraye amye, MARGUERITE.

[F. Béth., n° 8549, fol. 21. *Auto.*]

157. — AU ROY, MON SOUVERAIN SEIGNEUR.

(1547.)

Monseigneur, la lettre qu'il vous a pleu m'escripre et les bons propous que vous avés daigné tenir de moy au vis-comte de Lavedan me donnent tant de contentement, que je ne sçay comment assés très humblement je vous en puisse mercyer, ne prier le tout puissant le vous rendre par une longue et très heureuse vie; mais je vous confesse, Monseigneur, que je suis la plus obligée servante que vous ayés à vous aymer, honorer et obéir; car, oultre ce que je y suis tenue par nacture avant vostre naissance et par l'amour qu'il vous a pleu tousjours me monstrer, encores plus maintenant que je tiens de Dieu par vous, Monseigneur, la vie, la santé et le repous de mon esperit, dont vostre bonté se daignant soulcier de moy en est l'occasion. Par quoy, Monseigneur, je serois bien ingrate sy ce que par vous j'ay recouvert[1] n'estoit de bon cueur employé pour vostre service, et ne me puis pardonner, ny au temps, qui m'a gardée de recevoir le bien que j'estimois trop grant honneur. Mais puisqu'il vous plaist que celle qui est moy mesmes[2] fasse cet office, je vous en rends graces les plus humbles que je puis, espérant, Monseigneur, que vous multipliérés tant cette belle lignée, que avant mourir j'auray le bien d'en élever quelque une, vous suppliant m'en garder la place. Et en attendant que moy mesmes vous en fasse la très humble prière, je vous supplie, Monseigneur, avoir, avecques le mary et la fille, pour très humblement recommandée en vostre bonne grace

Vostre très humble et très obeissante subjecte et tante, MARGUERITE.

[F. Béth., n° 8651, fol. 20. *Auto.*]

158. — A M. D'IZERNAY[3].

Pau, le 20 janvier (1548).

Monsieur d'Izernay, j'ay receu la lettre que de Fontainebleau le x° de ce mois m'avés escripte, par la-

[1] Sa pension de princesse du sang qu'elle avait craint de perdre.
[2] Sa fille, Jeanne d'Albret, qui vivait à la cour, d'où Marguerite s'était depuis longtemps éloignée.
[3] Il dirigeait la maison de Jeanne d'Albret.

quelle j'ay veu ce qui a esté regardé pour la despence de ma fille, que me faictes entendre ne pouvoir estre plus petite qu'elle est, et que estant madicte fille à la suite de la Cour, ne sçauroit avoir moins d'officiers qu'elle a ; ce que le roy de Navarre et moy avons trouvé (comme nous avions cy devant faict, par le rapport de mon cousin M. le Viscomte[1], et ce que m'en a apporté par escript l'escuyer Pierre Gaultier) estre insupportable, et qu'il seroit impossible de la continuer longuement, pour n'avoir moyen de y satisfaire. Je sçay bien, M. d'Izernay, que vous vous y estes acquité (comme encore faictes) de sorte qu'il n'y a riens d'excessif; sy est-ce que sy l'on n'y a esgard et que on ne la veuille de quelque partie modérer, j'ay peur qu'il y ait confusion. Il n'y a personne qui m'ait faict trouver ceste despense estrange, pour ce que nul par deçà ne m'en a jamais parlé, ny ne m'en a esté escript de lieu du monde, sinon ce quy en a esté dict au roy de Navarre par mondict cousin, et ce que en apporté ledict escuyer; aussy que ledict seigneur m'a dict que estant par delà, il l'avoit trouvée merveilleusement grande, de quoy j'avois bien voulu vous advertir, comme encores je fais, vous priant, M. d'Izernay, y tenir la main, car je ne pourrois avoir la puissance de (avecques la charge que j'ay) la supporter. J'espère que M. de Longpont, que j'ay entendu estre par les chemins pour venir, me fera certaine de ce quy en est. Et pour ce que par M. de Gennes qui est icy vous en-

---

[1] Le vicomte de Lavedan, Gensane ou Gaston de Bourbon, ami fidèle du roi et de la reine de Navarre.

tendrés bien au long de mes nouvelles, ne vous feray ceste lettre plus longue, que supplier le Créateur, M. d'Izernay, vous donner sa très saincte grace.

Vostre bonne maîtresse, MARGUERITE[1].

[F. Béth., n° 9127, fol. 67. *Dictée.*]

159. — A MON NEPVEU,
M. LE COMTE DE VILLARS.

Pau, 2 mai (1548).

Mon nepveu, les sieurs Boisserolles pere et fils, contre mon vouloir et sceu, se sont faicts fermiers du balliage de Vallerangue, en ma baronie de Marelières, lesquels ne cessent journellement vexer mes subjects de infinis ranssonnemens, pilleries, concussions, et ont contrainct les pouvres gens en porter et faire la plaincte à justice pardevant le seneschal de Beaucaire, et l'instance encommencée, cuydant par ce moyen faire que leurs délits et forfaits ne viennissent en lumière, se sont portez ou faict porter pour appellans leurs complices et ministres, en la court de parlement, à Tholoze, et voyant qu'il n'y peult faire bon pour eulx, se sont retirez à vous comme

---

[1] Marguerite revient dans plusieurs lettres sur ces recommandations d'économie. Il paraît que Jeanne d'Albret était portée à la dépense. « A M. d'Isernay...... Je suis très ayse de quoy vous aurez vos-
« tre quartier en la maison de ma fille ; je vous prie de tenir la main
« pour le bon mesnaige et conduite. » (Billet analysé. Béth., 9127, fol. 77.) — « Au même........ Vous pryant de donner tousjours en la
« maison de ma fille le meilleur ordre quy sera possible. » (Billet analysé. Béth., 9127, fol. 79.)

gouverneur et lieutenant du Roy[1], espérant par ce moyen couvrir leurs mauvaises versacions et ouster le moyen aux bonnes gens de les poursuivre. Toutesfois je scay et ay congneu de long temps à vous ung désir au soulagement des subjects du Roy si bon et grant, que, j'espère, n'oublierez poinct en l'endroict de ceulx qui sont miens, estans indeuement molestez, comme ce porteur vous dira de par moy, et monstrera par informacions.

A ceste cause, je vous prie bien affectueusement vouloir remectre le tout à justice, veu qu'elle a commencé en prendre congnoissance, et que les cas par eulx commis et perpétrez y sont subgects. Et oultre ce que vous ferez chose digne du lieu et maison dont estes issen, vous me ferez plaisir très agréable, que je n'oublieray jamais de recongnoistre à son lieu. Je vous prie aussy tenir main que à mesdicts subgects ne soit faicte force et violence en hayne de ce qu'ils se pourveoient par justice; et où vous trouverez difficulté de les renvoyer, sursoyez du tout jusques à ma venue par delà, que, j'espère sera dans quinze ou vingt jours, à l'aide de Nostre Seigneur que je supplie, mon nepveu, vous donner le bien et parfaict contentement que, à Pau, le second jour de may, pour soy vouldroyt désirer

Vostre bonne tante, mère et amye, MARGUERITE.

[F. Béth., n° 8575, fol. 57. *Dictée.*]

[1] Henri II avait ôté la lieutenance du Languedoc au comte de Burie, et l'avait donnée à Honorat de Savoie, comte de Villars (le 5 août 1547), sous les ordres du connétable. (*Hist. de Languedoc des Bénédictins*, t. V, p. 161.)

160. — A MA COUSINE, MADAME DE LA ROCHEFOUCAULT.

Pau, 22 avril (1548).

Ma cousine, estant sur le poinct de vous envoyer Brodeau ¹ pour traiter du mariaige de la fille de M. de Guymenay ², Péron, mon sécretaire, est arrivé de la court en ce lieu, quy m'a dict que le Roy luy a accordé et permis que M. de Gié l'espousast, et que les choses estoient desjà si advancées qu'il n'y avoit plus d'ordre de parler d'aultre party; et encores que M. le connestable tenist bien fort pour le comte de Villars, que le Roy n'y a vouleu entendre, pour une lettre que M. de Guymenay luy avoit escripte, où, entre aultres raisons, il remonstroit comme son fils ³ estant aveugle, délicat et de petite complexion, il n'avoit pas grande espérance de sa vie, ne qu'il peust avoir lignée, et que pour entretenir son nom, sa

¹ Victor Brodeau, de l'emploi de valet de chambre s'était élevé à celui de chancelier et de secrétaire du roi et de la reine de Navarre, comme il se voit par le *Mémoire* concernant la nomination de Gérard Roussel à l'évêché d'Oloron (1540) :

« Il (le négociateur) adressera ses lettres à M. de Rhodez, ou, en « son absence, à M. le chancelier Victor Brodeau, secrétaire du roy « et de la royne de Navarre. » *Signé* HENRY. (*Ms. Dupuy*, 153.)

² La famille de Gyé et celle de Guémené étaient deux branches de la maison de Rohan. Leurs origines et leurs alliances sont exposées par Saint-Simon. (T. II, chap. 11 ; édit. de Sautelet.)

Marguerite écrit *Guymenay*. C'est comme l'on prononçait. Ménage en fait la remarque. (*Observations sur la langue françoise*, p. 245.)

³ M. de Guémené le fils.

race, ses armes et l'antiquité de sa maison, à l'imitation de ceulx de Rohan, il ne véeoit personne (encores que le proche parentaige qui est entre eulx semblast l'empescher) où il peust marier sa fille, que à M. de Gié. Pour tenter ces occasions, et afin de ne faire ouverture de choses dont nous puissions avoir regret, j'ay retins ledict Brodeau qui estoit sur son partement et que j'avois desjà despesché. Toutesfois, afin que vous congnoissiez les moyens comme j'avois pensé que nous y debvions procéder, je vous envoye les lettres que j'escripvois par luy à mademoiselle de Poncaller et à M. de Guimenay. Je vouldrois bien pour l'aise que ce me seroit de vostre contentement, que vostre désir et le mien eust sorty effect; mais quand vous penserez que Dieu diffère bien souvent d'accomplir nos voluntés pour quelques bonnes occasions qui nous sont incongnues, afin de nous mieulx faire puis après, nous conformerons à la sienne, non seulement en cest endroict, mais en tous aultres. Et sur ce, je finiray ma lettre le suppliant de bien bon cueur, ma cousine, qu'y nous en fasse la grace. Escript à Pau, le xxxiie jour d'apvril.

(Marguerite ajoute de sa main :)

Encores, ma cousine, qu'il me desplaist fort dont je voy la chose impossible; mais si mon cousin, vostre fils, y feust allé dès l'heure que nous despartismes d'ensemble, je pense que nous y eusmes faict quelque chose de bon; mais à cette heure M. de Guéménée a pris telle amour à M. de Gié, que l'on tient le tout parfaict. Je prie à Nostre Seigneur qu'il nous doint grace de trouver aussy bon party, à quoy n'espargnera pour mère et enfans chose que Dieu ait mise en sa puissance, dont j'apelle à tesmoing le prescheur qui a faict une passion triomphante et une résurrecsion semblable qu'il continuera toute ceste semaine,

Vostre bonne cousine et vraye amye, MARGUERITE.

[F. Béth., n° 5606, fol. 31. *Dictée.*]

161. — AU ROY, MON SOUVERAIN SEIGNEUR.

(Mont-de-Marsan, 1549.)

Monseigneur, estant arrivés en ce lieu du Mont de Marsan, où nous eusmes premièrement les nouvelles de la nactivité de M. le Daulphin [1], avons receu par M. de Bonnivet celle de la felicité que Dieu pour la seconde fois vous a donnée de celle de M. d'Orléans [2], dont, Monseigneur, ne saurions assés louer et mercyer ce bon Dieu, qui vous départ tant de ses graces, que par quatre [3] beaux enfans il ressuscite la perte que le feu Roy avoit faicte des siens, dont je croy, Monseigneur, que son esperit se resjouit au ciel,

---

[1] François, né en 1543, devenu dauphin par l'avénement de son père à la couronne, et qui lui succéda sous le nom de François II.

[2] Louis, second enfant de Henri II, mort en bas-âge.

[3] Ce passage est difficile à comprendre. Henri II n'eut son troisième enfant, Henri, qu'en 1550, un an après la mort de Marguerite. Elle-même vient de dire *pour la seconde fois* ; il faut supposer que, par une erreur de sa plume très-étourdie, elle a écrit quatre au lieu de deux.

comme en cette terre tous vos bons subjets et léaux servicteurs, entre lesquels je puis bien dire que je sens ce que doit et peult celle qui est la plus vielle branche de ceste glorieuse souche, en laquelle gist ma force et mon repous, comme j'en ay pris vie et fortune bonne. Je suis seure, Monseigneur, que vous ne faillés pas en vostre cueur incessamment louer Dieu, en ramentevant les grans biens qu'il vous a despartis de vous faire Roy du plus grant et noble réaulme de la christienté, et vous a donné femme vous apportant la plus belle lignée que l'on pouvoit veoir, et en vostre jeunesse et santé aymé et honoré de tout le monde. Je vous suplie, Monseigneur, n'oublier jamais ces bienfaits, afin que en luy en rendant graces, il les vous multiplie; ce que de tout son cueur le suplie, et vous donner bonne et longue vie,

Vostre très humble et très obéissante subjecte
et tante, Marguerite[1].

[F. Béth., n° 8651, fol. 15. *Auto.*]

[1] Ces félicitations à Henri II sur l'accroissement de sa famille, étaient d'autant plus sincères, que la naissance de ces enfants ruinait l'espoir, longtemps entretenu par Diane de Poitiers, de faire répudier Catherine de Médicis comme stérile. En 1542, par conséquent un an avant la naissance du premier enfant d'Henri, la coterie de madame de Valentinois tint un conciliabule à Roussillon : « Dont la connois-
« sance vint à la feue royne de Navarre qui vous aimoit singulière-
« ment, laquelle me dit : voylà de meschans gens, car je sçay qu'ils
« desirent la mort du Roy mon seigneur et frère, lequel ne permet-
« troit jamais la répudiacion qu'ils prétendent. » (Lettre à Catherine de Médicis par un ancien officier de la reine de Navarre, dans les *Mémoires de Condé*, t. I, p. 624; édit. in-4°.)

162. — A MA NIEPCE, MADAME DE NEVERS.

(Octobre 1549.)

Ma niepce, ayant seu le trespas de nostre cousine madame de Nevers[1], vostre mère, le roy de Navarre et moy vous avons envoyé ce porteur, non pour essayer à consoler mon nepveu et vous, car l'espérience que j'ay faite de la perte d'une bonne mère me fait congnoistre que aultre que le vray consolateur n'y peult donner ordre; mais bien pour vous prier, ma fille, m'amye, que l'amour si grande que vous portés au mary vous fortifie à supporter et diminuer son ennuy, duquel, je vous asseure, nous avons eu nostre part, tant pour estre proche parente[2] de nous deux, que pour la longue amitié que nous luy avons portée; car elle le méritoit, pour estre dame dont la vertu a tant esté esprouvée en tribulacions, que la louange en sera immortelle. Mais outre la bienheureté où je croy qu'elle est maintenant, elle est doublement heureuse de laisser ung tel fils que mon nepveu, auquel elle demeure vivante avecques vous et vostre belle lignée, où je voy les vertus de la mère revivre et augmenter, dont je me console en celuy qui vous remplit de ces graces, comme sy vous estiés mes propres enfans, car je ne vous porte moindre affec-

[1] Morte le 27 octobre, selon le père Anselme.
[2] C'est une politesse de Marguerite: elles n'étaient que cousines au sixième degré, selon le père Anselme.

sion. Vous priant tous deux garder vostre santé et vous consoler avecques Dieu, et me tenir et réputer comme à jamais je veulx estre,

Vostre bonne tante, mère et vraye amye,

MARGUERITE.

[F. Béth., n° 8516, fol. 10. *Auto.*]

La reine de Navarre mourut deux mois après avoir écrit cette lettre, le 21 décembre 1549, à cinquante-huit ans.

Les neuf lettres suivantes n'ont pu être classées avec assez de certitude.

163. — A MON COUSIN, M. LE MARESCHAL DE MONTMORENCY.

(Avant 1526.)

Mon cousin, j'ay receu votre lettre et vous puis asseurer qu'il n'est possible à ceste compaignie avoir nouvelles quy plus soit cause de joye que d'entendre le devoir que vous faictes, et comme vous exécutez la commission dont vous avez la charge. Et croyez que le Roy et Madame en ont tel contentement de vous, voyant la dilligence que vous faictes, que le vous déclarer vous seroit cause de trop grant gloire; par quoy n'en aurez davantaige pour ceste foys, fors l'asseurance de leur bonne santé, qui me semble assez d'occasion pour devoir redoubler votre aise avecques l'heur de ce voyage, qui tant a satisfaict vos amys, que myeulx ne se peult demander à celluy duquel tout procède, que pour vous donner grace de longuement contynuer,

Vostre bonne cousine, MARGUERITE.

[F. Béth., n° 8549, fol. 5. *Dictée.*]

164. — AU MÊME.

Mon nepveu, j'ay failly par trois fois à trouver le Roy encores à ce matin, car je vous suis de sy près, que j'arrive tousjours de là où vous partés demye heure après; par quoy j'espère estre mardy où vous serés, et vous asseure qu'il ne m'ennuira jamais tant d'avoir failly à ce que je desvoys dire au Roy[1]. Mais j'espère y retourner, quy sera cause de me faire haster, car sans cest affaire, que j'ay plus à cœur que pour moy mesmes, je m'en feusse allée à Loches l'attendre. Mais croiés, mon nepveu, que en chose quy puisse toucher vous ou les vostres ne fauldray jamais, tant que la vie et tout ce que Dieu a mis en ma puissance pourra durer, car je vous proumets ma foy que je n'auray contentement que je ne voye ce que je désire, quy est vous et les vostres ensembles en tel honneur que je suis seure que vous méritès plus que jamais fit servicteur du Roy. Et sur ce propous, vous recommandant mon mary, s'en va vous trouver le plus toust qu'il luy sera possible

Vostre bonne tante et vraye amye,
MARGUERITE.

[F. Béth., n° 8549, fol. 41. *Auto.*]

[1] C'est-à-dire de le solliciter en faveur de M. de Montmorency, comme la suite le fait assez voir.

165. — AU MÊME.

Mon nepveu, pour ce que ce porteur vous sçaura bien dire la cause pour laquelle le roy de Navarre l'envoye devers vous, ne vous en feray longue lettre, mais bien vous veux-je prier de penser que le roy de Navarre vous porte telle affecsion, que vous ne luy pourriez faire plus grant plaisir que de luy donner moyen de la desclairer, afin que chacun entende que ce qui vous touche lui touche, et ceux quy sont contre vous, sont contre luy. Et combien, mon nepveu, que ce ne soit riens ny chose digne d'en parler, veu que, Dieu mercy, vous estes en l'estat où ils ne vous pourroient nuire, sy me semble-il qu'il est nécessaire de sçavoir dont le tout est venu; car je vous jurerois bien pour M. de Rodetz¹, qu'il aimeroit mieulx mourir que d'avoir souffert telle lettre en son paquet. Ceux qui ont faict ce bon tour et l'envoyer au roy de Navarre, en sauroient bien faire ung pire; par quoy est besoing les desclairer tout hault meschans, car je ne puis penser que ce ne soit invencion d'amiral², quy a tant de gens désespérés, qu'ils ne font que chercher quant ils ne pourroient nyer, au moins à brousler. Mais ils ont mal choisy de ce cousté, car je suis seure que vous ne doubterés point que M. de Rodez ne vous soit parfaict servicteur, et le roy de Navarre le meilleur amy que vous aurés

---

¹ Georges d'Armagnac, évêque de Rhodez.
² De Brion, rival de Montmorency dans la faveur du Roi?

jamais, et s'il estoit aultrement, ne le vous voudrois asseurer; vous priant, mon nepveu, en user comme de vostre propre frère, et vous rendrés la plus contente que pour celle heure sauroit estre

Vostre bonne tante, mère et amye, MARGUERITE.
[F. Béth., n° 9127, fol. 7. *Auto.*]

166. — AU ROY, MON SOUVERAIN SEIGNEUR.

Monseigneur, il vous a pleu me faire tant de bien et d'honneur de m'avoir escript par Beaufils, qu'il n'est en ma puissance de vous en savoir assés très humblement mercyer; mais je prie Nostre Seigneur vous rendre le contentement que vous m'avés donné en ce que plus vous désirés.

Monseigneur, nous attendons d'heure à aultre à savoir la conclusion que prendra celuy que nous vous advons mandé par l'Estang, pour ce que je pense que ce sera le millieur service que nous vous avons fait icy. Je serois bien heureuse si Dieu me faisoit la grace, pour la peine que ce m'a esté de perdre si longuement vostre vue, que à mon retour vous puissiés trouver agréable ce que nous avons fait par dessà, car nostre fin n'est que de vostre service. Et pource, Monseigneur, que ce porteur, médecin de M. le cardinal de Tournon, par lequel il a envoyé visiter sa seur, a veu tout ce quy est digne d'escripre de ce pays, et est plus suffisant pour vous en rendre compte que ma lettre, (car il y a des choses où il se congnoist mieux que moy, que je luy ay dictes et monstrées,) s'il vous plaist, après l'avoir ouy parler, commander quelque chouse, vous serés bien toust obéy ; et encores sans commandement foys chercher ce que je treuve estrange par les montaignes pour vous en porter, car vous savés, Monseigneur, que le désir de faire chose qui vous soit agréable est le plus grant que puisse avoir

Vostre très humble et très obéissante subjecte et seur, MARGUERITE.

[F. Béth., n° 8557, fol. 9. *Auto.*]

167. — AU ROY.

Monseigneur, le bon visaige que j'ay trouvé à M. le Daulphin, la santé, la grace et les propous me contraignent ne laisser pour le rapport que vous en fera ce porteur, de vous asseurer que je ne le veis oncques en millieur estat, et me semble en si peu de temps y avoir trouvé si grant amendement, que j'espère et croy fermement que ce sera un segond vous mesme, qui est la perfecsion où tous ceulx qui vous aiment le désirent voir. Il me donna à souper, et ne tint pas à m'offrir son lict que je ne couchasse en sa chambre, et nous fit une chère si bonne, avecques façon et contenance tant honneste, qu'il semble en vostre absence vous vouloir contrefaire d'audace et de gracieuseté. Je prie Nostre Seigneur luy en donner la grace, et à moy, l'heur de pouvoir aultant mériter la vostre que vous m'avés donné de seureté d'y estre, sans nul mérite, sinon celuy que Dieu a le plus agréable, qui est le sacrifice du cueur, que jamais n'oustera du feu de perpétuelle amour, humilité et obéissance

Vostre très humble et très obéissante subjecte et seur,
MARGUERITE.

P. S. Monseigneur, je serois mauvaise hostesse[1], si je ne vous disois que le bien que vous avés fait à ce mesnaige est aussy bien employé qu'il est possible, tant du désir de vous faire service, que de la reconnoissance de vos bienfaicts, car sa maison n'a nom que la vostre, et m'y festie comme vostre concierge.

[F. Béth., n° 8546, fol. 37. *Auto.*]

168. — A MON NEPVEU, M. LE GRANT-MAISTRE.

(Avant septembre 1531.)

Mon nepveu, encores que soyés averti, tant par lettres que par ce porteur, de tout ce que je vous pensoys escripre, sy ne craindray je vous ennuyer d'une redicte : c'est de vous asseurer que, sy ne leur vient en chemin aulcune chose, vous trouverés le Roy et Madame en très bonne santé, et qu'ils ont belle envie d'estre bien toust auprès de vous; vous asseurant que, pour estre loing, je ne veis oncques plus de souvenance, car il n'est jour que Madame ne me parle de vous, se louant dont vous estes là, et regrettant que ne pouvés estre icy, car vous y estes plus à dire que vous ne pensés, et croy qu'elle ne treuve point de second *vous* à quy elle puisse parler plus franchement,

[1] Elle était chez M. de Montmorency. Voyez, p. 412, le billet analysé sous le n° 8546, fol. 22.

comme je sçay qu'elle ne fauldra à vous compter, pour la fiance et seureté que plus que jamais je suis seure qu'elle a en vous ; de quoy j'aurois trop d'ennuy sy je ne l'avoys tousjours ainsin désiré. Vous priant, mon nepveu, croire qu'il n'y aura jamais personne quy tant ait désiré et quy plus se contente de voir toutes choses vous estre données de Dieu à vostre contentement, que moy, lequel supplie persévérer comme pour soy le désire

Vostre bonne tante et amye, MARGUERITE.

[F. Béth., n° 8551, fol. 9. *Auto.*]

169. — A M. DE VILLANDRY [1].

(Pau, 17 décembre   .)

M. de Villandry, j'ay receu les lettres que m'avez escriptes, esquelles vous me advertissez bien au long des nouvelles de pardelà, et mesmes des affaires d'Italie ; dont je vous mercie de bon cueur, ayant ceste seureté que celuy qui soubs le Roy en a la principale charge, s'en acquittera de telle sorte que le maistre et serviteur y auront honneur. Je vous prie ne vous ennuyer de me (donner) le plaisir de vostre continuelle escripture, car estant auprès de ces montagnes et séparée de la bonne compaignie où vous estes, j'ay aprins à vivre plus de papier que d'aultre chouze.

Le roy de Navarre commence, Dieu mercy, à se fortifier, et espérons dedans deux jours partir pour nous

---

[1] Les mots enfermés entre parenthèses sont déchirés dans le texte, qui est fort mutilé.

en retourner au lieu auquel, quand je y seray, et en tous aultres, povez estre (seur) que de bonne voulenté me trouverez tousjours preste à vous faire tout plaisir que je vous en (estime?) digne, et treuve (........) celle qui va prier Dieu vous donner, M. de Villandry, le bien que vous désire, à Pau, le xviie jour de décembre,

La bien vostre, MARGUERITE.

P. S. Je ne craindray de vous mettre icy les recommandacions du seigneur de ce lieu.

[F. Béth., n° 8606, fol. 4. *Dictée.*]

170. — A MON COUSIN, M. LE DUC D'ALBANYE.

J'ay veu ce que vous m'avés mandé, qui me rent tant oblygée à vous, que je me tiens malheureuse de n'avoir occasion de le vous rendre selon l'obligacion que je y ay. Mais quant l'occasion s'y donnera, vous connoistrés que vous n'avés point amé personnes ingrates. Je parle pour le mary comme pour moy, car je say qu'il n'y a homme au monde en qui il ait plus de fiance que en vous, et pour cette occasion a chargé ce porteur vous dire ung propos qui luy touche, vous priant le croire et nous y donner conseil et ayde, comme je suis seure que vous ferés, car je n'ay jamais eu peur que vostre amytié me faillist, mais ouy plus toust qu'elle fust trop grande. Si ne le pourroist elle estre tant qu'elle passast celle que à jamais vous veult porter

Vostre bonne cousine et vraye amye, MARGUERITE.

P. S. J'ay entendu que M. le cardinal vostre frère demeure à Romme pour les affaires du Roy; je vous prie, quant vous luy escriprés, luy faire mes recommendacions, et que aultant que je suis aise dont il faict service au Roy, aultant il me desplaist de son eslongnement.

[F. Dupuy, n° 486, fol. 104. *Auto.*]

171. — A MON NEPVEU, M. LE GRANT-MAISTRE.

Mon nepveu, là où va ce porteur, il me samble ma lettre estre inutille, sinon pour vous pryer vouloir prandre ceste paine que je sache comme le Roy ce porte, car je le lessé sy beau en si bonne santé que je ne foys que désirer d'en sçavoir la continuacion. S'il y avoit ysy riens digne de vous faire savoir, je ne fauldroys à vous en rompre la teste; mes ne vous pouvant parler que de mesnage, ne vous ennuyray de long propous, vous aseurant, mon nepveu, que tout ce quy est yssy est sy bien à vostre commandement, que vous en pouvez asseurer comme du vostre, et de ceux quy tant sont obligés à vous. Dieu me doint la grace que par espérience vous puissiés connoystre quelle affecsion monseigneur le mary, qui bien fort ce recomande à vous, vous porte.

Vostre bonne tante et amye, Marguerite.

[F. Béth., n° 8549, fol. 65. *Auto.*]

LETTRES

ET

BILLETS ANALYSÉS.

F. Béthune,
n° 9127.

Fol. 13. — A mon nepveu, M. le grant-maistre. — Recommandation pressante pour les enfants de « madamoyselle d'Auvigny, » qui « est amye de madame la duchesse. » (21 lignes.)

Fol. 15. — Au même. (*Lettre dictée.*) — Son mari et elle vont partir suivant le désir du Roi, pour aller au devant de M. d'Angoulême. « Et pour ceste occasion, je mets toute la paine que je puis à me fortiffier, et vous asseure qu'il m'ennuyroit bien sy madame la grant-maistresse n'estoit icy de bonne heure pour nous y faire compaignie. »

Fol. 17. — Au même. (*Dictée.*) — Madame a promis à M. de Villene une place pour son petit-fils dans la maison du Dauphin. Marguerite recommande cette famille à son neveu. « A Bloys, le xxiie jour de juing. »

Fol. 19. — Au même. (*Dictée.*) — Marguerite lui demande une place de commissaire ordinaire de la guerre pour M. de Siderac, « escuyer d'écurie du roy de Navarre. » « A Fontainebleau, le xxie jour de septembre. »

Fol. 21. — A M. d'Yzernay. (*Dictée.*) — Elle le remercie

de lui avoir écrit la bonne santé du Roi. « De Nérac, le xxve jour d'octobre. »

Fol. 43. — A MON NEPVEU, M. LE GRANT-MAISTRE. (*Dictée*.) — Lettre de recommandation pour M. Desperrots (de Lesparre?), relativement au comté de Montfort. « A Bloys, ce v^e jour d'aoust. »

Fol. 47. — AU MÊME. (*Billet dicté.*) — Elle lui recommande *ce porteur* quelle ne nomme pas. « Messieurs et mesdames font très bonne chère, et vont tous les jours aux champs. De moy, je me porte assez bien, mais je n'ay encores rien senty bouger. » (Elle parle de l'enfant dont elle était enceinte.) « A Fontainebleau, le IIIe jour de janvier. »

Fol. 49. — AU MÊME. (*Dictée.*) — Elle lui envoie des nouvelles du Roi, et lui demande des siennes, ayant su qu'il a été malade. « Je suis icy avecques mon petit mesnaige quy se porte le mieulx du monde. » « A Fontainebleau, le XXIXe jour de décembre. »

Fol. 51. — AU MÊME. — *Billet dicté* (8 lignes) pour recommander Villebon. « De Saint-Germain-en-Laye, le IIIe jour de juillet. »

Fol. 53. — AU MÊME. — « La Pommeraye et M. Douharty vous escrivent au vray le chemin que nous prendrons. » (Sans doute elle et son mari, mais dans quelle circonstance? elle ne le dit pas.) La lettre se termine par des excuses de n'avoir pas écrit elle-même. « A Nérac, le IVe jour de janvier. »

Fol. 57. — AU MÊME. (*Billet dicté.*) — Elle le remercie

F. Béthune, n° 9127.

F. Béthune,
n° 9127.

pour elle et pour Madame de leur avoir envoyé des nouvelles de la santé du Roi, et le prie de continuer.

P. S. (*Autographe.*) « Je vous recommande mon mary, et quant vostre mesnagière sera de retour, je le vous randray. » Sans date.

Fol. 61. — A mon nepveu, M. le grant-maistre. — Le porteur de ce billet (*dicté*) lui donnera des nouvelles d'elle et de son mari. « De Pau, le xixe jour de novembre. »

Fol. 63. — Au même.—Lettre de recommandation (*dictée*) pour *le porteur*. « Je ne vous manderay nulles nouvelles d'icy, pourceque d'ailleurs vous en estes amplement adverty; toutesfoys je ne vous veulx sceller que le Roy et Madame ont eu pitié de mon grant ventre, et me laissent en ce lieu pour y faire mes couches. » Sans date.

Fol. 65. — A M. d'Yzernay. — (*Billet dicté.*) 9 lignes insignifiantes.

Fol. 71. — Au même. (*Dictée.*) — Elle le charge d'une commission relative à une prébende de Bayeux, que son aumônier Caroli a obtenue du Roi. « Escript à Baslon, ce xve jour de juillet,

« La bien vostre Marguerite. »

Fol. 73. — Au même. — Touchant « la pension de la cappitainerie de la grosse tour de Bourges. » (*Billet dicté.*) « A Pau, le xxe jour de mars. »

Fol. 75. — Au même. — Le porteur du billet (*dicté*) lui dira ce qu'elle veut lui faire savoir. « Escript à Paris, le vi^e jour d'aoust. »

F. Béthune,
n° 9127.

Fol. 77. — Au même. (*Billet dicté.*) — Dix lignes insignifiantes, sauf le passage suivant : « Je suis tres ayse de quoy vous aurés vostre quartier en la maison de ma fille (Jeanne d'Albret), je vous prie tenir la main pour le bon mesnaige et conduite, etc. »

Fol. 79. — Au même. (*Lettre dictée.*) — Marguerite est fâchée de la maladie de la baillive de Caen; elle prie M. d'Yzernay de lui écrire toujours les nouvelles de la cour, « vous priant aussy de donner tousjours en la maison de ma fille le meilleur ordre qui vous séra possible. »

Fol. 81. — Au même. (*Billet dicté.*) — Insignifiant.

N° 8470.

Fol. 18. — A M. de La Fayette. (7 lignes *dictées.*) — Elle a appris par son aumônier Bourdeilles le plaisir que pour l'amour d'elle M. D. L. F. avait fait aux religieux envoyés par le Roi à Ardres; elle en remercie M. de La Fayette, et le prie de continuer à l'occasion. « Escript à Argentan, le xxii° jour de septembre. »

N° 8546.

Fol. 22. — A mon neveu M. le grand-maistre. (*Auto.*) — Elle lui fait passer une lettre du roi de Navarre. Le Roi a trouvé bon qu'elle soit allée voir Montmorency pour la prospérité duquel elle ne cessera de prier et de faire prier. (17 lignes.)

Fol. 58. — Au Roi qui la rappelait vers lui, lorsque, venant de le quitter, elle achevait à peine un long voyage, sans doute pour retourner en Béarn? « Vous asseurant, Monseigneur, que je ne sau-

F. Béthune,
n° 8546.

roys avoir millieur restaurant de la lasseté que j'ay heue à venir ysy vous laysant, que de retourner vous voir... » Le reste n'est que protestations de dévouement et de tendresse. (28 lignes.) « Vostre très humble et très obéissante subjecte et mignonne, MARGUERITE. » (*Auto.*)

N° 8550.
Fol. 9. — AU GRAND-MAÎTRE. (*Auto.*) — Lettre de recommandation pour un fils dont la mère « prent tant de paine autour de Messieurs. » (Sans doute madame de Monthereal, leur gouvernante?) « J'en sçay peu quy aprochent de son sçavoir et vertus. » « Tout son désir est de faire le voyage avecques M. de Brissac. » Le père de M. de Montmorency vivait encore à cette époque, et la femme du grand-maître était enceinte : « Vous asseurant que M. de Monmorancy et la femme grose se portent bien avecques grant mal de cueur, etc. »

Fol. 25. — AU MÊME. (*Auto.*) — Le Roi se porte bien. Elle demande des nouvelles de la maréchale de Montmorency qui est malade.

Fol. 41. — AU MÊME. (*Auto.*) — Elle est en voyage avec sa tante et son mari : ils feront aussi grande diligence que possible.

Fol. 69. — AU MÊME. — Elle laisse au porteur le soin de redire au grand-maître les nouvelles dont elle l'a chargé.

Fol. 81. — AU MÊME. (*Dictée.*) — Lettre de recommandation pour « maistre Jehan Barmonder, frère de M. de la Varce, ambassadeur pour le Roy à Venise. » Il demande « la place de conseiller en la

F. Béthune,
n° 8550.

cour de parlement, que tenoit feu maistre Loys Regnier, trespassé. »

Fol. 89. (*Billet dicté.*) — Remercîments pour des nouvelles de la santé du Roi et de Messieurs, avec prière de continuer à en donner. Un *P. S. autographe* recommande le roi de Navarre à son neveu. « A Fontainebleau, ce xxvii° jour de septembre. »

Fol. 93. — (*Dictée.*) — Nouvelles de la santé de Madame en échange de celles que son neveu lui a données de la santé du Roi. « A Sainct Germain, ce vii° jour de juillet. »

Fol. 109. (*Dictée.*) — Marguerite recommande « maistre Marc Marchant serviteur de la feue Royne, afin qu'il puisse être continué près de la nouvelle en son office de contrôleur de l'argenterie. A Bloys, le ix° jour d'aoust. »

Fol. 113. — (*Dictée.*) Remercîments pour la protection accordée au fils de « la pouvre damoyselle de Lure, » condamné par contumace ; le Roi veut le sauver : Marguerite prie son cousin le maréchal de s'y employer aussi. Le crime n'est point spécifié. « De Saint Germain en Laye, ce xxiii° jour de mai. »

Fol. 121. (*Dictée.*) — A mon cousin, M. de Montmorency. — Madame, quoique avec peine, accorde à Montmorency le congé qu'il sollicite. Sans date. Cette lettre paraît être du temps de la régence de Louise de Savoye.

Fol. 125. — A son neveu. Billet (*autographe*) de 10 lignes. — Elle donne des nouvelles de sa santé.

F. Béthune,
n° 8550.

Fol. 133. — A mon cousin, M. de Montmorency. (*Billet dicté.*) — « Et m'a esté plaisir d'entendre de vos nouvelles, et ennuy qu'elles ne sont si bonnes que je le désire, et qu'avés esté mallade. Je vous proumects que Madame l'a aussy esté jusques à extrémité : toutesfois de ceste heure, elle est bien, Dieu mercy, etc. » Sans date.

Fol. 137. — A son neveu. — Billet (*dicté*) pour lui recommander une affaire du greffe de Riom. « De Sainct Germain, le xxiie jour d'aoust. »

Fol. 141. — Au même. — Elle demande l'office de pelletier pour Brodeau, dont le père a servi longuement en cet état les feues reines Anne et Claude, à telles enseignes qu'il n'a pas été payé intégralement de ses fournitures. « A Bloys, le iie jour d'aoust. »

Fol. 153. (*Billet dicté.*) — Elle recommande Tristan Langlois pour une charge de valet de chambre. (7 lignes). « A Bloys, le xvie jour de mars. »

Fol. 157. — Au même. (*Billet dicté.*) — Un valet de chambre qui n'a pu suivre Messieurs en Espagne, étant empêché de la fièvre, demande à être réintégré dans son service. « De Bloys, ce xiiie jour de mars (1530.) »

N° 8560.

Fol. 81. (*Dictée.*) — Billet a M. d'Izernay. — Elle le suppose à la cour, et le prie, s'il y est, de lui écrire souvent et « toutes nouvelles. » « Je ne vois pour ceste heure aucun ordre en nos affaires. Il fauldra attendre que le Roy soit de retour du

F. Béthune,
n° 8560.

camp. . . . . A Pau, ce xxxe jour d'aoust. » (12 lignes.)

N° 8514.
Fol. 21. (*Auto.*) — A mon cousin, M. de Montmorency. — Le commencement a été coupé. « Je vous mercye de vostre souhait, vous aseurant, mon cousin, que je my accorderoys de bon ceur..... » Cette lettre a été écrite dans le temps que Madame mère du Roi était convalescente : « Quant est de Madame, elle ce porte très bien, et est recouverte sa force, mes encores n'est saillie de la chambre pour le froit et la presse. » On était en carême, car Marguerite ajoute : « Elle (Madame) a peur que soyés sy à vostre ayse que ne teignyés conte d'elle, puis que ne vous pouvés tenir en karesme de vous moquer de vos pouvres voysins. . . . . » « Vous priant n'estre oblyée en vos dévotes complacions et pryères, sans oblier, s'yl vous plaist, nostre bon évesque, quy peu a de semblables. . . . . » C'est peut-être Guillaume Briçonnet, évêque de Meaux, avec qui Marguerite et sa mère étaient en relation suivie. (Une page.)

Fol. 23. (*Auto.*) — Au même. — Elle le prie de croire ce messager comme elle-même. Elle le félicite sur ses succès, et l'assure de son amitié : « vostre bonne tante, mère et vraye amye, Marguerite. » Sans date ni rien qui puisse l'indiquer. (14 lignes.)

Fol. 29. (*Auto.*) — A mon nepveu, M. le grand-maistre. — Elle va rejoindre le Roi, sans dire

F. Béthune,
n° 8514.

où ; elle lui recommande son mari, le roi de Navarre, qui était alors avec Montmorency : « Et espère bien toust vous voir, et savoir de vos nouvelles, et vous rendre conte de mon pèlerinaige.... sy feray je la millieure diligence que je pouray par ce bon froit.... » (24 lignes.)

Fol. 41. — AU MÊME. (*Auto.*) — Fragment de 22 lignes dont le commencement et la fin ont été enlevés et coupés bien carrément par le couteau du relieur, si ce n'est par celui du malencontreux bibliothécaire de Béthune. Ces restes ainsi mutilés n'offrent guère de sens ; on voit seulement que la lettre, qui semble avoir été longue, a été écrite du vivant de Madame, par conséquent avant septembre 1531.

N° 8549.

Fol. 77. — A MON COUSIN, M. LE MARESCHAL DE MONTMORENCY. (*Dictée.*) — Madame a été malade, ce qui empêche Marguerite d'écrire elle-même. On a appris à la cour avec grand déplaisir que le maréchal avait aussi été indisposé ; on se réjouit de le savoir rétabli.

Post-Scriptum de la main de Marguerite : « A
« ce soir, avecques la seuretté de la bonne santé de
« Madame, avons seu la vostre, dont le Roy et
« elle en hont estés sy ayses, que de peur de vous
« refaire prandre la fiebvre de gloire, ne vous re-
« diray les propous qu'il en hont tenus. Celuy qui
« par sa mort à tel jour que anuist souferte nous
« mortifie, et par sa résurrecsion nous glorifie
« et réjouist, soit loué des graces qu'il nous fait

F. Béthune,
n° 8549.

« et nous doint grace de les reconnoistre, le su-
« pliant vous donner telle et sy parfaite santé que
« la vous désire

« Vostre bonne cousine, MARGUERITE. »

Cette lettre fut, comme on voit, écrite un jour de vendredi saint, avant le second mariage de Marguerite, en 1527.

Fol. 81. — AU GRANT-MAISTRE. (*Dictée.*) — Elle lui recommande *ce porteur*, qu'il connaît d'ailleurs, et qui est bien voulu du maître, afin qu'il soit porté « en l'estat où il a pleu au Roy le mettre lorsqu'il laissa son office d'escuier d'écurie à son beau frère. » « A Saint-Germain-en-Laye, le xxiie jour de mars. » (14 lignes.)

Fol. 93. — A MON COUSIN, M. LE MARESCHAL DE MONTMORENCY. (*Dictée.*) — Il voudrait que Madame hâtât son voyage ; ses raisons sont bonnes, mais la chose est impossible à cause de la santé de Madame, et de l'ennui que lui cause la mort de la feue Reine, qu'elle ne peut oublier. (Claude mourut en 1524.) Cependant le désir de voir le Roi fera un miracle : on ne perdra pas une heure de temps. « De Charenton, le xxviie jour d'aoust. » (10 lignes.)

P. S. de la main de Marguerite.

« Madame Charlotte s'amende fort, mes elle a
« esté en estremité ; Madame n'en sait encores
« ryens. »

Fol. 97. — AU GRAND-MAÎTRE. (*Dictée.*) — On va clore l'état de la maison du Roi ; Marguerite prie Mont-

F. Béthune, n° 8549.

morency, tant en son nom qu'en celui de sa tante de Villars, veuve du bâtard de Savoie, d'y faire porter M. de La Fayne. Suit l'éloge du postulant. « A Saint-Germain-en-Laye, le xxii° jour de mars. » (Une grande page.)

Fol. 101. — Au même. (*Dictée.*) — Le grand-prévôt est allé à la cour demander des lettres de provision contre le receveur général Sapin, que Marguerite protége pour bonnes et justes considérations. Elle prie le grand-maître que le prévôt ne puisse obtenir ces lettres qu'auparavant Sapin n'ait été entendu.

« A Fontainebleau, le xii° jour de janvier. » (11 lignes.)

Fol. 109. — Au même. (*Dictée.*) — Recommandation pour *ce porteur,* afin de lui faire donner quelque argent. Il a eu des torts, mais « il a bien délibéré de s'amender pour l'avenir et abiller tout cela. » « De Paris, le xxiiii septembre. » (11 lignes.)

Fol. 113. — Au même. (*Dictée.*) — Elle le prie de parler de ses affaires « au bailly Robertet, pour y faire ce qui est nécessaire.... Madame s'en part samedy pour aller à Vanves, laquelle se porte très bien, et de moy, serviray de saige femme à messeigneurs les enfans attendant son retour, etc.... » « De Saint-Germain-en-Laye, le 1er d'aoust. » (14 lignes.)

Fol. 129. — A mon cousin, M. le mareschal de Montmo-

F. Béthune,
n° 8549.

RENCY. (*Dictée.*) — Billet vague : Madame trouve qu'il a raison ; elle est fâchée qu'on ne l'ait cru plutôt, etc., etc. « Vostre bonne cousine, MARGUERITE. » (14 lignes.)

P. S. autographe. « Encore n'est vostre petite maistresse bien guérye : sy nous en avons bonnes nouvelles, vous les saurés. Il est bon que le Roy pance quelle le soit. J'espère que Nostre Seigneur la saulvera. »

Fol. 133. — AU GRAND-MAÎTRE. (*Dictée.*) — « Mon nepveu, je vous envoye le bailly d'Orléans pour vous desclairer de ma part l'affection et désir que j'ay que maistre Christofle Garrault soit pourveu d'une petite abbaye qu'il vous dira.... » Le titulaire est un « homme fort ancien et maladif.... » « Il est tumbé fort malade, » il s'agit de faire intervenir le Roi dans cette nomination. « A Saint-Germain-en-Laye, ce XIXe jour d'apvril. » (10 lignes.)

Fol. 137. — AU MÊME. (*Dictée.*) — Recommandation pour Jehan Brechenier, fils de la nourrice de feu madame Charlotte. Il s'agit de faire passer à J. Brechenier la résignation de l'office d'escuyer de cuisine de bouche de MM. les enfants, que lui veut transmettre Guillaume Renier.

« A Saint-Germain-en-Laye, le VIIIe jour d'apvril. » (Une demi-page.)

Fol. 141. — A MON COUSIN, M. LE MARESCHAL DE MONTMORENCY. (*Dictée.*) — Politesses insignifiantes. Il est

F. Béthune,
n° 8549.

fait mention de Madame comme vivant encore. « Vostre bonne cousine, MARGUERITE. » (10 lignes.)

Fol. 145. — AU GRAND-MAÎTRE. (*Dictée.*) — « Mon nepveu, « l'abesse de Monstereuille m'a envoyé hier, par « le sieur de la Benestaye, procuration pour resi- « gner son abbaye à ma sœur madame Quittaire. » Elle prie le grand-maître de hâter la chose auprès du Roi et du légat. « A Saint-Germain-en-Laye, le xixe jour de juillet. »

P. S. autographe. « Notre fame aryva yer. Je me plains à vous de ce que nous n'avons ysy que ung mary pour toutes deux. Sy vous ne pouvés venir, envoyés le quérir. »

N° 8514.

Fol. 43. — A MON NEPVEU, M. LE GRANT-MAISTRE. (*Dictée.*) — Et le billet débute par ces mots : « Mon cousin. » Signé, « vostre bonne tante, MARGUERITE. » C'est une recommandation pour le fils de madame de Subye, qu'on a oublié de « coucher en l'estat du Roy, et y a bien ung an et plus qu'il est en son service. » « A Paris, xxve jour de septembre. » (13 lignes.)

Fol. 45. — A MON COUSIN, M. LE MARESCHAL DE MONTMORENCY. (*Dictée.*) — Elle le félicite de ce qu'il va revenir à la cour, où tout le monde s'apprête à lui faire bon accueil et se porte très-bien, « fors Madame, que la goute print hier au genouil où jamays n'avoit senty doulleur, toutesfois j'espoire que ce ne sera rien. » (15 lignes.)

F. Béthune,
n° 8514.

Fol. 47. — A mon nepveu, M. le grant-maistre. (*Dictée*.)
— Elle envoie sa lettre par Brodeau, qu'il connaît bien, et qui va *par delà* pour soigner quelques affaires de son père; elle le recommande à la protection du grand-maître. « A Villepreu, ce xxii⁰ jour de décembre. » (21 lignes.)

Il est question dans cette lettre de la santé de Madame; elle a donc été écrite avant 1531.

Fol. 49. — Au même. (*Dictée*.) — Le roi de Navarre est sur le point de partir; elle en prend excuse de ne pas écrire de sa main. « Je vous prie croire ce porteur que bien congnoissés de quelques propos que je l'ay chargé de vous dire.... » « A Bloys, ce vi⁰ jour d'apvril. » (11 lignes.)

Fol. 51. — Au même. (*Dictée*.) — Elle lui recommande *ce porteur*, qui va *par delà* pour ses affaires, en quoi ses sages amis, parmi lesquels il compte le grand-maître, lui seront bien nécessaires. Le reste n'est que la répétition des phrases ordinaires de Marguerite sur les succès de Montmorency, l'amitié qu'elle lui porte, etc. (19 lignes.)

Fol. 55. — Au même. (*Dictée*.) — « Croyez ce porteur. » Il est question dans ce billet de la santé de Madame.

Fol. 59. — Au même. (*Dictée*.) — Recommandation pour « un pauvre homme » qu'elle ne nomme pas, et qui lui inspire une grande pitié. Elle prie le grand-maître, « s'il y a moyen de le secourir, avoir pitié de sa vieillesse, et je croy que le vray retributeur

F. Béthune,
n° 8514.

de toutes bonnes œuvres le vous rendra. » « A Paris, le dernier jour d'octobre. » (12 lignes.)

Madame vivait encore quand ce billet a été écrit; Adrien avait apporté à Marguerite des nouvelles de sa bonne santé.

Fol. 61. — Au même. (*Dictée.*) — « Cette pouvre femme s'en va devers vous pour vous prier avoir pitié de son mary, d'elle et de ses pouvres enfants; et pour ce que j'ay entendu qu'elle est de bonne et honneste vie, et parente d'aulcuns mes meilleurs serviteurs, je vous prie bien fort avoir pitié d'elle et de son affaire...., etc. » « A Saint-Germain-en-Laye, le xxie jour d'apvril. » (10 lignes.)

Fol. 65. — A mon cousin, M. le mareschal de Montmorency. (*Dictée.*) — Elle lui recommande particulièrement *ce porteur,* qui a été au service de la feue Reine. Il est question un peu plus bas de la santé de Madame, ainsi ce billet a été écrit entre 1524, année où mourut la reine Claude, et 1531, époque de la mort de Louise de Savoie. « A Lyon, le xxixe jour de décembre. » (16 lignes.)

Fol. 67. — Au même. (*Dictée.*) — Elle lui parle du désir qu'elle a de le voir guéri, et l'engage à se soigner afin de revenir le plus tôt possible trouver ses amis. « Pour vous dire des nouvelles de Madame, entendez qu'elle a eu merveilleusement sa goutte tant que nous avons demouré à Romorantin, et vous promets qu'elle ne s'est guères bien trouvé

F. Béthune,
n° 8514.

depuis le commencement de ce caresme, comme pouvez sçavoir d'ailleurs, mais de ceste heure, elle est, Dieu mercy, très bien, etc. » (12 lignes.)

« De Nansay, le ixe de may. »

Fol. 73. — Au même. (*Auto.*) — Le commencement de cette lettre a été coupé. Dans les 22 lignes qui restent, il est question de la convalescence de Madame, que le retour du Roi achèvera de guérir. (Sans date.)

N° 8551.

Fol. 5. — A mon nepveu, M. le grant-maistre. (*Auto.*) — Marguerite écrit le jour du vendredi saint; elle annonce la bonne santé de toute *ceste compaignie*, et recommande au grand-maître « le fils de Passy, beau-fils de M. de Valence, lequel ne demande point maintenant d'estat, car il est fort bien appointé à la chambre des contes, à Parys, et sy a bien de quoy, et ne désire que estre retenu en estat où l'on puisse voir son bon vouloir et savoir, que l'on estime fort bon.... » (Une page.)

Fol. 13. — Au même. (*Dictée.*) — Elle lui adresse les ambassadeurs des « ducs des Acz et Langravedes [1]. »
« Et pour ce que je n'entends pas bien leur langaige, ce porteur m'a servy de truchement, que je vous envoye pour vous desclarer leurs affaires. » (13 lignes, sans date.)

P. S. de la main de Marguerite : « Il (ce porteur) vous parlera de l'afere de la pouvre lieute-

---

[1] Ce sont les *duc de Saxe et landgrave de Hesse*.

F. Béthune,
n° 8551.

nande de Meaux. Je vous prye l'avoir pour recommandée. »

Fol. 14. — Au même. (*Dictée.*) — « ..... Je vous prie, durant la commune absence qui ne peult estre longue, continuer à me donner ce plaisir (*de recevoir des nouvelles*), prenant pour récompance ce que vous sçaura bien dire cedit porteur de nostre petite court et de nos passe tems. » (11 lignes, sans date.) La petite cour dont parle ici Marguerite doit être celle de Pau ou de Nérac.

Fol. 20. — Au même. (*Dictée.*) — Recommandation pour ce porteur. « Vous priant seulement dire au Roy qu'il me desplaist fort de luy parler de mes affaires; mais la nécessité que en a la justice, me contraint l'en importuner pour la descharge de sa conscience, puisqu'il luy a pleu m'en bailler la charge; parquoy s'il est possible avant de partir de Paris en dire ung mot, mettra fin à tout..... » (11 lignes, sans date.)

Fol. 22. — Au même. (*Dictée.*) — Elle va rejoindre le Roi et Madame; cette pensée est son meilleur secours contre les longs et mauvais chemins qu'elle a passés. Elle s'arrête cependant un jour pour prendre du repos; espérant que sur un tel voyage on lui peut bien passer ce retard. (16 lignes, sans date.) Il est vraisemblable qu'elle se rendait de Béarn à Paris.

Fol. 24. —A mon cousin, M. le maréchal de Montmorency. (*Dictée.*) — Marguerite lui parle de l'espoir qu'on a d'obtenir la paix : « Au regart de l'opi-

F. Béthune,
n° 8551.

nion en quoy vous estes du moyen d'y faire condescendre les ennemys, je le tiens tel que meilleur ne se peult penser. » Tout le monde a confiance en Montmorency, et surtout Madame, etc. (14 lignes, sans date.)

Fol. 28. — A MON NEPVEU, M. LE GRANT-MAISTRE. (*Auto.*) — « Mon nefveu, encores que vous soyiés party sans me dire adieu, sy ne lesseray-je à me resjouir de vostre nouvelle joye. » Protestations d'amitié. « Vostre bonne tante et amye, MARGUERITE. » (13 lignes, sans date.)

Fol. 34. — AU MÊME. (*Dictée.*) — Billet de huit lignes. « J'envoye exprès devers vous pour l'affere de mon frère le prince, à quoy je vous prie vouloir faire une fin, car sans vostre ayde, il est en dangier d'avoir bien affaire !... » « Ce XXIX° jour de may. » « Vostre bonne tante et amye, MARGUERITE. »

Fol. 38. — AU GRAND-MAÎTRE. (*Dictée.*) — Elle lui recommande Charles Mesnager, argentier de la feue reine (Claude, † 1524), qui voudrait servir en la même qualité la nouvelle reine (Éléonore, 1530). La recommandation est pressante et longuement motivée. « A Bloys, le XXIV° jour d'avril. » (Une page.)

Fol. 83. — AU MÊME. (*Dictée.*) — Recommandation pour Pierre Binet, attaché à la trésorerie des enfants de France avant leur départ pour l'Espagne, et qui désire être remis en son office à présent qu'ils retournent. (Cette circonstance indique assez la date de la lettre.) Pierre Binet est homme de

F. Béthune,
n° 8551.

bien; en l'absence de Messieurs, « il a esté en Italie et au royaume de Naples au service du Roy, avecques le seigneur Rance...., etc., etc.... »

« A Fontainebleau, le xixe jour de février. »

N° 8570.
Fol.

— A Villandry. (*Dictée.*) — L'évêque de Séez, au duché d'Alençon, est malade à la mort. Elle a déjà écrit au grand-maître et à l'amiral, et maintenant elle écrit à M. de Villandry pour faire obtenir le siége de Séez à l'évêque de Rodez. Le Roi d'ailleurs a promis sur les premiers bénéfices vacants de récompenser M. de Rodez, qui ne l'a point été de la pension que, par l'ordre du Roi, il servait au cardinal pisan sur son évêché.....

« Escript à ....., le ..... jour de septembre. » (*Sic.*) 19 lignes.

N° 8651.
Fol. 25.

— Au Roi. (*Auto.*) — Longue lettre de remerciements dont l'occasion n'est point indiquée. Elle lui fait rendre réponse de vive voix par le porteur de sa lettre, sur le sujet dont le Roi lui a parlé. Marguerite n'aura jamais d'autre volonté que celle de son frère; elle finit par des protestations de tendresse vivement senties.

Je ne devine ni l'objet ni la date de cette lettre. Il est vrai que Marguerite y parle de ses vieux jours comme d'une époque arrivée, mais elle se sert souvent de cette expression sans tirer à conséquence. (Une grande page.)

N° 8535.
Fol. 18.

— A M. d'Izernay. (*Billet dicté.*) — « Le por-

F. Béthune,
n° 8535.

teur vous dira des nouvelles de ceste compaignie. »
(8 lignes insignifiantes.) — « A Baignières, le
xᵉ jour d'octobre. »

N° 8769.
Fol. 91. — Billet au grand-maître. (*Dicté*.) — Marguerite est en chemin pour revenir d'Espagne (1525);
elle espère arriver avant Noël à Narbonne; elle suit
la grande route pour plus facilement avoir des nouvelles du Roi et de Madame.

Ibid.
Fol. 7. — Billet au même (*dicté*) pour procurer le
paiement de la pension de mademoiselle de Chirac, qui a été au service de la feue Reine, et est
présentement à celui de Marguerite et de sa fille
Jeanne d'Albret.

N° 8516.
Fol. 4. — Billet au trésorier Robertet (*dicté*) relativement « à la réformacion des abbesses et religieuses de Sainct Andoche et de Sainct Jehan,
d'Ostun. » Marguerite prie le trésorier de faire
expédier promptement les lettres de provision nécessaires pour mettre cette affaire à terme. « De
Meaulx, le pénultième jour de septembre. »

N° 8562.
Fol. 40. — Au grand-maître. (*Auto.*) — Félicitations
sur ses succès, dont sans doute il rapporte, comme
elle fait, la gloire à Dieu. « Or, mon nepveu, ne
vous pouvant servir que de prières, dimanche tout
ce peuple fera ses Pasques pour louer Dieu de ce
qu'il a fait jusques icy, et le supplier de parfaire. » Protestations d'amitié. (Une page, sans
date.)

F. Béthune,
n° 8549.

Fol. 157. — Au grand-maître. (*Dictée.*) — M. et madame de Gonez, qui sont à Blois pour le service de Marguerite, l'ont avertie que la charge de chevalier du guet de la ville de Paris était vacante. M. de Gonez la désire; Marguerite prie le grand-maître de s'employer à la lui faire avoir. « A Bloys, le xxii° jour de juillet (1530). » (16 lignes.)

Fol. 161. — Au même. (*Dictée.*) — Recommandation pour *ce porteur* qui désire être remis « en son estat de sommelier et pannetier de M. le dauphin et de Messieurs ses frères, et de Mesdames ses sœurs. » « J'ay sceu que Jehanne la Raye, sa femme, estoit lavandière du linge de bouche de la feue royne (Claude) que Dieu absoille, et voudroit bien estre continuée en cest estat en la maison de la royne (Éléonore). » Marguerite recommande aussi cette affaire à son neveu. « A Bloys, le xiiii° jour de juing (1530). »

N° 8567.

Fol. 72. A mon cousin, M. de La Roche. (*Billet dicté.*) — Elle prend part à la joie du bien qui lui arrive, et l'engage à en écrire « à ceste compaignie » qui se réjouit avec elle de sa bonne fortune, sans dire en quoi elle consiste. (5 lignes.)

Fol. 87. — A mon cousin, le mareschal de Montmorency. (*Dictée.*) — Elle lui recommande *ce porteur* qui va faire la révérence au Roi. Elle-même ne pourra arriver que mercredi ou jeudi, parce que le chemin est long. Elle demande des nouvelles du Roi. (10 lignes.)

F. Béthune,
n° 8561.

Fol. 28. — « A ma niepce, madame du Bouchaige. » —
« Ma niepce m'amye, vous ne sçauriés penser le regret que j'ay que je n'ay eu le moyen de vous aller voir et aussy ma petite fille. » Mais sur le point de son départ est arrivé un gentilhomme du roi de Navarre, envoyé par François Ier, pour lui mander d'aller à Limoges, où son mari l'attend. Elle finit par des protestations de dévoûment. (*Lettre dictée*, sans date; une page.)

N° 8560.

Fol. 79. — A M. d'Yzernai. (*Dictée.*) — « Datée de Bloys, ce viiie jour d'apvril. »
Elle lui envoie une lettre avec prière, si son mari n'est plus à la cour, de la lui faire passer par la poste. (16 lignes.)

N° 8568.

Fol. 4. — A mon neveu, le comte de Villars. (*Dictée.*) — Marguerite est en route : « Je ne puis partir jusques à lundy de ce lieu, pource qu'il me fault prendre une petite médecine pour me préparer à parachever plus doulcement ce voyaige..... »
« De ce lieu, je m'en iray à Carcassonne. » Elle lui demande des nouvelles du Roi, s'il en sait. Cette lettre, sans date, est signée comme la plupart de celles au grand-maître : « Vostre bonne tante, mère et amye, Marguerite. »

N° 8521.

Fol. 4. — « A ma niepce, madame du Bouchaige. » (*Auto.*) — Marguerite est obligée d'aller trouver le Roi, et ainsi ne peut aller, comme elle l'avait promis, tenir sur les fonts la petite fille de madame du

F. Béthune,
n° 8521.

Bouchage. Elle se fait remplacer par la personne à qui elle confie sa lettre. Au surplus, elle tient, dès cette heure, l'enfant « non-seulement pour fillole, mais pour fille. » (*Lettre dictée.*) 15 lignes.

N° 8430.
Fol. 61. — A M. DE LA FAYETTE, GOUVERNEUR DE BOULOGNE. (*Billet dicté.*) — Elle lui demande la première place vacante dans le corps des mortes-paies pour le neveu d'une concierge du logis du Roi. (10 lignes.)

N° 8620.
Fol. 26. — A M. DE MONTMORENCY. (*Billet dicté.*) — Elle lui envoie une lettre pour le Roi ; il jugera s'il convient ou non qu'elle soit remise. « A Paris, le IIIe jour de novembre à mynuit. »

Fol. 12. — AU GRAND-MAÎTRE. (*Billet dicté.*) — Billet daté « d'Yllesques (*Illescas*), le IIIe jour d'octobre. (1525.) » Marguerite prie son cousin de faire en sorte que le porteur de sa lettre soit bien accueilli du Roi. (8 lignes.)

PIÈCES JUSTIFICATIVES.

PIÈCES JUSTIFICATIVES.

N° I.

QUITTANCE RELATIVE A LA DOT DE LA DUCHESSE D'ALENÇON.

« Nous Charles, duc d'Alençon, et Marguerite, duchesse d'Alençon et de Berry, confessons avoir eu et reçu de maistre Jehan Sapin, conseiller de nostre seigneur et frère le Roy, et receveur général de ses finances en la charge et généralité de Languedoil et Guyenne, la somme de sept mil livres tournois, faisant moitié de xiiii mil l. (14,000 livres) à nous ordonnée par nostredict seigneur et frère, pour le reste de nostre mariage, qui estoit de lx m. l. (60,000 livres), dont nous en fut payé au jour du contract vi m. l. (6,000 livres), plus, ès années m. v. xviii et xix (1518 et 19), xl m. l. (40,000 livres). Ainsy nous restoit ladicte somme de xiiii m. l. (14,000 livres), qui a esté employée en l'estat général dudict seigneur des années présente et à venir, par moitié et esgale porcion. De laquelle somme de vii m. l. (7,000 livres) pour ceste dicte présente année nous nous tenons pour contents, et en tenons quitte nostre dict seigneur et frère le Roy, ledict receveur général et tous aultres. En tesmoing de ce, nous avons signé ceste présente de nostre main, et faict sceller du scel de nos armes, le quinsiesme jour de may, mil cinq cens vint (1520),

« CHARLES. MARGUERITE. »

[Collection de titres scellés, de la Bibliothèque Royale.]

N° II.

A MADAME LA DUCHESSE.

Madrid, le 15 février (1526).

Madame, despuis la dernière lettre que je vous ay escripte par le maistre d'ostel de M. le Vis-Roy, est retourné M. de Bryon de Toledo, de devers la Royne, où le Roy l'avoit envoyé. Et quand il partit, ledict seigneur n'avoit point escript à la Royne despuis qu'il avoit esté fiancé, pour ce que mon dict seigneur le Vis-Roy luy dist qu'il luy sembloit qu'il ne luy debvoit point escripre qu'il n'eust entendu de l'Empereur premier comme il la debvoit appeler. L'Empereur dist qu'elle estoit sa seur, et qu'il la pouvoit bien appeler sa femme, puisqu'elle l'estoit. Adonc ledict seigneur luy escripvit unes lettres qu'il envoya à M. de Brion, à Toledo, pour luy porter. Je vous en envoye cy le double, aussy celluy de la responce que ladicte dame luy a faicte. Je l'escrips à Madame, que, s'il vous plaist, luy montrerez. Aussy luy escrips de quelque argent que ledict seigneur a affaire, qu'il m'a commandé luy escripre si c'est son bon plaisir de commander luy en estre envoyé.

Madame, Turenne vous dira des nouvelles du Roy et de sa bonne santé, mais c'est si bonne, que, sur mon arme (*sic*), je ne luy saurois souhaiter myllieure. Et quant à luy, il dist que jamais il ne s'est trouvé si parfaitement guéry qu'il est à ceste heure. Lundy dernier, il fut en sa litière à Nostre Dame des Fourches, ouyr vespres et la remercier de sa bonne santé, et revint sur sa mule. Et en s'en retournant, trouva litières et dames dedans, et force peuple aussy aises de sa santé que je saurois estre. Et quand il fut descendu, il me dist qu'il estoit si fort, qu'il courroit bien le cerf.

Le mardy suivant, fut ouir la messe chez la comtesse et disner, et n'en bougea jusques au souper. Et l'après disner, elle le mena dedans le monastère, où il vit toutes les religieuses, et en toucha des escrouelles plus de trente. Je croy, madame, qu'ils cuydoient tenir Dieu par les pyés que de le tenir léans; et ne fut sans vous y souhaiter, comme la personne du monde qu'ils estiment plus en toutes choses. Ledict seigneur leur fist donner m. escus, et à iiii autres convens en ceste ville, à chacun l. escus.

Madame, l'Empereur ne sera icy jusques à mardy, et seront ensemble luy et le Roy jusques au xiie de ce mois, que ledict seigneur partira pour s'en aller droit à Bayonne, et est bruit qu'il ne verra la Royne que à Burgues (*Burgos*), en s'en allant. Je vous promets, madame, que vous ferez fort grant plaisir au Roy de solliciter que les otages soyent au jour promys. Vous entendrez par le chifre que porte ce porteur tout le demeurant. Tant y a que je vous supplie estre seure que je vous mande la vraye vérité de la bonne santé et force du Roy, garny de bon apétit, bon dormyr, et vous promets ma foy, madame, qu'il ne se pert une heure de temps à se prendre garde de tout à sa personne. Je vous laisse, madame, à penser la joye que ledict seigneur a de vous penser, madame, et vous veoir de bref. Vostre petite noyre est tous les matins une heure en son lit, qui luy fet playsir [1].

Madame, je vous supplie tenir en vostre bonne grace et

[1] Apparemment une petite chienne noire qu'en s'en allant la duchesse d'Alençon avait donnée à son frère? Le portrait de la reine de Navarre, qui est à Versailles, la représente tenant un petit bichon noir.

438 PIÈCES JUSTIFICATIVES.

de madame la personne de ce monde qui a plus grant envie de faire service au Roy, à elle et à vous, et qui de mylleur cueur supplie à Nostre Seigneur vous vouloir longuement garder, et à la fin donner son benoist paradis.

Faict à Madrys, le xve jour de févryer.

Vostre très humble et très obéissant serviteur et myllieur sujet, Delabarre.

[F. Béth., n° 8612, fol. 9. *Dictée.*]

N° III.

A NOSTRE AMÉ ET FÉAL MAISTRE HÉLIES ANDRÉ,

NOSTRE CONSEILLER ET JUGE D'APPEAULX EN NOSTRE COMTÉ DE PÉRIGORD,

LE ROY DE NAVARRE, COMTE DE PÉRIGORD.

(Saint-Just, le 27 décembre 1525.)

Notre amé et féal, pour vous donner part de l'ayse qu'avons d'estre eschappé de la prison et captivité où estions détenu, vous voulons bien advertir comme la nuit S^{te} (sainte) [1], sortismes hors le chasteau de Pavye par une eschelle de cordes, et avons tant faict avec l'ayde de Dieu, que la veille de Noël arrivasmes en ceste ville. Bien povez penser que ce n'a pas esté sans ayde ni grans promesses, lesquelles vous asseure équipollent à la ranson que avyons accordée et qu'en voulions acquiter. Nous vous prions vous employer en tout ce qui vous sera possible à ce que les restan de nostre dicte ranson soient promptement levez et tout incontinent envoyez, et nous ferez fort singulier plaisir et service; qui avec les autres que nous avez faict, sera reco-

[1] La veille de Pâques. Pâques tombait cette année-là le 16 avril.

gneu, à l'ayde Nostre Seigneur, qui vous ayt en sa garde. De Saint-Just sur Lyon, le xxvii de décembre.

Signé HENRY.
Contre-signé DEPEYRAC.

[Archives de la préfecture des Basses-Pyrénées. *Signature auto.*]

N° IV.

CONTRAT DE MARIAGE DU ROY HENRY DE NAVARRE ET DE MADAME MARGUERITE, DUCHESSE D'ALENÇON, DU 3 JANVIER 152$\frac{6}{7}$.

(DÉPOSÉ AUX ARCHIVES DE LA PRÉFECTURE DE PAU.)

Ce sont les articles du pourparlé de mariaige d'entre très haulx et très puissans prince et princesse monseigneur Henry, par la grace de Dieu roy de Navarre, seigneur de Béart, et fils de très haulx et très puissans Jehan et Catherine, par la mesme grace roy et royne de Navarre, duc et duchesse de Candie, de Monblanc et de Peñafiel, comte et comtesse de Foix, seigneur et dame de Béart, de Bigorre, d'une part, et madame Marguerite de France, seur unique du Roy, duchesse d'Alençon et de Berry, comtesse de Roddes, du Perche, de Lisle; vicomtesse de Lomaigne, dame de Baugé, d'autre part; en la présence et du bon plaisir et voulloir du Roy et de madame la duchesse d'Angoulmoys, d'Anjou et de Nemours, mère du Roy et de ma dicte dame la duchesse.

Premièrement, que ledict seigneur roy de Navarre, dispensation appostolicque premièrement obtenue et impétrée, prendra ma dicte dame Marguerite de France à femme et espouse, et ma dicte dame la duchesse aussy prendra ledict seigneur roy de Navarre à mary et espoux.

En faveur et contemplacion duquel mariage, ma dicte

dame la duchesse, dame de soy et usant de ses droits, délaissée de feu prince de bonne mémoire monseigneur le duc d'Alençon, per et enfant de France, constitura et assignera audict seigneur roy de Navarre en dot, tout l'or, l'argent, vescelle d'or et d'argent à elle appartenans. Desquels sera fait inventaire, et mesmement la somme de xlv m. livres à elle deue par mesdames de Vendosme et de Monferrat, seurs et héritières de feu monseigneur le duc d'Alençon, à cause de la restitucion de sa dot avecques les levées et intérests jà deus et qui se debvront cy-après, en deffault ou demeure de ladicte restitucion. De tous lesquels biens meubles constitués en dot, le tiers sortira nature de meuble, et les deux parts seront converties et employées en héritaige sortissant nature de propre à ma dicte dame la duchesse et à ses hoirs de son costé et lignée, si autrement par elle n'en est disposé.

Avecques ce, constitura et assignera ma dicte dame la duchesse en dot audict seigneur roy de Navarre les contez de Roddes, de Fezensac, de Perdriac, de l'Isle; vicontez de Lomaigne, Auvillar et Gismoys, Aysse et Ayen; droits et actions à elle appartenans en la maison d'Armaignac, sans aucunement desroguer ne préjudicier aux droits et actions que ledict roy de Navarre prétend et querelle ès dicts contez, vicontez, et en ladicte maison d'Armaignac et succession d'icelle, de son chief.

Plus, constitura ma dicte dame audict seigneur roy de Navarre en dot, l'usuffruict à elle appartenant, et qui luy a esté donné et délaissé par Madame, mère du Roy, lors régente en France, et depuis confermé par le Roy, les duché d'Alençon, conté du Perche, baronnye de Chasteauneuf et Senonches, appartenances et deppendances, et l'uzuffruict de la seigneurie de Baugé.

Oultre, constitura en dot audict seigneur roy de Navarre dix mille livres tournois de rente, en douaire promis et constitué par ledit feu d'Alençon, et dont assiette luy doit estre faicte ès viconté et ville de Verneuil, Séés et Bernay, viconté de Beaumont, baronnyes de Sonnoys, et la Guierche, et Puies, et autres terres et seigneuries déclarées en la transaction sur ce faicte entre ma dicte dame la duchesse et lesdictes dames héritières.

Et pour biens paraphernaulx, apportera avecques ledict seigneur roy de Navarre ses bagues et joyaulx, les duché de Berry, ville et conté de Bourges, seigneuries d'Issouldun, Mehun sur Yevre, Dun le Roy, Vierzon, leurs appartenances et deppendances, avecques les aides et équivallent et greniers qui en deppendent, qu'il a pleu au Roy, depuis son joyeulx advenement à la couronne, donner à ma dicte dame sa seur. Desquels duché, villes, terres et seigneuries, aides, greniers et équivallent, fruicts, revenus et esmolument, collacion, disposition et narration d'offices et bénéfices, ma dicte dame la duchesse jouyra et possédera en son nom à son plaisir. Fera exercer la justice comme par cy davant elle a fait, et générallement tous autres actes de dame propriétaire et fructuaire, et tout ainsi qu'elle faisoit et soulloit faire du vivant dudict feu duc d'Alençon, et que depuis son trespas elle a fait et accoustumé de faire jusques à présent.

Et ledict roy de Navarre de sa part, en faveur et contenplacion dudict mariaige, douera ladicte dame Marguerite de France, sa future espouse, de la somme de vingt mille livres de rente ou revenu, à icelle prendre et percevoir sur les vicomtés de Limoges, seigneuries de Massere, Nontron, Yssideul, Aulbrouche, Ségur et Pesac; les baronnyes et seigneuries de Chalus, Chalucet, Corbefin, Solonbiac, Puisnormant et Villefranche, Jansac, Nérac, Casteljaloux, appartenances et deppendances, et dont elle jouyra en tous droits comme douarière et dame usuffructuaire, les places non comprises ne comptées en ladicte assiete. Et si lesdictes viconté, terres et seigneuries ne suffisaient, se parfera et perfournira ladicte assiète de prochain en prochain, en autres terres et seigneuries audict seigneur roy de Navarre appartenant, au royaulme de France et en l'obéissance du Roy.

Sera tenu ledict roy de Navarre engreler[1] ma dicte dame Marguerite de France de bagues et joyaulx à telle dame convenablement appartenans, jusques à la somme de dix mille escus.

Et seront lesdicts mariez ungs et communs en meubles et acquests, fors quant à ceulx que ladicte dame s'est réservé et réserve par ce présent traicté, lesquels demeureront à elle, à ses hoirs préciputs.

Item, que ledict mariaige, dissolu par la mort de l'un desdicts contrahans, si le cas eschet que ma dicte dame décède avant ledict roy de Navarre, et que dudict mariaige n'y ait enfans survivans, les héritiers de ma dicte dame Marguerite de France recouvreront toutes les bagues et joyaulx apportez par elle avecques ledict seigneur roy de Navarre, inventoriez comme dessus est dict, et les deux parts de ladicte somme de xlv m. livres, et aussi les deux parts des autres meubles et créances que ladicte dame aura apportez avec ledict roy de Navarre, inventoriez comme dit est, si autrement par elle n'en est disposé, sans aux cas dessus dicts povoir lesdicts héritiers autre chose demander ne quereller ès meubles et acquets de la communaulté.

[1] *Engresler;* Trévoux explique ce mot couvrir d'ornements délicats : *il avoit fait engresler la bordure de son habit de perles fines.* La racine est *gracilis. Engresler* est aussi un terme de blason

Item, et au cas que dudict mariaige y ait enfans survivans, lesdicts enfans, oultre lesdictes bagues et joyaulx et deux parts de ladicte somme de XLV m. livres et autres meubles et créances apportées par ma dicte dame leur mère, inventoriez comme dit est, auront la moictié des autres biens meubles et acquets immeubles qui se feront durant ce mariaige; de laquelle moictié desdicts biens meubles et acquets immeubles l'administracion et gouvernement appartiendra et demeurera audict seigneur roy de Navarre le cours de sa vie durant.

Item, et si ma dicte dame la duchesse survit ledict roy de Navarre, elle prendra, aura et retiendra toutes les bagues et joyaulx qu'elle aura apportez, et ce qui luy aura esté donné, tant bagues que habillemens quelzconcques précieux et communs, jusques à ladicte somme de dix mille escuz, et lesdictes deux parts de XLV m. livres et autres meubles et créances par elle apportez, et avecques la moictié de tous les biens meubles, créances et acquets immeubles qui faits auront esté durant et constant le mariaige d'entre eulx, et en prenant la moictié desdicts biens meubles et acquetz immeubles, si elle les veult prendre, payera et acquitera la moictié des debtes qui faictes auront esté durant et constant ce présent mariaige. Et en renonçant auxdicts biens meubles et acquets faiz durant leurdict mariaige, aura sesdictes bagues, joyaulx, habillemens, et lesdictes deux parts de biens meubles et créances par elle apportez et autres qu'elle aura fait faire de ses dicts biens paraphernaulx, francs et quictes de toutes debtes et ypothecques.

Item, et si dudit mariaige y a enfans, ma dicte dame demeurera et sera dame usuffructuaire et administraresse de tous et chalcuns les royaulme, principaulté, terres et seigneuries audit seigneur roy de Navarre appartenant, et aura le gouvernement et administracion desdicts enfans tant qu'elle sera et demeurera en viduité, sans qu'elle soit tenue d'en rendre compte ne payer aucun reliqua en portant les charges de la maison.

Item, et pour la perpétuacion, conservacion et augmentacion de ladite haulte et royalle maison de Navarre, et nobles maisons dont elle est augmentée et composée, a esté convenu et accordé que le premier masle qui sortira dudit mariaige, s'il survyt ledit roi de Navarre et est habille à contracter mariaige, et ne se fait prebstre ou religieux, sera roy de Navarre, seigneur de Beart, et héritier universel dudit roy de Navarre et de madite dame Marguerite de France, à la charge de pourveoir aux puisnés au bon plaisir desdits mariez et selon la coustume de la maison, et de douer les filles en argent convenablement et raisonnablement, et selon l'estat, décence et coustume de ladite maison.

Fait et accordé en présences de MM. Jehan Brinon, chancellier, seigneur de Villaines, de Remy et Authueil, conseiller du Roy et premier président de sa court séant à Rouen, chancellier d'Alençon et de Berry ; le seigneur de Fors, bailly de Berry ; les seigneurs de Vallemer, de Lestang, de Chasteauvieulx, et de moy, notaire et secrétaire de madite dame duchesse d'Alençon et de Berry, le troysième jour de janvier, l'an mil cinq cens vingt six.

Signé Marguerite,

Et contre-signé Darrehery.

N° V.

A MONSEIGNEUR LE ROY.

Bourges, le 9 janvier (1528).

Monseigneur, en passant par le pays de Berry suivant vostre commandement, j'ay trouvé la pluspart des gentilshommes dudict pays assemblés à Bourges, attendant ma venue selon que je leur avois escript; lesquels, après que je leur ay remonstré, ce qu'il m'a semblé devoir faire, joux[1] la charge qu'il vous avoit pleu me donner, tous d'un commun accord, sans aucune contrainte, vous ont libéralement octroyé par forme de don, sans préjudice de leurs droits de noblesse, la décime de tous leurs fiefs et arrière fiefs, payable dedans le mois de mars prochain venant, et m'ont requis vous supplier très humblement leur vouloir bailler vos lettres de desclaracion conformes à leur octroy, ouquel ils ont uzé de telle et si grande honnesteté, qu'il est facile de juger que leur première responce a plus esté faicte par inadvertance que faulte de bon vouloir et affection à vous obéir et faire service, ce que très humblement je vous supplie daigner croire, et les tenir tousjours en vostre bonne grace pour très humblement recommandés, comme bons et loyaux subjects, qui ne voudroient espergner vie ne biens pour vostre service.

Monseigneur, je m'en vays en la plus grande diligence que je pourray parachever mon voyaige, que j'estimeroys heureux pour moy, si j'avois le moyen de vous y faire congnoistre l'envye que j'ay de vous faire service. Me recom-

---

[1] Jouxte, suivant.

mandant si très humblement que je puys à vostre bonne grace, monseigneur, je supplie le Créateur vous donner en parfaicte santé très bonne et longue vie.

A Bourges, le ixe jour de janvier.

Vostre très humble et très obéissant subject et frère,

HENRY [1].

[F. Béth., n° 8562, fol. 3. *Dictée.*]

N° VI.

INSTRUCTIONS A M. D'IZERNAY POUR LE PAYEMENT DE LA RANÇON.

Saint-Jean-de-Luz, 10 juin 1530.

Izernay dira au Roy que le payement des douze cens mille escus a esté fourny, et les tares et alloy payées, et pareillement ont esté deslivrées les lestres et tiltres que se devoient fournir, et la ratification sur le serment, où il s'est trouvé à dire [2] deux mots de la minute qui avoit esté dernièrement envoyée. Toutesfois on a tant faict, que les impériaulx se sont contentés d'avoir lesdicts mots approuvés en rasure, et ne peult de rien servir de leur oster de leurs minutes paroles qui ne sont préjudiciables au Roy; mais les faict entrer en souspeçon.

Item, que M. le grant-maistre a esté aujourd'hui sur la rivière d'Andaye, en la gabarre où doibvent passer Messieurs, et y a trouvé le connestable de Castille en la gabarre où doibt passer l'argent, accompagnés chacun de seize gentils hommes, et ou lieu où le ponton est assis s'est faict

---

[1] Henri d'Albret écrivait au grand-maître le même jour une lettre sur le même sujet. Elle est dans le volume de Béthune 8567, p. 1.

[2] Où il manquait.

l'essay de l'eschange, qui s'est trouvé fort aisé et de seureté bien esgalle.

Item, que ledict connestable de Castille a envoyé, deux jours a, devers la Royne et Messieurs, afin que l'on apprestast mulets et aultres choses nécessaires pour leur voyage; et demain y envoye pour les faire partir mardi prochain, et pourront mettre huit jours à venir jusques à Fontarabie. Mais que mondict sieur le grant-maistre n'a voulu arrester jour certain de la délivrance, pour autant qu'il fault qu'il se gouverne selon la marée, et qu'il supplie au Roy ne vouloir venir plus avant jusques à ce qu'il soit certainement adverty du jour de ladicte délivrance, de peur de les mettre en souspeçon, car les gens à qui on a affaire sont craintifs et souspeçonneux.

Plus, dira que le sieur Jehan Jhérosme de Castion est trespassé, qui est grosse perte, car il luy estoit très bon et affectionné serviteur.

Item, n'obliera à parler du faict de Pointievre, de la Preulle et de La Rocheguyon, ainsi que mondict sieur le grant-maistre luy a dict de bouche.

Fait à Sainct-Jehan de Luz, le xe jour de juing an 1530.

MONTMORENCY.

[F. Béth., n° 8560, fol. 1.]

La quittance et décharge des douze cent mille écus d'or au soleil, payés à Bayonne, par Anne de Montmorency, pour la rançon du Roi, est datée du 9 août 1530.

Elle se trouve dans le volume de Béthune 8507.

N° VII.

ACQUIT.

Monsieur le général de Normandie, trésorier de l'Espargne, payez à maistre Françoys Bourot, secrétaire de M. le cardinal de Tournon, la somme de 50 livres tournois, pour son remboursement de l'achapt et façon des habillements de taffetas expressément faicts pour le jeu d'une bergerie jouée hersoir en cette ville, pour la bonne venue de la Royne. En recouvrant les parties desdicts habillements par le moyen de luy, signés en la quittance d'icelle somme, dont en vertu de la présente vous sera expédié acquit.

Fait à Bayonne, le IIIe jour de juillet, l'an mil quinze cens trente.

A. DE MONTMORENCY.

[F. Béth., n° 8614, fol. 58.]

N° VIII.

LETTRE DE LOUISE DE TOIRVIRON,

SAGE-FEMME DE LA ROYNE DE NAVARRE,

A MADAME.

Madame, ceste lettre sera pour vous advertir que la Royne vostre fille eut hier tout le long du jour plusieurs tranchées, pour lesquelles elle ne laissa d'aller à la messe et à vespres à Saint-Calays, et après, se promener au jardin ; et souppa très bien, et se coucha environ neuf heures, et a esté sans grant mal jusques environ une heure après mynuict, que ses tranchées l'ont reprinse et luy ont duré jusques à troys heures, que nostre Seigneur luy a faict la grace qu'elle est accouchée d'ung beau filz. Et vous assure, Madame, que la mère et le petit fils se portent, Dieu mercy, fort bien, et n'y aura faulte que de chacun jour, vous, Madame, ne soyez advertie de leurs nouvelles. Et pour ce que M. le prothonotaire [1].... ce porteur, lequel est après party en diligence pour vous dire ce qu'il en est, ne vous ennuyray de plus longue lettre, mais me recommanderay tant et si humblement que faire puis à vostre bonne grace, suppliant Nostre Seigneur qu'il vous doint, Madame, bonne et longue vie. A Bloys, ce vendredi, à trois heures après mynuict.

Vostre très humble et très obéissante subjecte et servante.

L. DE TOIRVIRON.

[F. Béth., n° 8595, fol. 103. *Dictée.*]

« Françoys, par la grâce de Dieu, etc.... Voulant que nostre cher et très amé beau frère le roi de Navarre et nostre dicte sœur, son espouse, congnoissent la grande joye que nous avons de la naissance de nostre cher et très amé nepveu Jehan, prince de Navarre, duquel nostre dicte seur est naguères accouchée en nostre chastel de Bloys.... etc. (Le reste porte création gratuite d'une place de maître dans chaque métier.)

..... Donné à Angoulesme, le xxiv° jour de juillet de l'an de grace 1530, et de nostre règne le xvi°.

« Enregistré au parlement, *le* 21 *novembre* 1530.

Signé DUTILLET. »

(*Ordonnances de François I*er, tom. II, coté L, fol. 274. Au dépôt des archives judiciaires.)

[1] Illisible.

On lit dans Dupuy, vol. 132, 4ᵉ extrait des registres du parlement :

« *17 août* 1530. La Cour vérifie des lettres de mestiers pour la joyeuse nativité de Jean, prince de Navarre, son neveu (*sic*) fils du roi et reine de Navarre, ses frère et sœur. »

N° IX.

Estat des pensions, gaiges et aultres entretenemens, etc., pour l'année 1548. (F. Béth., 8651, fol. 31 et 35.)

Livres tournois.

M. le connestable, pour les gaiges dudict office..	24,000
Pour pension et estat de gouverneur de Languedoc.	18,000
Pour récompense des quatre mille ducats de Briançon.	8,000
Pour pension qu'il souloit avoir de feue Madame, mère du feu Roy.	1,500
M. le connestable, capitaine de la Bastille de Paris.	1,200
Pour Christofle Cargory, son lieutenant.	200
Mondict sieur, capitaine du boys de Vincennes..	1,200
Mondict sieur, capitaine du chasteau de Nantes..	1,500
Mondict sieur, capitaine de Sainct-Malo.	400
Total.	56,000 [1]

[1] C'est par erreur que, à la page 59, on a dit 90,000.

Dans l'état de l'année suivante, on voit figurer, parmi les valets de garde-robe, aux gages de 200 livres, un Jehan de La Fontaine; ne serait-ce pas un des aïeux du poëte? La Fontaine fut condamné à 2,000 fr. d'amande pour avoir pris le titre d'écuyer. Les journalistes de Trévoux (1759, p. 593) assurent que l'indolence seule de La Fontaine l'empêcha de produire ses titres.

En outre, la fortune particulière de M. de Montmorency était immense; il possédait les beaux domaines d'Écouen, de Chantilly, etc., etc., ce qui ne l'empêchait pas de recevoir des présents des solliciteurs.

Le Roi avait promis l'archevêché de Reims au fils du duc de Guise. M. d'Albanie se porte concurrent, et s'appuie sur la protection de Madame. Le duc de Guise écrit à M. de Montmorency pour lui recommander cette affaire et empêcher la nomination de M. d'Albanie :

« *P. S.* Monseigneur, je suis très aise qu'avez trouvé
« vostre tiercelet bon ; aussy mon secrétaire m'a appris
« comme il vous plaist prendre à cœur mes affaires.....
« Monseigneur, afin que vostre tiercelet ne faille à trouver
« la perdrix, je vous envoye ung jeune braque pour l'y
« aider. Il n'est pas beau, mais je croy que le trouverés
« bon, etc..... » (Béthune, 8546, fol. 56.)

On sait que le comte de Châteaubriant, fortement soupçonné d'avoir fait périr sa femme, ancienne maîtresse de François Ier, parvint à étouffer les poursuites en faisant au connétable une donation authentique de ses domaines. Quelques-uns ont voulu douter de ce fait ; cependant Montmorency parle de cette donation dans une lettre à La Pommeraye, et il ajoute que M. de Châteaubriant *est disposé à faire mieux encore.* (Béthune, 8620, fol. 195.)[1]

On ne peut trafiquer de son crédit plus ouvertement. Au reste, M. de Montmorency n'était pas difficile; il s'ac-

---

[1] Vieilleville raconte par quels indignes moyens M. de Montmorency s'appropria la terre de Châteaubriant. Lors de la disgrâce du connétable, on voulut revenir sur cette affaire; mais la trame avait été trop habilement ourdie, et la succession, dit Vieilleville, demeura à jamais *sourratée.* (*Mémoires*, liv. 1er, ch. 21 et 22.)

commodait de tout : de l'un il prenait des terres, de l'autre une simple paire de brodequins. Le prévôt de Paris, Delabarre, lui écrit de Madrid :

« Monseigneur, je vous envoye *une paire de brodequins* « *tout neufs*, afin de vous faire encores mieux souvenir de « moy[1]. »

M. de Montmorency s'était chargé de la garde des biens de mademoiselle Charlotte de Laval, orpheline, sa nièce et sa pupille. Comment les administra-t-il ? je ne sais. Mais on voit par les lettres mêmes de Marguerite que mademoiselle de Laval était fort à plaindre[2], et je lis dans une lettre autographe de M. de Montmorency à La Pommeraye, son confident et son homme d'affaires :

« J'ai receu vostre lettre du dernier jour du mois passé, « ensemble la minute que m'avez envoyée *pour imposer* « *silence au procureur de monseigneur le Dauphin, tou-* « *chant le fait de la tutelle de mademoiselle Charlotte de* « *Laval*[3]. »

Une autre fois, Montmorency retient un legs fait à Louise de Bourbon, religieuse de Fontevrault, par madame de Nevers, leur commune parente. La pauvre religieuse, après avoir longtemps patienté, pressée par la misère, réclame cet argent avec autant de timidité que si elle implorait un don gratuit :

A MON NEPVEU, M. DE MONTMORENCY.

Monsieur mon nepveu, aultant qu'il m'a esté possible j'ay laissé passer du temps sans vous vouloir importuner,

[1] Béthune 8506, fol. 64.
[2] Voyez lettre 135, p. 342.
[3] Gaignière, t. 1ᵉʳ, p. 118.

et demander l'argent qui nous est deu pour le don et legs que feu madame de Nevers, ma tante, seur Charlotte de Bourbon, religieuse de ce lieu[1], a faict à certaines filles et religieuses de céans, de pension viagère, dont il y a beaucoup de aréraýges ; mais estant tombée en grande nécessité pour la ruyne survenue depuis le mois de aougst en ceste maison, tant pitoyable et de grant importance, suis contraincte me retirer à mes seigneurs et dames nos parens pour requérir et demander leur secours. Quant à vous, monseigneur mon nepveu, s'il vous plaist vous acquitter de la debte de quoy nous estes redebvable, je le prendré aussy agréablement comme si le me donyés, et si seray fort aise que ladicte dame defuncte soit obéye en l'exécution de son testament pour son acquit et le vostre. Je vous supplie, mon nepveu, me monstrer à ceste fois [que] la pacience que j'ay eue jusques à maintenant ait servy de vous donner occasion ne soye refuzée de ma demande, de laquelle suis pressée, ainsy que le pourrez mieulx entendre par ce porteur, s'il peult trouver le moyen se présenter vers vous, comme luy ay commandé, afin que recepvant de bons secours, je soye plus obligée et toute nostre compaignie, en prières et oraisons devant le Créateur, auquel je supplie, mon nepveu, après m'estre recommandée à vostre bonne grace, vous donner bonne vie et longue.

A Fontevrault, ce xxviii⁰ octobre (1549?).

Vostre bonne tante à vous obéir,
Loyse de Bourbon.

[F. Béth., n⁰ 8606, fol. 11.]

L'abbé de Longuerue ne s'est point laissé éblouir par l'éclat du nom de Montmorency. « Anne de Montmorency,

[1] De Fontevrault.

454   PIÈCES JUSTIFICATIVES.

« dit-il, étoit un vrai cacique et capitaine de sauvages, dur,
« barbare, prenant plaisir à rabrouer tout le monde; igno-
« rant jusqu'à avoir peine à signer son nom; haï de tout
« le monde; se croyant grand capitaine et ne l'étant point;
« toujours battu et souvent prisonnier. On a voulu lui faire
« honneur de l'affaire de Metz, dont tout le mérite, s'il y
« en a eu supercherie, appartient au cardinal de Lenon-
« court, etc. » (LONGUERUANA, t. I, p. 202; 1754.)

« Sa catholicité ne l'avoit pas empêché de s'unir aux
« Colignys quand il y avoit trouvé son compte. » (IDEM,
ibidem.)

N° X.

ÉPISTRE (INÉDITE) DE LA ROYNE DE NAVARRE,

A HENRY, DAUPHIN (HENRY II).

(Décembre, 1536.)

Tant plus je voy le temps se resjouir
Auquel s'attend de son désir jouir
Le roy d'Escosse en prenant vostre seur [1],
Et plus je suis, Monsieur, soyés en seur,
En grant ennuy que vous n'estes present
Quant d'elle et luy se fera le present [2];
Tant plus je voy les joyes redoublées,
Comme l'on doibt, en telles assemblées,
Et plus en moy sens redoubler la payne
Dont [3] ceste feste est de vous si loingtaine,

---

[1] Il l'épousa le 1ᵉʳ janvier 1537.

[2] C'est-à-dire la présentation, les accords. La Fontaine a conservé cette expression :

> Nos vieux romans, dans leur style plaisant,
> Nomment cela *paroles de présent*.

[3] *Dont*, de ce que.

Ayant grant peur qu'en cest esloignement
Vous ne soyés guéry entierement.
C'est bien assés de ne vous pouvoir veoir
En ce lieu cy, sans vostre mal sçavoir.
Hélas! c'est trop de perdre la présence
Sans seureté de la convalescence!
Mais quoy! Monsieur, quant je cognois que Dieu
N'a ordonné que soyés en ce lieu,
Il me fault donc tous mes ennuys cesser,
Et mes désirs et souhaits abbaysser
Dessoubs sa main, car tout nostre désir
Se doibt unir selon son bon plaisir.
Ung bien y a, et qui me plaist si fort,
Que à mes ennuys peult donner réconfort :
C'est que je sçay que ceulx à qui il donne
Peyne et ennuy, après il les guerdonne
De tant de biens, qu'ils ne voudroyent n'avoir
Eu tous leurs maux pour tels biens recepvoir
Je voy que ceulx que Dieu a exaulcez,
En grands estats eslevez et haulsez,
Par grand travail long temps les a temptez ;
Mais les ayant bien expérimentez
Et confirmez du tout [1] à son vouloir,
Par dessus tous les a tant faict valoir,
Qu'ils ont receu à la fin plus d'honneur
Qu'ils n'eurent oncq de peyne et de douleur.
Or, ceste loy, qui est si très-commune,
Promet pour vous si heureuse fortune,
Que quant je voy ennuy et maladie
Vous tormenter, il fault que je vous die,
(Bien que mon corps souffre avecques le voustre,)
Que mon esprit, qui parfois va plus oultre,

[1] *Du tout*, entièrement.

Voit que le mal que vostre Dieu vous donne,
Incessamment vous forge une couronne,
(Je ne dis pas du ciel tant seulement,
Car ceste là est vostre seurement,
Veu que celuy qui l'a cher acheptée
Gardera bien qu'ell' ne vous soit oustée;
Or vous l'aurés en la vie seconde;)
Mais je veulx dire encores en ce monde
Que Dieu fera si grant chouse de vous,
Que vous serés heureux par dessus tous
Ceulx de ce temps, tant que royaume empire (*sic*)
Vous eslira et desja vous désire.
Paciemment pour Dieu voulés souffrir,
Et il contrainct pour vous les Roys se offrir,
Pour demander vous et voustre allyance.
Vous n'estes donc de Dieu en oubliance,
Car vous aurés santé, royaume, honneur,
Voire et l'amour du souverain donneur.
Quant est de moy, en regardant ce bien.
Tout voustre mal j'estime moins que rien,
Voyant qu'il n'est que préparation
Pour ung tel heur et consolation;
Et Dieu me doint, s'il luy plaist, ceste grace
Que retrouver je me puisse en la place
Où le moyen de vous fere service
Me soit donné; lors je feray l'office
Que vraye amour incessamment commande
A celle que enfin se recommande
Très humblement, pour estre satisfaicte,
A voustre tant bonne grace parfaicte.

Voustre très humble et très obeyssante tante,
MARGUERITE.

F. Béth., n° 7677, fol. 4, verso.]

N° XI.

L'ordre que le Roy entend estre observé par les maistres des cérémonies *sur l'enterrement de la royne Marguerite, sa femme* [1].

Premièrement, se trouvera le coumis du Roy et ceulx des aultres princes dans l'église de Lascar, l'heure que le convoy y arrivera, aux lieux et places qui s'ensuivent, c'est assavoir :

Celuy du Roy sera mis en la chaire de l'Évesque, qui est à la main droicte entrant au cueur ; après lequel demeureront quatre sièges vuydes, et dans le cinquiesme sera le coumis de madame la duchesse de Beaumont, mère de M. le duc de Vendosmois [2] ; et aux aultres après, tenant l'ung à l'autre, sans entre deux :

Celuy de madame la duchesse d'Estouteville, vefve de feu monseigneur de Sainct Pol [3] ;

Celuy de M. le duc de Montpensier ;

Celuy de M. le prince ;

Celuy de M. le duc de Nevers ;

Celuy de M. le duc d'Aumale ;

Celuy de M. le duc d'Estampes ;

Celuy de M. le marquis du Mayne ;

Celuy de M. de Roan.

De l'autre cousté du cueur seront mis les quatre grans deuilz, comme s'ensuit :

[1] Les mots soulignés ont été ajoutés par une autre main.

[2] Antoine de Bourbon, gendre de Marguerite, qui fut père de Henri IV.

[3] La reine de Navarre avait pris beaucoup de peine pour la marier à François de Bourbon, comte de Saint-Paul, pour qui le comté d'Estouteville avait été érigé en duché. (Voyez les lettres 102, 103, 104 et 109.)

En la première chaire sera M. le duc de Vendosmois, après lequel demeureront trois sièges vuides;

Au quatriesme siège sera mis M. de Candale, captal de Buch;

Après luy au prochain siège sera M. le prothonotaire de Foix, abbé de Borbonne [1];

Après luy sera au prochain siège M. le comte de Créance.

Devant le pieds de l'effigie et chapelle ardant, sera dressé ung bang, où seront assis MM. les comte de Carmaing, le sieur de Caucon et le sieur de Bussac, lesquels, à la fin de la messe, porteront à la sépulture des trophées, c'est assavoir :

Le comte de Carmaing, la coronne;

Le sieur de Caucon, le sceptre;

Le sieur de Bussac, la main de justice.

Et quant au convoy, ilz marcheront immédiatement devant les Évesques, tous troys de front, c'est à sçavoir, ledict sieur comte de Carmaing à la droicte, ledict seigneur de Caucon au milieu, ledict seigneur de Bussac à senestre.

Dans le fond du cueur seront ordonnés les gens du conseil, tant de Navarre que Béarn, dans les haultes chaires; et aux basses, devant eux, les juges du ...... [2] de Béarn.

Les femmes seront rangées derrière la teste de l'effigie, laissant quelque espace raysonnable entre deux, et tiendront l'ordre qu'elles ont encommencé à Morlane.

Pour faire l'office de grant-maistre et conducteur du convoy, a esté ordonné M. le viscomte de Lavedan.

---

[1] « Au comté de Foix il y a trois abbayes qui ont de beaux et notables revenus : 1°. l'abbaye de Foix; 2°. de Mazères ou Bolbonne; 3°. du mas d'Asyls. » (OLHAGARAY, *Histoire de Foix et de Béarn*.)

[2] Illisible.

PIÈCES JUSTIFICATIVES. 459

Pour pourter la queue des grans deuils, seront ordonnés trois pour le premier, et ung pour chacun des aultres.

Les cierges et aultres choses où sera besoing seront baissées au grant deuil, encores que le coumis du Roy soit présent.

M. d'Andoine pour M. d'Aumale;

Le vischancelier de Navarre et le plus ancien conseiller dudict pays porteront les deux coings du derrière du drap mortuaire;

Et deux des plus anciens et principaux du conseil de Béarn, le devant dudict mortuaire;

Et le reste desdicts conseillers seront alentour de ladicte effigie.

Les grands dueilz mangeront en la chambre de mondict sieur le duc de Vendosmois, avecques luy :

M. de Burye et les autres coumis, à la salle préparée pour ledict seigneur;

Les sieurs de Montanfer, de Pangres, de Perrouze et Sainct Arnoul serviront d'escuyers.

Rang des Estats :

Navarre, Foix, Béarn, Bigorre et Nevezan;

M. de ....[1] ira avecques les barons.

Faict à Sesignac, le vi^e jour de février, l'an mil v c. quarante neuf.

    Ainsy signé, HENRY.

Et plus bas,   Par le Roy, FRANCOYS.

    M. DE FOIX, présent.

      MAURY.

[F. Dupuy, n° 324, *circa med.*, fol. 81.]

[1] Illisible.

N° XII.

ERASMUS ROTER. MARGARITÆ REGINÆ NAVARRÆ[1] S.

Non semel adhortati sunt me litteris suis tuarum virtutum admiratores ut in hac malorum procella consolandi gratia nonnihil scriberem celsitudini tuæ. Itaque, cum hic qui has præfert, vir doctus et nobilis, præter omnem spem esset oblatus, qui recta peteret Hispanias, sed mox hinc avolaturus, apud me dubitavi utrum satius esset silere prorsus, aut brevem et inconditam epistolam mittere. Vicit hunc pudorem et trepidationem singularis quidem meus in te affectus. Jampridem enim et admiratus sum et amavi tot præclara Dei dona in te, prudentiam vel philosopho dignam, castimoniam, temperantiam, pietatem, infractum animi robur et mirum quemdam rerum omnium fluxarum contemptum. Quis enim hæc non suspiciat in tanti Regis sorore, quæ vix reperias in sacerdotibus ac monachis? Hæc nequaquam commemorarem, nisi certum scirem te nihil horum tuis viribus tribuere, sed laudem omnem transcribere Domino, bonorum omnium largitori. Proinde magis gratulandi studio quam consolandi sumpsimus hanc operam. Ingentem esse calamitatem fateor, sed nihil est tam atrox in rebus humanis quod dejiciat animum vere innitentem saxo illi immobili quod est Jesus Christus. Si roges unde te norim, qui nunquam viderim, ex depicta tuæ celsitudinis imagine compluribus es nota, quibus nunquam contigit videre te : ac mihi tuum animum viri probi et eru-

---

[1] Cette suscription, du fait des éditeurs, est évidemment erronée : Marguerite, en 1525, était duchesse d'Alençon, et ne devint reine de Navarre qu'en 1527.

diti multo expressius suis litteris depinxerunt, quam ullus pictor colorum fucis corporis effigiem possit exprimere. De fide vero mea nihil est quod dubites; ut laudo proboque notam, ita non assentior potenti, nihil enim ambio præter amorem mutuum. Regem christianissimum jampridem redamabam verius quam amabam, quem ille ultro tot modis ad amandum provocavit. Talem virginem, talem heroinam non possum non amare in domino. Cæsari non modo studium, verum etiam pietatem debeo, nec id uno nomine : primum quod sub illius ditione natus ; deinde quod illi jam annis aliquot sim juratus consiliarius ; verum utinam istam victoriam potius de Turcis retulisset ! Quanta fuisset orbis felicitas si duo primarii orbis monarchæ concordibus animis junxissent arma sua in perduelliones ditionis christianæ! Ardentissimis votis id optabamus ; sed obstiterunt, opinor, hominum peccata, quominus Deus nos eo favore dignaretur. Hactenus non potui toto pectore Cæsari meo gratulari victoriam, quantumvis magnificam ; sed bona spes est brevi futurum ut hunc fatalem tumultum, undecumque accidit, non minus vobis vestræque Galliæ gratulemur quam Cæsari. Talis artifex est ille qui res hominum arcanis quibusdam consiliis moderatur, neque raro mortalium mala, jam rebus deploratis, subito vertit in lætissimos exitus. Hanc mihi spem præbet imprimis exorabilis Dei clementia, quem jam arbitror nobis factum esse propitium; deinde, partim Cæsaris ingenium, cujus mansuetudo vel æquat vel superat ipsam fortunæ magnitudinem; partim, christianissimis Regis mira dexteritas. Imo, confido jam inter eos solidam et adamantinam concordiam initam esse. Confirmarunt hanc spem meam litteræ celsitudinis tuæ, quas ad illustrem Poloniæ baronem, Joannem a Lasco, miseras in Hispaniam adornans profectionem. Nam is mecum in unis ædibus vivit, quicum mihi jure amicitiæ communia omnia. Declarabant enim te non solum infracto animo ferre fatorum iniquitatem, verum-etiam verbis quibusdam bene ominantibus recreabant sollicitudinem nostram. Ea spes si nos non fefellerit, tum non modo Cæsari et vobis, sed universo orbi christiano gratulabimur. Hic erat mihi duplici nomine petenda venia : primum, quod ultro scribere sim ausus tam potenti dominæ ; deinde, quod ex tempore, quod vix sibi permittit plebeius amicus erga amicum. Verum hunc omnem scrupum excussit animo concepta de tui pectoris inaudita humanitate fiducia.

Servet te dominus Jesus et incolumem, et omnibus vere bonis florentem in ipso.

Datum Basileæ, pridie Michaelis, anno MDXXV.

[Lib. XX, Ep. II, p. 970. ed. Londini, 1642.]

N° XIII.

LETTRE DE SEMBLANÇAY ÉCRITE DE LA BASTILLE,

AU ROY, MON SOUVERAIN SEIGNEUR.

(1527.)

Sire, à la fin de ma vie j'ay esté enquis si des deniers de vos tailles et des crues qui ont esté levées de mon temps, estant en vostre service, combien j'en ay receu. Sire, je vous advertis que jamais je n'ay receu ni mangé deniers de vos traites, et ont esté vos receveurs généraulx qui en tiennent compte, et n'ay eu congnoissance ni maniement que des III mil escus de Naples, qui ont esté baillés par vostre commandement, et de Madame, pour vos affaires de vos guerres, et tout ce que j'ay fait de secourir à vos officiers a esté pour leur prester, et n'ay point faict leurs offices.

Sire, j'ay esté enquis de l'argent comptant que je puis

avoir receu. Répondu, et pour vérité, que depuis l'année 1523, je ne me suis point veu deux mil escus ensamble, après avoir forny les cent mil escus de mons^r. d'Albanye, et 70 mille pour Bayonne. Et à present je ne saiche or et argent la valeur de trois à quatre cens pièces d'or de toute sorte. Je vous supplie, Sire, ayez ceste créance que vous avoir veu en tant d'affaires que vous avés esté depuis, j'en eusse esté si malheureux, que je ne vous eusse secourru et de tout ce que j'eusse faict, (sic) et vous supplie, Sire, entendre que despuis deux ans souvent j'ai esté aux emprunts pour vivre [1].

Sire, j'ai dict le surplus pour vous dire au curé de Saint-Nicolas-des-Champs, mon père spirituel, et à Madame. Je vous supplie le croire, et qu'il vous plaise, en l'honneur de la Sainte Passion de Nostre Seigneur, me pardonner si je ne vous ay si bien servy comme je suis tenu, et qu'y vous plaise avoir la femme et les enfans en vostre bonne grace et avoir pityé d'eux, et que y vous plaise me faire acquiter pour ce que j'ay empruncté pour vostre service, et prie à Nostre Seigneur vous donner très bonne santé.

De vostre Bastille, ce vendredy.

Vostre très humble et très obéissant serviteur,

J. DE BEAUNE.

[F. Béth., n° 8506, fol. 68. *A collat.*]

---

[1] Cela se trouve confirmé dans une longue lettre de Louise de Savoie, où elle rend une justice éclatante à la probité de Semblançay et à son dévouement pour le Roi. (Voyez Béth. 8503, fol. 18.)

N° XIV.

On a un certain nombre des réponses de Montmorency à Marguerite; ce ne sont que des billets dépourvus d'intérêt, parce que Montmorency chargeait ordinairement son messager des confidences importantes; les lettres n'étaient que de compliments. Cependant, si l'on est curieux de connaître le style et l'orthographe du correspondant de Marguerite, la pièce ci-jointe, qui est encore une des moins insignifiantes, suffira pour en donner une idée.

A MADAME LA DUCHESSE D'ALENÇON.

Ma dame, le Roy c'est seujourné deux jours an ceste ville, la ou Pommeroye l'est venu trouvé, quy l'a aceuré de vostre bonne santé et luy a aporté les lestres que vous avés fait prendre; de quoy il a esté ausy aise et contant que je le vis honques de chose. Il s'an par à cete heure pour aler à Taracon, et là, après avoire reponce de l'Anpereur, le vyceroy s'an partyra pour aller vers luy et me menera quant et luy, et j'ay bonne esperance, Madame, que j'an aportere nouvelles quy vous plairont. Et ne vous povant, Ma dame, mander mieux que vous aceurere de la parfaite santé du Roy, feré la fin, me recommandant à vostre bien bonne grace, Ma dame, tant et sy très humblement comme je puis; suplyant Nostre Seigneur, Ma dame, vous donner an santé tout ce que vous desire

Vostre très humble et très hobéyssant subjet et serviteur,

MONTMORENCY.

[F. Béth., n° 8612, fol. 32. *Auto.*]

N° XV.

A M. D'ALUYE ET DE BURY,

TRÉSORIER DE FRANCE.

En mer, le 10 juin (1525).

Monsieur, encores que entendez assez de la très bonne santé du Roy par Pommeraye présent porteur, si la veul-je bien asseurer telle que meilleure ne se pourroit souhaiter. Ledict seigneur advertit Madame de son acheminement en Espaigne, où nous espérons estre dedans cinq ou six jours. Vous aurez advis de là de tout ce qui s'y fera, qui sera, à mon jugement, selon l'intention du maistre. Il vous plaira, monsieur, faire cependant entendre à Madame que le Roy est répondant au capitaine Hairere de la rançon de monsieur le mareschal de Montmorency, et en a faict à Gennes la promesse, qui est de bailler à Lion, dedans la fin de ce mois, ung banquier ou autre, qui s'oblige de payer dedans six mois après, à Mylan, la somme de X mil escus, à quoy est besoing que l'on satisface, selon l'intention dudict seigneur.

Monsieur, je prie à Nostre Seigneur vous donner très bonne vye et longue.

Des Galleres, près Monègue, x^e juing.

Vostre entièrement prest à vous faire service,

DELABARRE.

[F. Béth., n° 8612, fol. 14.]

N° XVI.

LETTRE DE FRANÇOIS I{ᴇʀ} AU COMTE SIGISMOND DE HOHENLOHE,

DOYEN DU CHAPITRE DE STRASBOURG.

Le 21 mars 1528.

Françoys, par la grace de Dieu, roi de France, à nostre très cher et amé cousin Sigismonde, comte de Haute-Flamme, salut et parfaicte dileccion.

Comme pour tenir en seureté nous et nostre royaulme, terres, seigneuries et subjets, et obvier aux entreprises et invasions qui se deslibèrent sur nous et nostre royaulme d'aucuns de nos ennemis et adversaires, nous avons advisé et desliberé de dresser et mettre sus par dessa une forte et puissante armée, et pour ce faire, convoquer non seulement nos subjets, mais aussy nos bons amis, alliés et confédérés, et vous entre aultres, comme l'ung d'iceux nos bons parens, amis, alliés et confédérés ; scavoir vous faisons que nous, ce duëment considéré, informés de vos sens, suffisance, loyaulté et vaillance, proximité de lignage, amour et dileccion que portez envers nous et nostre royaulme, vous prions bien affectueusement qu'avez à lever et mettre sous le nombre de trois mille hommes de pied combattans et suffisans ; et d'iceux prendre la charge pour, par vous ou vostre lieutenant en cest affaire, mener et conduire aux lieux qui seront de par nous ordonnés. Desquels gens qui seront ainsy levés par vous ou vostre lieutenant, nous ferons faire la monture, et iceux payer au prix de six livres pour chacun homme prenant simple paye pour mois. Lesquels toutesfois entendons qu'ils payent raisonnablement les vivres qu'ils prendront par les lieux et passages où ils passeront et sejourneront. A quoi vous prions et vostre lieutenant, avoir l'œil soigneusement, tellement qu'il ne fassent oppressions quelconques. Mandons aussy et commandons à tous nos subjets qu'ils leurs subviennent pour leurs deniers, et les traictent comme bons amis de nous et de nostre royaulme, car tel est nostre plaisir.

Donné à Saint-Germain-en-Laye, le 21ᵉ jour de mars, l'an de grace mil cinq cens vint sept [1], et de nostre règne le quatorzième.

FRANCOYS.

Par le Roy : BRETON.

[*Merckwürdige Lebensgeschichte des Grafens* SIGISM. VON HOHENLOE, p. 62.]

N° XVII.

LETTRE DE FRANÇOIS Iᵉʳ A M. DE MONTMORENCY.

A M. LE GRANT-MAISTRE.

En bas ou en hault, Pierre Rouault [2], je vous advise que le cerf nous a mené jusques au tartre de Dumigny, là où il est allé veoir vostre cousin de Normanville, et suys avecques très grandes difficultés venu gagner ce dévost et bien basty monastère d'Ermyères, et fault que je vous die que j'ay trouvé une maison qui est à Lagnete, que je croy qui rend ses comptes extraordinaires devant la tour carrée, car n'y avons trouvé ny vin, ny saulce, et nous a fallu partir à la frescheur de la lune, où les estryers nous tenoient aux

---

[1] 1528, selon notre manière de compter. Pâques fut cette année-là le 12 avril.

[2] C'est apparemment un dicton du temps.

pieds ; et Dieu sçait la pacience de ce secrétaire, car il avoit froid, faim et soif et bien las! Toutesfois, avec l'aide de Dieu, nous avons gagné ce logis, là où nous avons conclud pour demain de ne courre point, parquoy vous ferez bien d'amener demain mes oyseaulx au disner et les vostres, car j'avons espérance qu'y fera demain beau temps, veu ce que disent les estoilles que j'avons eu très bon loysir de veoir ; priant Dieu qu'ainsy soit il de vous. Je m'oblie de vous dire que nous avons failly le cerf, et Perot [1] s'en est fouy, qui ne s'est ouzé trouver devant moy, car en lieu d'ung cerf, je croy qu'il a laissé courre un des gardes de Maulconnant [2].

Francoys.

[F. Béth., n° 8546, fol 112. *Dictée.*]

N° XVIII.

LETTRE D'ÉRASME A LA REINE DE NAVARRE.

ERASMUS, MARGARETÆ REGINÆ NAVARRÆ S.

(Août 1527.)

Obtundor quorumdam objurgationibus verius quam exhortationibus, regina pietate morum quam generis stemmatibus ac diademate clarior, quod homo plusquam obrutus negotiis, non appellem meis litteris majestatem tuam, præsertim quum nulla scribendi detur occasio, nec arbitror tibi per occupationes dari otium ut legas supervacaneas epistolas. Nam ad epistolam quam eorumdem impulsu nuper misi, præter unam salutationem nullum omnino responsum accepi. Narrant te nuper scripsisse per quemdam Polonum

[1] Un chien?

[2] Ou *Maulcomiant*; cette lettre est griffonnée comme si le secrétaire avait encore eu l'onglée en l'écrivant.

quem in itinere mors intercepit. Quod an verum sit nescio. Optarim rerum prosperitatem quorumdam pietati respondere ; sed novit ille qui moderatur omnia in bonum eorum quos diligit, quid expediat nobis, et quum illi visum fuerit, omnia repente vertet in lætum exitum, quumque maxime desperabit humanum consilium, tum maxime sese aperiet inscrutabilis Dei sapientia. In quo qui fixerit ex animo spei anchoram, huic nihil accidere potest quod non sit vere prospere. Hæc igitur Deo committamus oportet. Tibi vero magis convenit gratias agere quam exhortationis admovere stimulos, ut, quod facis, bonas litteras ac viros sincere Christum amantes adversus quorumdam malitiosam improbitatem tueri pergas, qui jam nunc profecto plurimum debent et vere christianissimo regi fratri tuo, et religiosissimæ pariter et prudentissimæ dominæ hujus matri, quibus omnibus precor multam a Domino Jesu felicitatem. Si quid erit quod per me fieri velis, equidem nullum defugiam laborem.

Datum Basileæ, idus Augusti, anno M. D. XXVII.

[Lib. XX, Ep. xii. Ed. Londini, p. 971.]

N° XIX.

A MONSEIGNEUR, M. LE GRANT-MAISTRE.

Pédraze [1], 18 janvier 1526.

Monsieur, la suffisance de M. le trésorier Babou, présent porteur, me gardera de vous faire longue lettre, mais bien vous advertiray de la bonne santé et disposition en quoy sont Messeigneurs, qui ne pourroit estre meilleure,

[1] Pedraja della Sierra, bourg de la Vieille-Castille, à quelques lieues de Madrid.

comme amplement serez informé par mondit sieur le trésorier, et pareillement de leur traictement et estat de vivre.

Monsieur, madamoiselle de Chavigny et les aultres serviteurs et servantes de mesdicts seigneurs sont arrivés en ceste ville, deslibérez chacun en leur endroict de bien soigneusement servir mesdicts seigneurs, en attendant que autrement le Roy et Madame y aient pourveu. Et cependant, Monseigneur, je feray servir pour la bouche de mesdits seigneurs les officiers les plus capables et souffisans qui soient de par deçà. Et pourceque du demourant du faict et conduicte de la maison, mondict sieur le trésorier et moy en avons tenu propos ensemble, et aussy que je luy ay baillé ung mémoire des officiers qui furent menés à Barcelonne, estant ès galères et ailleurs, je ne vous en diray davantaige, sinon que je vous supplie, Monseigneur, très humblement me tenir en vostre bonne grace pour humblement recommandé, et comme l'ung des anciens serviteurs de vostre maison, et qui s'est employé au service des Roys par l'espace de quarante ans et davantaige.

Monseigneur, qu'il vous plaise faire entendre ausdicts seigneur et dame la peine et travail que j'ay soufferte par delà pour le service de mesdits seigneurs, en manière que par vostre moyen elle puisse estre recongneue par cy après, et ce faisant je vous en seray très bien obligé. Et sera la fin de ma lettre, priant Nostre Seigneur, Monseigneur, qu'il vous doint bonne et longue vie.

De Pedraze, ce xviij[e] janvier.

D'ung de vos très humbles et obéissant (*sic*) serviteur, c'est RONSART [1].

[F. Béth., n° 8562, fol. 96. *Dictée. Signature auto.*]

[1] Bouchet a adressé une épitre curieuse à ce Ronsard, qu'il ap-

N° XX.

MELANCTHO REGINÆ NAVARRÆ S.

(Juin 1534.)

Etsi video impudenter facere quod, homo infimæ sortis et ignotus, celsitudini tuæ quemdam ausim commendare, tamen fama eximiæ tuæ pietatis, quæ totum terrarum orbem pervagata est, facit ut hoc officium homini bono ac docto petenti duxerim non esse denegandum. Non enim dubitabam quin celsitudo tua, tanta prædita pietate, meum hoc officium boni consultura esset, cum christianæ charitati, præsertim in isto summo loco, nihil magis conveniat quàm affici studiosorum miseriis, eosque respicere ac sublevare, præsertim quum recta studia non possint sine summorum ordinum ope ac liberalitate conservari.

Exposuit autem mihi hic juvenis, Claudius Baduellus, Narbonensis, e Nemauso, cum universum cursum suorum studiorum, tum iniquitatem fortunæ, qua, nisi celsitudo tua opem ei tulerit, ab optimis artibus ad alias quasdam operas, a quibus et natura et voluntate abhorret, abstrahi se queritur. Etenim cum unice cupiat eloquentiæ et sacrarum litterarum studio, quæ quadam cum spe ingressus est, absolvere, paupertas ei quasi manus injicit, eumque a pulcherrimo instituto avocat. Sed prius experire omnia decrevit quàm hæc studia abjiciat.

pelle encore Loys *Roussart*. (Voyez Goujet, *Bibl. française*, XI, 288.)

C'est donc le père de Ronsard, et non Ronsard lui-même, qui avait altéré le vrai nom de sa famille.

L'identité n'est pas douteuse, car Bouchet dit en termes précis que son Loys *Roussart* accompagna les deux fils du Roi en Espagne, en qualité de leur maître d'hôtel.

Existimat autem studiosis universis gallici nominis in tua celsitudine velut in quodam numine plurimum spei esse repositum. Ideo ad tuam celsitudinem confugere decrevit, et orat ut sua studia liberalitate tua juventur. Habet tua celsitudo quod petit [1].

Nec vero existimo pluribus verbis in hac tanta tua pietate opus esse, nec me decet garrulitas. Hoc tantum ascribendum duxi, hoc ingenium videri mihi imprimis dignum quod foveatur; non solum quia virtutis studia tam vehementer amat, sed etiam quia jam tantos fecit progressus, ut sit indignum eum quasi novi operis nuntiatione ab hoc instituto abduci. In oratione ejus latina non solum mundities est, et elegantia singularis, sed etiam quædam non insuavis copia. Et mores sunt modestissimi.

Hæc autem fuerit eleemosyna vere regia ad christianæ Ecclesiæ utilitatem, talia ingenia fovere atque alere.

Sanctissimus propheta Esaias, laudans hoc genus eleemosynarum, inquit reginas futuras nutrices studiosorum Evangelii. In quo numero te jamdudum per totum orbem terrarum Ecclesia collocat, et recensebit ad posteros universa Ecclesia. Etenim cum cæteras virtutes vera ecclesia summo semper studio colit, tum præcipue gratitudinem.

Postremo peto ut has meas litteras boni consulat celsitudo tua, ac me quoque inter studiosos bonarum artium commendatum habeat. Bene ac feliciter valeat celsitudo tua. Anno Christi, idibus Junii, M. D. XXXIV.

[Lib. III, Ep. ix. Ed Bretschneider, t. II, p. 731.]

[1] *Quid petat*, selon d'autres éditions. Alors le sens sera celui-ci : « Votre altesse trouve un digne objet à sa bienfaisance. »

N° XXI.

Le cardinal d'Armagnac écrit à la duchesse de Ferrare. Il s'excuse d'abord de ne lui avoir pas encore remboursé six cents écus par elle prêtés au maître d'hôtel dudit cardinal. Cette lettre est datée de Tours, 31 janvier 154$\frac{5}{6}$; voici le *post-scriptum*.

« Madame, pourceque vous avez peu entendre la maladie du
« Roy, qui luy est advenue ces jours passés d'ung apostume au
« lieu mesmes qu'il l'eust il y a tantost cinq ans, je ne veulx
« faillir à vous donner advis de sa santé, qui m'est asseurée
« de plusieurs de la court, mesmes de la royne de Navarre,
« qui y arriva le xvii de ce mois, et m'escript comme Sa Ma-
« jesté se trouvoit bien, et ne luy estoit aucun mal ny dou-
« leur, ains seulement l'évacuation dudict apostume qui se
« purgeoit encores, qui estoit signe d'une bien longue santé
« de Sadicte Majesté, selon mesmes que le promettoient et
« asseuroient les médecins.

« Vostre très humble et oubéissant serviteur,
« Geor^c. Car^{al}. Darmaniac (*sic*). »

[F. Béth., n° 8516, fol. 59.]

Cette lettre paraît s'accorder assez mal avec l'opinion universellement admise sur la nature du mal qui emporta François Ier. On place l'aventure de la belle Féronnière en 1539, et l'on dit que le Roi traîna huit ans l'affreuse maladie qui se termina par sa mort, en 1547. Comment donc la reine de Navarre écrivait-elle au cardinal d'Armagnac, en 1546, que le Roi n'avait *aucune douleur* ni *aucun mal*? Remarquez ces deux mots.

Qu'est-ce que cet apostume qui s'était déjà montré cinq

ans auparavant? Un mal syphilitique peut-il disparaître pendant cinq ans, et, lorsqu'il revient, des médecins, quels qu'ils soient, peuvent-ils le prendre pour le signe d'une longue santé? Apparemment les médecins de la cour n'étaient pas plus ignorants que ceux de la ville, qui guérirent, dit-on, le mari de cette belle Féronnière. On a prétendu que les médecins de la cour n'avaient pas osé traiter le Roi comme il aurait dû l'être; cette discrétion et ce respect seraient trop absurdes. L'histoire de la Féronnière aura peut-être le sort de son portrait, qui fut longtemps regardé comme authentique, et qui est aujourd'hui reconnu apocryphe. Il représente une femme inconnue, peut-être Anne de Boulen, dans le temps qu'elle était attachée au service de la duchesse d'Alençon? Et pourtant qu'y a-t-il de mieux établi dans l'histoire que la tradition sur la maladie de François Ier? Il faut répéter avec les Espagnols : *De las cosas mas seguras, la mas segura es dudar.*

FIN DES PIÈCES JUSTIFICATIVES.

INDEX.

A.

ADRIAN (le vicomte), pages 224, 236.
Aigues-Mortes; Marguerite s'y embarque, 182; 368.
ALBANIE (le duc d'), 249, 407, 451.
ALBRET (Henri d'), roi de Navarre, 32, 33, 40, 61, 248.
ALBRET (Catherine d'), sœur du roi de Navarre, 290, 291.
ALBRET (Isabeau d'), sœur du roi de Navarre, mariée à M. de Rohan, 37, 310 (en note); 337.
ALBRET (Jeanne d'), 37, 65; son premier mariage cassé par le pape, 69; épouse Antoine de Bourbon, 87; citée dans les contes de sa mère, 109; sa maladie, 363; épouse le duc de Clèves, 370; avait l'humeur dépensière, 392.
ALBRET (Jean d'), second enfant de la reine de Navarre, 261; sa mort, 269, 364; 449.
ALBRET (Pierre d'), évêque d'Oloron, 300 (en note).
Alcala, 22, 195.
Alençon (le duché d'), fait retour à la couronne après la mort de Marguerite, 239.
ALENÇON (le duc d'), épouse Marguerite d'Angoulême, 5; sa mort, 13, 155; donne quittance de la dot de sa femme, 435.
ALENÇON (la duchesse d'), 249; quittance relative à sa dot, 435; lettre que lui écrit le prévôt Delabarre, 436; son contrat de mariage avec le roi de Navarre, 439.

ALENÇON (le chancelier d'), 242. *Voy.* BRINON, et OLIVIER (François), 367, 376.
Amboise, 277, 278, 330.
AMBRES (M. d'), 316.
Amiens, 338, 340, 341.
AMYOT, 57, 139.
Andaye (la rivière d'), 446.
ANDRADA (sa chronique), citée, 252.
ANDRÉ (maître Hélies), conseiller et juge d'appel du roi de Navarre, 438.
ANGO (Jean), vicomte de Dieppe, 218, 252, 253, 254.
Jean Ango, roman, 44.
ANGOULÊME. *Voyez* MARGUERITE D'ANGOULÊME.
ANGOULÊME (duc d'), 161.
ANGUYE (Nicolas d'), évêque de Séez, 66.
ANSELME (le père), 53, 239, 261, 297 (en note).
ARLES (le lieutenant d'), 314.
ARMAGNAC (George d'), archevêque d'Embrun, depuis cardinal, 19, 20, 244, 301; fragment d'une lettre à la duchesse de Ferrare, 478.
ASSIER (Galiot de Genouillac, sieur d'), 308.
AUBIJOU (M. d'), 301.
AUGUIS (M.), assigne quatre dates au même fait, 8; réfuté, 69; cité, 238; cité, 329.
AUVIGNY (mademoiselle d'), 246, 277.
AVAUGOUR (madame d'), 361.
Avignon, 317 et suiv., 323; le camp d'Avignon loué, 325, 328.

B.

BADETO, 355.
BADIUS, 219.
BADUEL (Claude), 292 et 293.
Bâle, 229.
Barbezieux, 237.
BAUQUEMARE (le père), jésuite descendant d'Ango, 253.
BAYLE, cité, 27; réfuté, 119, 121, 254.
BAYONNE (M. de). *Voyez* BELLAY (Jean du).
Bayonne, 346, 437; on y donne la comédie à la reine Éléonore, 448.
Béarn, 48, 238; la reine de Navarre s'y retire, 369.
Beaugency ou *Boisgency*, 337, 361.
BEAULNOYS, 289.
BEAUFILS, 403.
BECANIS, 355.
BÉDA (Noël), syndic de la Faculté de théologie, 49, 111; persécute Lefebvre d'Étaples, 279 (en note); 282 (en note); 299 (en note).
BELLAY (Joachim du), 35.
BELLAY (Jean du), 64, 226, 249, 256, 272, 273, 274, 276; cité (en note) 307; 333 (en note).
BELLEMARE (François), auteur de la *Défense du Saint-Siége*, 372 (en note).
BENESTAYE (M. de la), 309, 386.
BERQUIN (Louis), 48, 111, 219.
Berry (gentilshommes du), 236.
BERTRANDY (le président), 351, 385.
BÈZE, cité et réfuté à l'occasion de frère Louis Rochette, 356 (en note).
BINETY ou VINETY, 355.
Blois, 226, 237, 245, 246, 247, 248, 249, 250, 251, 252, 255, 256, 257, 258, 259; Jean d'Albret y est né, 261.
Blais (sic), 366.
BOCCACE, 95, 98, 100.
BOISY (Artus de Gouffier, sieur de), 344.
BOISSEROLLES (messieurs de), 392.
BONNEVAL (mademoiselle de), 288 (en note); 296.

BONNIVET, 10, 11, 12, 160, 249, 396.
BORDEAUX (M. de), 346.
BOUHOURS (le père), critique la devise de Marguerite, 9.
BOURBON (le connétable de), 5, 10, 23, 25, 26, 29.
BOURBON (Louise de), religieuse de Fontevrault; sa lettre à M. de Montmorency, 452, 453.
BOURBON (Antoine de), gendre de la reine de Navarre, 457.
BOURBON (le poëte Nicolas), 54.
BOURDAIZIÈRE (Babou de la), 21 (en note); 153, 199, 314, 203.
BOURDEILLE (le capitaine Jean de), frère cadet de Brantôme, 72.
Bourg-la-Reine, 65, 363.
BOUROT (François), secrétaire du cardinal de Tournon, 448.
Bovierque, 204.
BOYER (Thomas), lieutenant-général de Normandie, 330.
BRAILLON, médecin, 281 (en note).
BRANTÔME, 1, 2 (en note), 3, 11, 14, 22, 43, 58, 135, 232; (en note) 249; 333 (en note); cité, 369, 370.
Brest. Les mortes payes de Brest, 341.
BRESVIEU (Mlle de), 336.
BRIÇONNET (Guillaume), évêque de Meaux, 5, 6, 46, 122; correspondant de Marguerite, 124 *et suiv.*
BRINON (Jean de), chancelier d'Alençon, 30, 158, 192, 193, 209; signe le contrat de mariage de la reine de Navarre, 444.
BRION (Philippe Chabot), 78; rival de Montmorency, 274, 317 (en note); 318; (*id.*) 321; 199, 204, 402 (en note); 436.
BRYENNE (M. de), 38.
BRODEAU (Victor), secrétaire et valet de chambre de François 1er, et de la reine de Navarre, 260; qualifié chancelier, 300 (en note); 394.
BUDÉ (Guillaume), 220.

INDEX.

Bures (de), 218.
Burgency (Louis de), médecin du Roi, 336, 351, 357.
Burgos. François 1er y passe pour rentrer en France, et y voit sa seconde femme, Eléonore, 437.
Burie (le comte de), 393 (en note).

C.

Caen. La baillive de Caen, 249, 378. Voyez Silly.
Calvin, 48, 51.
Carbon (le capitaine), 308 (voyez Montpezat); 309, 310.
Carman (le comte de), 306.
Castel (Pierre du), évêque de Tulle, puis de Mâcon, 375.
Castille (le connétable de), 52, 446 et 447.
Castillon (Jean-Jérôme), 447.
Caumont (Mlle de), 374.
Caux (Arthus d'Ecosse, bailli de), 386.
Caux (la sénéchale de), 374.
Cellini (Benvenuto). La reine de Navarre le protége contre madame d'Etampes, 79.
Cervera, 205.
Chopin, valet de chambre du Roi, l'empêche de s'échapper de prison, 189 (en note).
Chambord, 382.
Chantilly, 248, 251.
Charles V, 4, 18, 21, 23, 29; soupçonné d'avoir fait empoisonner le Dauphin, 331 (en note) et 334; attaque François 1er en plein consistoire, 330 (en note); se ligue avec Henri VIII, 336; veut faire arrêter Marguerite, 200 et 201.
Charles (duc d'Alençon), 5, 12, 13.

Charliez (M. de), 384.
Charlotte (Madame), seconde fille du Roi, 168, 169.
Chartier (Alain), 114.
Chateaubriand (M. de), 149, 306, 321, 335, 339; gouverneur de la Bretagne, 340; donne ses domaines à M. de Montmorency, 451.
Chateaubriand (madame de), 249, 335, 342 (en note).
Châteauneuf, 237.
Chateau-Regnault (Madame de), auteur d'un éloge de Montmorency, 194 (en note).
Chateauvieux (M. de), 201; signe le contrat de mariage de la reine de Navarre, 444.
Chatillon (Madame de), 2, 11, 248, 255, 303, 361.
Chenets (d'Inteville, seigneur des), 159.
Claude (la reine), femme de François 1er, 166.
Clermont (Mlle de), 374.
Compiègne, 238.
Condom (M. de), 75, 372. (Voyez Grossoles.) 375, 380.
Cop (Nicolas), recteur de l'Université de Paris, 282 (en note).
Coustelier (Thomas), secrétaire de la reine de Navarre, 82.
Coutinho (Emmanuel de), historien portugais, 254.

D.

Daillon (Louise de), 66, 148, 308.
Darrehery, notaire de madame d'Alençon, 444.
Daunou (M.), cité, 87.
Dauvigny, 194 (en note).
Dax, 346.
Delabarre (Jean), prévôt ou bailli de Paris, 28, 29, 217; lettre de lui à madame d'Alençon, 436; cadeau qu'il fait à M. de Montmorency, 452; lettre concernant la rançon de Montmorency, 465.
Delahaye (Jacques), ou Sylvius, valet de chambre de la reine de

478 INDEX.

Navarre, et éditeur de ses poésies, 50.
Denisot (Nicolas), publie *le Tombeau de la reine de Navarre*, 91.
Desmarets, gouverneur de Dieppe, 254.
Desnos (M. Odolant), 379.
Désormeaux, 194 (en note).
Desperriers (Bonaventure), 48; est-il l'auteur des contes de la reine de Navarre, 102 *et suiv.*; n'est pas l'auteur des contes mis sous son nom, 102.
Dolet (Etienne), 140, 143; 280 (en note).
Diane de Poitiers, 274; 349 (en note); 386 (en note); 397 (en note).
Dieppe, 244.
Dieppe (le vicomte de). *Voyez* Ango.
Dieppe (Chronique inédite de), citée, 244, 252, 253.
Dorat ou d'Aurat (Jean), 34, 35.
Douarthy. *Voyez* Ouarthy (d').
Dreux du Radier, cité, 27.
Duhaillan, 254; cité, 303, 306; cité, 338.
Duprat (Antoine), chancelier, 38, 238, 243.

E.

Écosse (Jacques V, roi d'), 329, 335; épître de Marguerite à l'occasion de son mariage, 454.
Éléonore, sœur de Charles V, veuve du roi de Portugal, seconde femme de François Ier, 22, 52, 188, 258, 331, 436; on lui donne la comédie à Bayonne, 448.
Elvire (madame), 205.
Erasme, 47, 49, 139, 184, 460, 468.
Espence (Claude d'), 47.
Étampes (la duchesse d'), 117, 274, 348, 374, 378.
Estang (M. de l'), 403; signe le contrat de mariage de la reine de Navarre, 444.
Estienne, homme atttaché au service de M. de Montmorency (son secrétaire?), 345, 350.
Estienne (Henry), 102.
Estienne (Robert), visité par la reine de Navarre, 80.
Estissac (Geoffroy d'), évêque de Maillezais, 317.
Estouteville (madame d'), 285 *et suiv.*; conclusion de cette affaire, 297 (en note).
Estouteville (Adrienne, Mlle d'), 285 *et suiv.*; duchesse de Saint-Paul, 457.
Estouteville, bourg près de Caudebec, 287 (en note); érigé en duché, 297 (en note).

F.

Fabry. *Voyez* Lefebvre d'Étaples.
Farel, 6.
Ferdinand-le-Catholique, usurpateur de la Navarre, 344.
Ferreras, cité, 189 (en note), 195.
Ferron (le), cité, 68, 254, 281 et 282; cité, 381.
Féronnière (la belle), 478, 479.
Foix (Odet de), maréchal de France, 228.
Fontainebleau, 231, 232, 233, 242, 245, 357 à 362, 382.
Fontanieu. Ses jugements contradictoires sur Marguerite (*préf.*), pag. XI et XII.
Fontarabie, 447.
Fors (Charles Ponsard? sieur de), 243, 244, 258, 259, 332; signe le contrat de mariage de la reine de Navarre, en qualité de bailli de Berry, 444.
François Ier, 2, 7, 15, 18, 20, 23, 24, 25, 28, 30, 35, 52, 53, 54, 62; ses dernières années tristes et malheureuses, 76 *et suiv.*; bâtit Fon-

INDEX. 479

tainebleau, Chambord, etc., 79; loué dans un poëme de Marguerite; portrait en vers de ce prince, 114, 210; écrit au comte de Hohenlohe, 215; en quelle année il alla à Dieppe, 252, 258; rend un édit à la naissance de Jean d'Albret, 261; donne à sa sœur le duché de Berry, 263; lettre de ce prince, 270; fonde le collége des Arts à Nismes, 293 (en note); répond à la diatribe de Charles-Quint, 333; attribue à Charles V l'empoisonnement du Dauphin, 334; comment il était traité à Madrid, 436; sa mort, 383; lettre familière à M. de Montmorency, 467; doutes sur la nature de sa dernière maladie, 478, 479.

François, Dauphin, empoisonné à Tournon, 330 (en note).

Froité (Jehan), secrétaire de la reine de Navarre.

Fustemberg (le comte Guillaume de), 326.

G.

Gabarre, 224.
Gadaigne, qui veut avoir la ferme du sel, 351.
Garrault (Christophe), 263.
Gattinara, 191.
Gaultier (l'écuyer Pierre), 391.
Genets (la marquise de), 265.
Gennes (M. de), 391.
Gié (M. de), 394, 395.
Gien, 250.
Givry (madame de), 200.
Goinret (Jean), médecin de Marguerite, 220, 233, 246, 315, 337, 374.
Gondy (Paul de), premier archevêque de Paris, 276 (en note).
Goujat (Gabriel Parant, dit le), courrier, 203, 259.
Goujet (l'abbé), a mal jugé les contes de la reine de Navarre, qu'il ne connaissait pas, 94; ne croit pas aux amours de Marot et de la reine de Navarre, 42, 47.
Grammont (Gabriel de), évêque de Tarbes, 19, 31.
Grenade, village de la Haute-Garonne, 307.
Grignan (M. de), 316.
Grossoles (Érard de), évêque de Condom, 372.
Gruget, premier éditeur des contes de Marguerite; en a altéré le style, 106.
Guadalaxara, 22, 196, 197.
Guémené (M. de), 394, 395.
Guillaume (le comte de Fustemberg), 326.
Guillaume III, duc de Clèves, 67.
Guise (le duc de), 451.
Guynegast, qui est arresté à Pampelonne, 200.

H.

Hairere (de Herrera), capitaine espagnol à qui fut payée la rançon de Montmorency, 465.
Harambure ou Aramoure, 389.
Haute-Flamme (le comte de). *V.* Hohenlohe.
Hély (M. d'), 338.
Henri VIII, 31, 53, 58, 209, 329.
Henri, second fils du roi. Son parti à la cour, 274; 313 (en note); devient roi, 383; 388 (en note); épître que lui adresse la reine de Navarre, 454.
Hermault (M. d'), évêque de Sarlat, 244.
Hohenlohe (le comte Sigismond de), doyen du chapitre de Strasbourg, 15, 16, 17, 180, 211, 212, 214, 215, 216; lettre que lui écrit François Ier, 466.
Humières (M. de), 362.

I.

Illier (M. Du Bois d'), 296.
Infantado (le duc de l'), 22, 195, 197.
Infantado (duché de l'), 195 (en note).
Issoudun (l'abbaye d'), 262, 264.

J.

Jacques V, roi d'Écosse, 329.
Jannet, peintre du Roi, 242.
Janot (la femme de), 358.
Jean III, roi de Portugal, 253.
Jonvelle (M. de), dont on voulait faire épouser la fille à M. de Montmorency, 160, 163.
Jully ou Juilly (M. de), 335, 351, 353.

K.

Katerine (madame). *Voyez* Albret (Catherine d').

L.

Labbe (le père), cité, 192 (en note).
Lafaille, cité à l'occasion de frère L. Rochette, 356 (en note).
Lafontaine, cité, 238, 451 (en note); 454 (en note).
Laharpe, 42.
Lammonnoye, 102, 260.
Lange ou Langey, 243.
Lannoy (Charles de), vice-roi de Naples, 29, 32, 177.
Lartigues, 335.
La Terrasse (courrier?), 353.
Laval (madame de), 384.
Laval (Mlle Charlotte de), 342, 343, 452.
Lavaux (M. de), adresse des vers à la reine de Navarre, 45.
Lavedan (Gensane de Bourbon, vicomte de), 389; 391 (en note); 459.
Leduchat, 71.
Lefebvre (d'Étaples), 6, 48, 279.
Lescar. Les obsèques de la reine de Navarre y furent célébrées, 90, 457.
Liborne ou *Libourne*, 236.
Loches, 401.
Loges (les), près de Saint-Germain-en-Laye, 240.
Longpont (M. de), 386, 391.
Longray ou *Louray*, 239; 378 (en note).
Longueval (le comte le Bossut de), 78, 347, 348.
Longuerue (l'abbé de), cité, 454.
Lorraine (le cardinal de), 333.
Louise de Savoie, 2, 10, 59, 247, 248; sa maladie, sa mort, 280; 463 (en note).
Luther, 15, 17, 18.
Lyon, 367, 368.
Lyves, 284, 286.
Lyvye, le même que Lyves, 295.

M.

Madelaine, fille aînée du Roi, mariée à Jacques V, 329, 360.
Maillezais (l'évêque de), 317.
Marguerite d'Angoulême, 2, 3; ses études, 4; demandée en mariage par Charles V, *ibid.*; ma-

riée à Charles, duc d'Alençon, 5; correspond avec l'évêque de Meaux, 6; aide la Régente, 14; correspond avec Sigismond de Hohenloë, 16 et 17; va en Espagne, 19; à Madrid, 20; à Tolède, 21; marie son frère à la sœur de Charles V, 22; quitte l'Espagne, 24; à qui elle doit sa réputation de galanterie, 26, 27; on veut la marier à Henri VIII, 31; épouse Henri II d'Albret, roi de Navarre, 33; accouche d'un fils, 53; elle se retire en Béarn, 55; bâtit le palais de Pau, *ibid.*; va à Valence, 64; son départ pour le Plessis-lez-Tours, 65; proteste contre le mariage de sa fille, 67; se retire au monastère de Tasson, 70; vient consoler François I*er*, 79; a des pressentiments de la mort du Roi, 81 *et suiv.*; sa vieillesse pieuse et affligée, 86 *et suiv.*; avertie de sa mort par un songe, 88; meurt, *ibid.*; ses ouvrages, 93 *et suiv.*; ses contes, *ibid.*; les *Marguerites de la Marguerite des princesses*, 110 *et suiv.*; Marguerite censurée par la Sorbonne, 111; son costume habituel, 117; ses comédies, 119 *et suiv.*; correspond avec Montmorency, 136; services qu'elle a rendus aux lettrés, 138 *et suiv.*; elle tente de délivrer le roi prisonnier, 189; sa grossesse, 226; le recueil de ses lettres au Roi ne peut se retrouver, préf., pag. xj; va habiter le Béarn, 369; se brouille avec Montmorency, *ib.*; sa grossesse tardive, 373; sa pension, comme princesse du sang, 384 (en note); épître qu'elle adresse au dauphin (Henry), 454; programme de ses obsèques, 457.

Marguerite (madame), fille de François I*er*, nièce de la reine de Navarre, 358, 360.

Marguerite de Valois, femme de Henri IV, 43; rapports entre elle et la sœur de François I*er*, 86; Brantôme plaint ses malheurs, *ibid.*

Marmontel, 50.

Marot, 8, 40, 44, 48, 107, 108, 304 (en note); 238, 304, 305; cité, 327; ses vers sur la mort du Dauphin, 331; épître inédite à madame d'Alençon, xiij.

Marrelières, baronnie, 392.

Mauléon. Le trot de M. de Mauléon, 315.

Maytie (Arnauld de), 267, 268.

Médicis (Catherine de), 359, 361; Diane de Poitiers voulait la faire répudier, 397 (en note).

Médina-Céli, 202.

Mélancthon, 62, 139; lettre de Mélancthon, 292; cité, 299, 471.

Melfe (le prince de), 14.

Mendoza (Don Diégo Hurtado de), créé duc de l'Infantado par Henri IV, de Castille, 195 (en note).

Messieurs, les fils du Roi, 256, 257, 260, 277, 278.

Mézières, 157.

Mirabeau, admirait peu Cyrano de Bergerac, 104.

Molière, 43.

Moncade (Hugues de), 188, 202.

Montaigne, 135.

Montchenu (M. de), 199 (en note); 358.

Mont-de-Marsan, 384, 396.

Montécuculli, 331 (en note); 335 (en note).

Montferrat (la marquise de), sœur de Charles, duc d'Alençon, 5, 228.

Montfoin, bourg, 325, 355.

Montereul (madame de), gouvernante des enfants du Roi, 277, 313.

Montmorency (Guillaume de), père d'Anne, 147; sa mort, 275.

Montmorency (Anne de), maréchal, grand-maître, puis connétable, 22, 28, 36, 38, 52, 58, 59; disgracié, 78; accusateur de la reine de Navarre, 136, 210; sa rançon de dix mille écus, 213, 258; ses inimitiés avec l'amiral de Brion, 274; le Roi paye sa rançon, 194 (et en note); travaille à délivrer François I*er*, 208; Marguerite loge chez lui, 405; ses

482 INDEX.

instructions à M. d'Ysernay, 446; paye à Bayonne douze cents écus d'or, pour la rançon du Roi, 447; fait connétable, se brouille avec Marguerite, 369; rentre en faveur à la mort du Roi, 383; détails sur sa cupidité, 450 et suiv.; une de ses lettres à Marguerite, 464; le Roi a payé dix mille écus pour sa rançon, 465.
Montmorency (Madelaine de Tende Savoie, madame de), 210, 245, 247, 251.
Montmorency (François de), frère d'Anne de Montmorency, seigneur de la Rochepot, 283 (en note).
Montmorency-Laval (Jean de), 335 (en note). *Voyez* Chateaubriant, 342.
Montpellier, 311, 324.
Montpezat (Jean de), surnommé Carbon, lieutenant du roi de Navarre, 301, 302.
Mont-Réal, 203.
Moreri, 254.
Moulins, 88.
Moutoze, 299. Peut-être faut-il lire Montoze.

N.

Narbonne, 24, 201, 204.
Nassau (le comte de), 265.
Navarre (le royaume de), 344.
Navarre (recouvrement de la), 322 (en note), 344.
Navarre (le roi de), lève quatre mille hommes en Guyenne, 324; sa maladie, 345, 352, 366, 402; convalescent, 406; lettre qu'il écrit après son évasion de Pavie, 438; son contrat de mariage avec Marguerite, 439; sa lettre à François Ier sur l'affaire du Berry, 445; combat les bruits semés contre le roi, 373; ce qu'il recevait comme prince du sang et comme gouverneur de Guyenne, 384 (en note).
Navarre (la reine de), sa mort, 399. *Voyez* Marguerite d'Angoulême.
Nemours (madame de), 155.
Nevers (madame de), 398, 452.
Nismes, 307, 310, 314.
Nodier (M. Charles), réfuté au sujet des contes de la reine de Navarre, 102 et suiv.; 122.
Noel Ramard, médecin, 233.

O.

Odos (le château d'), en Bigorre, Marguerite y mourut, 88, 146.
Olhagaray, cité sur la mort de Marguerite, 89, 67.
Olivier (François), chancelier d'Alençon, 286.
Olivier (M.), 252.
Orléans, 361.
Ouarthy (M. d'), 251, 252.

P.

Pantasilée, reine des Amazones, 327.
Paradis (Paul, surnommé le Canosse), 139, 47.
Parant (Gabriel). *Voyez* Goujat.
Paris (M. Paulin), préf., xii.
Pascal, 133, 134.
Pau, 406.
Paul III (pape), 244.
Pavie, 5, 12, 32, 438.

Pédraze, bourg de la vieille Castille. Les fils du Roi y demeuraient pendant leur captivité, 469.
PETIT (Guillaume) ou PARVI, évêque de Senlis, 49, 154, 156.
PÉRON, secrétaire de la reine de Navarre, 394.
Péquigny, 338.
POITOU (la sénéchale de), 12, 14.
POMMERAYE (M. de la), 342, 343, 367; fragment d'une lettre que lui écrit M. de Montmorency, 452.
PONCALLER (Mlle de), 395.
PORTUGAL (affaire d'Ango, de Dieppe, avec le roi de), 253.
POSTEL, 138, 139.
POT, 283.
POYET, 354.
PRÉSILLES, écuyer, 178.
PRYVOYSTAT (madame de la), 301.

R.

RABELAIS, cité, 70, 96, 135.
RABODANGES, 264.
RIEUX (madame de), la reine de Navarre lui confie Mlle de Rohan, 312.
RÉMOND (Florimond de), 121.
RHODEZ (M. de), 402. *Voyez* ARMAGNAC (Georges d').
Rhône (le), 327.
ROBINET, 242.
ROCHE (madame de la), ancienne dame d'honneur de la reine de Navarre, 72.
ROCHEFOUCAULT (madame de la), 394.
Rochelle (la), 335.
ROCHEPOT (François de Montmorency, seigneur de la), 159; nommé gouverneur de Picardie, 339, 353.
ROCHETO, 356; erreur de Bèze à son égard, *ibid.* (en note).
ROHAN, 272, 310, 311, 312, 313, 337, 395, 457.
ROHAN (madame de), 365.
RONSARD, père du poëte, 231; lettre de lui au grand-maître, 469.
RONSARD, 141.
ROUSSEAU (J.-J.), 134.
ROUSSEL (Gérard) ou RUFFI, abbé de Clérac, confesseur et aumônier du roi et de la reine de Navarre, 6, 56, 62, 69, 267, 298, 299; succède à Pierre d'Albret dans l'évêché d'Oloron, 48, 300 (en note).
Roussillon, 207; conciliabule qui s'y tient, 397 (en note).
RUFIAT (Mlle de), 301.

S.

SAINT-BLANCART (le baron de), 193.
Saint-Calais, 261, 448.
SAINT-GELAIS, 60.
Saint-Germain-en-Laye, 228, 238, 240, 241, 249.
SAINT-JEAN (M. de), 276.
Saint-Michel (le mont), Noël Béda y meurt, 49.
SAINT-POL ou SAINT-PAUL (François de Bourbon, comte de), 285 *et suiv.*; son mariage, 297; créé duc d'Estouteville, *ibid.* (en note).
Saint-Porqué, 311.
Saint-Riquier, 338.
SAINT-SIMON, 272 (en note).
SAINTE-MARTHE (Charles de), maître des requêtes de la duchesse d'Alençon, 70; cité, 2, 3, 92, 269.
SAINTE-MARTHE (Scévole), 145, 286 (en note).
SALUCES (marquis de), 228.
SALVIATI (le cardinal), 300 (en note).
SANSAC, 173.
SAPIN (Jean), conseiller du Roi,

receveur des finances en Languedoc et en Guyenne, 435.
Sarlat (l'évêché de), donné à M. de Hermault, 243.
SARRA (Florette de), 293 (en note).
SCUDÉRY (Mlle de), 46.
SELVES (le président Jean de), 19.
SEMBLANÇAY (Jacques de Beaune, seigneur de), 193 ; lettre qu'il écrit à François Ier avant d'aller à l'échafaud, 462, 463 (en note).
Serrance (Notre-Dame de), 100.
Sésignac, 459.
SÉVIN (Mlle), folle de la reine de Navarre, 232.
SEYMOUR (les demoiselles de), composent cent distiques à l'honneur de la reine de Navarre, 91, 141.
Sigouynce (*Siguença*), 198, 200.
SILLY (madame de), baillive de Caen, 378 (en note), 68.
SLEIDAN, cité, 46, 48 (en note), 139.
SPONDE, 267, 268.
STURM (Jacques), 299 (en note).
Suresne, 362.
SYLVIUS (Jacques), valet de chambre de la reine de Navarre, 50. *Voyez* DELAHAYE.

T.

TABARAUD (M. l'abbé), 52, 219, 244.
TALON (Omer), 126.
TOIRVIRON (Louise de), sage-femme de la reine de Navarre, 261, 448.
Tolède, 21.
TOURNON (le cardinal de), 38.
Tours, 364, 366.
TOUTEVILLE (madame de). *Voyez* ESTOUTEVILLE.
TULLE (M. de), 375. *Voy*. CASTEL (Pierre du).
TURENNE, 436.
Tusson, monastère bâti par la reine de Navarre dans l'Angoumois, 70, 81, 86, 87, 383.

U.

UNCHY (M. d'), 338.
Usson, lieu habité par la seconde reine de Navarre, 86.

V.

Valence, 319 et suiv.
VALENTINOIS (Diane de Poitiers, duchesse de), 383, 384.
VALLEMER (M. de), signe le contrat de mariage de la reine de Navarre, 444.
Vallerangue, bailliage, 392.
VAMBERGER (M. de), 313.
Vanves, 350, 352.
VARILLAS, 26, 342 (en note).
VATABLE, 6.
VAUVILLIERS (Mlle), 54 ; citée, 283 (en note).
VENDÔME (madame de), sœur de Charles, duc d'Alençon, 5, 85, 260.
VERTUS (le comte et la comtesse de), 374.
VIEILLEVILLE, 451 (en note).
VILLANDRY, 316, 320, 321, 406.
VILLARS (madame de), 278.
VILLARS (M. de), 278, 392, 393 (en note), 394.
VITET (M.), 218, 252, 254.
VIVONNE (André de), 148.
VOLTAIRE. S'est mépris sur les contes de la reine de Navarre, 93, 133 ; goûtait peu le *Cymbalum mundi*, 103.

W.

Wier ou Wierns, cité, 233.

Y.

Ysernay, gentilhomme de la chambre du Roi, 85, 260, 266; ses instructions pour le paiement de la rançon du Roi, 446; chef de la maison de Jeanne d'Albret, 371, 375, 390, 391, 392 (en note).

Z.

Zenette (la marquise de). *Voyez* Genets.

FIN.

ERRATA.

Page 19, ligne 9, Georges d'Armagnac, *alors* archevêque d'Embrun, depuis cardinal de Tournon, *lisez :* Georges d'Armagnac ; *l'archevêque* d'Embrun, depuis cardinal de Tournon.

59 (note 2), 1549, *lisez :* 1548.

66 (à la note), Louise de *Daillan*, lisez : de *Daillon*.

117, l. 23, *pavée*, lisez : *parée*.

254, l. 3, Emmanuel de *Continho*, lisez : *Coutinho*.

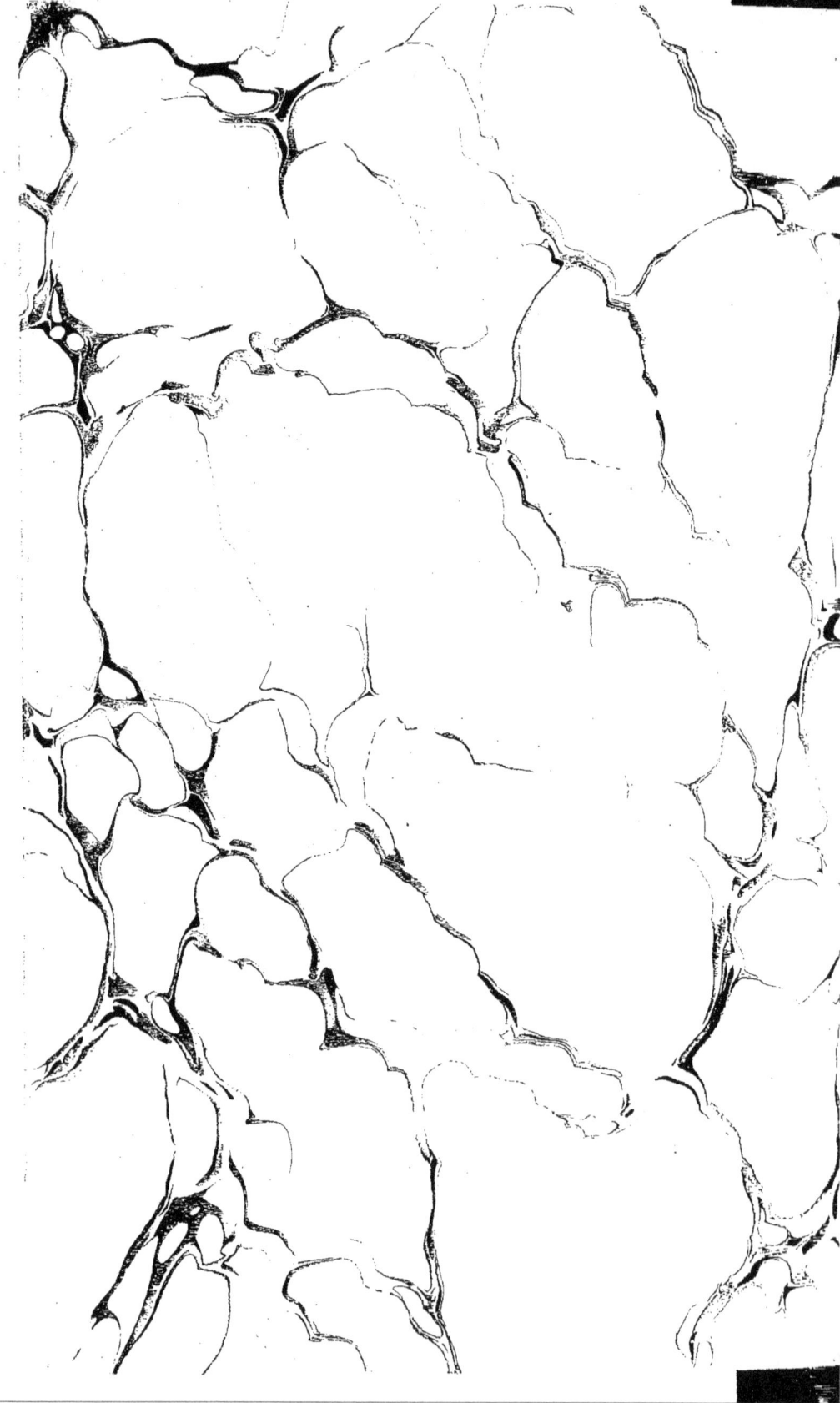

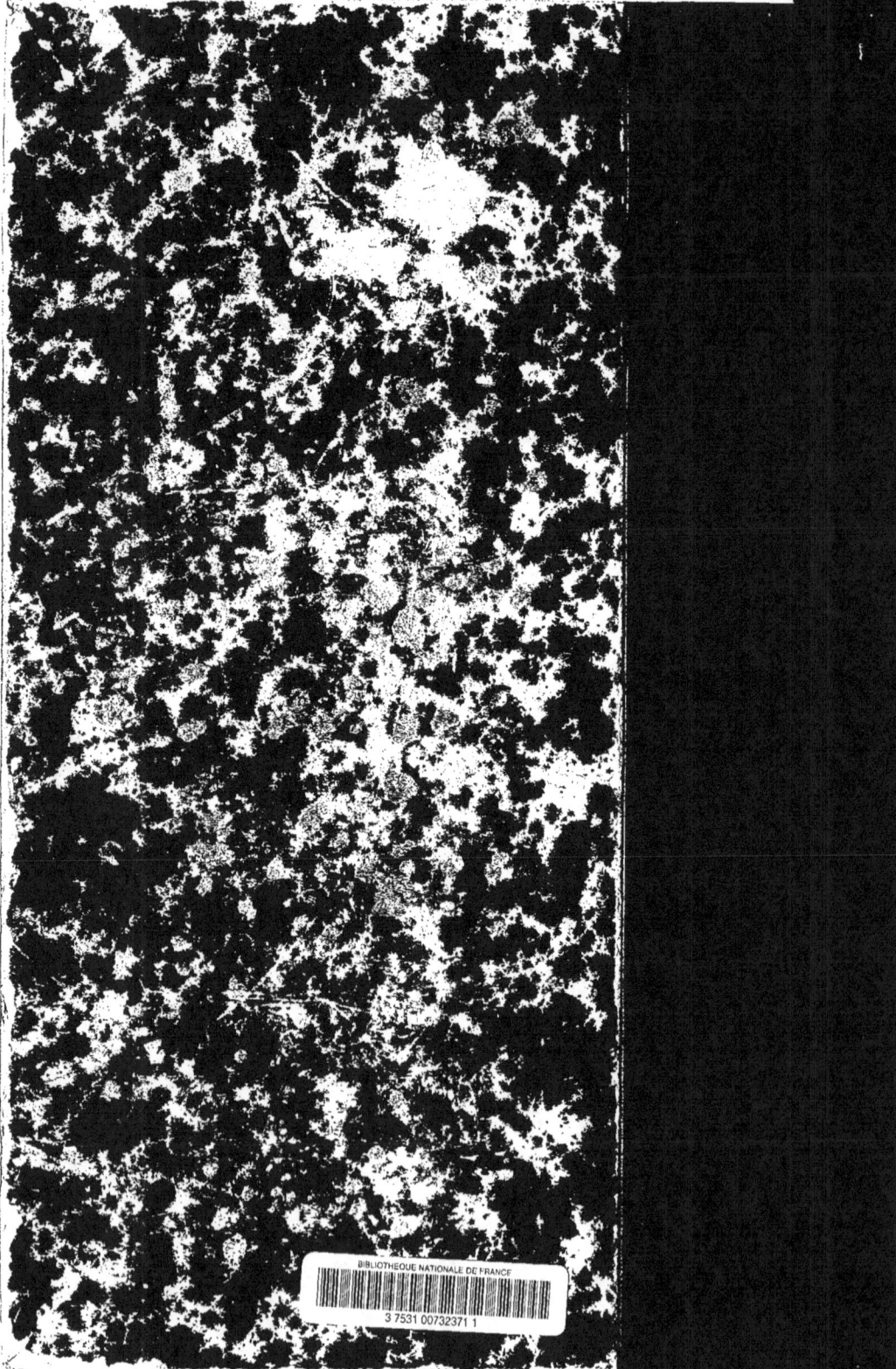

www.ingramcontent.com/pod-product-compliance
Lightning Source LLC
Chambersburg PA
CBHW071616230426
43669CB00012B/1952